FOOTMARK
足迹

——"检察梦·我的成长之路"
汇编文集

高保京 / 主编

中国检察出版社

图书在版编目（CIP）数据

足迹："检察梦·我的成长之路"汇编文集/高保京主编. —北京：中国检察出版社，2013.8

ISBN 978 – 7 – 5102 – 0973 – 4

Ⅰ.①足… Ⅱ.①高… Ⅲ.①检察机关 – 工作 – 中国 – 文集 Ⅳ.D926.3 – 53

中国版本图书馆 CIP 数据核字（2013）第 184398 号

足　迹

"检察梦·我的成长之路"汇编文集

高保京　主编

出版发行：	中国检察出版社
社　　址：	北京市石景山区香山南路 111 号（100144）
网　　址：	中国检察出版社（www.zgjccbs.com）
电　　话：	（010）68650028（编辑）　68650015（发行）　68650029（邮购）
经　　销：	新华书店
印　　刷：	北京嘉实印刷有限公司
开　　本：	710 mm×1000 mm　16 开
印　　张：	23.25 印张
字　　数：	355 千字
版　　次：	2013 年 8 月第一版　2013 年 8 月第一次印刷
书　　号：	ISBN 978 – 7 – 5102 – 0973 – 4
定　　价：	58.00 元

检察版图书，版权所有，侵权必究
如遇图书印装质量问题本社负责调换

足迹——"检察梦·我的成长之路"汇编文集

中国梦·检察梦——我的成长之路演讲会剪影

足迹——"检察梦·我的成长之路"汇编文集

让人才薪火相传
共同筑就美好梦想
（序）

在全体中华儿女为了民族复兴共筑中国梦的背景下，在全党上下开展"为民、务实、清廉"的群众路线教育实践活动的热潮中，每一名检察人员都应该认真思考如何将自身融入到这伟大的历史实践中，为实现自身梦想、检察梦想乃至民族、国家梦想而不懈努力奋斗。

恰如习近平同志所言，"每个人都有理想和追求，都有自己的梦想。实现中华民族伟大复兴，就是中华民族近代以来最伟大的梦想。"无论是个人梦想还是民族梦想，最终还是需要生产力中最活跃的因素——人来实现。"政以才治，业以才兴"，同样，检察人才是检察工作永恒的主题。中国梦、检察梦实现的关键因素在于人才。培养和造就一支政治坚定、业务精通、作风优良、执法公正的高素质检察人才队伍，是检察工作的关键所在，更是检察事业科学发展的根本要求。

一分院党组高度重视检察人才队伍建设，注重更新人才工作观念，创新人才工作机制，努力优化人才工作环境，培养使用优秀年轻人才，着力打造人才高地，推进专业化建设，不断提高检察人才队伍建设的科学化水平。建院以来，先后涌现出全国十大杰出检察官、全国十大杰出青年卫士、首都"五一"劳动奖章获得者等一批在全国具有影响力的先进典型，在人才工作中葆有优良作风和光荣传统。近年来，在以"一流队伍、一流业绩、一流品牌、一流文化"为内容的"四个一流"发展目标指导下，院党组把人才工作作为一项战略性工程统筹规划和落实，本着"人才资源优先开发、人才结构优先调整、人才投资优先保证、人才制度优先创新"的原则，统一研究和解决检察人才建设中的重大问题。先后培养、引进了一大批在全市乃至全国检察机关都具有影响力的专业化、高层次人才，初步形成了"人才发展传承有序，各类人才逐级培养，高端人才引领发展，年轻人才充分使用"的良好格局，人才培养和使用工作走上了科学化、制度化的可持续发展轨道。

这本《足迹——"检察梦·我的成长之路"汇编文集》的出版，是一分院学习、贯彻十八大精神，开展"中国梦·检察梦"系列活动的缩影，也是我们近年来持续推进人才工作发展的印证，体现了几个鲜明的特征：

一是主题突出。该书以"检察梦·我的成长之路"为主题，强化检察人员对岗位成才的认识和立足本职、奉献创新、争创一流的责任，展现检察人员个人发展与推动检察事业发展进步的丰硕成果，共享与伟大祖国一起成长进步的奋斗激情和精神风貌。

二是事迹真实。文章叙写了检察官个人在承担重大任务、重点工作和重要岗位锻炼过程中成长成才的感人故事，以及参加境内外学习培训、岗位练兵、技能比武的体会与收获，诠释实现"中国梦·检察梦"的内涵，抒发作为一名检察官献身检察事业的心路历程。

三是典型引领。作者大都是在全国、全市获得较高荣誉，荣获北京市检察机关业务专家、业务骨干、岗位能手、历届业务技能比武"十佳"、优秀处级后备干部、近年来参加挂职和交流锻炼干部以及其他先进典型。通过回顾个人成长中遇到的酸甜苦辣、挫折坎坷和成功的喜悦，为全院检察人员提供可借鉴的人生坐标，使他们在推动检察工作科学发展中，在履行法律监督职能中，实现人生价值。所讲事例具有典型性、代表性，文字寓理于事，抒发真情，富于启示，内容结构完整，文字优美，都是个人原创。

在实现梦想的征途上，每一个追梦的人都是可敬可爱的。让我们为拥有梦想而喝彩，为追逐梦想而拼搏，为实现梦想而奋斗！

2013 年 7 月于北京

（作者系北京市人民检察院第一分院党组书记、检察长）

目　　录

让人才薪火相传　共同筑就美好梦想（序）……………………高保京（1）

经验的意义——兼谈成长的经历 ………………………………焦慧强（1）

凝神聚力　执着前行 ……………………………………………李卫国（5）

敢问梦在何方 ……………………………………………………蒋炳仁（10）

成长八字箴言——肯干、能干、善干、敢干 …………………庄　伟（16）

怒放的生命 ………………………………………………………游小琴（20）

情系百姓疾苦　服务科学发展　共筑中国梦想
　　——难忘信访岗位挂职锻炼再回首 ………………………王东军（26）

选择成才就是选择一种人生 ……………………………………张际枫（31）

责任　荣誉　梦想 ………………………………………………苗京梅（35）

为我理想　无怨无悔 ……………………………………………张荣革（41）

用一生去追问：何为检察官 ……………………………………曲力慧（47）

我的检察梦——从大学毕业生到检察业务专家的心路历程……宋　海（51）

我的事业　我的追求　我的检察梦 ……………………………常国锋（56）

昨天、今天和明天——有感我的检察梦 ………………………段晓娟（60）

在学习与奋斗中成长 ……………………………………………侯晓焱（64）

在梦想中成长 ……………………………………………………李　辰（69）

专心实践　水到渠自成 …………………………………………王翠杰（73）

成长路上应具备三种思维 ………………………………………周健辉（78）

磨炼造就成功之"辉" …………………………………………张　剑（82）

1

成长与成才	岳浩延（86）
十五年追逐检察梦	甄　卓（91）
检察路上的足迹	张　鲲（96）
灯火阑珊寻芳华	薛海龙（102）
怀着感恩的心　在变化中成长	鲁雪松（107）
心怀梦想　不断成长	潘雪晴（111）
坚持成就梦想	孟　粉（117）
检察梦伴随我成长	徐　猛（121）
以技能比武为平台　提升检察业务能力	徐　敏（126）
坚守　为了我心中的检察梦	王燕鹏（130）
胸怀检察梦　实践伴我行	闫　芳（133）
中国梦　法治梦　在春天中前行——我的检察成长之路	梁　骁（137）
数年磨砺锻造反腐利刃　刚毅品格铸就实战精兵	刘忠光（141）
坚定信仰　追逐梦想——我的检察梦	杨　明（149）
检察事业让我的生活更精彩	赵　鹏（154）
选择	车明珠（158）
与市检一分院反贪事业共同成长	徐洪祥（163）
执着与梦想	侯琛娟（172）
胸怀检察梦　成长精兵路	王　慰（177）
知识产权检察梦·我的成长之路	张冬梅（184）
成长是最大的收获——兼谈成长的经历	范潮峰（189）
在侦监岗位上磨砺成长	邢永杰（194）
岗位成才　放飞梦想	曹　琳（200）
岗位是舞台　责任促成长	李亚光（205）
实干成就梦想	何晓丹（207）

公诉并快乐着	金明霞	(211)
行且珍惜——我的十三年公诉梦	崔 誉	(215)
中国梦　检察梦	王春波	(221)
立足本职　开拓进取　做人民满意的检察官	李 楠	(225)
检察梦·我的成长之路——从书记员到检察官的心路历程	宋文国	(230)
我的成才之路	张 媛	(234)
检察梦　公诉情	杨 林	(240)
检察梦·民行梦·民心梦	廖 青	(244)
追梦　塑造公诉精兵的风骨	任国库	(249)
当我与检察结缘	庞 涛	(253)
我的成长之路	陈昕颖	(259)
立足岗位勤练兵　提高素质强技能	温如敏	(263)
让梦想在这里起航——我的成长之路	白 晶	(267)
在工作中成长	率 黎	(272)
在平凡和坚守中构筑梦想　在忠诚和奉献中绽放青春——检察梦·我的成长之路	刘淑丽	(276)
我把青春献给你——在一分院工作十年的成长经历	王冬生	(281)
立足办案　锤炼成才	陈浩然	(291)
在路上打造梦想的立方	史 锐	(296)
无悔的追求	武 伶	(301)
成长中的喜悦与梦想	邱 爽	(305)
一段路程	杨继泉	(310)
小岗位　大舞台	杜 军	(315)
在技术岗位上践行检察梦	席燕斌	(319)
成长心路	瞿 洋	(323)

让青春和才智在办公室发光	冯　莎	(326)
挂职放飞我梦想	王　峻	(330)
坚守选择　逐梦前行	齐小妹	(333)
青春梦在路上	于连池	(336)
且行且寻且成长——我的经历与梦想	张景岩	(338)
人生无梦不精彩——写给我的检察梦	张青聚	(342)
踌躇满志　前行在追逐梦想的道路上	张润平	(346)
脚踏实地践行承诺	李洪杰	(350)
在学习中成长	孙　军	(353)
宁心聚气　修身揽识　须臾间筑梦检察事业	龙子昂	(356)
后记		(360)

经验的意义

——兼谈成长的经历

院党组成员、副检察长　焦慧强

1995年8月8日，带着学生们共有的稚嫩，我来到北京市人民检察院报到。还没有从初走上工作岗位的紧张中反应过来，就被告知已将我分配到民事行政检察处工作。民事行政检察处？检察院怎么还有民事部门？五楼走向六楼的途中，对反贪工作的向往被一个都没听说的部门所替代的情绪让一个初入社会的青年失落的表情表露无遗。

处长脸黑，很和蔼。简单的问了问我的基本情况，便把我领到了一个大办公室里。带着新奇的心情，两天便适应了这种可忙可闲的机关生活。记忆最深刻的，莫过于严平——我后来的师父——在当天看报纸时的一句问话：你喜欢刑事还是喜欢民事？我愣了一下，说了一句不着边际的话：都可以。

是都可以吗？当然不是。那个时期对反贪工作的狂热不是能很快被现实所湮灭的。当然，也并不是讨厌我最初的工作，只是在初步了解这项工作的基本内容后产生出来"一点都没有成就感"的失落情绪在作怪。加之那时机关也没有集体宿舍，只能借宿在同学家一个只有四平方米的破小平房里，心情的灰暗可想而知。

一切都是在第一次参加处里讨论案件开始的。很新奇这种办案方式，也很吃惊大家对案件争吵的激烈程度，估计旁边办公室的同志也已习以为常了。刚开始，我只想做一个旁观者。但事情的发展很快超出了一个刚出校门的新人的心理承受能力。严平居然指着一个承办人说：你懂什么叫合伙吗？来，我给你讲讲！随后将那承办人批的体无完肤，面红耳赤。怀着对弱者最朴素的同情心理，我也按捺不住，以自己仅有的一点理论知识参战其中，但也没能免去被问的无言可对的地步，心情的郁郁和对自己的失望也慢慢笼罩了我相当长的时光。当时寄居的小屋中，最值钱的就是朋友送我的多波段收音机了。原来每日里下班后写日记、听收音机的悠闲心态被一种"一定要驳倒他"

的较真意识所替代，每天晚上回家就只有一个信念：好好学习！就这样，讨论案件中的"胜利"的喜悦和"失败"的痛苦成为我学习的全部动力和压力，虽然那时只是就案说案，还未能系统的重新研究民事行政法律和司法解释。渐渐的，对这项工作的兴趣慢慢替代了单纯好胜的心理，也开始逐渐系统的重新学习与本职工作相关的各种法律、法规，同时还开始学习依靠学习理论、多看案例、多写文章、强化逻辑分析能力等方式提高自己的业务水平。期间，我被领导分配给严平担任他的书记员。也逐渐对这位耿直坦诚的老同志有了真正的了解，我们之间也建立起深厚的师徒情谊，虽然平日里也免不了为案子互相辩论，但从中获得的乐趣和进步却是我这一生中从没有过的。从他的身上，我也更加感受到父辈们踏实、勤恳、认真、严谨的工作作风，也更感受到他本人作为高干子弟却具有的朴实、朴素的平民化色彩。这在相当长的时间里对我的心灵是一个很大的冲击，也从他的身上真正学到了许多为人的道理。

其后的时间里，有过工作中成功与失败，有过生活的欢笑与忧愁，也有过人生经历中的起伏和跌宕，但对工作的执着和对民行业务的兴趣却从来没有低落过。如果说过去的学习经历还能为年轻同志提供一点借鉴的话，我愿意和大家一起共享。

一是要认真学习理论，认真研究法条。我总是顽固的认为，学校学的东西总是离实践有较大距离，"纸上得来终觉浅"，而且相互对应不上。刚开始时觉得这么学也用不上啊，应该是案件需要什么就学什么啊。事实证明这种想法是错误的。法律的有机联系只有身浸其中才能深深的体会到。而且在学习法条时一定要搞清这条的立法原意是什么，多看看专家学者对这些条文的理解和解释。其实，一部法律当中，只有几个重要的点，对这几个重要的点认识清楚了，一部法律的概貌也就掌握了，同时还要配合掌握涉及本法的相关司法解释，了解出现认识差异的根本原因，同时对照相应的理论著作，对重点问题做到有清醒的认识。如果有兴趣的话，还可以以给法律挑毛病的心态学习法条，这样的进步可能更快一些。

二是要多办案。办案是一个人业务水平进步最直接的手段。只有办案多了，才能知道最应该从哪个方面去分析，才能够知道这类案件的基本处理方式,哪些是有争议的,哪些是有通说的,哪些是审判思路和检察思路之间存在认知差异的等,才能最快最好的找出处理案件的方式。同时要不断总结良好的办案方法和技巧。首先是要通过当事人的申诉理由和人民法院的原审裁判,搞清楚本案存在几个法律关系,诉争焦点有几个,把这些问题先记录下来。然后,再认真阅读法院审判卷宗,重点是各方当事人提供的证据情况和庭审笔录,将各方的证据情况也以简录的形式固定下来,然后根据证据规则对证据情况进行分类和对比。最后,再详细研究人民法院裁判文书中的"经审理查明"和"本院认为"部分。"经审理查明"是人民法院认定事实的核心部分,"本院认为"是人民法院适用法律的核心表现,这两部分内容应该结合法律关系、焦点问题和证据情况来综合分析,充分运用逻辑方法进行验证,从而在较短的时间内掌握案情、掌握焦点、掌握分歧。

三是要多看人民法院的审判案例。这也是丰富案件处理阅历、强化自身实践操作能力的重要手段。最高人民法院经常编纂一些类案研究或一般案例选编,其中均有审判人员对案件的分析思路和认知结论,从中我们可以看出审判者考虑问题的角度和方法,也可以看出他们对某些具体问题的具体认识,还可以探究出每个审判人员对于不同问题的不同逻辑思维。可以说,审判案例的研究重要程度不亚于亲自办理的案件,在这里我们可以感受到不同于自身的别人的智慧,对于我们多角度、深层次的分析问题具有非常重要的作用。

四是要勤于动笔。任何仅仅浮于脑海中的思考都不如落在笔上的分析。只有在书写的过程中,论点、论据结合的紧密程度和论证的缜密才能真正得以实现。写作既是认识的升华,又是思维的整理,同时还是自己说服自己的过程。当一个人写完一篇文章后有种心力交瘁的感觉时,这篇文章一定是一篇有分量的东西,里面一定有作者独特的思考,他一定在某个问题上有了更加切身的认识。

五是要时时锻炼自己的逻辑思考能力。法律的真谛在于逻辑,执法的任何过程都是逻辑贯穿的过程。我们常常讲到一个人的口才或文采,实际上都离不开逻辑的力量,或者说是由于逻辑的力量才致如此。一个观点的说服力,或者说一个裁判的说服力,都是通过充分运用逻辑技术来进行假定、设定和推定,几个前提的结合能否产生最终的结论,或者几个前提的确定是否符合相应的证据规则，乃至一个衍生观点的确立是否符合充分、必要或者充要条件，都是逻辑决定竟至的方向。在日常生活中也是如此，一个逻辑关系清晰的人一定是一个表达和分析都非常精准的优秀人才。

求学的路程虽然坎坷，但就我们而言，大多都是限于自己的拘囿。实际上，收获成果的喜悦却也不可替代。当看到《北京检察》三期连载发表自己撰写的《民事行政申诉案件应如何进行审查》时，当回头翻读自己在九年前撰写的《北京市检察机关办理民事行政抗诉案件办案规则》近两万字的书写稿时，当看到自己的很多思考转化到实际工作中并成为规范性制度时，一种从来没有过的成就感已牢固的充满着我的心胸。

但是，法律真正的核心是积累，是经验。见识的多了，也就会对这个社会有更加深刻的理解，也就不会单纯手持着法律的条文与现实社会进行孤立的对比了。一个优秀的法律工作者，首先一定是一个通晓社会规律的社会工作者，对于生活和法律，都积攒着处处闪烁着智慧光芒的经验。这也是国外许多司法工作均是阅尽沧桑的智者承担的缘故。相比而言，我这个所谓的"专家"，离真正的一个专家学者的要求还有很大距离。不过对经验的理解却也有自我之处。每日的学习和办案，都是为了厚积薄发的积累，而积累的结果，却也是经验的总结和升华。见的案子多了，也就会办案了，只要用心，每个人都是如此。其实生活又何尝不是如此呢，生活的经验多了，也就知道了如何去真正的生活。见识了众多的发自肺腑或者违心的赞誉，品尝了太多的表露无遗以及伪装的鄙夷，也就知道应该如何面对生活中的鲜花和掌声，也知道了应该如何面对生活中的暴雨和狂风，对生活的要求也就多了一些淡然随意。

这也算是经验的意义吧。

凝神聚力　执着前行

院党组成员、反贪局局长　李卫国

2009年1月，我告别了工作多年的海淀检察院，通过竞争上岗来到了一分院。从基层院来到分院工作，对于46岁的我来说，这是我人生的一个重大转折，也的的确确是个不小的挑战。从踏进一分院的第一步，我深知，要告别过去的辉煌，一切要从头开始。我的性格和经历也告诉我，要勇于面对挑战。

凝神聚气

我来到反贪局工作不久后，发现了一个问题，就是人气不足。后经了解，因为去年"8·2"事件的发生，影响了大家的工作情绪，普遍存在"宁可不办案也不出事"的思想。这种思想带来的直接后果就是消极怠工，执行力不足。在这种思想指导下，如何能办好案？如果这个问题不能在短时间内解决，工作将如何开展？等等，诸如此类的问题，成为我上任之初，遇到的第一个问题。

经过我和局班子成员分头与老同志、业务骨干、新同志等不同层面的干部谈话，又经多次研究，我们得出结论，要从队伍建设入手，以抓队伍的作风建设为切入点，只有从根本上解决队伍的思想问题，业务建设才能回到正常的轨道上来。这样，我提出要进行集中整训，核心内容就是"凝神聚气"。具体而言，要求全局上下牢固树立"五个新作风"，即树立不怕困难、努力拼搏、敢打硬仗的顽强作风；树立实事求是、求真务实、踏实肯干的作风；树立尊重人权、密切联系群众的作风；树立令行禁止、雷厉风行的作风；树立遵纪守法、公正廉洁的作风。通过整训，队伍的面貌焕然一新，全局每个人的脸上都有了精、气、神。

之后，我带领局班子认真研究如何在反贪工作中全面贯彻落实院党组提出的"四个三"工作思路。经过研究，我们提出从"三个立足点"入手、通过"四个途径"、实现"四个目标"的工作要求。其中，三个立足点，是指以人为本，狠抓队伍建设，激发队伍的活力和潜力，形成团队的合力；以法为本，公正执法，正确把握法律与政策的有机关系；以民为本，维护人民群众切身利益，服务社会，促进和谐。四个途径，是指深化机制改革、完善办案制度、创新办案方式、强化办案保障。四个工作目标，是指办案出精品，惩治上力度，创新见实效，队伍育专才。

要求明确后，关键是执行。在管理上，我要求局班子做到"三合三分"，即思想上合，职责上分；目标上合，任务上分；决策上合，责任上分。在办案上，我要求局班子在重要案件、重大行动、重大决策中，主动挂帅，靠前指挥，亲历亲为，重大、复杂案件由局领导挂牌督办，有效整合四个侦查队力量，形成全局战斗力。如在办理清华大学房地产管理处综合科科长倪晓军受贿案中，我亲自指挥作战，顺藤摸瓜，深挖犯罪，共立案查处与该案有关的城镇建设领域商业贿赂犯罪案件19件19人。

凝魂聚力

如果说2009年，是反贪局的起步之年，我重点抓了队伍建设。那么2010年，可以说是攻坚之年，我将工作重心转向了业务建设。

年初，我带领局班子制定工作总体要求，即按照"队伍精锐化、人才精英化、办案精准化、案件精品化、公正精益化"的"五化"工作思路，实现人才一流、队伍一流、业务一流的工作目标。

为了在工作中有效地落实工作思路和工作目标，在业务建设上，我进行了大胆创新，尝试建立"队建制"办案模式。这种办案模式的优点在于，在案件突破阶段因要采取综合性侦查手段，需要集中兵力打整体战、立体战；在突破后因要分头取证，需要机动灵活打游击战、局部战；在侦查终结时又要吃透全案案情，整理材料，制作法律文书，需要专人负责，单兵作战。因此，队建制办案模式的核心问题，就是需要团队协作，需要处理好全局与局部，整体与个人，客观与主观的关系。可以说，在队建制办案模式下，看到的是整个团队，而不是个人。正是在队建制办案模式的应用下，我局成功查办了中纪委"1·15"专案，查处了国土资源部地籍管理司副司长温明炬等9

人的窝案串案。该专案的成功办理，在国土资源部乃至全国国土资源系统以及中国地理信息行业的知名企业间产生了巨大影响和震动。

在队建制办案模式下，针对反贪人才成长的特点，我充分挖掘年轻人的潜力，拓展年轻人成才成长的空间，给任务，压担子，充分发挥年轻人的主观能动性，使年轻人参加大量的办案实践，侦查能力和水平得到迅速增长，为我局的可持续发展储备人才。

在办案的同时，我注重打防结合。充分利用已办结的案件，以新闻媒体为载体，在社会上广泛宣传，扩大反贪工作的影响力，通过媒体参与社会管理，净化社会风气。与北京电视台联合录制了《反腐启示录》。其中，《法学博士的阴谋》、《北大医院的硕鼠》、《医考泄密案纪实和赌向深渊》等案在社会上引起强烈反响。

凝心聚智

经过两年的发展，在队伍、业务和管理三个方面都取得了长足的进步，各方面工作日趋规范。可以说，2011年迎来了发展之年。

随着年初机构的调整，我局成立了两个侦查处和一个办公室。通过竞职，在全市范围内择优选调了处长2人、副处长4人，配齐了中层领导班子。侦查处则以队建制为基础，每个侦查处下设三个侦查队，每个侦查队由一名队长负责。同时，从基层检察院遴选了4名年轻的专业人才，全部充实到了侦查处。

根据院党组提出的"走精兵路、办精品案"要求，我局重新研究了职责定位，最终确定了以办理专案为龙头，重点加大查办窝案串案力度的指导思想。以此为出发点，我局把查办大要案作为提升办案规模的切入点和着力点，承担中纪委、市纪委和市院交办的重大敏感复杂案件同去年同期相比上升了30%。在办理的"3·29"专案中，我带领专案组成员，从一封寥寥几字的匿名举报入手，查处了北京市卫生局工会主席、副局级巡视员白宏在四年的时间里共签领工会支票102张用于个人美容、美体消费，开回发票回单位平账，累计金额399.9万元，并多次用公款为自己选购国外品牌高档服装等商品，共计金额29万余元。针对该案暴露出女性领导干部会所腐败的职务犯罪新特点，我敏感地意识到这类案件的普遍性，于是带领干警深挖细查，从查该会所的发票入手，先后立案挖出国家气象局华风气象影视信息集团总经理石永怡（副局级）、神华集团公司财务总监魏淑清（副局级）380万元受贿案特大案件、北京财政局农业处处长杨苹受贿案、国防科工局贪官国防科技工业局兵器管理处处长江莉贪污案、北京城建集团总承包部副总经理刘兴宝为情人出资美容的共同贪污案等共14案14人，其中局级干部3人、处级干部4人，同时还衍生出多起行、受贿大案，并向区县检察院移送了多件案件线索。

在办理大要案的同时，注重新的办案模式的应用。在队建制基础上，积极推行"信息指引侦查"的办案模式。这种办案模式的特点在于，通过充分收集、调取被查对象的各类外围信息，然后对各类信息的整合、分析、研判，从中获取有利信息，并以此为抓手指引案件的侦查。

收获之年

经过三年的发展，我局实现了"凝神聚气"、"凝魂聚力"、"凝心聚智"三步走的重大转变。2012年，到了收获之年。

年初，我带领局领导班子多次召开局务会，从年度考核失分项中全面分析、认真总结，制定工作计划，确立"树立风清气正的廉政精神、人争有为的敬业精神、事创一流的拼搏精神"的反贪精神，有针对性地开展全年工作。

按照年初制定的以"三型"院建设为主线，不断树立"三个理念"、强化"四项提升"、促进"五化建设"的工作思路，我带领反贪局全体干警，同心拼搏、实干争先，始终以饱满的工作热情投入工作，在全市考核连续三年领先的基础上，勇于自我加压，实现自我突破，于立案数稳步提升中寻求新的发展。

在办案规模方面，我把加大执法办案力度作为直接手段，强调保证办案规模；在办案质量方面，我强调树立以案件质量为核心的办案意识，加强对案件线索、行动预案和证据的准确性判断，强化与侦监部门、公诉部门的有效沟通，降低案件退补率、不诉率、控制延长侦查期限率。在犯罪预防方面，我提出要"打基础、抓规范，求实效"的工作要求，在全院形成了以职务犯罪预防工作领导小组为平台，依托各个部门运行的预防工作网络系统。

经过几年的精心打造，严格要求，在市院反贪局组织的案件评比活动中，我局办理的北京市卫生局机关主席白宏贪污案获得"十大精品案件"，国土部地籍司原副司长温明炬受贿案获得"十大优质案件"。在北京市检察机关首届预防廉政短片评比活动中，我局获得第三名，并在高检院组织的全国检察机关首届廉政宣传短片评选中获得优秀奖。

回顾与展望

雄关漫道真如铁，而今迈步从头越。回顾我在一分院反贪局取得的成绩，这与院党组及全院各部门，特别是全局上下对我的关心和支持，是分不开的。每当看到他们加班熬夜，看到他们带病坚持工作，看到他们克服了这样那样的家庭困难而仍坚守在办案一线，我有时感觉对他们及他们的家属，是一种愧疚。然而，这种愧疚，又无法补偿。我有时也很矛盾。但我想，他们能够理解，因为我们从事的职业，永远都会使他们感到荣耀、自豪。

今年年初，党中央加大了反腐败的力度，习近平总书记先后六次在会议上表明了中央反腐败的决心，特别指出，"在反腐工作中，打苍蝇和打老虎同等重要。要坚持老虎、苍蝇一起打，既坚决查处领导干部违纪违法案件，又切实解决发生在群众身边的不正之风和腐败问题。"面对反腐败斗争这样严峻的形势，我们应当责无旁贷，依法履行职责，勇敢地向老虎和苍蝇们亮出我们的宝剑，为实现我们的中国梦、检察梦奋斗终生！

敢问梦在何方

政治部宣传处　蒋炳仁

"中国梦·检察梦"征文，唤起了我的梦！千头万绪，我撷取三张不同时期的照片，打理出我常年从事检察理论研究方面片段小事和些许感想。这里面，镌刻着我三十年峥嵘岁月，承载着我一个又一个梦想。凝望它，你我或许感怀那个年代的故事……

第一张照片：风华正茂，追逐梦想

有一种东西，它承载着许多人的希望，它是灯塔，是方向，看不见摸不着，却能产生巨大的力量，它的名字叫梦想。

1981年底，我怀揣着梦想，即将从部队复原时拍下了这张照片。我之所以选择这张照片，并非炫耀年轻时风华正茂的俊俏。这张照片代表了那个时代，代表了我的青春，也代表了我的梦想……

三十年前，伴随着改革开放的步伐，正值检察机关百废待兴、恢复重建，刑法、刑诉法刚刚实施，我国法制建设进入了新的发展时期。此时，亟须大批人员充实检察机关工作，但是没有现成的法律人才。对于当时的专政机关来说，党员的头衔是重要条件，对于以政治上可靠和服从命令为天职的复转军人来说，检察官就成为首选。一大批复转军人脱下军装，来到了闻所未闻的检察院。

人的一生不断面对选择，其中，多数是船过水无痕，只有稀少的抉择，构筑起人生的转折点。

曾记得，面对三次分配工作不满意，复转办通知我去上班，在众多择业中就像抓阄一样，懵懂地选择了检察院。当时我正以"急行军"的速度迎接高考，曾在模拟考试中蒙上了五百多分。上学工作两不误是我幼稚的想法，检察院领导知道了我想参加高考的消息，便给我下了"通牒"，"高考就辞职，上班不高考"。

那一夜，我久久不能入睡——弟妹年幼，我二十四岁的年纪了，还要上大学"吃"父母，这会给本来就生活困难的家庭增添新的雪霜；同时，高考梦诱惑着，如同磁铁般吸引着我，当一名莘莘学子是我多年的梦想。上学还是工作？实现梦想还是面对现实？我痛苦地做出了人生第一次抉择。不久，我和其他复转军人一起踏进检察院的大门，走上检察官这条路。从此，与检察工作结下了三十多年的不解之缘。

隔行如隔山，对于当过导弹快艇代理艇长的我，在检察工作面前是一个标准的"法盲"。那个年代的复转军人，识浅力绵，文化基础差，知识底子薄，更不懂法律是何物。与现在年轻的大学生、研究生不可同日而语。面对法学理论，面对诉讼程序，像听天书一样。但我像个小学生，把刑法、刑诉法全文背诵，经常默写。根据听课录音整理出几大本笔记，尽管孜孜不倦、上下求索，但检察工作为何物一直困顿萦绕着我。

青年人喧腾的心扉和争强向上的性格诱发我去探究，白天工作，晚上上夜大，如饥似渴地吸取法学营养，精力充沛的我又参加了北京市自学考试。几年后，几个"后学历"拿到手，又连续奋战拿下《律师资格证书》，并有了"法学学士"学位。

这十年，是风华正茂，追逐梦想的十年。

第二张照片：逐渐成熟，实现梦想

凝视我的第二张照片，看起来无忧无虑。其实，第二个十年活得并不轻松，家庭负担凸显，工作责任增大，我只能工作、生活两肩挑。

曾记得，孩子未出满月我就带领反贪侦查组到湖南常德调查取证，顺利将嫌疑人带回北京，圆满完成了任务。出差期间对患病孩子最断人肠的牵挂，至今想起来热泪盈眶。二十多年了，每时每刻……智障儿子的身影常常伴随着我，不管走到哪里，只要工作允许，只要有空闲时间，我就要和他在一起，照顾他，凝视他，哪怕只有短短的时刻，总是梦想他一天天好起来。这是我从没有放弃的念想。他的成长始终与我的检察梦相伴随，这是一个正常孩子的父亲感悟不到的。

办案中，曾有过骑自行车二十公里去调查，步行三十华里去取证，体验过睡在四十多人通铺的大车店里……寒霜酷暑一路走来，深悟出一个简单的道理——干好什么事情都需要扎扎实实地付出和实践。

这期间，我从事了反贪、渎职侵权检察工作，办理过批捕、起诉案件，也从事过办公室、政工科、研究室等综合部门工作。曾担任过研究室主任、团支部书记，党总支委员等职务。

拿了几个"后学历"让我兴奋了一阵子，但很快就平淡了。"有了知识并不见得有水平。"如何把知识变成能力和成果，就需要经验，经验是积累得来的，只要你不断的用心积累，不知不觉中你的工作成效就会越来越显著，机会也会摆到你的眼前，检察工作尤为如此。"这是单位一个即将退休的老同事跟我说的实在话。

我感悟到，关注理论前沿，了解检察热点，是检察理论创新的出发点。工作之余我经常参加各种法律学术会议，以便掌握检察改革动态。聆听专家一次高水平的法学讲座是精神的洗礼和思想的升华，讲座的魅力带给我的是思想上的启发和心灵上的震撼，那些智慧的声音和思想的光芒，为我提供了读书和研究的参照和榜样。一次法学精神的会餐远胜过十次物质的盛宴，这也是我在检察理论长途中迈出跬步的动力。

这些年，我时常有一种陌生感，这种陌生感触动着我去思考、去研究、去撰写。记得有位哲人说过："熟悉的地方没有风景。"此语不谬却失之片面，它容易将人们引入舍近求远的误区。其实，熟悉的地方也有景，只不过你不在意这些景色。只有探索自己熟悉的东西，你才能驾驭它并有所收获。检察工作是我唯一熟悉的事情。从那时起，陌生与熟悉缠绕在一起，困扰着我。我把熟悉的办案体会变成文字，把检察工作中陌生的难点问题写成文章，这一切就成为我工作和生活的重要内容。

这些年，无论受到多少委屈，遭遇多少困难，从未动摇过追求检察理论的信念……

这些年，由于检察理论研究成果突出荣立个人三等功，被中纪委培训中心聘为兼职教师并多次授课；受最高人民检察院委托，参与全国人大法工委组织的1996年刑事诉讼法立法修改工作；被授予北京市"优秀中青年法学家"的称号；被市政法系统确定为"学科带头人"；荣获北京市检察机关"检察业务专家"称号和第二届"十佳调研能手"称号；被最高人民检察院确定为"全国检察理论人才"。

获奖文章一篇篇，荣誉称号一个个，奖状证书一摞摞。这些成果记录了我30年的检察生涯，意味着30年艰辛尽瘁的检察实践；洋洋洒洒百万字的理论作品，铭录着我对检察实践孜孜以求的思索，陪伴着我在检察理论领域里的伏枥耕耘，见证着我对检察事业的宏愿和心力。

回首30年的检察生涯和探索之路，感慨良多。从一名不谙法律的复员军人，成长为一名饱嚼检察理论的检察官，所有的感言可以用感谢和幸运来表达，所有的成绩可以用奋进和努力来诠释。

这十年，是我逐渐成熟，实现梦想的十年。

第三张照片：孜孜以求 耕耘梦想

拍摄第三张照片的时候，检察机关正处于创新发展阶段。当时，我国检察实践和检察改革中难免出现一些问题，对检察理论和检察制度也提出了各种质疑。

"不求深思，无以致远"。创造性地回应关于检察理论和实践中出现的各种问题，理性地迎接检察理论研究过程中的各种挑战，需要进行检察理论研究和创新；需要热爱检察事业的仁人为之尽绵薄之力；更需要先师们开启思路和无名英雄众星捧月。

"庙廊之才，非一木之枝"，"清泉潺潺，端赖源头活水"。我并非是一枝独秀，平心而论，取得这些荣誉称号，不是我个人的荣耀，荣誉属于与我共事多年的同事们，有赖于领导和老师的鼎力相助与谆谆教诲，包含着支持鼓励我的朋友和家人的一分心血。

取得这些荣誉称号，要归功于赵云阁副检察长和陈瑞华教授等人对我的关爱，没有他们精心栽培与指点迷津，就不会有我今天所谓的"检察业务专家"的成绩。

德高望重的赵云阁女士已是一个退休十年的原北京市检察院党组副书记、副检察长，她是一位富有实践经验的检察官，也是一位颇为重视检察理论追求和培养年轻人才的领导，我作为她的间接下属，在我遇到困难的时候，她给予我理解和支持；在我有所成就的时候，她给我以鼓励和鞭策。多少年来，我得到了赵云阁等老一辈领导数不清的关怀与帮助，在她的举荐下，我才能有机会参加许多重大学术活动并得到荣誉。时值今日，依稀可寻老一辈检察官为人的大气和严谨的工作风范，已七十高龄的她还经常鼓励和鞭策我，关注我的学习和工作，为我在检察理论上取得的成就感到由衷地欣慰。

中国十大中青年法学家，北京大学陈瑞华教授是我有幸结识的法学大家，并成为莫逆之交。陈教授等一批具有社会责任感与理性洞察力的中青年学者，在我国法学理论探索中奋然崛起，这一代学者承前启后，已成为法学研究的中坚与栋梁。我在讨教中卓然可见这些学者文思犀利的锐气，尤其是他们不囿于现存理论的束缚和对理性的反思精神，他们用文笔塑造出了中国法学理论的独立学术品格。他经常修改我的文章，为我拟题目出思路，邀请我参与课题撰写和论坛研讨。其实，我已成为陈教授的编外学生，尽管我年长陈教授十岁，每每相见都会有新的感想、新的收获。

取得这些荣誉称号，实在是受之有愧。检察系统有那么多的优秀人才，他们长期奋战在检察工作第一线，兢兢业业，不计名利，默默奉献，他们称得上是真正的"检察业务专家"。我只是检察战线的普通一员，做了喜欢做和应该做的事情，虽然德才有限，但在追逐梦想的征途中，从来没有停止过。

取得这些荣誉称号，实在是名不副实，我最多只能算个"土专家"。我没有机会进大学系统地深造，没有取得闪光的学位，也没有落地有声的科研成果，我只是一个"后学历"，只有一个"土学位"，只是把检察工作中出现的问题，加以归纳总结，我却得到了许多精神和物质奖励。

取得这些荣誉称号，实在是偶然幸运，同时也是对复转军人群体的褒扬和厚爱。在检察机关恢复重建时期，复转军人占有检察干警人数的半壁江山，堪称检察工作的主力军，衬托出那个时代的痕迹和检察机关的特点。他们在部队大熔炉锤炼下，养成了服从命令，遵守纪律的好作风，树立了在困难面前坚忍不拔、勇往直前的精神，他们把这些精神和作风带到了地方，带到了检察院。他们在检察战线奋斗着、工作着，勤勤恳恳，无怨无悔，他们才是真正的检察业务人才。我只是复转军人的幸运代表，复转军人为检察事业做出的贡献是检察史上的奇迹，历史永远不会忘记他们。

掩面而思，在我的身后的许多无名鲜花在盛开，有许多坚韧挺拔的大树在遮阴，依托了这些鲜为人知的百花园，才使我这棵小树常绿。否则，我只是水中月，镜中花。

回首往事，这就是我的中国梦·检察梦——30年检察时光瞬息而过，30年理论探索艰难曲折；30年检察之梦，喜悦与惭愧，满足和遗憾；30年间，每个人都在追逐梦想，每个人都在实现梦想……

敢问梦在何方？梦在脚下，梦在心中！

成长八字箴言
——肯干、能干、善干、敢干

二审监督处　庄　伟

十八年前，在一个黄沙肆虐的初春，我与检察事业结下了不解之缘；十八年后，在天高云淡的日子，我拣拾了一篮丰厚的果实：执着、乐观、坚强。我庆幸，当年选对了职业，因为在检察事业这片丰厚的土壤里，一个个"人争有为"的人才，一个个"事创一流"的奇迹，影响着我，激励着我，在这种氛围中，我慢慢地品尝成长：三年的反贪工作，调查取证、蹲坑守候、甚至是在大年除夕去深圳抓捕犯罪嫌疑人，磨炼了我的耐性、养成了我的细致、强化了我的证据意识，使我奠定了良好的检察业务基础；而后的十几年的公诉工作，审查证据、出庭公诉、甚或引导侦查取证，提高了我的审查、判断能力、缜密的逻辑思维能力，锻炼了我的语言表达能力，使我完成了由一名起诉新兵到全国十佳公诉人、北京市检察业务专家的转变。十八年，由书记员到检察员，由普通干警到中层领导，最初的青涩不安渐渐沉淀出执着与干练，跳脱开那些纷纷扰扰的枝杈，荣誉也好，失败也罢，给我留下宝贵财富的不仅仅是经历本身，还有经历后的感悟。这种感悟，慢慢锤炼出一种智慧，在心中沉淀、绽放，可以和人分享，也可以提点自己，于是完成了职业信念的转变，将检察工作由职业当成事业；于是懂得了感恩，以毫无保留、甘为人梯的方式来回报检察事业；于是总结出了肯干、能干、善干、敢干的"八字"成长之路。

一是肯干。肯干是不怕苦、不怕累、不怕吃亏，不拈轻怕重、不挑肥拣瘦的工作态度。珍视每一个工作岗位、每一项工作任务，把平凡的岗位、繁琐的工作都当作是一次挑战，从中锻炼能力、积蓄力量。在经济科（反贪局前身）从事内勤工作的时候，整天和枯燥的数字报表打交道。在大学生比较稀缺的当时，这样的工作安排也曾经让我感到十分困惑和迷茫。但我深知：不积小流无以成江海。记得1998年的除夕之夜，我临时领命配合办案组前往深圳抓获女犯罪嫌疑人。母亲一边为我收拾行装，一边不解地问："你是负责内勤的，为什么还要外出侦查呀，而且还是在这万家团圆的除夕之夜？"我微微一笑，没有多作解释。2005年4月到8月，海检公诉二处只有我一名主诉检察官，我除了要履行处长的职责外，还要签批审结全处的案件。这意味着全处的案件都需要我在法定的期限内签批审结之后，才能进入下个程序。一方面是时间的限制，绝对不能超期，否则就是对在押人员的非法拘禁；另一方面是质量的要求，案件绝对不能出现差错，否则就是冤假错案。四个月四百多件案件，没有一件差错、没有一件超期，都是加班加点干出来的，那四个月平均每天工作都在12小时左右。2010年，在一分院公诉二处任主任检察官期间，在我因病失声四个月的情形下，并没有耽误全组的案件结案率，我组以全处40%的办案力量审结签批了全处52%的案件。我坚信，每一次挫折的经历，都是一笔无形的财富，都会带来意外的收获。今天，当我再次回首这些工作经历时，我发现，内勤工作的琐屑与繁杂，培养了我耐心细致的工作态度和踏实肯干的工作作风，主任检察官和处长的岗位培养了我的担当与责任意识，而这些都是成才必备要素。

二是能干。如果说肯干指的是干事业的态度，那么能干则更加强调干事业的能力。干事业的能力最重要的是学习能力和专业能力。学习能力是干好任何事情的基础。走出校门，实践技能与实践经验需要学习，法律不断完善，法治理念不断更新，都需要学习。作为一名司法实务工作者，不仅要有扎实的法学理论功底，还要有严谨的逻辑思维能力、敏锐的分析判断能力、良好的调研写作能力和流畅的语言表达能力。而这些专业能力的具备，必须在工作和学习的不断积累中才能获得。业精于勤而荒于嬉。在阔别校园五年之后，我又报考了中国人民大学的研究生，系统、深入地学习刑法学理论知识。在工作中，我更是不放过任何一个向优秀同仁学习的机会。为了提高出庭公诉水平，我数十遍地观摩首届全国十佳公诉人出庭录像，从中领悟法庭论辩的技巧和魅力。为了备战全国十佳公诉人大赛，我在短短的半年时间里通读了大量的法律书籍，赛后整理书籍，装满了整整三大旅行箱，同事们都说我又上了一回研究生。虽然工作和学习的双重压力，有时也会让我深感疲惫，但只要想到工作中还存在着未知与不足，我就会咬牙坚持下来。多年养成的学习习惯，使我在工作中受益匪浅。2003年5月21日，我承担了全国首例涉及"非典"案件——张月新抢劫案的公诉工作，该案在中央电视台新闻频道现场直播，中国法院网在互联网上全程直播，并且有1.5万网民参与了网上讨论。该案的公诉得到了各界的好评，这完全得益于勤于学习的积淀。在一分院公诉二处期间，我遇到两起零口供的重大案件，一件是市公安局网监处原处长于兵受贿、滥用职权一案，另一件是作案手段最新型的闫肃、杨菲菲等人骗取出口退税案。这两件案件的审查起诉期间，充分考验了我的业务能力。最终我在审查起诉期间利用巧妙的讯问和心理攻势，使于兵当庭认罪；通过与组内承办人一起向税务专业人士请教专业问题、分析梳理证据，与合议庭法官交换意见，最终使这起当时北京国税领域反响最大的案件得以顺利下判，二名主犯被判处无期徒刑，并没有上诉。

　　三是善干。如果说肯干、能干是通向成功的必经之路，那么善干则无疑是撷取成功的捷径。做到善干，首先要扬长避短、准确定位。有人说，人生的痛苦不在于别无选择，而在于不知如何抉择。在面对人生的岔路口时，只有懂得辨别和取舍，才能找到一条真正适合自己的路。当我在经济科工作了三年，已经取得助理检察员资格的情况下，转战公诉，就意味着我必须从头来过，从最基础的书记员工作做起，这在很多人看来，无疑是得不偿失。然而，在分析了自己的优势之后，我毅然选择了投身公诉。事实证明，我的分析判断是正确的。在公诉工作的磨砺中，我用短短四年时间，获得了"全国十佳公诉人"——这一公诉领域的最高荣誉。其次，善干还要讲求工作方法，学会用创新来开展工作，体现工作效果，实现法律效果和社会效果的统一。在担任海检公诉二处处长期间，我提出了"慎延审、慎退补"的公诉工作理念，对退补的次数和针对性有了要求，二次退补由处长把关，在实现高效办案的同时体现了程序公正；为了服务发展大局，结合区情特色，我在海检公诉二处成立了知识产权的刑事案件专案组，查办了一批涉及面广、案值较大，有一定社会影响的案件，每年都有案件荣获中国外商投资企业协会优质品牌保护委员会年度知识产权保护最佳案例奖。知识产权的刑事保护在海检逐渐形成一块品牌，为日后海检成立知识产权检察处奠定了基础。在一分院担任主任检察官期间，通过这两年的实践结合理论撰写了《主任检察官的理论与实践可行性研究报告》，摸索出主任检察官的运作模式与定位。在任二审处处长期间，为了应对新刑诉法对二审开庭工作带来的挑战，我与处内同事一同对近两年来的两千件二审案件逐一梳理分析，通过实证研究，进一步明确了二审开庭范围，并与法院达成共识，共同签署了《关于推进刑事二审上诉案件办理工作的座谈纪要》。

四是敢干。如果说肯干是动力，能干是基础，善干是技巧，那么敢干则是指干事业不怕挫折，勇往直前的心理态度。在挫折与困难面前，必胜的信念和敢于直面的勇气往往成为战无不胜的法宝。想象一下，如果1999年在"全国女检察官法庭辩论赛"的集训中，我甘当陪练，不思进取，那么我就不会最终站到亚军的领奖台上；如果2003年参加全国十佳公诉人评比中，我被预赛不利的成绩吓倒，丧失信心，无心备战，那么我就无缘问鼎全国十佳；如果在2009年参加北京检察业务专家评审中，我被休完产假后的家庭负担所牵绊，放弃评选，我不会最终有所斩获。在这过程中，我重新撰写了论文，从选题到完稿，用了一个周末与两个晚上，最终撰写了一万两千余字的《集资诈骗罪司法认定问题研究》，该论文得到评委的好评，并在2009年第40期《刑事司法指南》转发。直面困难，正视挫折，不服输、不畏难、不退缩，只有精神上的强者才能成为事业上的佼佼者。

肯干、能干、善干、敢干——多年的职业经历使我对检察工作的真谛有了更加深刻的理解和感悟。回顾过去，辉煌不再是单纯的荣耀，而是给未来的成功总结出来的路径；挫折不再只是疼痛的跌倒，而是对日后迈过坎坷的提醒。在社会主义法治建设的征途中，我作为一名检察官，必将继续发扬"人争有为，事创一流"的拼搏精神，带动影响更多的人才，创造更多的一流业绩，为实现一流业绩品牌的检察梦而努力前行！

怒放的生命

公诉二处　游小琴

想了很久，给本文取个什么名，最后决定用了这个歌名。在检察机关工作十三年来，我直接或间接地体验了太多的奋斗、艰难、挫折、拼搏、超越和感动。我的成长经历可以说是一个经典的样本，折射了在国家法治建设不断进步和检察机关实施人才强检战略的时代大环境下，一个检察官个体命运的发展轨迹。经常被问到的一句话就是检察院的工作累不累，我的回答是我的工作就没有不累的时候。有时难免会感叹，为什么我的日子老是过得如此"艰难"，经常不得不白天黑夜地工作和学习。而事实上，我是满怀感恩之心，度过了那些"艰难"的日子，并在今天怀念那些日子。当我在非正式场合，不经意地，却认真地说出"我感谢党，感谢检察院"时，我曾经"吓"着了在东城院挂职的田宏杰教授。她说她很感动，一个人能把这两个感谢说得如此真诚。是的，我真诚地感谢党，感谢检察院，感谢给了我一份珍贵的工作，感谢给予我工资，感谢教予我技能、锻炼我心智，感谢给予我能力和机会去自我完善和帮助别人。

"怒放的生命"是一首摇滚歌曲，歌曲的开始是这样的："曾经多少次跌倒在路上，曾经多少次折断过翅膀，如今我已不再感到彷徨，我想超越这平凡的生活，我想要怒放的生命。"我是一个需要热情和感动的人，也喜欢在自己的经历中体验出一些"浪漫"的色彩。我曾经和父亲开玩笑，我说我迄今为止的检察官经历，不好一定说是成功，也不好一定说是失败，但是应该可以说是很摇滚。

一个来自重庆的平民女孩，没有任何"拼爹"的背景，因为希望到北京看马拉松比赛这样一个有些可笑的理由，选择来到北京上大学。研究生毕业时幸运地被东城检察院收入麾下，不由得感叹，年幼时无比向往的天安门广场，居然成了自己的辖区。但这仅仅是个开始，哪会想到很多不可思议的事情，之后会发生在我的身上。

我经常会有一种紧迫感和压力感，感慨自己为什么会如此的幸运，真怕自己懈怠了，辜负了帮助指导我的诸多领导和朋友。不敢说自己的工作水平一定是高，但在学习培训方面，我想很难有比我受过更好训练的公诉人了。

在当时东城院领导的关心和公诉一处处长邹开红（第二届全国十佳公诉人第一名）的指导下，我的公诉业务水平在较短的工作时间内得到了长足的进步。2005年10月，我在北京市检察机关第二届检察业务技能竞赛中，荣获"北京市十佳公诉人"的荣誉称号，并获得"最佳辩手"和"优秀论文"两个单项奖。

2006年11月，经北京市人民检察院党组研究决定，我作为北京的三名选手之一，参加最高人民检察院举办的第三届"全国十佳公诉人暨全国优秀公诉人"评选活动。比赛前，北京市院为我们三名选手进行了为期80天的集中培训。以前哪敢想象，自己能受到北京市诸多经验丰富的优秀检察官毫无保留的传授，还能受到陈兴良、张明楷等最顶尖法学家面对面、近距离的指导，还能向最高人民法院的大法官请教对司法实务的理解，这些都是北京市不可比拟的优势。最后，我在比赛中入围"全国十佳公诉人"，并荣获"优秀论文"单项奖。

以下我想多用些笔墨介绍我之后在美国天普大学（Temple University）留学的经历，因为这不仅是我个人独特的经历，也展现了检察机关在人才培养方面的开放和进步。

2007年5月，北京市检察机关将我推荐给最高人民检察院，作为参加美国天普大学在清华大学举办的法学硕士班的考生。我顺利通过了1∶2淘汰性的入学考试，于当年7月进入到该班学习。学习一共15个月，分5个学期，其中第四个学期2008年夏天到天普大学在美国费城的校区学习。在访美学习期间，我偶然在校报看到一篇介绍罗马尼亚一位女法官在天普大学博士毕业的消息，我心想既然罗马尼亚的女法官可以，中国的女检察官为什么就不可以读美国的博士呢？

感谢东城院已故娄云生检察长的真诚鼓励和大力支持！是您鼓励我申请去美国读博，是您亲自在我的推荐书上署名。永远难忘，当我拿着录取通知书去见您前，我还仔细思索了怎么跟您谈，怎么争取您下一步的支持。当我进到您的办公室，把录取通知书递给您，说："娄检，我被录取了。"您说："真的吗，那真是太好了！"我立刻不可遏制地泪如雨下，哭得一塌糊涂，想好的话一句都没跟您说，也不想说了。您递来纸巾盒，问我为什么哭得这么厉害。我说您太真诚了，我真的很感动。

2009年8月到2010年7月，在美国驻校读博期间，我没有去任何地方旅游，没有踏出学校所在的费城一步。没有任何人要求我这么做，我有我的考虑，美国的公共安全环境远不如国内，我想我要是不幸被枪杀了或者出车祸什么的，死在费城也算是能给院党组一个交代，要是死在外出旅行途中，怎么对得起院党组，对得起娄检。再说我的任务不是来干别的，就是来读书的。有一次，学校以每天150美金的薪水请我陪同一个访学团去华盛顿一周，被我断然拒绝。

不挣钱自然要过紧一些的日子，我和一位访问学者、一位商学院的学生合租一个三室一厅，自己倒没觉得住得差，哪知差点把别人催得泪下。那是2010年5月，徐航和金轶（与我同一届的全国十佳公诉人）在访美期间来费城看我，徐航当时倒没说什么，回国后到处说当她看到我的简陋小屋时，眼泪都差点掉下来了。

感谢恩师爱德华·奥尔本（Edward Ohlbaum）教授的接纳和培养！我非常有幸能师从于他。他的教研方向是证据法、刑事诉讼法和律师出庭技能，他是美国一位非常著名的教授，尤其是在律师出庭技能（Trial Advocacy）的教学方面，有着很高的威望。参加过清华天普班学习的检察官们，都上过他的课，知道我在"著名"前加上"非常"二字，绝对名副其实。美国每年会评出一位律师出庭技能领域的荣誉教授（Honorable Professor），他在1996年就获得了此项殊荣。天普大学法学院在美国排名50名左右，但是他作为项目主任的律师出庭技能课程，在过去的20年中超过半数时间排名全美第一，从未跌出过前三。在过去25年中，他每年从学生中选拔培训的律师出庭技能参赛队伍，有23年夺得了宾夕法尼亚州的冠军，并多次夺得全美冠军。

我就读的法学博士项目SJD（Juridical Science Doctor），只用在导师指导下进行专题研究和论文写作，不必上课。但是在我的请求下，导师为我作出了超乎我想象的课程安排，且一律免费。我不仅上他主讲的证据法课程，还同时参加基础出庭技能（为二年级学生开）和高级出庭技能（为三年级学生开）两门课。后两门课的性质，用咱们当前熟悉的话语来讲，就是小班"实训"课，分别由一名公共辩护律师和一名法官担任教师，他们都是下班后晚上来上课。我一方面是插班生，另一方面发现自己在两个班上都是唯一的母语非英语学生。但本人毕竟是有相当工作经验的公诉人了，这是同学们不能比的，再加上自己的努力和勤奋，我在两个班上都很快得到了同学们的尊重。最难忘的是，高级出庭技能课中，有一项使用示证软件配合发表法庭辩论意见的课程。当我做完展示，全班同学自发地给了我热烈的掌声，我是唯一得到同学掌声的人。而且主讲这门课的法官老师，没有像对其他同学那样，点评我哪儿做得不对，在同学们热烈掌声过后，他只说了一句话："好了，大家都看到了，她给我们展示了应该怎么去做，这就是标准。"下课后他当晚就给我的导师发去邮件表扬我。这是很有意思的一件事情，一位中国的检察官到美国法学院的课堂上去给别人当了标准。

2010年6月底快离校前，发生了一件特别有纪念意义的事情，我为来访的检察机关领导担任了翻译。那天中午，我在法学院门口偶遇教务老师，她告诉我下午有个中国来的法学访问团，好像是从北京来的，建议我去看看，或许有我认识的熟人。于是下午我就去了，结果一个认识的熟人都没有，来的是高检院政治部李如林主任带队的政工领导考察团，当时刚到北京市院政治部履新的张幸民主任也在其中，我都是第一次见。当天下午的活动是一位FBI资深探员前来介绍FBI与检察官办公室的合作情况。我跟中国翻译说，今天下午让我来吧，来的都是我的领导，也算是我向领导做个学习汇报吧。临别前李如林主任对张幸民主任说，现在北京都能派检察官到美国留学读博士了，真是反映了我们国家司法理念的进步和对人才培养的重视。

去美国读博，不仅仅是说起来有意思，或是一个抽象的概念而已。国外学习的经历，特别是师从奥尔本教授，使我对当事人主义对抗式庭审的出庭技巧和相关的证据法，有了较为深刻的理解，也切实锻炼了相应的技能，促进了我回国后的工作，使我自信并敢于创新。

2010年7月，结束一年住校学习回到北京，我就被市检察院抽调，为北京备战第四届全国公诉人业务竞赛担任教练。我把在美国学习的训练方法运用到公诉人的辩论实务中，帮助北京参赛队三位选手在准备20分钟的即兴辩论项目中，都做到了完全脱稿。在10月的比赛中，北京二位选手入围全国十佳，一位选手入围全国优秀。紧接着，我又被市院抽调，担任北京队参加首届全国优秀公诉人电视辩论大赛的教练，北京队在12月的比赛中，夺得了冠军。

近两年来，北京市检察机关的培训开始转型，更为注重实务加实战的"双实模式"实训。我在参加最高人民检察院组织的公诉实训师资培训班时，在参加实训课时发现，由于在课堂上没有事先对我国庭审的证据规则有一个统一的认识，学员在参加模拟庭审或是点评时，更多的是从证据的证明力方面去考虑，而缺乏对庭审规则的宏观把握和运用。对比在美国所学，我在自己担任授课老师的讯问或询问的实训课上，大胆地在课堂一开始时提出这样一个概念："我国庭审是没有证据规则的，公诉人最重要的是在没有规则的情况下把握好分寸。"并且，在课堂进行中，当学员提出疑难问题时，我适当地介绍美国律师在庭审时的做法，供学员参考，很多问题就这样豁然开朗了。

2011年我竞聘到北京市检察院第一分院工作后，各级领导继续关心和支持我的学业。我一边工作办案，一边写作博士论文。最后，政治部批准给我一个月的假，到美国完成了论文答辩，取得了学位。

我论文研究的主题是"无辜者的有罪供述"，毕业后一直想把论文译成中文，再充实些内容写本书，但因公诉二处从去年开始办案压力陡增，一直未能启动写作。另外，我还想就中国公诉人如何吸收当事人主义庭审技巧的合理成分，进行较为深入的研究，出一定的成果。在这里我把这两个计划说出来，也是希望能得到领导和同事们的监督。

今年五一节后，我又被市院抽调，为北京备战第五届全国公诉人业务竞赛担任教练。一个下级院的公诉人，能两次被市院抽调担任全国业务竞赛的教练，我视之为一项珍贵的荣誉，只能是全力以赴做好工作。与司法考试那样的资格性考试不同，公诉业务竞赛是竞争性的考试，要取胜就需要全情投入，忘我付出。不光选手要如此，教练和陪练也不能有丝毫懈怠。这些充满了紧张和挑战的日子，同时也是快乐、充实、难忘而富有意义的日子。而且，最重要的是，"这不是一个人的战斗"。两届担任教练，我深深地体会到团结的力量和胜利的来之不易，难忘领导的关怀与支持，难忘自己作为教练时的操心，也难忘自己作为选手时受到的帮助。在这里，向所有关心帮助我们的领导和同事们表示深深的谢意！选手们已于6月16日进驻考场，祝他们成功，生命怒放！

情系百姓疾苦　服务科学发展
共筑中国梦想
——难忘信访岗位挂职锻炼再回首

机关工会　王东军

受北京市检察机关推荐和市委组织部、市委政法委的选派，我于2011年7月至2012年1月有幸挂职北京市石景山区信访办副主任，负责群众来访接待和矛盾调处工作。半年信访工作的学习实践，在区委、区政府的领导和信访办各位同仁的热情帮助下，思想上有收获、认识上有提高、学习上有进步、工作上有成效。

虽然时隔一年有余，但它毕竟寄托着一名普通检察官的梦想，承载过一名曾经信访岗位人的执着追求。特别是在深入学习宣传贯彻党的十八大精神，积极践行"中国梦、法治梦、检察梦"的热潮中，让我更加留恋和珍惜信访工作的经历，为我逐梦前行、追梦奋进增添了信心和力量。

一、认真学习刻苦钻研，执着追逐"中国梦"

信访部门是党和政府联系人民群众的桥梁纽带，它履行着分国忧、化民怨、解民难的神圣职责，是中国特色社会主义政治制度的重要组成部分。尤其是基层信访工作覆盖面宽，涉及内容广，矛盾纠纷繁杂，联系百姓直接，对于我们这些常年在机关工作的人来说，需要学习了解和掌握的内容很多。所以到任之初，我就坚定了虚心学习、刻苦钻研、勇于实践、甘做小学生的信念。

一是认真向书本学。工作之余，我找来许多关于信访工作的书籍和资料，认真学习了《中华人民共和国信访条例》、《北京市信访条例》、《石景山区人民内部矛盾排查调处工作办法》等法律法规，以及《首都信访创新与实践》、《信访聚焦（解决信访问题案例汇编）》等，力求在书本中汲取更多的营养。通过学习使我进一步了解、初步掌握了人民内部矛盾排查调处工作的程序、方法和途径，为做好信访接待、调处工作打下了基础、创造了条件。

二是虚心向大家学。我虽有37年部队和检察机关工作经历，但在信访工作岗位上却是个新兵，信访办的各位同事是我最好的老师，从他们接访、调处工作的言谈举止中我能获取最直接的养分。如在陪同领导接访时，我能亲身体会到区领导站位高、眼界宽，坚持从国家，特别是首都经济和社会发展大局出发，从维护社会和谐稳定，从维护最广大人民群众根本利益的角度考虑问题和决策部署；从各职能部门，特别是信访办领导调处、化解矛盾的工作中，感悟到他们的睿智、果敢和强烈的事业心、高度的政治责任感；从信访一线工作人员中学到了他们勇于担当、忍辱负重、默默奉献的敬业精神。

二、积极参与勇于实践，努力践行"中国梦"

在认真学习的基础上，我能自觉服从组织分配和领导安排，工作不分分内分外，哪里需要、领导如何安排，我就工作在哪里，甘愿做好最基础、最前沿和最平凡的工作。

半年来，我在信访办主任的指导和同志们的帮助下，坚持全程参与每周三的区领导接访活动20余场50余批次。并参与接待了70余批次群体访约2000余人次。如衙门口景阳天昊农工商公司成员因"十七公顷"征地问题、西客站建设拆迁问题、德义兴商业大楼内部纠纷、邓禄普袜厂纠纷、五里坨大队改制后纠纷、台湾街租户纠纷等老的群体访，同时也多次参与接待了"两限房"、农民工集中讨薪、复退军人上访等新的热点问题。

实践中，我能自觉以信访工作者主人翁意识，主动参与接待和调处工作。特别是2012年1月6日晚八时许，本人在回家的路上偶然发现50余名讨薪民工举标喊号围堵石景山区政府大门，正当值勤保安束手无策时，我及时赶到并亮明身份，面对此时上访人群情绪激动且已出现极端苗头，我凭着职业的敏感和高度的责任心，着力稳住事态，一面及时向主管领导汇报和请示，一面要求保安立即向维稳办、公安指挥中心报警。同时，挺身而出，面对群情激昂的上访群众主动释法说理、耐心劝导，经过40多分钟的调处工作，成功劝散，暂时平息了事态，避免了可能出现的恶性事件，受到了领导赞许和同志们的好评。事后，我又主动建议和积极协调有关部门认真做好上访讨薪民工诉求相关事项的合理解决。

工作之余，我还充分利用在信访办挂职锻炼的有利条件，紧紧围绕首都，特别是本辖区内经济和社会发展实际，经过深入调研和认真分析，完成了《积极探索从源头预防和化解信访问题的思考及对策》的调研报告，明确指出：一是信访问题是新形势下人民内部矛盾的主要表现形式，虽然上升明显，矛盾突出，但总体上处在动态可控范围内；二是当前信访问题呈现的五个方面新情况和新特点；三是如何从源头上预防和化解信访问题提出了六条建议。

同时，我还根据年前农民工集中讨薪上访带来诸多社会问题的亲身体验，完成了《通过讨薪方式形成的群体性信访问题不容忽视》的调研文章，从讨薪类信访矛盾的突出特点、暴露出的主要问题以及对策和建议等方面提出了自己的观点和看法。受到了信访部门和领导的肯定，希望能为调处和化解社会矛盾工作起到一定的积极作用。

三、认真办案踏实做事，齐心共筑"中国梦"

习近平总书记《在第十二届全国人民代表大会第一次会议上的讲话》，深刻阐释了实现中国梦的正确方向，强调指出："实现中国梦必须弘扬中国精神"；"实现中国梦必须凝聚中国力量"；"中国梦归根到底是人民的梦，必须紧紧依靠人民来实现"。

作为挂职干部，我能以检察官特有的职业素养和主人翁意识，自觉融入首都，特别是石景山区经济和社会发展的实践中，注重利用可能的机会，接触信访案件，参与研究讨论和相关调处工作。通过学习实践，掌握了许多第一手材料，学习了更多调处方法，并就司法工作者与信访工作者之间遇到的诸多涉法涉诉问题进行了真诚合作和友好沟通。期间，我还能主动运用本身掌握的司法资源帮助当地党和政府做一些力所能及的事情。

我十分珍视这次挂职锻炼的机会，在任期间，无论是接待来访群众，还是做其他工作，我都能尽职尽责，老老实实做人，踏踏实实做事，认认真真办案，尽可能地了解百姓疾苦，解决群众诉求，尽可能地为这个光荣的集体多做些贡献，为这些可敬可爱的信访工作者多办点实事。通过密切的交流与合作，增强了相互之间的了解和友谊，达到了学习锻炼和交流沟通的目的，实现了双方共赢。我相信，此次学习交流将作为纽带，架起和连接我们之间友谊与合作的桥梁，推动我们各自工作的不断创新发展。

四、感慨触动颇深，为逐梦前行增添信心和力量

我所挂职的石景山区面临着"打造北京 CRD，构建和谐石景山，建设现代化首都新城区"和加快经济发展方式转变，全力推动"大调整、大建设、大发展"的关键时期。特别是在推进城市化进程中面临"农转非"遗留问题、企业改制、拆迁补偿、劳资纠纷、"两限房"、农民工讨薪等矛盾进入凸显期。我们应当看到，当前社会矛盾具有多发性、直接性和复杂性的特点，这些矛盾和问题的性质大多为在根本利益一致基础上的人民内部矛盾。但若不积极化解、任其发展蔓延，就会发生某种程度的对抗，甚至使改革发展大局毁于一旦。这些问题考验着党和政府的执政、执法水平，是摆在我们面前的严峻课题。

同时，我也感受到身处化解社会矛盾，为党和政府分忧、为百姓解难第一线的信访工作者，普遍有一种特别能吃苦，特别能战斗和特别能奉献的精神，他们往往承受着很大的工作压力和诸多委屈，身心疲惫。但他们表现出高度政治意识、责任意识、大局意识和服务意识，他们具有良好的法律、法规、政策的把握和运用，以及语言表达和协调沟通能力，特别是在驾驭和调处棘手问题、复杂矛盾时所表现出的睿智和果敢作风。所以，我感觉信访工作应当得到更多的理解、关心、支持和帮助，并应受到更多的尊重。信访工作岗位应当成为锻炼干部的平台、培养人才的沃土。

半年基层信访一线的实践锻炼，使我更多地体会到党和政府路线方针政策的贯彻落实；更多地感悟到人民群众的实际困难和现实诉求；更多地了解到现实纷繁复杂的社会现象和矛盾纠纷；学会了更多排查、接待、调处、化解社会矛盾的方式方法。真正懂得了信访工作作为党和政府联系群众、听取民意、集中民智、化解民怨、维护民利、确保民安的重点工程之重要意义。同时，通过信访工作实际锻炼，使我更多地认识了检察监督工作在推动经济发展，促进社会和谐稳定，尤其是在积极推进"三项重点工作"中的重要作用。

不做信访工作，难知信访工作的酸甜苦辣。虽然我在信访岗位学习锻炼半年时间，但我曾有一种冲动，希望回原单位后如果条件允许，我会自愿申请选择到信访部门一线工作，因为我感觉信访工作关乎百姓民生、党的威信和政府形象，关乎法律、法规、政策的有效实施，关乎社会和谐稳定。所以，我认为信访工作非常重要，特别有价值。

半年信访部门挂职锻炼的经历，使我丰富了人生阅历，增长了实践经验，结识了一批新朋友。我坚信，这段难忘的经历作为宝贵财富，必将对我今后的工作和生活产生积极而深远的影响。

通过深入学习宣传和贯彻党的十八大精神，积极推进"中国梦"主题宣传教育活动，我深切地体会"中国梦"是我们的共同愿景，"畅通、满意、法制、和谐"，是群众对信访工作的要求，是信访部门和信访干部的理想，更是我们对"中国梦"的实践。作为一名党员领导干部、一名检察官，特别是曾经信访岗位一分子，要带头激发正能量，把爱党之情、报国之志化为干事创业的正能激情，把做好信访工作、履行为民宗旨化为实现梦想的勇敢实践，矢志不移，孜孜以求。只要我们心怀理想、牢记使命，求真务实、不懈努力，就一定能为人民群众排忧解难，为社会和谐建功立业，为民族复兴增光添彩，为实现伟大"中国梦"贡献力量。

选择成才就是选择一种人生

法律政策研究室　张际枫

自1995年大学毕业参加检察工作以来,转眼过去近20年,其间既有过一线查案接访的实务经历,也有过长夜冥思苦想的纯思辨体验,收获的成长与经验很多,失意、困惑乃至痛苦的教训也不少,它们共同构成了20年人生的主要内容。在年过不惑之后回顾起来,值得讲述的体会主要是这样几项。

第一,成才是一种主动选择的人生方式。说得抽象或者理论一点儿,人生方式的选择也就是人生观的实现。因此,选择成长为检察事业需要的人才,也就是对自己人生观的确定与实践。提到人生观之类的话语,人们往往归之于与现实生活相去甚远、与日常工作没有联系的空洞哲学论调,而置之一旁不予深思。可是,人人都有人生观,差别仅仅是有无系统的理论性的表达;任何一种工作和生活方式的选择,都是人生观的反映,申言之,都是人生观的展现、实现。曾经把人生观简化地理解为是对人生的"观点"和"看法",这是有意无意间将其空洞化了,人生观常常成为与个人行动脱节的说教或是遁词;然而,几百年前的王阳明就提出来"知"与"行"合一的问题,近世的西方世界中,不少哲学家从主观与客观二元对立的启蒙理性走向二者统一的现代性思考,用哲学的语言揭示出人的认识与人的实践(生活、工作、学习等行动)其实是不可分的,有什么样的认知,就会有什么样的实践,"知"与"行"最终是统一的;用我们熟悉的话语说,人的认识来自于实践,反过来,经过理性思考的认识能够指导实践、作用于世界,从而改造世界——即外化于客观事物的行动及其结果。具体到普通的检察官身上,那些看似抽象空洞的哲学性思考,其实经常地构成对我们的现实考验,进而决定我们走上哪一条路。十几年来,自己也经历过无数次这样的考验,做出了自己的选择,比如,在学术研究与实务工作之间,选择了投身实务、立足实务但不放弃学术追求;在行政事务与研究写作之间,选择了通过积极提升处理事务能力和效率来创造条件进行研究写作;在履行中层干部职责与创造个体价值之间,选择了勇于执行上级要求、主动引领带动团队工作优先于个人成果的创作；等等。由此，人生轨迹日渐清晰，虽然还远远谈不上是成功成才，但对于这样试图兼顾理论与实务、团队和个人等双赢以及由之带来的甘苦感受、增加的辛勤劳作、减损的娱乐享受，越来越从曾经有过的疲惫、困惑、郁闷中自拔出来，越来越关注这样做的成效和改进，越来越坚定不移地乐见自己的付出有益于工作、有益于他人，进而助力于事业发展。

第二，成才是一个永无止境的不懈追求的过程。检察人才"是什么"的问题是一个本体论（ontological）的问题，也就是说，是一个可以无限讨论下去而仍然各持己见的问题；同时，自康德以来的若干哲学大师也充分地论证了这样的问题可以而且应该允许人言人殊，只要我们在具体的语境中能够达成一致，就无妨他人的保持异议。在这个前提下，想强调的是"人才"不是一个称号、更不是一个最终状态，而是一个随着时代和环境日新月异的发展变化而不断提高自身能力、不断创造出新业绩新成果的过程。100多年前，恩格斯就指出："当我们通过思维来考察自然界或人类历史或我们自己的精神活动的时候，首先呈现在我们眼前的，是一幅由种种联系和相互作用且无穷无尽地交织起来的画面，其中没有任何东西是不动的和不变的，而是一切都在运动、变化、生成和消逝。"但是，在我们为了认清世界万物而把它们孤立出来加以研究的过程中，强化了"不是从运动的状态，而是从静止的状态去考察；不是把它们看作本质上变化的东西，而是看作固定不变的东西；不是从活的状态，而是从死的状态去考察"这样一种形而上学的思维方式。保持着思维的辩证运动，不以静止的标准或称号来阻碍自己的进步，是对各种人才成长的现实挑战。就以执法办案必需的刑事诉讼法的学习为例，33年中三易其稿，很多规范有了翻天覆地的变化，如果不时时跟进学习领会，就很难承担起现在的工作任务，更难称得上是什么检察人才。同样，持续创造新业绩而不是躺在既有成果上面，也是对人才的必然要求。过去十几年中，就在这种不断发展变化的外部环境的压力下，在身边领导同事精益求精的榜样鼓励下，督促自己始终立足于岗位职责，主动多实践、多学习，尽力保持对检察工作各方面的把握，并且通过硕士和博士研究生的专业学习，不断筑牢从事检察工作的理论基础，力求在成才之路上不落伍；同时，致力于将所学所知运用于司法实践，通过执法办案和公文写作、专题研究、组织活动等方式，发挥出岗位作用，力求在成才之路上有贡献。

第三，成长就要尽可能多地从亲身经历和广泛阅读中获取营养。多年来一直有个常用的未必恰当的比喻，就是心智的成熟和身体的成长其实有很多相似之处，只有全面的充分的营养物质的摄取与吸收并转化为身体的一部分，人的身体才能成长和保持健康，同理，心理的、智力的成长也需要广泛的多方面的见识、经历的摄取、吸收和转化为自身能力才行。这方面的体会很多，比如，每次撰写公文稿件，都把它当作自己学习新知识、锻炼写作能力的机会，通过收集资料、构思标题和框架、琢磨各个观点、摆放各项资料、修改润色文稿等过程，等拿出一篇自己感觉还不错的稿子后，首先是自己获得了成长，当然，如果文稿得到发表或使用，就更加愉快，得到他人的共鸣和称赞，就更加欣慰；再如，每次受领办事任务，都想办法明确任务目标、争取他人支持、积极辨明方法、妥善处理各方协调工作，做完后再适时进行一些经验总结回顾，就总能从每件事上获得新的工作能力、增长新的工作经验；通过办案来增长能力也是如此。在阅读收获方面，更无需赘述，"开卷有益"即是最精炼的总结，关键是要切实行动，这就需要下面说的一些技能的培养和运用了。

第四，成长就要加强技能训练。越是要成才，对于技能训练的需求就越强烈，否则总会被一些细枝末节干扰阻碍，就很得不偿失。感触最深的是在学习时间和阅读方法方面的技能。

先说时间使用技能。从经济学的角度看，时间对每个人来说都是稀缺资源，不是取之不尽用之不竭的。因此，就必须学会科学合理地分配这个资源，才能使之发挥出最大效益，创造出最大成果。对于想要在检察工作中成才的人来说，恐怕最大的苦恼之一也是工作忙碌无暇学习读书，在百忙之余，可行的办法就只能是对自己的时间进行优化整合，比如说，读书学习一般需要相对完整的时间段才能有收获，白天、晚上事情杂多，那么，可以看看能不能尽早休息、早点起床？早起1个小时，可能就会带来1个半小时的自主学习时间（减少路途堵车的浪费时间），更重要的是，早晨的精神状态相对更好，如果投入到阅读等学习上，收效可能就远远超过白天或晚上的1个半小时，如此日积月累，自然收获颇丰；这个办法，不止一位有成就的学者有同样的经验，拿来用用，就知道好处有多大了。再有，平日工作时间容易被各种各样的办案接待会议等搞得分散，这是无法抗拒无法更改的，那么，就可以把其他的生活琐事也安排在工作日晚上，这样，在周末或假日来临时，就可能凑出一两个半天来，时间相对完整，就可以集中精力读几页书、写几页稿，也同样能收到集腋成裘的效果。此外，书店里有很多关于时间管理方面的专题作品，图书室里也买了几册，它们提供了更多更好的方法，可以借阅，更需要的是付诸实践。

阅读方法的优化，对于求学和研究来说更为重要，特别值得注意的是以下两个方面，一是要给自己确立阅读的范围，分清主次，比如说从事检察工作，刑法、刑事诉讼法、检察学的作品就是我们最优先阅读的，其他政、经、法、文、史、哲都应当结合学习研究的需要和个人兴趣放在其次，做出合理安排，否则，书海无边，必然是茫然无措；二是阅读要积极、要有目标，就是说，当拿起一本书、一篇稿时，一定要带着"想知道它说了什么"的目的去读，读完之后要想想从中知道了什么，看看阅读的成果，这样的读书，才是对成才有价值的。

以上的这些做法，有的自己尝试过，并且有效果，就当作经验和体会拿来与大家分享，有的还没有做到、做好，就当作与大家共勉，并期待未来可以从大家的成功实践中得到鼓励，努力学习。

责任　荣誉　梦想

控告申诉检察处　苗京梅

1983年我高中毕业,那年正赶上影剧院上映《法庭内外》。虽然那时的我对法律还没有太多的了解,但法庭上公诉人那唇枪舌剑的英姿深深地吸引着我,在我17岁幼小的心底滋生了"检察梦"。于是,我放弃北京市矿务局技校招生第一名的好成绩,勇敢地走上了报考"检法司"的"独木桥"。那次"检法司"只招一名女生,在报名后半年的漫长等待中,"检察官的梦"始终让我魂牵梦萦。

那年年底经过层层筛选,我,一名矿工的女儿,终于如愿以偿地成为头顶国徽,领系金剑的检察官。记得报道那天父亲背着行李,把我送进了检察院的大门。他拍着我的肩膀语重心长地说:"你一定要成为一名优秀的检察官呀,因为你不仅仅代表自己,你是我们矿山走出的第一个检察官,你是我们矿工的骄傲!"那时,我含着热泪点了点头,只觉得肩上的担子很重、很重。当时的检察系统还没有制服,父亲总是对母亲说:"不知道我们的女儿穿上制服该是什么样子?"1984年,我终于有了一套崭新的检察制服,然而,我的父亲却在一次矿难中长眠而去。虽然父亲再也无法欣赏这身豆绿色的风采,可他的嘱托却成为我毕生的追求和永恒的梦——那就是"做一名优秀的检察官。"

编织"经纬网"的检察官

1983年,快言快语、性格泼辣的我终于成为一名公诉人。每当头顶国徽,坐在庄严的法庭上时,我的心中总是涌动着无限的自豪。经历了1983年"严打"的锤炼,1988年我已经独立办案,并在公诉战线大显身手。记得那天,细雨霏霏,正当我酷爱着公诉人的称谓、向着梦想全力奋进时,由于工作需要我被调往了办公室。岗位的调换意味着从此后,我再也不能用严谨的推理,机智的论辩同犯罪分子斗智斗勇,再也不能以国家公诉人的身份仗义执剑指控犯罪。舍不下心爱的工作，那夜伴着窗外的雨声，我悄悄地哭了。

就这样，我成为检察系统第一任专职统计员。岗位的变换，并没有改变我做一名优秀检察官的信念。我告诫自己，检察事业行行出状元，哪个岗位都能成就一名优秀的检察官。于是，我又用全部的真诚投入了统计员的工作。17年的时间，上万张报表，几十万个数字无差错，只有我才知道那背后的辛勤与汗水。漫长的17年呀！渐渐地我已经习惯了。习惯了面对一张张不能出错的经纬网；习惯了永远不能延误的报表时间；习惯了对女儿一个个的承诺无法兑现；习惯了将带病的女儿送到幼儿园，然后再面对她抱怨的目光。

几分耕耘，几分收获。1996年由于工作出色，我被调到了北京市检察院。工作的环境变了，空间更大了，我觉得自己像一只小鸟在广阔的天空中尽情地翱翔。

1999年经历了检察机构的改革，我来到了一分院。记得挂牌仪式上，检察长曾对大家说：我们全体干警要精诚协作努力拼搏，要勇于打造一流的业绩！一瞬间，对新工作的渴望，做一名优秀检察官信念又一次充斥着我的全身，使我热血沸腾。

1999年下半年，统计软件改版升级，我院主动请缨，成为全国的试点单位。但是，当时一分院还没有计算机人员，想要试用，谈何容易。是满足现状享受安逸，还是大胆改革知难而上？我也有过畏缩、有过迟疑。可就在那时父亲做一名优秀检察官的话语，检察长争创一流业绩的召唤，又一次回响彻我的耳畔，给了我无尽的力量。

正是凭着做一名优秀检察官的信念，半年的试运行中，我们克服了难以言表的困难。没有专业技术人员，我们就刻苦钻研、自己动手、不断摸索；为了使新旧两套报表同时运行，在烈日炎炎的夏天，我和同事们起早贪黑工作，有时竟忘了吃饭；为了该程序更加科学、合理，我们结合院里的工作提出了一百多条修改意见；为了能成功培训各处兼职统计员，那本程序说明早已被翻烂，回到家后，脑海里萦绕的仍是程序、报表……

宝剑锋自磨砺出，梅花香自苦寒来。2000年，案件管理程序在我院试行成功；2001年，我院在全市率先实现了统计工作的自动化；2002年，我院的统计工作受到高检院在全国范围的通报表扬。

有了经验的积累，我们开始在统计工作目标量化和创新机制上下工夫。三年的工作实践，由于我院统计工作经验独特、成绩突出，在全国统计工作会议上，我先后三次发言，传授我院目标量化的管理经验，讲述我院"一促、二帮、三管理"的工作制度，畅谈我院统计机制创新的新思路……当我被全国的同行包围在主席台时，当我的发言稿被争抢一空时，当索要经验、制度的电话、电传此起彼伏时，我为自己又向优秀检察官的行列迈进了一步而深感自豪！

做"法律的补缺人"

2007年年过不惑的我受命到控申处主管接待工作。刚到控申那几年，恰逢奥运安保、60年大庆的攻关克难阶段，社会矛盾凸显，每日来访量剧增，而缠访闹访量也很大。这对于控申战线的新兵来说，无疑是个巨大的挑战。记得那时我的精神高度紧张，头发一把一把地掉，人也在半年之内瘦了十多斤。面对如此的工作局面，我倍感责任重大，努力化解矛盾从不敢掉以轻心。每遇闹访缠访、群体事件发生时，我总是冲在化解矛盾的第一线。

七年来，我带领接待组接待群众近两万余人次，亲临窗口接待三千余人次，处置自杀、堵东门、贴大字报、滞留接待大厅等告急访两千余人次，办理中央政法委、最高人民检察院、北京市检察院排查挂牌督办信访案件36件，"两访一户"案件249件，检察长接待案件72件。在各级领导和同志们的大力支持下，采取手机稳控、亲情感化、第三者听证等方法，在没动用一分钱救助款的情况下，用真心、热心、诚心、耐心化解了所有政法委和北京市检察院挂牌督办的涉检信访案件，息诉了历时14年、47年的历史积案。在我们接待的一万余次的群众来访中，让我至今仍放不下的还是高某信访案。

记得去年夏天，高某又来到我院接待大厅，一面递上"电波传情抚慰心灵，扶贫济困心系百姓"的锦旗，一面紧紧握住我的手，深情地说"失去女儿是我人生最大的不幸，可遇到你们又是我今生最大的幸运。我真诚的感谢政府，感谢检察官！"事情还得从头说起。

2008年的夏天，第一次接待高某，我感觉她要崩溃了。那时她嘴里反反复复地念叨着："法律不能给我伸张正义，我就杀了他们，我必须杀了他们！"

原来高某有一个14岁的女儿，跟随父亲生活。2001年女儿神秘失踪，直到2008年才得知女儿的继母是杀害她的嫌犯。7年来，为寻找女儿，她在报纸、电台登寻人启事；她跑遍了大半个中国，举着女儿的照片不停地询问着陌生人……可没想到等来的却是女儿死亡的噩耗。从她的哭诉中我知道，由于没有找到尸体这一关键证据，我院作出存疑不捕的决定。七年了，高某不知道自己是如何在思念女儿的煎熬中度过的。她不理解，明明"凶手"认罪了，为什么不能将其绳之以法。她活在崩溃的边缘，失去了生活的希望。她想抱着女儿的照片从天安门城楼跳下去，她想与凶手同归于尽，用自己的死来替女儿报仇。

我心疼这位母亲，更明白自己肩上的责任。为了避免发生恶性事件，我破例把手机号给了她，告诉她想不开时可以随时给我打电话。那天回到家中，给女儿做好饭，端着碗眼泪却扑簌簌地掉了下来。从检28年，这还是头一次为当事人落泪。"不是母亲，你真的很难体会那份痛苦。"同为母亲，我希望能把她从绝望中解救出来。

我从检察官李宏那了解案情，查阅相关案例的资料。我给她讲辛普森的案子，告诉她证据的标准性；给她分析黄河抛子案同样没有尸体，却能定罪的原因。可是高某仍然心结难开。记得一次接待中，她告诉我，她去了白沟两回都没买到枪，她正在寻找其他杀人的方法。我很震惊，只能尝试着用孩子拴住母亲的心。我对她说："没找到尸体，孩子就有生还的可能。如果哪天女儿回来了，她一定不希望自己的妈妈成为罪犯"主管检察长王化军得知此事后非常重视，亲自接待了高某。之后的沟通中，高某常常抱怨法律不公。我跟她解释，"一个人确实借给了别人两千块钱，但是没有证据，法律不可能知道他们之间的债务，只能看证据。这个被证据证明了的事实也许和真实很接近，也许根本无法还原真实。我能体谅你的痛苦，但法律只能是证据支持下的正义。"我告诉她"存疑不捕并不意味着嫌疑人无罪，一旦证据变化，同样可以追究刑事责任。"渐渐地，高秋红明白了这个案子的特殊性，在我们苦口婆心的劝说下，一年后，她打消了杀人的念头。

守着对当事人的承诺，我改变了晚上关机的习惯。三年多来，无论白天还是深夜，只要有她的电话，我都会认真倾听。2009年5月5日，已是深夜，朦胧中接到电话。高某哭着说："苗处，我很痛苦，我觉得自己真活不下去了，不如就这样跟孩子走了吧！"听着哭诉，泪水也悄悄打湿了我的枕头。原来九年前的今天，她带孩子游玩归来，女儿从台阶上回身，微笑着和她招手的情景，还历历在目，可没想到那分别的一瞬竟成永诀。该怎样安抚这位绝望的母亲，怎样才能让她坚强的活下去？我在电话这端陪着她，安慰着她。"我告诉她，存疑不捕并不是说嫌犯无罪，一旦找到了尸体，孩子的亲人都不在了找谁做DNA鉴定，怎样惩治嫌犯呀？"没想到一句话触动了高某，她不再痛哭。我又对她说："如果孩子真的没了，我想她一定会在天堂看着你，她希望她的妈妈幸福，希望她的妈妈能替她坚强的活下去，等待罪犯被法办的那一天呀！"高某深深打动了，她说："谢谢您苗处，没有您我真的活不到今天。"

就这样，记不清接了高某多少电话，也不知占用了我多少业余时间，在数百个电话的抚慰下，她终于把我当成了亲人。痛苦时，会向我倾诉；高兴了，也会与我分享。春节期间她发来短信，说自从见到我，满是阴霾的天空，终于见到了阳光，孤寂的心灵也找到了归宿。我很珍惜这条短信，至今还将她保留在我的手机里。

2011年10月，尽管我院作出了存疑不起诉的决定，但她仍然跟我们签订了息诉协议。在她去市院和高检申诉期间，我仍坚持接她的电话，并深入社区和派出所做稳控工作。当得知她和公婆一起生活，全家仅靠她打小时工勉强度日后，我多次和法院、当地政府联系，主动为她申请了被害人救助。去年秋天，当她将救助款拿到手时，感慨地说"原来我以为模范党员都在电视里，认识了你们，我才知道我身边也有这样的好党员！"前几日，她打来电话说已经从阴影中走出来了。她说她要好好活着，不能让她的妈妈也没有女儿。短短的几句话，却是我莫大的欣慰，我知道我们几年的努力没有白费！

七年的控申工作使我深深体会到"法律不是万能的"！对于存疑不起诉、存疑不捕的受害人来说，法律无法超越证据弥补他们心中秉承的正义；对于不服裁判结果的当事人来说，法律也无法给出他们倾向于自己而在内心期待的公正。一个人是否接受你讲的道理，有时不取决于道理的正确与否，而取决于你对对方的理解，和对方对你的信任。于是在构建和谐社会的今天，在一分院打造"四个一流"工作目标的今天，我认为要自己做一名优秀的检察官，就必须看到控申工作在检察事业中的独特价值，要勇于担当起"法律补缺人"的角色。

为法律补缺，这几个字虽少，但我却做得勤勤恳恳、任劳任怨。虽然我只是为维护首都的和谐稳定，深入推进三项重点工作，做出了一点应有的贡献，却得到各级领导和同志们高度肯定。我先后被评为个人嘉奖、优秀工作者；还荣获了检察系统信访先进个人，北京市十佳督查员，北京市"三八红旗奖章"等光荣称号。

三十年检察历程，已经把充满稚气的女孩，培养成一名成熟的检察官；把一个检察战线的新兵，培养成一名控告申诉处处长。回顾过去，历数那一点点小小的成功，是一种如数家珍般的幸福和喜悦。但我不敢居功、更不敢自傲。我想说：把稚嫩献给公诉，从不觉得辛苦；把青春献给统计，从不觉得后悔；把成熟献给控申，从不觉得忙碌。我想说：虽然外面喧嚣的世界弥漫着种种诱惑，但内心的热诚和执着让我固守着一份平淡，让我与许许多多志同道合的检察官们一起，用默默的耕耘和创新拼搏铺就通往"优秀检察官"的道路。

最后我想说的是："做一名优秀的检察官"是我毕生的追求和永恒的梦。选择了这个行业，我无怨无悔！

为我理想　无怨无悔

公诉一处　张荣革

1987年我怀着对检察事业的无限憧憬,从北京司法学校跨入了北京市人民检察院的大门,如今已默默走过了26个年头。但脑海中还不时泛起当年追逐梦想时的喜悦和兴奋。记得刚参加工作的时候老父亲就语重心长地告诉我:"你成为一名司法工作者了,一定要踏踏实实工作,老老实实做人。"这句话一直被我铭记在心,成为自己人生道路上的座右铭。

一、憧憬未来,追逐法治梦

26年前,从我穿上制服走进检察分院起诉处的那一天起,老处长就告诉我:"这是一个具有光荣传统、骁勇善战、团结向上的优秀集体,你要虚心向他们学习,勇于锻炼,努力工作,不断提升业务能力,为检察事业贡献自己的力量。"因此成为这个集体的一员我感到骄傲和自豪,同时身边的老同志默默无闻、无私奉献的精神也无时无刻深深地感染着自己。我默默下定决心:一定要做一名让人民满意,让罪犯胆寒的好检察官。然而理想和现实之间总是或多或少地存在差距,当你真正融入进去才会发现肩上的担子有多重。由我们经手的案件全是无期和死刑案。我师傅曾对我说过:"世界上什么都可以重来,但生命一旦失去就无法挽回,因此我们的工作不能有丝毫懈怠。"细心的老同志语重心长地告诉我:"起诉是检察工作的重要环节,在很大程度上,起诉工作的质量可以衡量检察工作的好坏。我们的工作绝不是简单的重复劳动,相反这项工作任务艰巨,除了依法提起公诉以外,还履行着对侦查机关和审判机关司法活动的监督职责。办案不是一件容易的事情,要培养自己驾驭案件的能力,必须从一点一滴做起。"因此,每接手一个案子,我都会想起师傅的谆谆教诲,便会觉得自己的每一步工作牵系着一个生命,心中的压力不小,但这也成为我一丝不苟、认认真真工作的坚实思想基础。

刚进院时,自己是一名书记员,反觉得中专文化应付这项工作完全够用,然而在一次案件讨论中，却发现别人在对复杂疑难案件进行分析时，理论联系实际，不但一语重地，还分析得相当透彻、清晰。通过这件事，我认识到自己从事的这项工作是一项专业性极强的工作，要做好这项工作必须不断加强各种学习。同时也深感自己理论功底的欠缺。于是在来院第二年，我就考取了北京大学的法律函授，完成了三年系统的法律学习，后又参加了市委党校本科班的学习直至研究生毕业。多年下来，自己的专业水平和业务能力有了很大的提高。

从无知到有知，从幼稚到成熟。回首这26年走过的道路，每一步都走得艰难，但在自己不断前行的征途上却留下了太多关爱和影响我的人的身影，正是在他们的无私帮助、悉心扶携下，我才能一步步朝着自己的理想靠近。

二、脚踏实地，践行检察梦

从参加工作至今的二十多年里，我先后跟多名有经验的检察员办理了近200余件重、特大刑事案件，如当时在北京及全国最大的一起10被告人盗窃46辆212吉普车案；玄京男等17名被告人制造假药、伪造商标案；王立新等24名被告人在首钢迁安地区疯狂抢劫、盗窃、流氓、强奸案；震惊京城的鹿宪州、郭松等人抢劫银行案。在与这些老同志一道工作的过程中，我学习了许多宝贵的经验。在办理一件涉及商标专刊、医药等内容的案件过程中，老同志不辞辛劳地带我走访了多个部门，逐一了解，掌握情况。这让我意识到：作为一名检察官，不仅要掌握一些我们工作中常用的知识，还要成为一名多面手，熟悉多方面的知识，提高自身的综合素质。在办理一起多被告，多事实的案件中，因为证据零散，自己不知从何下手，老同志手把手地教我如何找切入点，找关键点。围绕主线找证据，结合不同案件的特点，去审查案件，培养抓案件实质的能力。在老同志的帮助和教导下，1993年我开始独立办案，深感肩上担子更重了。因此，我更加积极进取，不放过任何充实自己的机会，努力钻研业务知识，虚心向老同志学习，不断总结教训，积累经验，逐渐地我成为一名业务骨干。

1997年我受理了肖玉华因琐事与朝阳区大旺京村看台球厅的无准确身份的"小四川"发生口角后，肖持木棍猛击"小四川"头部，并用电线勒其颈部，致"小四川"死亡的故意杀人案。经过审查，我发现了肖玉华多次翻供，法医鉴定与肖有罪供述不符，被害人身份不明等疑点，在没有充足证据的情况下，认定肖玉华涉嫌杀人？如此人命关天的案件使我产生警觉，同时多年的办案经验和直觉告诉了我，这不是一起简单的凶杀案件，它的背后可能埋伏着更大的隐情。近千页的卷宗我已记不清翻了多少遍。在那段时间，有时夜里在睡梦中被某一情节没有弄清而惊醒，马上起来记在本上，第二天，立即查看。最终发现了与"小四川"有密切关系的李培明在案发后突然失踪的重大线索。我再次反复分析证据，认为李培明是此案的重大突破口，根据我们提供的重要线索和侦查方向，在北京、四川警方的积极配合之下，终于寻找到李培明，并且查明"小四川"的真实姓名叫赵红银，同时李培明也说出真相，其同乡景华升等三人因花了赵红银50元钱，双方发生矛盾，后景等三人持铁棍猛击赵的头部，并用电线勒，将赵杀死。警方很快将景华升抓获。1999年7月，北京市高级法院终审裁定，景华升犯故意杀人罪，被判处死缓。无辜的生命受到保护，真正的凶手被绳之以法。为此，检察日报、北京法制报等多家刊物报道了此案，同时我也得到领导的高度赞赏，2000年荣立个人一等功。通过纠正这起错案，我深深体会到，检察机关的法律监督在司法体系中的重要作用。作为一名检察官，肩头的责任是那么重大，起诉工作如履薄冰，刃上舞蹈，稍有差错闪失，就会给人民群众造成无法弥补的损失。

1998年在办理震惊首都的张云贵抢劫、危害公安民警徐晋格烈士的案件时，我认真梳理案件事实，着重从被告人犯罪性质恶劣，情节、后果特别严重及给社会造成极大危害等方面准备庭审预案。我从接案、提讯到最后起诉只用了三天时间，紧接着通宵伏案，奋笔疾书写出了两千余字的公诉词。最终我出色的公诉得到了市政法委领导和群众的好评，北京电视台还做了庭审纪实，向全市播放，作为一名检察官，我感到无上的光荣和自豪。

"检察事业是神圣的，但检察工作是清贫的"。从我穿上制服那天起，我便懂得这一点。但为了自己的目标和理想，我情愿固守淡泊和清贫。尽管自己也是凡胎俗骨，尽管这个五颜六色的世界里有太多的诱惑，但我从未在执着前行的路上停下过脚步。儿时一起踢球的小伙伴如今有的已经住上了洋房，开上了私家车，而自己还是挤着公共汽车往返于单位和简陋的居室，但我无怨无悔，因为我是一名公诉人。2003年，为办理市委政法委交办的案件，我们进行封闭办案,时值盛夏,高温酷热,加之疲劳过度不思饮食,我出现了严重脱水,几次险些晕倒,领导、同志们劝我休息两天,为了不让案子耽搁,不让案子出现丝毫偏失,我固执地摇了摇头,正在这时家中来电告知:"舅舅病危住进医院,希望见我一面。"我没回去,第二天家中又来电告知:"舅舅已去世,希望我能回家与其遗体告别。"舅舅从小疼爱我,我与他感情极深,得知他去世的消息,我多想见他最后一面,但是我看到处领导和同志们加班加点忙碌的情形,到了嘴边的话又被自己咽了回去。强忍了无尽的自责、惭愧和巨大的悲痛,我坚持着完成了工作。当我疲惫不堪地拨通家里的电话时,一句稚嫩的话语却让我无言:"爸爸,我不想你了。"男儿有泪不轻弹,但听着话筒里传来三岁女儿的这句满是怨言的话时,我无言,只能强忍着快要掉下来的泪。许多时候我心里也曾矛盾,作为一名丈夫、一名父亲,我何尝不想让她们过得舒适,何尝不想多陪伴他们,多为家里分担一些,但尽管满心内疚,然而当自己解开一个个疑案,体会到一种成就感时,对自己而言一切困难、清贫,付出似乎已微不足道了。每到那个时候,我总觉得一个公诉人的人生价值得到了淋漓尽致的体现。

三、率先垂范,共筑中国梦

在院领导的培养和关怀下,在身边的同志的激励和帮助下,我由一名普通书记员成长为一名合格的检察官。随着年龄和阅历的增长,能力的提高,为一分院的发展承担更重责任的真诚愿望,使我参加了竞职,并走上了中层领导岗位。随着角色的转变,工作角度的不同,必须尽快完成从承办人到部门副职的角色转变,多方面提高自己的能力。自担任副处长之后,我在当好处长助手,管好自己负责的日常工作以外,还出色办理了多起中央以及市领导关注的、在社会上影响很大的大案、要案,均成功地将被告人提起公诉,并由法院作出有罪判决。

在办案中,我切实做到了不枉不纵,把经手审查的每一起案件,都办成经得起历史检验的"铁案"。"案子就是天"。面对我们的职业,必须承载着一种神圣感、使命感、责任感和正义感。在办理一起涉嫌抢劫案的过程中,我发现一名应追究刑事责任的犯罪嫌疑人武宝海被公安机关作出劳动教养处理的情况后,经过深挖同案人口供并驱车600余公里进行外调,全面走访被害人，终于掌握了武宝海的犯罪证据，将其起诉到法院，最终以抢劫罪被判处有期徒刑十一年。为此，受到被害人送来的书有"办案如神包青天"的锦旗，对检察机关公正执法、严格法律监督的做法表示感谢。

在办理杨一夫等五人故意伤害、聚众斗殴一案中，主动接受人大代表监督，严格依法办案，经过我认真审查将该案的故意伤害的定性改为故意杀人罪，起诉至法院，并在法庭上成功出色的支持了公诉，法院支持了检察院的起诉意见。庭后，人大代表动情的说："感谢公诉人今天出色的表现，从你身上我们看到了正义和大义凛然，我代表家人及全体员工向你表示真挚的谢意。"出于感激和敬意，当事人曾多次提出要答谢以表敬意，都被我婉言谢绝。我对他们说："不是我无情，而是要自律，不是有负担，而是有责任。"我的行为赢得了当事人的尊重，树立了一个不仅业务出色而且品质优秀的检察官的良好形象。工作20多年来，我始终牢记做一名优秀的检察官应尽的职责，公正执法，严格履行法律监督职责。无论是任主诉检察官还是任副处长期间，自己都能够严格要求自己，廉洁自律，秉公执法。无论办何种案件，都能实事求是，一心从工作出发，严格遵守办案纪律和各项规章制度，不办关系案，不办人情案，公公正正执法，自觉维护检察机关的形象，维护检察干警的形象。因为我深知手中的权力是党和人民赋予的，心中的天平不能倾斜。

2008年3月，我服从工作需要和组织安排，作为高检院指导组成员赴藏工作，在克服了当地海拔高含氧量极其不足，昼夜温差大且高强阳光紫外线照射对身体的伤害等恶劣的自然环境给自己带来的头疼头晕、胸闷气短、皮肤干燥及办公条件差等困难。在进藏78天的有效工作日中，参与高检院工作组和专家组的法律政策研究及指导和审查高检院、自治区挂牌督办的10起重大案件中的三件案件。充分体现检察机关严格依法办案，不枉不纵，全面维护法律公正的指导思想，得到高检院和自治区院领导充分肯定。

2010年5月市政法委为落实三项重点工作，在全市政法系统开展100名后备干部挂职交流活动，我于当年7月下旬到市政法委执法监督处挂职交流锻炼近三个月。期间，我阅读并学习了大量中央、市委及全国各省各部门的有关文件、信息、简报等材料并做了万余字的笔记。在大为书记和执法监督处的领导下，我参加了组织、协调、沟通落实案件评查和化解信访积案等有关会议10次，并对由我负责的案件评查和组织落实化解信访积案工作完成了中央挂账督办重点涉法涉诉信访案开展案件评查情况的调研分析报告的起草和对中央督办的669件信访积案化解进展情况的统计的报告。通过三个月的学习锻炼，使我对这次挂职锻炼有了新的认识，对从事的工作有了更深一步的理解，同时开阔了视野，拓宽了思路，我相信这段工作经历会对我今后从事检察工作起到很大的帮助。

多年来，我只是在做着自己的本职工作，然而组织和同志们都给予我很大的荣誉。我分别在1988年、1996年被评为市检察系统先进个人；1996年荣立集体一等功；2000年荣立个人一等功一次连续三届被评为市政法系统人民满意的政法干警，市检系统五好检察干警标兵，市国家工委先进个人；2007年荣获北京五一劳动奖章。

每个人都有自己的理想，我的理想便是做一名让人民满意的人民检察员，为检察事业贡献自己微不足道的力量。我喜欢一句话：既然选择了远方，就只顾风雨兼程。

我已在这条通往理想的道路上奋战了26个年头，我还会永不懈怠地走下去。不管在这条路上有多少坎坷、多少艰险，我都会义无反顾，都会无怨无悔，是的，为我理想，无怨无悔！

用一生去追问：何为检察官

政治部干部处　曲力慧

静下来回首自己的职业生涯，走了多一半了。除了许多琐碎的记忆，我心里一直放不下的便是十多年前发出的追问：何为检察官？它促使我不断地思考和探求检察官制度。身为服务检察业务一线的人事工作者，尽管遇到很多现实的阻碍，我仍坚信检察官制度对于推动检察改革的重要价值，坚信检察官的安身立命是实现检察事业发展的基础。如果可以选择，推动检察官制度建设就是我的检察梦，是我愿意为之奉献自己的一生的理想。

是海淀检察院给了我最初的舞台，给予我深沉的信任，给予我创新的勇气。2000年当我从事四年办案工作后，被组织调动到干部处从事考核工作。为了确立科学的干部评价体系，我开始研读公共管理的书籍，并向人民大学劳动人事学院的专家请教。我的思考和建议得到了党组的肯定和支持，启动了海淀检察院分类管理和分级考核的课题，这是全市首个引入现代管理理论和方法全面研究、解决政府组织中的职位设置、绩效考核等管理难题的课题，其核心乃是对于检察官序列的定位。尽管课题成果的运用不尽如人意，但是从思想观念、制度设计方面的创新引起了最高检政治部的关注。

2003年、2007年我两次被借调到高检院检察官管理处专门从事检察官分类管理的调研和考察。期间我也离开了海淀检察院，但须臾未曾放弃为检察官安身立命而努力的志向。借调期间，曾跟随课题组深入到多个省级、市级、县级院进行实地考察，接触了一大批优秀的干部工作同行，与我有着同样的执着和困惑。在试点工作中付出了大量心血的前辈们，多年来的默默耕耘并没有迎来献花与掌声，但他们从未因为遇到坎坷而退缩。重庆的一位区院政治部主任，在她退休前的两年内用尽所有的时间和精力完成了分类管理试点工作，虽然她明明知道后期政策支持乏力，依然没有懈怠。在推动检察队伍专业化建设、摒弃官本位而还权于检察官的改革路上，有太多这样有良知、有担当的优秀干部工作者，他们的精神激励了我坚持战斗在人事管理战线至今。

　　转眼间在一分院干部处工作已六年有余。当初的选择也是为了实现推动检察官制度建设的检察梦。以办案为主业，集聚了一大批市级优秀业务人才的一分院，非常需要突破行政化办案模式，给检察官开辟广阔的成长道路。我下定决心，即便分类管理政策的出台尚有时日，也要利用现有资源栽种出一盆葡萄、一亩试验田。进院后，在一分院追求卓越的精神感召下，强烈的使命感驱使我投身干部工作。院党组带领全院干警开展检察工作形势分析，经过广泛深入的讨论、征求意见，提炼出一些关键性指导思想和目标，这至今仍是我努力的方向：

　　（一）确定了一分院是"办案机关"的定位。作为北京市检察院的派出机构，其主要任务就是承办全市西部所辖区县的重大、疑难和复杂案件，在具体的案件办理中有指导权，但不具有管理和指导业务工作的权限。

　　（二）落实办案责任，消减"审批"环节。在主诉检察官办案责任制的基本思路上，进一步探索主任检察官办案机制，在公诉部门、自侦部门设置"主任检察官""办案队长"作为办案的"主角"，赋予其相对独立的办案权和指挥权，逐步消减处长、检察长层层审批的行政化办案模式。

　　（三）摒弃论资排辈，着力选拔和培养高素质检察官，树立"能力业绩"为主的用人导向。通过制定和执行检察官选任标准和晋升标准，将办案对检察官的要求体现在考核评价的具体环节，从而确保所选用人才直接能够满足检察工作需要。

　　（四）绩效考核是为了改进工作，而不是单纯的排序。围绕工作计划的落实情况开展部门绩效考核，摒弃中间指标体系，确保"重点做的就是重点考的"，部门考核结果是对本部门完成工作计划情况的评价，参照往年业绩和系统同部门业绩做出优良中差的等次评定。

　　（五）坚持业务建设为中心，克服行政化倾向，将办案部门的副职岗位确定为办案岗位，而不是单纯的"管理者"。根据检察工作的需要配置人力资源，提高领导职级资源的使用效率，消减行政管理岗位，确保更多的编制资源投入到办案一线。

　　适合的才是最好的。每个检察院都是不同的，需要因人、因事、因地的不同制定符合本地需要的发展途径并实行不同的管理方法。由于达成以上共识，2007年2月，一分院正式确定了创建"创新型、学习型、健康型"检察院的战略目标，在其后的五年里创建"三型院"取得了丰硕成果。我积极参与了公诉部门主任检察官办案责任制、自侦部门队建制的探索，我们初尝了收获的喜悦，也有了深深的担忧。围绕检察官责权利的进一步合理设置，在设计一分院绩效考核体系、职级晋升制度，内设机构岗位与编制核定等一系列管理活动中，都将办案一线需求、办案数量质量、承办人发挥作用情况、业务研究成果等作为重点评价要素，逐步树立能力业绩导向的用人环境。获得晋升、评优的检察官赢得了尊重和认可，业务骨干的工作积极性得到了显著提高。然而，新的问题又不断出现，我们的思维习惯不易改变、官本位的环境无法回避，在检察官中选检察官也难以获得制度保障，办案责任制遇到了一系列困难。

如果坐而论道，静静等待顶层设计的垂青，大约是无可厚非的。然而于我，感到肩上责任重大，一批批栋梁之才奋斗在检察一线，他们的聪明才智要得以充分发挥，公平正义的事业才能薪火相传。我们不能辜负那些期待的眼神，要尽自己所能，于一举手投足，为他们创造公平的环境，真诚地关怀每一个心灵的成长。人们精神境界的不同，决定了他们所思所想、所作所为的不同。身为检察官，需要达到怎样的精神境界，拥有何等的道德品质，这成为近一年来深入"何为检察官"研究之后发现的更为重要的领域。从前关注的"才学"，更需要有品德为基础。一个品德高尚的人，他的行为处处都能体现出强烈的责任心和敬业精神，会竭忠尽智、尽己之位，竭尽全力做好本职工作。而不能全力以赴做好本职，心思根本不在工作上，随波逐流、做事左右观望，这样的人往往不可取。

回顾近年来在干部管理中出现的用人问题大多数是在为人处事不当、缺乏道德修养等方面。通过考试层层竞争、从校门进机关门的年轻干部在思想上具有一定的共通性，比如竞争意识强而合作意识淡；急于被认可而没有耐心去积累经验；眼高手低而缺乏敬业精神；自我意识强烈，不善于听取他人意见等。另外，长期以来职业道德教育处于"谈起来重要，做起来次要，忙起来不必要"的尴尬地位，干部没有自觉地修养自我、坚定信念，不能抵御社会上不良风气的影响,虚荣心增长,享乐主义、功利主义代替了公正无私、为民请命、刚正不阿的精神。检察职权一旦离开了道德就可能会为私利所诱,就会被滥用并且严重破坏人民群众对司法机关的信任,而与维护公平正义的宗旨背道而驰。只有不断加大"德"的考查力度,从招录、晋升、任免等多个环节改进工作方法、提高辨识品德的能力,才能切实使贤德的人担当检察官,使检察官切实得到重用。

已入不惑之年,渐渐明了人生的许多道理。何谓成功的人生,恐怕不能用名利作答。做自己的主人,能够掌握自己的情绪,同时能够带给他人快乐和幸福的人,应该是成功的。其实自己在十几年的职业生涯里,受到了无数人的爱护和帮助,到了自己肩膀能担当的时候,自然要回报给组织,要带给身边人以温暖和支持。难忘我考入海淀检察院后,不想放弃已被录取的经济法研究生,院党组破例允许我在职攻读硕士学位,还为我支付了因在职学习而需要交学校的 3500 元管理费。这在当时的检察系统是不可思议的。感谢一分院的培养!党组给我多次参加国内外多次人力资源管理培训机会,我获得了北京市高级政工师、国际高级人力资源管理师资格、公务员招录面试官资格等资质。工作中我能充分运用管理学理论解决检察机关人事管理的实际问题,发现了自己值得用一生去追问的课题,让我的人生有意义。

我的检察梦

——从大学毕业生到检察业务专家的心路历程

民事检察处　宋海

十三年前，一个普普通通的大学毕业生通过一个偶然的机会，怀着对未来生活的美好憧憬走入了市检一分院的大门，开始了他从事检察工作的职业生涯。在走进检察机关大门的那一刻，他并没有想到八年之后能够成为全市民行业务技能比武第一名，也没有想到十一年后能够成为北京市检察业务专家，更没有想到能够有机会去美国学习，因为十年八年之后事对他来说都太过遥远，他那时只有一个非常简单的想法——努力工作。这个人就是我。

一晃十三年过去了，回顾自己的成长经历，回想起这十三年之中的点点滴滴，自己每一点进步都与身边领导的关心、同事的帮助和家人的支持分不开，都与市检一分院分不开。

一、坚持学习使人进步

2000年，和许许多多大学法律系的毕业生一样，我怀揣着对公平正义的梦想，走上了检察工作的岗位，在工作中才发现自己需要学习的东西太多，而时间又太少。

在我刚刚参加工作不到两个月的时候，妹妹就生重病住院，需要父亲、母亲和我三个人轮流陪护，特别是妹妹在协和医院的ICU病房治疗的那段日子里，医院需要家属二十四小时在病房外的过道里等候。为了不影响我的工作，父母白天守候，我下了班过去替换，晚上就打地铺睡在ICU病房外的过道里，第二天一早父母来了，我就去单位上班。说是可以睡在过道里，但是因为那条过道是通往新楼的必经之路，也只有晚上十一点楼道的门关闭以后，才能得到片刻的宁静。之所以说片刻，是因为楼道的灯十二点准时熄灭，只有一个小时的时间可以学习而不受打扰，而第二天一早五点半，医院的保洁工一定会准时把我从睡梦中唤醒。

那时如此执着地坚持学习，有一个重要的原因——那就是律师资格考试。但是正当我和很多同事全力以赴准备律师资格考试的时候，2001年7月司法部宣布取消律师资格考试，准备推行国家司法考试，具体考试日期待定。得知这个消息，不少人松了一口气，放下了手中的书本，而我却丝毫不敢懈怠，因为我知道唯有把握住确定的现在，才有可能把握住不确定的未来，更何况之前那么艰苦的日子里都坚持下来了。半年后，司法部宣布三个月内举行首届国家司法考试。得到这个消息，我不由得庆幸自己的坚持不懈，使得自己终于有机会把握自己的未来。后来发生的一切，也都证明了自己的判断。

现在回想起来，与其说在那段最最艰苦的岁月里自己学到了什么知识，不如说在岁月里学到了无论何时、无论何地、无论何种境地都不能放弃学习。自己也正是秉承这一信念，在此后的十年时间里，坚持利用业余时间在北大、人大等高校旁听法学研究生课程和各类讲座、攻读公共管理学硕士，阅读各类专业书籍，制作读书笔记十余万字，为自己检察职业生涯发展提供了持续的动力。

二、金杯，银杯，不如群众的口碑

2001年，我从办理各类大案要案的起诉二处调到民行处。来到民行处后，我发现与公诉二处的案件相比，民行处的案件多是普通百姓家长里短的纠纷。在民行处工作一段时间后，我又发现民行处的案件虽小，但却关系到每一位当事人的切身利益，虽然每一件案件在我们检察官看来只是日常办理的成百上千件案件中普普通通，甚至是微不足道的一件，但是这每一件案件对于当事人来说，很可能就是他、就是他全家这一辈子遇到的最大的事，我们工作中唯有尽职尽责、全力以赴才能对得住胸前闪亮的检徽。

寒来暑往，我办理、审批了上千件的申诉案件，接待过无数的申诉人，始终不忘告诫自己，对自己而言每一件普普通通的案件，对当事人而言都是他这一辈子最大的事，自己百分之一的疏忽和懈怠，将有可能是当事人百分之百的损失和灾难。除了表面上的热情接访之外，更重要的是在内心深处秉承公平正义之心，尽自己所能维护司法公正。在这个过程中，组织寄予我无限的关怀和太多的荣誉，嘉奖、个人三等功、市直机关优秀共产党员、北京市"人民满意政法干警"等等，远远超出了我应得的。

但是，让我心灵最受震撼的一件事，既不是抗诉案件得到改判，也不是站在主席台上领奖，而是我们一分院东门传达室一位老大爷的一句话。传达室的这位大爷一口浓重的四川方言，因为言语不通我极少和他说话，只知道称他为肖大爷。忽然有一天，我从传达室窗前经过时，肖大爷叫住了我，用浓重的四川口音对我说："我看得出你是好人！好好努力！"当我终于听懂他要表达的意思时，我愣住了。因为，我从来没有注意到我接触当事人时的一言一行都被传达室的肖大爷看在眼里，这时我才发觉，我们检察官在办理案件、接待当事人、处理突发事件时的一言一行，不是没有人知道，而是群众都在看，群众的眼睛是雪亮的。就在那一刻，我的心灵受到了一次震撼，明白了一句话——金杯，银杯，不如群众的口碑。

三、爱拼才会赢

2008年是奥运之年，奥运赛场上各国运动健儿奋勇拼搏，赢得胜利。这一年也让我体会到奋勇拼搏、赢得胜利不是运动员的专利，只要有赛场，就需要拼搏精神，爱拼才会赢。

这一年，市检察院组织第三届检察技能比武，民行部门比武首设"十佳民行办案能手"称号。那时我已经是民行处副处长了，承担了部门的许多工作任务，但是领导还是要求我参加比武。领导的用意我十分明白，那就是要让我为一分院夺取民行比武第一名，只有第一名才是胜利。然而，比武中各院好手云集，唯有与奥运赛场上的运动健儿一样奋力拼搏，才有可能折取桂冠。

那时一边工作，一边备战，回想那段日子，虽然物质条件改善了，但是艰苦程度也不亚于当年刚刚工作的时候，因为在2008年10月短短的十二天里我先后参加了四次考试——民行技能比武的初赛和复赛、检察员资格考试、北大MPA入学考试。这些考试不仅密度大，而且内容也非常广泛，民行技能比武主要考民事、行政检察业务，检察员资格考试主要考刑事检察业务，北大MPA入学考试则考行政管理、英语、逻辑、高等数学和语文。正是在爱拼才会赢的信念激励下，我才取得民行技能比武第一名，顺利通过检察员资格考试，并且以超出录取分数线60分的成绩考入北大。

原以为这样的拼搏经历可能不会再有了，没想到三年之后的那个夏天，第四届北京市检察技能比武的大幕又徐徐拉开。这次我报名参加教育培训项目技能比武，而且这一年我终于达到报名参加北京市检察业务专家评审的工作年限要求，可以参加评审，所有这些又都集中在短短的两个多月时间里。

教育培训比武可谓是高手云集，报名者中至少有五位取得过其他项目全市技能比武第一名，其中两位还获得过全国十佳公诉人称号，获得过技能比武十佳称号的更是数不胜数。而北京市检察业务专家评审中，我又是所有报名参评人员中资历最浅的。

狭路相逢勇者胜，爱拼才会赢，这一信念再次激励着我。又是两个多月的奋力拼搏，我取得了教育培训技能比武第三名，被评选为民行领域的北京市检察业务专家，成为全市最年轻的检察业务专家之一。

经历了又一次拼搏，我终于明白了，从我选择检察官这一职业的那一天开始，奋斗与拼搏就注定要永远伴随我的职业生涯，爱拼才会赢的信念也将伴随我的职业生涯。

四、优秀的团队是我们共同的骄傲

市检一分院良好的氛围造就人才成长的沃土，为我们打造优秀的团队提供了坚实的基础。我所在的部门长期以来一贯重视团队建设和人才培养，而我自己也努力为打造学习型组织，创建优秀团队贡献自己的力量，因为优秀的团队将是我们每一个成员共同的骄傲。

2008年的民行检察技能比武，我们取得第一、第二和第七名的优异成绩。2011年民行技能比武的培训任务就落在了我和其他几位同志身上。又是一个难忘的夏天，自从民行技能比武的选手封闭培训开始，我每天从早上八点半一直陪同他们训练到晚上九点，其他负责培训工作的同志更是不计个人得失，无私奉献，处室里没有参与培训的同志基于我们全力的支持，分担了大量工作。

在这个团队中，大家为了共同的目标，无私奉献，奋力拼搏，最终我们再次取得优异成绩，参加民行技能比武的选手获得第一、第四和第九名，而我们的选手在复赛赛场上技惊四座，他们的出色表现在此后的两年中还经常被外院的同志提起。每当我在培训之余，向别人介绍我们部门曾有七人八次获得北京市检察机关"十佳"能手称号时，他们总是投来羡慕的目光。

多年以来，我们处室的各类创新，我们团队成员的各项优异表现，为我们赢得各项荣誉，北京市"人民满意的政法单位"、北京市检察机关学习型党组织、北京市检察机关"身边的榜样"先进集体等等。每当我们的团队获得新的荣誉，我都体会到优秀团队给我们每一个人带来的骄傲。

五、再出发

2012年，院党组安排我到美国芝加哥大学学习，这对我来说真的是做梦也没有想到的。

在美国的这四个月，我们走访了无数的美国行政和司法机构、各类非政府组织、高等院校，接触了无数的法官、检察官和教授，不仅学习了关于美国司法制度的知识，更是亲眼目睹了这个最发达的资本主义国家行政和司法机构的运作。这时候，我脑海中大学教授们灌输给我的那个传说中的美国印象逐渐远去，实实在在的美国印象逐渐清晰，社会主义发展中国家与资本主义发达国家不同司法制度安排背后深层次的原因逐渐清晰，未来法制发展的趋势逐渐清晰，在这样一个时代的趋势中个人肩负的责任也逐渐清晰。

回国后，我将QQ的个性签名改为"再出发"。整整十二年，我从走入市检一分院大门到美国学习归来，我从一个怀揣美好憧憬的大学毕业生成长为一名职业的检察官。这次赴美学习不仅开阔了我的视野，更让我认清了自己的发展方向。人生的航船需要再次起航，驶向更为广阔的海洋。

我的事业　我的追求　我的检察梦

行政检察处　常国锋

十七年前，我走进了北京市检察院的大门。当时的我，对于检察机关几乎一无所知，也不知道自己究竟会在这里干什么，能干多久。十七年过去了，可以说我已经完成了由对检察机关茫然无知向一个合格检察官的变化。回首这些年，自在感慨光阴似箭同时，也诧异自己居然坚持了这么久，而且竟然还想继续沿着这条路一直前行，继续坚持下去。

一、经历与心路历程

我检察生涯的前十年是在市院公诉处度过的，有半年时间在最高人民检察院交流锻炼，有一年时间在外深造学习。近七年时间在一分院工作。经历的工作岗位有公诉和行政检察，有直接办理案件，有指导和复查案件，也有审批案件。职务从一名书记员成为一名正处级的检察员，还担任了副处长职务。

初进检察机关时，检察院还属于就业冷门，名牌大学毕业生到检察院工作的还很少。我参加工作那年，同期应聘的所有学生都被录用，但报到时有几个没有出现，想来是不愿屈尊另谋高就了。而我遇到的认识还是不认识的同事，也经常有人问我打算干多久，什么时候离开。本来就茫然，看到这些就更加无措了。然而随着对新环境的适应，随着周围原本陌生的面孔慢慢变得亲切而生动，我对检察机关的了解逐渐变得具体、深入了。不知从什么时候开始，我原本的疑惑消失了，原本的彷徨的心境也变得坚定。我对检察机关的职能定位和发展前景有了更加清晰的认知，立志于与检察机关同发展共命运，献身检察事业的决心也更加坚定。现在回想当初人们问我的问题，显得如此缥缈和遥远。

二、明确职责与担当，将检察工作当作自己的追求和事业

人民检察院是我国宪法规定的法律监督机关，承载着强化法律监督、维护公平正义的神圣使命。作为一线的一名检察官，在自己的本职工作岗位上履行检察监督职责，必须要明确自己的职责和定位，敢于担当，将工作当作事业来看待，将学习当作兴趣来抓，将单位当作家来建设。唯有如此，才能将自己的个体真正融入检察工作的整体，协调发展。

第一，明确职责和定位，胸怀大局、脚踏实地。检察机关发挥法律监督作用是通过每一名检察人员在各自岗位上忠于职守，各自发挥应有作用来实现的。因此，甘于做一颗螺丝钉，脚踏实地，敢于担当，在本职岗位默默奉献，既不好高骛远，亦不妄自菲薄，是保证检察机器顺畅运转的基础。多年来，我的原则是做好每一件事，从小事做起，从细节做起，从基础做起。

第二，将工作当作事业来看待。每个人对工作都有自己的看法，不同的看法又决定了不同的工作态度。有的人将工作当作谋生的手段，挣一份工资，养家糊口，这种认识在实际中可能把握一种等价原则，不让自己吃亏，也不肯多做。更有甚者，得过且过混日子。有的人将工作当作职业，有一定的职业精神，也把握住基本的职业操守，但是工作中按部就班，不会有更大的动力，也不会在工作中产生激情。而我将工作当成自己的事业，当作自己的追求，将检察事业与自己融为一体，与检察工作同呼吸共命运，因此甘于奉献，不计个人得失。我认为，唯有如此，才能富有激情，焕发无穷的动力，投入到每天的工作中去。

第三，将学习当作兴趣来抓。唯有学习才能不断使人进步。做好检察工作，必须不断学习。学习理论知识，学习岗位技能，学习社会经验，学习管理科学。不断充实自己，才能适应新形势、新任务、新要求。对待学习的态度，则变得极为关键。被动、应付显然不行，逆水行舟，不进则退。而将学习变为自己的兴趣，成为自己性格中一部分，成为自己的习惯，则既不会让自己把学习当作负担，又能主动不断学习，最重要的是能从学习中得到实实在在的快乐。

第四，将单位当作家庭来建。工作的单位、工作的团队是每个检察人员工作的环境。这个环境直接影响到工作的心情，从而直接影响到工作的效果。

一盘散沙，各行其是，甚至互相猜忌、勾心斗角，只能相互掣肘，削弱各自的工作成绩，弱化整体工作效果。因此，将单位和自己的团队当作一个家庭来维护，关心爱护每一个成员，细心呵护每一个工作成果，周密考虑每一个小小的进步，让每个检察人员都体会到关心、支持，从中获取前进的能量，这样的团队才会更加团结而有凝聚力和战斗力。

三、与检察事业共发展，追求我的检察梦

每个人都有很多梦想。我对检察机关从陌生到熟悉，从不了解到热爱，经历了十几年的风风雨雨。检察机关培养了我，造就了我。因此我会不断追求、实现我的检察梦想，成就更好的未来。在党组四个一流的指引下，作出一流的行政检察业绩，带出一流的行政检察队伍，塑造一流的行政检察品牌，营造一流的行政检察文化，是作为一名行政检察人员的梦想。实现具有一分院特色的行政检察梦想，应当从以下几个方面着手。

第一，抓基础，为行政检察工作发展打造良好的开局。

民行检察工作历来是检察工作的薄弱环节，行政检察工作刚刚从民行整体中脱离出来，刚刚起步，更是缺乏经验。因此打好基础，才能让行政检察工作起步稳，起步扎实。抓基础，要从思想建设、队伍建设、制度建设、管理建设、文化建设等多个角度入手，夯实基础。

第二，抓创新，打开行政检察监督的局面。行政检察监督现状问题多，困难大。监督内容，监督途径是发展的最大瓶颈。突破瓶颈，打开局面，既需要勇气、需要魄力，更需要有开拓创新的精神。一是拓展监督内容，传统的诉讼监督内容不能丢，同时积极开拓新的监督内容，扩大对法院监督的范围，强化对行政机关依法行政的监督，探索知识产权监督的新内容。二是创新监督方式。办案是基础，是核心，同时突破原有的靠申诉审查的单一的办案模式，打造多元化监督格局，探索类案监督、自行发现、司法审查、行政公诉等多种监督方式，拓展监督途径。三是拓展监督实效。将有限的行政检察资源最大化，实现监督的最大效益，这就要求每个案件不满足于答复了当事人了事，而是要根据行政案件的特点挖掘深层次的问题和规律，提出解决问题的思路和建议，更加注重法律效果、社会效果、政治效果。

第三，抓特色，突出一分院检察工作的特色。一分院行政检察的特色应

当有以下内容：一是区位特色。辖区部委多，以部委为被告的行政案件为特点之一；知识产权管理机构和高新技术产业密集，知识产权案件和相关工作为特点二；法院知识产权审判案件多，水平高，影响大，此为特点三。因此立足区位特点，准确定位，突出特色工作，是行政检察工作的关键。二是一分院检察工作特色。我院党组提出了四个一流的方针，市院要求一分院走在直辖市分院检察工作前列，这是对一分院要求的特色。我们的行政检察工作必须与上述目标和要求相契合。打造具有一分院特色的在全国有一定影响的行政检察工作是我们的目标和追求。

　　检察工作是我的追求，是我的事业，也承载着我的梦想。实现我的检察梦，既要胸怀大局，又要脚踏实地，甘于奉献，不断前行。

昨天、今天和明天
——有感我的检察梦

反贪局办公室　段晓娟

检察梦，看似简单的三个字，却包容了无限的内容。"梦"字，不是虚幻的，是可以实现的目标。放到我的身上，可以分成两个阶段，第一个阶段是今日之前二十余年的成长，第二个阶段是今日之后的成熟。在我检察人生的两个阶段里，我的检察梦只有一个目标，那就是实战和实现。

从学校毕业到现在，我从事过公诉、反贪和预防工作，经历的工作岗位不复杂，但都很有实战性。我很早走上了中层干部的岗位，和很多检察人一样，尽心工作，尽力而为，再加上要强的性格，和领导、同事们的支持，先后也取得了一定的工作成绩，获得了一些殊荣。在大多数人眼里，这或许就是成功。但我从来没有把这些当成标榜自己的盾牌。鱼和熊掌往往不能兼得，作为一个女人，我经常自问：什么是一个女人的成功？是要做一个埋头于检察事业的女强人，还是做一个相夫教子极尽传统本分的女人？在我所有的检察日子里，天平的秤杆总是倾斜在工作的这边，不用我的过多解释，家人非常理解和支持我。这种无言的支持会一直支持到我的检察事业终点。

记得刚参加工作时，我被分配到审查起诉科。性格活泼，心无城府，快乐的像个小鸟，工作之余还不忘唧唧喳喳地和同事们八卦。那个时期，是检察机关羽翼逐渐丰满的时期，公诉任务很繁重，每天的工作量很大。入门靠师傅，我的师傅谆谆教诲，真是手把手地教我如何从公诉的基础工作做好，做一名优秀的公诉人。回想起那个时候，办案硬件设备非常艰苦，所有的预审卷宗都是靠书记员手抄完成的。现在的书记员在电子时代里，一进检察机关的大门就是科技强检，是想象不出那时候的艰苦的。手指抄卷磨出了老茧，外出调查和师傅骑自行车来回四十余公里……那个时候，工作繁重，年轻充满活力的我，从来没有感觉到压力。考取了助理检察员后，我开始独立承办案件。跟大家说，自己独挑一摊真让自己有了压力，我从小就是一个要强的姑娘，绝不可能允许自己在众目睽睽下，在庭审上败下阵来，败在律师的手下，那是奇耻大辱。因此，我要求自己坚持学习，四处取经，把不同师傅教的东西全部吸收，研究控辩技巧，再用头脑分析转化成自己的东西。年轻的我从来不在乎是否占用了业余时间，是否又要加班，一门心思提高自己的控辩水平。也正是这种忘却自己的付出，让我的专业技能迅速提升，在一些影响重大的案件中，我在庭审辩论中临场发挥到了极致，充分体现了台上一分钟，台下十年功的古训。尤其是在一起贩毒案件的公开庭审中，听到旁听席上的掌声，我心里有一种成功的喜悦，足以冲抵平日的繁忙和劳累。也正是这种积累和突出的表现，我得到了领导和同事们的认可。不仅如此，作为院团支部书记的我，也将这种业务技能的比拼氛围在全院蔓延开去。

正是在我渐入佳境的时候，反贪局需要设立一个女承办组，因为我敢拼敢打的性格特征，和雷厉风行、尽善尽美的工作风格，领导把我调到了反贪局，成为一名侦查员。

领导选择了我。我有些不安，毕竟，反贪局是一个男人的世界，女同志很少。侦查员工作对于我来说是一个全新的领域，和公诉工作的思路和工作方式都不同，需要全新的工作技能。但我说服自己，领导决定把我调到反贪局，一定是认为我比较适合反贪工作，也能胜任侦查员的工作，那么我就要竭尽全力地做好。说实话，反贪工作对于女同志来说很苦很累。那时我已经为人妻、为人母了，家庭的重担也压在身上。丈夫也是司法系统的干警，也是经常加班、值班，我们两个尽可能把时间岔开，有一个加班，另一个尽可能地回家，实在调配不开了，只能去麻烦老人帮忙照看孩子。孩子刚两岁多，正是需要母亲陪伴和教育的日子，可我做不到。我的精力和时间更多地用到工作中去。首先是重新学习。我从事侦查工作七年，这七年是我人生中最瘦的也是实际年龄与心理年龄、生理年龄最不相符的七年，长期的加班办案，出差外调，白加黑、5加2的生活频率，内分泌紊乱，大片的黑斑爬上了我的脸，那是什么化妆品都无法遮挡的。而最痛苦的是在每次加班后的几天都不能正常睡眠，有很长的一段时间离不开床头柜上的安眠药。但这些都不是最重要的，最重要的是，一个女人怎样在最短时间内去适应侦查工作。我给自己定了一个极具实战性的目标："像男人一样工作，像专家一样学习。"我把反贪业务法条和专业书籍系统地学习了一遍，随时更新自己的头脑。其次是全心办案。女人思维虽然缜密，也有一定的宽度，但很多时候缺少深度，这也是女性思维的局限性。为了克服这种局限性，我像男人一样，和男人们在反贪一线奋斗。作为北京市一个大区，反贪立案每年都有很高的指标考核，对全局直至每个办案组都有非常大的压力。个性决定命运，我没有害怕，深信人无压力一身轻。有了压力才会有动力。我和其他办案人员一起，没日没夜。别的男同志家里都有妻子照顾家庭，可以心无旁骛地投入到工作中。而当我给发着烧的儿子喂完药，拖着行李箱去机场出差的时候，心里充满了愧疚。这种愧疚直到现在都没有彻底消散。

有付出就有获得，在那时候，我承办的中办老干部局财务梁红、张伟挪用公款案，张伟判处死缓、梁红被判处无期徒刑；儿童医院医疗器械科余文利贪污案被判处无期徒刑……这一系列大要案，因为证据扎实，我又预审成功，突破口供，成功破案，在给我带来荣誉的同时，也给我带来成功的喜悦。在我载誉而归的时候，已经长大的儿子祝贺我的话："妈妈，你真棒！你不要觉得对不起我，没关系的，那时候我小呢，吃饱了就是玩儿，什么都不记得。"

也正是这种愧疚的影响，虽然我在反贪岗位上作得很成功，但是毕竟岁数也大了，近四十岁的女人，从体力和精力上都很难承担反贪工作超大强度的透支。我选择了急流勇退，从反贪局去了反贪局办公室。

还是得说性格决定命运的这句老话。虽然反贪局办公室是后勤部门，是管理部门，不用前沿接触案件了，但我依旧没有改变自己工作的频率。总是在第一时间为那些和我一起战斗过的战友们做好服务后保障工作，虽然琐碎，但是很快乐。由于没有女承办组，每每有女嫌疑人的时候，我依然要坚守在岗位。而在人员调配不开的时候，我依然参与到案件的查办工作中。特别值得一提的是药监局专案前期的突击审讯，整整一个月，那一个月对于我们而言，除了责任就是压力，除了压力就是责任。以至于到口供突破后，我都没有那种久违了的成功喜悦感。大家也都是一样。因为一方面大家将药监局权钱交易的黑幕揭开后，实在让我们触目惊心，快乐不起来；另一方面，真的就是觉得如果突破不下来案件，对领导、对同志们甚至对家人都不能有个交代。案件的侦破取得了社会上轰动的效果，我也因为反贪团队的成功代表大家站在镁光灯下宣讲这个案件的突破。在我参加演讲的时候，虽然稿子已经是一遍遍的熟悉，也是从分组赛一直到全国比赛，但是每当说到和孩子新年前的那个电话，那个全然忘记时间、忘记给儿子祝福时接到的儿子的电话，我依然能感动自己，也依然能感动听众。看着台下很多人闪着泪光的眼睛，我知道，我不是在演，而是在经历，在经历每一个女检察官都可能遇到的生活。我，一个女检察官为了案件的突破，在看守所集中讯问了一个月的时间，而在这一个月里，全然顾不上孩子的衣食住行。当我听说老师看见他的毛衣袖口破了，利用课间休息的时间帮他缝好时，眼泪夺眶而出，总觉得有个东西压在心里沉沉的。因为我知道，无论我在工作上取得多大的成就，如果拿我的付出相比较，孩子付出了他的童年来陪我加班，我对不起他。这个缺憾，是任何成功都无法弥补的，因为这个时刻不能再复制、不能再拷贝。

　　说了这么多，我是想给自己二十余年的检察经历画一个简单的分号。既然今天要总结昨天，那么回想过去之后，无论有多么成功和辉煌，就让它们都过去，分号的后面是明天。我的明天，可以说去实现一个检察梦，依旧是"实战和实现"。说句更踏实更实在的话，我会用四十岁之后的日子给自己的检察事业画一个圆满的句号。没有惊天动地的豪言壮语，没有满天飞舞的虚张声势，我想在还有十几年的工作履历中，做好自己的本职工作，做好领导交办的任务，面对任何困难都不会退缩，让和我合作的同志们感觉到如沐春风的快乐工作，为自己的家庭做好家庭主妇的职责，让儿子体味到妈妈一直一直，直到永远都爱他。

　　关于明天，我说得很少，因为明天还很长，有很多不能预期发生的事情。因此，我也在这里，祝愿所有和我一样的女检察官，怀揣着梦想和理想，走在检察事业的大道上，工作和生活两不误，坚强、执着、充满爱心，你就是你自己的美丽风景！

在学习与奋斗中成长

法律政策研究室　侯晓焱

写下"成长"二字，我犹疑了：正步入不惑之年的自己，谈论成长，是不是有些"老"了。因为19年的检察工作，如果一直在奋斗在努力，应该已经体验了成长的烦恼、完成了成长的过程，应该已经在平和淡定、目标清晰地实现着人生的一个个理想。但不知何故，看到"检察梦·我的成长之路"这个征文主题，仍不由会感慨、会感动，因为它让我回首往事，更让我憧憬未来……

2009年，我从北京市海淀区人民检察院遴选进入市检一分院，转眼已经近四年。这四年里，在一分院这个团结奋进的团队中，在党组与主管领导的正确领导与热情鼓励下，在一分院"走在前列"精神的感召下，我一直坚守在法律政策研究岗位，50余篇文章与报告、近十个国家级课题、6部合作撰写的书籍、十余篇核心期刊发表的论文、60余万字的各类写作成果、为同事们提供的数不清的写作建议，记载着我在一分院的成长足迹。我只是尽了应尽之力，却得到高度的肯定：个人三等功、"北京市检察机关先进个人"称号。所有的一切，让我再次感受到一个先进集体的强大力量，让我再次为更好地融入检察事业而开启梦想。

——虽然工作在基层，但我渴望有开阔的视野

19年前，我作为一名本科生，从北京大学毕业，带着刚刚踏入社会的青涩，怀着奋斗和成功的梦想，来到海淀区检察院工作。工作之初，我曾在公诉部门和研究室工作了几年。其间，我编校和自撰的论文、调查报告多次在报刊上发表、获得领导批示及多项奖励；25岁时，我与其他资深检察官一起成为海检院试行的起诉制度改革中的首批主控检察官。辛勤付出，积累了不少审查案卷、支持公诉的经验，荣誉纷至沓来，我也会因为考核连年优秀而感到被认可的欣慰。但是，不时困扰我的却是办案和调研对知识和能力带来的挑战。那时候，我特别渴望在更高的层面、更清晰地看待自己的工作，于

是，一种强烈的自修的愿望油然而生。我觉得，虽然自己工作在基层检察院，但视野应该是开放的；有了开阔的视角，依托基层丰富的实践，可以走得更远。

在海检院支持干警在职读书导向的引领下，1998年，我准备报考硕士研究生。当时，我在起诉部门工作，一年办理案件的数量是一百多件，工作任务繁重，只能挤时间学习。每天早晨提前一小时到单位来背英语单词。白天，照常审查案卷、去看守所提讯、去法院开庭，有时候还要外出取证，一天下来，可以说是筋疲力尽。但下班后，也顾不得累，常常带一个面包当晚饭，直接去考试辅导班听课。考研的辅导班都是在十一、十二月开办，下课时都是晚上十点多了，冬天的夜晚很冷，路上行人稀少，每次骑单车回宿舍时都不免提心吊胆。晚上或者周末，常常在房间里复习、准备申请材料，把别人休闲的时间一点一点省出来用于学习。日积月累，长进不少。1999年1月，我以优异的成绩被北京大学法学院刑法学专业录取为硕士研究生。不久，又收到了香港城市大学法学院的录取通知书。

我是幸运的。在1999年的秋天，在单位的支持下，我前往香港城市大学法学院学习，专修刑事诉讼与人权保障，两年后，提交了用英文完成的200多页的硕士论文，顺利毕业返回单位。2003年，我获得留学美国的机会，九个月后，获得Temple大学法学硕士学位。回想起在国外用英文攻读法律学位的过程，的确充满艰辛。

在香港攻读的哲学硕士学位（Master of Philosophy），对法学研究能力有很高的要求，需要以英文完成200页的法律论文并通过答辩。我的两位导师分别是英国人和澳大利亚人。最初，与他们的沟通充满障碍，我觉得他们话里的生词特别多，口音也有些怪，几乎听不懂。我写出来的东西，导师也读不懂，经常在页白处注明"unclear"（不清楚）。不懂就学就练，我找来一些外国人写中国刑事法律制度的文章和书，研究他们在类似情况下怎样表达，经常会惊喜，"这不就是我要说的那个词组嘛！"，"原来这个中文意思应该用英文这么说啊！"经常是，我最初写出来的英语段落，经过这样的边学边完善之后，地道多了。那时候，为了能尽快提高英文写作水平，我常常一写就是几个小时。有一次，学得太入神了，几乎连续写了9个小时，结果把腰给累着了，疼得不敢走路，好长一段时间里只能躺着看书。从那时起，落下个坐久了就腰疼的毛病。那两年，我精读了几十本英文专业书、几百册中英文法律期刊，不仅了解了西方怎样评价中国的刑事诉讼制度，也掌握了他们通用的描述中国刑事诉讼制度的英文表达方式。同时，逐渐对自己的硕士学位研究课题越来越心中有数。导师对我写作草稿的批注也从最初的多为"不清楚"变成"相当好"。毕业时，我的毕业论文得到答辩委员会主席、香港城市大学法学院院长、英国刑诉法领域著名学者麦高伟教授的全面肯定；导师也说这份研究成果非常优秀，让他引以为豪。

在美国天普大学法学院攻读法律硕士期间，我充分体验了美国法学院"魔鬼式"教学的紧张与残酷。这个学位要求8个月内学完8门课，每本教材都是上千页，汇编了晦涩难懂的判决。在美国法学院，外国留学生与美国学生一起上课、讨论、考试；对于差的答卷，教授会毫不留情地打出不及格的分数。第一学期结束时，我四门课程的平均成绩是近2.5分（满分4分），也就刚刚达到2分的毕业标准。其实，许多其他国家的国际学生成绩更差，几乎不能如期毕业。针对这种状况，法学院出台了一个新规定，允许国际学生选择一种以"通过"、"不通过"来评价的模糊评分方式，只要最后成绩都是"通过"，就可以毕业了。我毫不犹豫地否定了这个选择，而是继续要求采用第一学期的"A、B、C"评分法。因为我想挑战自己，想证明中国学生不比美国学生差，哪怕是学习美国人引以为豪的法律。

法学院读书的苦，在美国是出名的，就是有的美国同学也会在图书馆学到深夜，甚至睡在图书馆。美国学生读教材，可以一目十行；但对于外国人而言，有时逐词逐句地读完了书，还不确定是什么意思。这时，我读一遍不懂，就读两遍；如果还不懂，就再读一遍。因为课前几十页、近百页的阅读量太大了，每天上课和自己读书的时间会达到十二三个小时，都是精神高度集中的学习，眼睛太疲劳了，就开始发炎，流眼泪，阵阵刺痛，继续看书时就非常痛苦。而且，我的腰疼病也犯了，到学期的最后两个月，每隔两天就要贴块膏药缓解腰痛，才能把每天十几小时的学习坚持下来。最后完全靠着意志，坚持着学完、考完。回国前，身高1.63米的我，体重只剩下不到85斤。

在第二学期的考试中，我获得四门课程三门为"A"、平均高达 3.7 分（满分 4 分）的全优成绩，绝大多数美国学生的平均分也不过 3 分。此外，在四百余名法学院毕业生中，我的学期论文荣获该法学院毕业生"研究写作奖"，在十几名获此奖项的毕业生中，我是唯一的外国人。论文指导教授、在全美庭审抗辩（Trial Advocacy）领域享有盛名的 Eddie Ohlbaum 教授表示从论文中学到了很多，还大力推荐发表这篇文章；Jeffrey Dunoff 教授诚恳地说："坦率地说，你的论文比许多美国学生的论文都要好。"负责国际学生事务的法学院助理院长 Adelaide Ferguson 则说："这个奖项是个很高的荣誉，你是我们的骄傲。"

——留学不是为了镀金和虚荣，而是学以致用

留学不是为了镀金和虚荣，我始终谨记把所学所得都投入到检察工作中。2002 年 8 月，北京市检察机关举行了首次十项业务技能比武，英语应用技能竞赛中，选手中既有专业知识扎实的法律专业研究生，更有达到英语专业八级的英语专业毕业生。我把演讲稿改了十几遍，背了几百遍，在家时对着镜子练表演，声带过于疲劳而发炎。最后，一举获得第一名，为海淀检察院取得了那次比武的第一块"金牌"。

2003 年上半年，我主持了一项反映在押人员律师帮助权状况的实证调查，与同事一起对 200 名在押人员开展问卷调查，执笔完成了 25000 字的调查报告，引起了广泛的社会关注：最高检厅领导做了批示，北京市委、市检察院转发，在《中国律师》、《人民检察》、《律师与法制》上等刊登，被《法制日报》分八期全文连载，被十余家政府网站转载；获北京市法学会优秀调研文章评比二等奖，《人民检察》杂志 2003 年全国十项优秀调研成果，并获得 2003 年最高检优秀调研成果评比二等奖。开展这项调研的灵感正是源于我域外学习国际司法标准和外国法律制度的启示，源于学习中养成的比较思维与实证思维的习惯。这篇报告至今是国内律师帮助权问题研究的重要引用文献。为了向域外介绍中国刑事司法发展的最新动态，我还用英文撰写了《中国检察机关的自由裁量权》一文，于 2003 年底发表在世界名校香港大学主办的权威法学刊物《Hong Kong Law Journal》（香港法律学刊）。

2008 年，被评为北京市检察机关十佳调研能手。2010 年，基于在国际合作项目中与外方的交流，我应邀前往美国哈佛大学肯尼迪政府学院交流探讨中国刑事司法制度，我撰写的英文论文被项目组采用作为研讨例文。利用业余时间完成19万字的学位论文，2012年1月获得北京师范大学法学博士学位。近几年，我先后当选中国法学会检察学研究会刑事诉讼监督委员会理事、北京市法学会刑事诉讼法学会理事，在知名法学期刊上发表多篇论文，多次获得部级等各类奖项。

——感谢我的工作氛围，它带给我创业与积淀的激情

我始终觉得自己是个幸运儿。19年前，我找工作时，作为被称为"四等公民"的外地女生幸运地走进了基层检察机关的大门，有机会投身到1996年修订刑诉法后轰轰烈烈的司法实践；4年前，我幸运地被遴选到分院，得以领略以办理大要案为重任的直辖市分院级检察机关的风采；5年前，为了回归一个研究团队，我初试国内的博士生考试并一举成功，得以有机会继续提升能力、为工作加油。在一次次努力的背后，单位领导的支持与鼓励始终是奋发向上的动力。记得在申请留学香港时，检察长曾经语重心长地对我说："现在检察系统了解香港法律的人太少了，我们办案很不方便。你去学吧，回来可以填补我们这方面的空白。"记得申请重点课题时，院领导充满热情地说："这项课题很有意义，我支持你们把它做好！"记得工作繁重时，主管领导会关切地嘱咐我们注意调节、注意休息……有这样温暖、进取的环境，我为自己感到幸运！

多年来，我深切体会到，坚持学习，才能带来内心力量的逐渐强大，带来思维的拓展和工作能力的提升；努力奋斗，才能带给我人生前进的正能量，带给我微笑与品味的果实。面对未来，我会以扎实的脚步、开阔的视角，为砥砺、培养我的检察事业不断付出努力……

在梦想中成长

公诉二处　李辰

画家们说：每一棵大树都是一部生动的传说。诗人们说：每一棵大树都是一曲生命的放歌。而我想说：大树的骄傲在于它成长的展示。而伴随着梦想的成长才是人生最绚丽的过程。

一、在办案中成长——从书记员到十佳公诉人

2002年，我结束了在中国政法大学七年的法律学习，来到了北京市人民检察院第一分院，梦想着有一天也能成为最优秀的公诉人。初入职场，作为书记员从立卷记录到校对复印，从制作阅卷笔录到证据的分析论证，工作虽然的琐碎繁杂，但是核对计算几百份合同直到深夜的投入，翻阅卷宗极度绝望时看到的惊喜，审查账册从杂乱无章到摸到门道的喜悦直到今天还带给我欣慰和喜悦。

2004年刚任命为助理检察员的我被安排办理北京市首都公路发展集团原董事长毕玉玺受贿、私分国有资产案，当时我还没有独自出过庭，忐忑中我努力向梦想迈进。从提前介入到提起公诉仅有40天，若干次的汇报论证，若干稿的文书修改，办理专案的兴奋早已让我忘记了工作的艰辛，也冲淡了刚刚怀孕强烈的妊娠反应。周晓燕副检察长作为办理省部级领导干部案件最多的检察业务专家，手把手带着专案组熟悉流程，应对挑战，精细化的阅卷、科学化的报告、规范化的文书还有经得起历史检验的标准都是她传承给我们的宝贵经验。而我，也带着这份经验距离梦想越来越近。2006年我参与办理了涉案37人8个罪名的黑社会性质专案、涉及卷宗600余册，而且国家工作人员涉黑，罪名争议极大；2007年我参与办理西城区人民法院原院长郭生贵贪污受贿案，该案是北京市法院系统级别最高的职务犯罪，其中涉及司法腐败、工程腐败等敏感、难点问题。2009年至2012年我先后参与办理国家开发银行原副行长王益受贿、职务侵占案、内蒙古自治区原副主席刘卓志受贿案、

吉林省人民政府原副省长田学仁受贿案三个省部级专案。期间在2010年我还办理两高三部挂牌的碟中碟侵犯知识产权专案和卷宗近700册,虚开增值税近万笔的国家税务总局涉税专案。多年的专案积累,多类型的专案办理,在我为梦想付出中也收获了荣誉,我被最高人民检察院确定为办理全国有重大影响案件的公诉人,刘卓志受贿案专案组被记集体一等功,毕玉玺案件审查报告被评为全国优秀综合化审查报告,碟中碟专案得到了李长春、王岐山、王安顺等领导的批示表扬,最高检为我个人记个人三等功。

如果说专案的办理是公诉生涯的彩虹,那么日常案件办理就是公诉生涯的蓝天。我深知作为一名优秀的公诉人需要拓展法律以外的更加广阔的知识领域,需要严谨的逻辑与出色的辩论技巧,更需要一名检察官需要的胸怀和对社会的责任。为了熟悉小产权房的性质与政策,我曾走访三级五家国土部门,掌握最新的趋势,把握最新的政策;为了保护涉众型经济犯罪案件的被害人权益,我曾梳理所有可以查阅的案例并撰写相关报告;为了更好的预防犯罪,我总结了多年来办案中出现的新型受贿犯罪形式并提出防范建议,在国家机关、国有企业、事业单位等十多家单位进行讲座。虽然时常会因能力有限而忧于自己对这份事业的贡献,但是也时常为自己在不断挑战自己中每日收获的点滴进步所欣喜。我曾办理了第一件多人合作利用短信诈骗的案件,办理了第一例以明显高出市场价格进行项目交易的新型受贿犯罪案件,我也曾独自在法庭抗辩38名辩护人,2008年我如愿摘取了北京市十佳公诉人。

二、在调研中成长——从办案体会到两本专著

检察工作对经验的要求很高,而总结调研是积累经验的最佳途径。毕业工作以后,我有写办案札记的习惯,把自己的感受和收获记录下来。记录的过程中我发现了很多工作实践中的问题值得研究,写下来便有了自己的观点。我工作后最早的一篇文章是在办理一个会计人员挪用公款案件时的一点体会《浅析财会人员犯罪》,当时发表在我院内刊上。随着研究的加深,我开始对证人出庭、退回补充侦查、涉众型经济犯罪案件、非法证据排除、辩护人权利保障等问题深入研究,先后撰写的《公诉方证人出庭作证的几个问题》、《单位行贿罪中的几种特殊情形分析》、《被告人庭前供述是否排除的证明责任与标准》等近20篇论文在《人民检察》、《中国检察官》、《检察日报》等国

家级刊物上发表。从参加工作至今我坚持每年均有文章在国家级刊物发表，每年发表的文章过万字。2009年被市委政法委评为"十百千"人才，2011年被中国政法大学研究生院聘为兼职研究生导师，2012年被选任为中国法学会犯罪学理事。

坚持写作磨炼了我的思维模式，也锻炼了我的思维速度。2008年我有了新的梦想——写书。办理贿赂犯罪案件是我十一年检察生涯中最主要的工作。十多年来，我工作的大部分时间都从事职务犯罪案件的审查起诉工作，我不仅有机会接触到10年来在这里审查起诉的20多件省部级领导干部受贿案的案件资料，而且我还有幸参与办理了其中的部分案件和很多在全国有重大影响的受贿案。在办理形色各异的贿赂犯罪案件过程中，我对贿赂案件司法实践中存在的实体问题和程序问题有着切身的体验，特别是在论证和研讨各种疑难、新型贿赂犯罪案件的过程中，我产生了对贿赂犯罪进行系统研究的想法。我查阅了可以接触到的所有关于贿赂犯罪的资料，研究了各种新型的贿赂犯罪形式，从实体上对贿赂类犯罪的基本理论问题和实务问题进行了探究，从证据上对各种贿赂类犯罪的证据标准和证明方法进行了探讨，坚持每天写作3000字，2011年和2013年分别出版了个人专著《受贿犯罪研究》、《行贿犯罪研究》，这九十万字的两本著作就作为我十年公诉生涯的一份答卷，供大家检验。

三、在竞争中成长——从大学生到副处长

和每一个追梦的年轻人一样，走出校园的大门都带着自己的梦想，幸运的是我赶上了好的时代，好的机制。我院多年来建构的系统完善的人才培养机制为年轻人搭建了最优的成长平台。无数次的岗位练兵，无数次的考试选拔，回想十多年自己走过的每一步都是在我院人才管理的整体规划中，我是人才培养机制的受益者。有人说，优秀的人就是任何时候只要给你机会你就能把握，给你任务就能胜任，为了迎接挑战，我一直在准备。十一年的工作中我的每一步前行都是在紧张的竞争与激烈的竞赛中获取的。2003年参加司法统一考试，2004年被任命为助检员，2006年通过主诉检察官考试，2007年参加我院优秀公诉人选拔，2008年参加北京市十佳公诉人比赛，获得北京市十佳第二名，同年被任命为主诉检察官；2010年参加检察员考试，2011年参

加副处长选拔，被任命为公诉二处副处长，同年被任命为检察员。还记得参加 2008 年北京市十佳公诉人比赛，为了一句约定我准备了三年，不间断得在公诉实务笔试、现场论文写作、公诉业务答辩、模拟法庭论辩、卷宗评审、公诉专业基础知识闭卷考试、案件汇报与答辩、跟庭考核等多项技能训练中练兵，读过的书、听过的课、记过的笔记超过了上学的时代。为了各种竞争进行的系统的学习与培训夯实了理论基础，增强了实践经验，也提高了应变能力和实战水平，这些能力和经验的积累与更好的工作形成了良好的循环。

担任副处长以后，我切身的知道年轻的同志也和我当年一样满怀梦想，我常常把我从前辈身上学到的经验与体会和他们交流，把我的经历和得失与身边的年轻人分享，因为我深知传承和懂得的重要，我愿意他们能比我的发展更广阔，更顺利。我学习当年检察长带领我们办专案的模式带领处里的其他同志办理一件又一件的专案，让他们熟悉程序，掌握方法；我把自己办精品案的理念和分管的年轻人交流，在办理案件过程中穷尽所有的监督事项，让更多的亮点呈现在案件中，让更多的人了解我们的检察工作；我带领他们申报撰写课题，培养他们学习调研的方法，养成总结的习惯，发表时我把署名的机会留给他们；我鼓励他们更多的展示自己的能力，主动参加各种竞赛和选拔，把个人的发展更好的融入集体的发展中。做好传承，这是一项任务，更是一份责任。这份任务承载着一分院四个一流的奋斗目标，这份责任凝聚着在一分院成长的感恩与回馈。

十一年的检察生涯让我感受着简单的快乐，也体验着平凡的感动，这份快乐和感动陪伴我把青春最美的岁月尘封在不曾懈怠的记忆里。今天我依然有梦，梦想着早日成为检察业务专家。我相信，在追求梦想的过程中，我所付出的每一份努力都是必要和有益的，并由此感到欣慰和荣耀。但愿这份努力为我增添穿越风雨的力量，为青春留下美丽的定义。

专心实践　水到渠自成

未成年人案件检察处　王翠杰

我于1997年大学毕业后来到检察院工作，除了短期的交流与挂职锻炼，入职后一直工作在一分院业务部门，我先后在监所检察处、公诉一处、未成年案件检察处工作，历任书记员、助理检察员、检察员、主任检察官、副处长。回顾自己16年的工作和成长历程，最大的感受就是一分院给我们提供了成长的土壤，长期的办案工作给了我们锻炼的机会，而多年的成长经历更是让我始终牢记——专心实践，水到渠自成。

一、严谨务实、专心办案，追求保证办案效果的水到渠成

办案工作容不得半点马虎，审查起诉更不容许丝毫差错。从事办案工作之处，就听老同志总结道："起诉工作的质量可以衡量检察工作的好坏，我们的工作绝不是简单的重复劳动，相反这项工作任务艰巨，除了依法提起公诉以外，还对公安机关和审判机关的活动承担着监督的职能，办案不是一件容易的事情，要培养自己驾驭案件的能力，必须从一点一滴做起，从一点一滴学起。"一直深感这番总结的精到，因此在工作中我也要求自己坚决杜绝浮躁自满情绪、坚决反对速成的幻想，坚持从身边做起，从身边学起，踏踏实实、严谨细致的办好每个案件，高标准完成每一项任务。在担任书记员、内勤、协助他人办案的过程中，我积极配合，认真对待每一份阅卷笔录和案件记录，保证办案环节的顺畅进行，为主诉检察官和承办人做好参谋助手；在担任独立承办人以后，我认真核实证据，始终争取做到充分履行公诉职能，使案件达到了良好的法律效果、社会效果以及政治效果；在担任主任检察官以后，我深知主任检察官是主任组的案件带头人，不但要充分发挥组内成员的积极性，更要率先垂范，起到示范和传帮带的作用。在审批司法文书时，我在与承办人充分沟通的基础上字斟句酌，在严谨精准的基础上增强司法说服力，使经受的每一份司法文书都能发挥"司法窗口"的应有作用；在工作中我主动承办组内重大案件，对组内成员办理的疑难案件尽早了解、主动参与。仅任职后的 1 年内，我就参与组内成员承办案件 15 件。尤其对于一些客观证据少、被告人翻供等案件，我在案件一退前就与承办人一同疏理证据、分析案情、外出调查取证，在庭审中，我与承办人一同针对被告人翻供的虚假疏漏进行辩驳，证明有罪供述系的合法性，有力支持公诉，保证案件质量。正是因为一直以来自我的严格要求，我也在办案中取得了一定的成绩，2005 年我所办理的杨宝红放火案件，因为审查起诉严格把关，多次自行调查取证后将原认定为可能判处死刑的放火罪名准确更改为失火罪，因侦查监督效果显著被评为我院精品案件。2006 年至 2011 年间，我先后承办了 1206 案件、105 案件、803 案件原国家统计局局长邱晓华重婚案件、朱嘉乐等人恶势力案等一系列重大要案，均圆满完成各项审查起诉工作和出庭任务，其中在办理 803 案的过程中，我的出庭表现还受到政法委副书记的公开表扬。2007 年，我针对徐光全等人非法买卖枪支弹药案一审法院判决中存在的错误准确、有力地提出抗诉，最终使得该案发回重审后改判，对我院的抗诉意见完全予以采纳，从而对原一审判决中 15 名被告人的罪名进行更改，对 9 名被告人的量刑不当问题进行纠正，其中 4 名被告人有期徒刑刑期增加 5 年以上，增幅最高的刑期多达 7 年，该案被我院收入检察年鉴。回顾过去的成绩和遗憾也使我更加明确办案工作必须严谨务实、专心办案，只有秉承这种原则，实践中的成长和成熟才能水到渠成。

二、坚持学习、勤于总结，追求业务能力提高的水到渠成

学习和实践具有互相促进的关系毋庸置疑，二者如何紧密结合、互相促进，一直坚持学习和实践就难以有切身的体会。多年来我一直注重理论学习，同时坚持在实践的基础上专心学习：由于自身缺乏系统的法律知识构架，深感理论方面的欠缺和不足，为此，我要求自己针对自身状况采取边实践边学习的、将为学习而工作和为工作而学习结合起来。为此我参加函授面授的系统化学习；针对近年来法律规定和司法解释出台较多的状况随时进行自学；坚持针对实践中出现的问题不放过，每每多方求证得到结论后即动笔总结，努力通过实践总结促进学习提高；充分利用市院交流、域外考查和交叉挂职的等锻炼机会虚心学习各方先进经验，并最终实现促进本职工作的目的。在多年的实践中，我通过实践总结的相关文章也多次被各种刊物发表，2006 年我办理案件的公诉词被《检察工作手册》发表；2007年在市院首次结案报告考核中，我所撰写的结案报告被评为A类；我结合实践撰写的《当前危害国家安全案件的特点分析》、《煽动颠覆国家政权案件的特点》、《当前枪支犯罪特点和趋势》、《命案现场勘查存在的问题及建议》等多篇文章也分别被市院、政法委、高检院转发、被多家刊物发表，撰写的《被害人救助途径的理性分析》等文章被选为参加学术论坛并做主题发言。2011年，我也有幸通过院内选拔全程参加了北京市十佳公诉人比赛的全过程。虽然结果与十佳的称号失之交臂，仅获得优秀公诉人的称号。但是我通过比赛所得的领悟和收获却绝不是仅仅止于一个称号和表彰。公诉人比赛是检验公诉人的基本公诉技能，也检验公诉人法律适用、法律监督的能力，更对公诉人思维和理论功底也提出了最高要求。达到优秀公诉人的标准必须具有扎实的理论基础、熟悉法律法规，并在此基础上融会贯通，娴熟运用。由于参赛得以在短期内进行高强度的训练，为了参加比赛进行了集中复习，强化了理论素养、提高法律法规掌握的全面性、对法律的领悟更上一个平台则是我参加比赛的最大收获。因此比赛于我不是一个选拔的平台，更是一个高效的锻炼平台。因此在赛后，我更感受到比赛的成果，感受到之前的理论积累在逐步与实践结合，逐渐在案例与卷牍中沉潜。虽然备赛过程中一心只读法律书的状态已经渐行渐远，但一碰到罕见的诉讼进程、疑难案件中的争议法律问题，复习中的积累往往会打破思维僵局，相关的法律问题和诉讼程序均已然熟悉，短短几个月的沉淀定会长期影响今后的实践。通过比赛也让我更加体会到实践是水平提高的基础，它能够充分检验不足，只有充分暴露才能有进步，实践—学习—实践，实践后用理论归纳总结，才会有飞跃的提高，业务能力的提高也自然会水到渠成。

三、高度期许、积极创新，追求综合素质提高的水到渠成

每个人都追求个人的成长，而个人的成长离不开自我期许的提高，无论从事何种工作都从全局的高度、从更高的角度看待自己、审视工作，才能逐步走向成长和成功。但是自我期许必须是理性的推高，而不是盲目的拔高，同时设立期许的意义并不在于是否要实现他，关键在于期许提高了，思路清晰了，未来自然也就提高了，而在追求期许的过程中必然会体验到成长的乐

趣，这才是最重要的。做检察工作也是同样的道理，如果仅仅看到眼前的具体工作，没有总揽全局的意识，缺乏积极创新的精神，工作必然会限于就案办案的误区，不可能有任何的提高。因此我一直要求自己从较高的标准审视自身，要求当书记员必须从承办人的角度考虑需要做什么，当普通干警必须从处室的角度考虑需要做什么，做处室负责人就必须从全院的角度考虑需要做什么。只有这样，工作才能有一定高度，所思、所想、所作的事情才能有一定的高度，格局和视野也才能有所扩大。2011年以来，我开始担任主任检察官，对于主任检察官虽然是办案带头人，但我知道如果仅仅囿于办案，很可能陷入旧案办案的状态，最终影响办案。因此，我在办案的过程中承担了大量的创新工作，我以石景山分局为试点从现场勘查、破案抓获、批准逮捕、移送审查起诉四个环节入手对部分命案进行全程介入，打破公诉引导侦查被动性强的瓶颈，推动了公诉引导侦查机制的纵深发展；为维护未成年人合法权益，推行未成年人犯罪案件社会调查制度，正式建立未成年人案件"捕诉合一"工作机制，与北京市法律援助中心就法律援助、合适成年人等工作机制签署合作意见；此外我也多次参加政法委等相关机关的案件协调会，与房山院、延庆院、市局预审处等单位协调处理了案件管辖、程序等各类问题。为落实未成年案件办理的相关工作机制，多次到大兴司法局、北京市法律援助中心、一中法少年庭、海淀区教委、首师大等相关单位协商，分别就未成年人社会调查、犯罪预防、法律援助等各项工作争取到上述单位的支持，并建立相应的长期合作机制。应当说正是通过这种边实践、边学习的方式，我完成了从案件承办人到主任检察官的角色转变，也努力争取综合能力提高的水到渠成。今年3月，我开始作为未成年人案件检察处负责人，未检工作在基本原则、指导思想等方面具有其特殊性，将未检工作的方针、原则、政策有效融入、渗透到具体办案中需要大量的经验和高超的办案艺术，同时更需要广泛借助支持未检工作的社会力量，充分依靠政法委、综治办、团委、教委等单位，积极加强与企业、社工管理、学校等方面的联系配合。为此，我多方整合社会力量，积极协调，正确创建适合分院特点的未成年人犯罪预防社会化、一体化体系建设，为未检工作的开展创造良好的基础条件和外部环境。

检察业务工作任务艰巨，不仅承上启下，而且肩负着法律监督的重要职责，作为一名检察人必须以高标准、严要求的原则专心于检察实践。回首自己参加检察工作的16年，对于法律精髓、检察工作的深入理解无不是一直以来专心实践的结果，在今后的工作中我仍然会一如既往以实践为中心，提高各项能力，因为只有专心实践才能水到渠自成。

成长路上应具备三种思维

公诉一处　周健辉

时光如水，岁月如歌，从 2000 年南开大学毕业至今 13 年已悄然走过，正处于而立之年的我正阔步迈向不惑，一路走来，有坦途有坎坷，痛并快乐过。按政治部要求，现将成长路上的感悟与大家分享，希望有所收获。

第一，应具备学习思维。

要胜任工作必须要学习。记得 2000 年我刚进公诉部门工作时，当师傅把一摞卷宗摆在面前时，非常茫然。要适应职业生涯的第一份工作，必须从头学起，我暗暗地提醒自己。在师傅们悉心指导下完成日常工作的同时，我专心学习检察机关办案所需遵循的各种规范性文件，借阅大量已审结的案件卷宗材料，从中汲取营养。通过近两年的锻炼，我对一些事务性工作能较好的完成，基本上可以算是一名合格的书记员。回想那两年，从不知道送达回证、换押证如何填写，起诉书如何盖章到慢慢地掌握了阅卷笔录、案件审查报告、起诉书等常用法律文书的制作要点，学习无疑起到了不可替代的作用。2004 年，我被任命为助理检察员独立承办案件，通过四年的锻炼，我对职务犯罪、诈骗类犯罪等常见罪名案件的办理能较为从容地应对，但对于办理像增值税专用发票、证券期货类等涉及专业领域的犯罪，又是一个全新的挑战。清楚记得 2006 年办理涉案金额达几亿元，被多家媒体报道为"境外期货第一案"的某国家工作人员职务犯罪案件时，我花了一个多月的时间从网上、书店、会计师事务所、中国证监会、国家发改委等渠道恶补了期货的相关知识和我国有关期货的近 100 项规定，为办理这一专业性极强的案件做了必要的知识储备，最终，我没有轻信侦查机关聘请多名证券专家的论证结果，引导侦查机关重新调整取证思路，将该案变更罪名和追加犯罪数额提起公诉，办案效果受到国家某部委及证券行业的充分肯定。对于专业领域内的案件如何办理，从该案中我积累了一定的经验，增强了信心。"累并快乐着"我想最能代表当时办结该案的心境。2011 年，我从公诉二处调整至公诉一处任副处长，由于缺乏普通刑事案件办理的实践经验，为此，我用了近一个月的时间认真研读了公诉一处在过去两年的起诉书和判决书，任职两个月后，我对公诉一处所办理案件的难点，与侦查审判经常争议的焦点以及法院证据采信、量刑的标准有了比较全面的感性认识，在此基础上，对于侦诉、诉判不一致的案件给予格外关注，对于公、检、法对某一类案件认定的基本立场，我基本做到心中有数。后来在较短的时间内我完成了从"经济案件"到"普通刑事案件"，从"案件承办人"到"案件办理带头人"的角色转变。

  要赢得考试和比赛必须要学习。回顾过去的十三年，我先后经历了诉讼监督擂台赛、公诉人论辩赛、公诉人技能比武、副处长竞争上岗考试、检察员晋级考试等大大小小的比赛考试二十余场，我可能算是这些比赛、考试中的幸运者。随着检察机关招录门槛的提高，越来越多优秀的人才被吸纳进来，可以预计，未来的竞争必将越来越激烈。要想在各种比赛、考试中胜出，除了考前、赛前的冲刺以外，决定胜负的可能关键在平时的学习，平时的积淀。记得2008年参加北京市十佳公诉人比赛时，很重要的一个比赛环节就是刑诉法、刑法基本理论的闭卷考试，我当时获得了全市第一的成绩。我想这很大程度上得益于平时对于法学理论、司法解释的系统学习和理解。古人云"知之者不如好知者，好知者不如乐知者"，我不断培养自己对于枯燥的法条、司法解释的学习兴趣，我比较庆幸自己在这些年的工作中，已经渐渐养成了对前沿的法学理论，新颁布的司法解释自觉学习的习惯，现在对于办案所需的基本法条，常用的司法解释，我基本能做到心中有数，运用自如。谈到公诉人技能比武，我印象最深刻的是矫正在论辩赛中的南方口音问题。我清楚地记得当时教练请来高校语言表达专家老师给我逐字逐句地纠正发音，讲解技巧，为了巩固学习成果，在封闭培训的三个月里，主管检察长、处长督促我每天早晚坚持朗读检察日报10分钟。最终我获得了"北京市十佳公诉人"称号，并被确定为参加全国十佳公诉人比赛的四名候选人之一。朗诵报纸那段枯燥难忘的经历，不但让我矫正了口音，更重要的是让我学会了坚持，终身受益。

  第二，应具备怀疑思维。

  办事要严谨，规范，做出的任何一项决定都要有依据，这是对法律人的基本要求。因此对于办案的每一个环节我们都应当思考"有没有依据"、"依据是什么"、"依据是否已经过时",对于多年形成的司法习惯,对于一些司法现状,我们应该敢于质疑是否符合法条的规定、法律的精神、基本的法学理论,只有这样才能不断促进我们的工作。对此,我深有体会。记得在办理一起命案中,我发现北京市公安局法医检验鉴定中心以停尸、运尸等名义收取被害人家属人民币1800元,凭直觉怀疑这种收费缺乏依据,经向法医鉴定中心了解,对方答复"向被害人家属适当收费至少已延续20年,各司法鉴定中心现均在收取,应当有依据。"为确定收费依据问题,我们查阅了涉及司法鉴定管理问题近20年的相关规定,并向北京市发改委、北京市物价局、北京市财政局等多个职能主管部门进行咨询,最终确认鉴定中心向被害人收费缺乏依据。为此,依法向北京市公安局提出检察建议,建议对方加强对内设司法鉴定机构管理,停止收费,举一反三。该建议引起了市委常委、公安局长的高度重视,公安机关为此针对司法鉴定开展了为期两个月的专项检查,取得了规范司法检验鉴定工作,保障被害人合法权益的效果。还有一个例子,也与命案有关。在审查对命案的判决时,发现法院对被害人家属谅解等酌定量刑情节认定不规范,当被告人与被害人家属达成谅解时,相应证据一般不经过法庭质证,直接被判决确认。我们认为,被害人家属谅解的证据不经法庭质证虽属法院多年的司法习惯,但与当前量刑规范化改革的精神不符。为此,我们通过与市一中法沟通,对典型案例提出抗诉等多种形式,最终促成法院将被害人谅解的认定纳入了法庭审理程序,扭转了检察机关过去对此量刑情节认定不能参与,无法监督的状况,《检察日报》、《法制日报》对此亦纷纷予以报道,给予积极评价。

第三,应具备创新思维。

在检察工作中,不可避免地要遇到一些新情况、新问题,这就要求我们要具备创新的意识,对检察工作机制、工作方法大胆提出创新建议,以提高工作效能。记得2010年在承办一起非法吸收公众存款的涉众案件时,被害人达1600余人。刑诉法明确规定,在收案三日内应当告知被害人相应的诉讼权利。根据以往的做法,一般采取向被害人逐一打电话的形式告知权利,对于电话联系不上的,还须邮寄告知诉讼权利通知书。从400余册的卷宗中找到

1600余人的电话和地址，并逐一告知权利工作量可想而知。鉴于法律对告知被害人诉讼权利的形式没有明文规定，当前互联网络已较为发达的现状，参照民事诉讼领域公告送达的规定，我提出了改变以往逐一告权的方式，在检察机关的网站上统一告知权利的建议，后被领导和上级机关采纳，大大提高了工作效能。据悉，该案系北京市检察机关采取通过互联网告权的首次尝试，现北京市各级检察机关涉众案件的权利告知基本采取这种方式。通过互联网告知权利取得良好效果后，我又将该案提起公诉等主要办案进程在网上向被害人告知，有力推动了检务公开，保障了被害人的知情权，大大减少了因关心案件进展情况来电来访的被害人数量，避免承办人将精力分散在接待来电来访上。现该案判决已生效，截至目前，尚未发生因对我院工作不满而投诉的现象。此案也为我院涉众案件的办理积累了一定的经验。

磨炼造就成功之"辉"

二审监督处　张剑

我参加检察工作以来在市院、我院工作，得益于市院、我院党组为我们成长、成才创造的良好的发展环境，我本人也先后获得"优秀党务工作者"、"优秀共产党员"、"首都五好检察干警"、"市院优秀青年"、"北京市十佳公诉人"、"北京市检察机关先进个人"等荣誉称号，并一次荣记"个人三等功"、六次荣记"嘉奖"。2011年我通过竞争上岗走上我院副处职领导干部岗位。

已过而立之年的我，仍然把自己在参加工作时确定的"成为一名优秀的人民检察官"的目标作为自己的检察梦而为之努力。在这不断实现检察梦的参加工作以来的十三个年头，有很多成长的经历让我记忆深刻：

我深深的记得，在办理一件故意杀人抗诉案件时，我随同领导列席市高法审委会。面对法院合议庭和两位刑庭庭长不支持我院抗诉意见的不利局面，我在征得领导同意后，对法院合议庭意见进行有力答辩，并充分阐述我院意见，赢得其他审委会委员的赞许。最终市高法审委会以8比7支持我院抗诉意见，将一审判处死缓的被告人改判死刑立即执行。那一瞬间，作为一名伸张正义的检察官，内心充满了欣喜和对被残忍杀害的被害人亡灵的告慰。而之后自己想得更多的是，能够成为一名独立承办重大案的检察官，参加工作以来曾带领自己办案的师傅们功不可没。是他们，言传身授优秀的检察精神，带领我们迈入检察事业大门；是他们，认真负责的"传帮带"，教导我们慎重审查办理每一起案件；更是他们，用行动向我们诠释了人民检察官的公平正义和高风亮节！

我深深的记得，2005年至2006年，当时27岁的我作为北京检察机关选派的第一批赴黑龙江省交流锻炼五名干部之一，在黑龙江省肇东市检察院任副检察长一年受益匪浅。我记得自己在黑龙江省院欢迎大会上代表交流干部发言时的紧张，也记得一年后在欢送大会上同样代表交流干部发言时的沉稳。

我记得自己到任后第一次与当地干部谈话时的拘谨彷徨，也记得自己的照片、事迹被检察日报刊登以及自己在异地检察机关立功受奖的欣喜。我也记得，正是在基层复杂环境锻炼的经历，使我回到北京后在面对数十名群众上访时所持的录音笔、摄像机以及他们尖刻的质问时，自己的从容应对和成功劝解。我清楚的明白，这些经历和成长，源于院党组为青年干部成长搭建的广阔平台，源于院党组对青年干部敢压重担的气魄，源于组织对自己的培养和信任。正是政治部领导和处室领导促膝长谈、面授机宜给了我迎接挑战的信心，正是出现困难时同事的帮助、团队的支撑给了我迎难而上的决心，才使得我能够通过挂职锻炼进一步提升自己。

我也深深的记得，为备战"北京市十佳公诉人"评比，自己刻苦学习，综合业务技能迅速提升。令人难以忘记的，是领导对开始信心不足的我的鼓励和指导，是同事们对我的帮助和支持；令人难以忘记的，是我在前五项总成绩第三时大家感同身受的共同喜悦；更令人难以忘记的，是我在辩论赛受挫后苦闷抑郁时处领导大姐般的包容、呵护和全处同事们的关心、理解！我知道，"十佳公诉人"的证书发给了自己，但这个称号承载的是一直以来整个处室构建学习型处室的传统，承载的是我们团队强大的凝聚力和向心力，承载的是领导和同志们对每一名团队成员的帮助和支持！

我还深深的记得，2010年9月我参加市院公诉一处副处长竞争上岗，当时自己以第一的成绩进入考察，自己多年的市院工作经验和业绩使我面对基层院的竞争对手时盲目自信的认为自己稳操胜券，当最终任命决定没有自己的名字时，我出现了从未有过的沮丧！但随后处室领导和政治部领导的谈话让我逐步恢复了自信和原有的工作积极性，让自己再次感受到组织的关心和呵护。同时竞争对手上岗后才能的进一步展示，使我更发现了自己存在的差距和努力方向，也更加感慨党组用人的准确，我只有用更加的努力敬业投入到工作之中。在之后的全院大会上，政治部领导点名表扬我能够正确面对挫折没有消极抵触时，自己真切的体会到，挫折是青年干部走向成熟的宝贵经历，面对挫折的态度更是考验青年干部的试金石。

我更深深的记得，2011年自己通过竞争上岗成为我院当时最年轻的中层干部，院领导在任职谈话时对我们的谆谆教诲，为之后的努力工作指明了方向。我也深深的记得,在任职以来的两年多时间里,在处长的领导、帮助下,在处室同志的支持、配合下,我和大家一起努力客服困难,在我所分管的二审工作中取得的一些成绩。面对这两个年度的考核优秀,我在感到欣慰的同时,更为自己又向实现"当一名优秀的人民检察官"的检察梦迈进了一步,而感到幸福快乐!

回想十三年来的检察工作经历,我想,每一名青年干部都会和我一样清楚地认识到,我们的进步和成熟,首先应当感谢组织。党的事业离不开青年,青年的成长更离不开党,如果没有党组织的关怀、支持,青年同志们的成长和进步就成为无源之水。同时,我们还要感谢那些手拉着手,领着我们从一名普通青年学生走上检察事业之路的领导和"老同志"们。如果没有他们字斟句酌的严格把关,没有他们循循善诱的谆谆教诲,没有他们的兢兢业业作为榜样,没有他们的支持,我们就不能很好的成长,更谈不上有所成绩!

今天我们取得的一点点荣誉和业绩,使我感到作为一名首都检察官的无比光荣和自豪,同时,我更感到肩上的责任和压力。成绩只能说明过去,对于我们青年干部来说,要以此作为一个新的起点,要更加扎扎实实,尽职尽责的继续做好每一天的工作。在今后的工作中,我要响应中央号召,深入学习实践科学发展观,牢固树立社会主义法治理念,积极投身到检察机关强化诉讼监督活动中。要坚持提高专业水平与加强思想修养相统一,坚持学习书本知识与投身工作实践相统一,坚持实现自身价值与服务大局相统一,坚持树立远大理想与脚踏实地相统一;更要按照"创新型"、"学习型"、"健康型"检察院建设以及"走精兵路、办精品案"的总体要求,按照"建一流的队伍、创一流的业绩、树一流的品牌、育一流的文化"的总体要求,立足大局,与时俱进,加强学习,开拓创新,公正执法,无私奉献。

在全面建设和谐社会,加快依法治国进程,检察事业改革进一步深化的新时期,我们人民检察官面临巨大的机遇和挑战。我深知,距离党和人民要求的标准,自己还有较大差距,距离真正实现检察梦,还有一定的时间,我必须更加努力!我相信,勤能补拙,只要像愚公移山那样,每天挖山不止,就一定会有成效;只要保持谦虚谨慎、不骄不躁的作风,保持艰苦奋斗的作风，就一定会取得新的成绩。同时我更相信，在各级党组织的领导、培养、教育下，在知人善任的领导和众多富有经验的"老同志"们的帮助下！我一定会恪尽职守，更好的履行法律监督职能，更好的发挥自己的专业所长，为首都检察事业作出自己的贡献，真正做一名让党放心、让人民满意的检察官，真正实现自己的检察梦！

成长与成才

反贪局侦查一处　岳浩延

时光荏苒，岁月更迭，蓦然回首，我已经在检察岗位上工作了 23 个年头。这些年来，领导的信任，前辈的指教，自身的执着追求、刻苦努力、奋发进取，使我一步步地走向了成才之路。2011 年 3 月，我被任命为我院反贪局侦查一处副处长。回首往事，23 年的检察工作历程中留下了自己成长路上的一处处足迹。

一、公诉工作中的锤炼为日后的成才打下了坚实的基础

1991 年从学校毕业后，我怀着满腔热血应聘到宣武区人民检察院公诉科工作，从此踏上了光荣的检察事业之路。宣武区人民检察院作为北京老城区的基层检察院，每年的公诉案件数量十分庞大。我作为院里的年轻干警，认真钻研业务，虚心请教老同志，从繁琐的书记员工作做起，逐步成长为一名合格的公诉人，并且一干就是八年。

面对大量的公诉案件以及高强度的工作压力，我始终以孟子的"天将降大任于斯人也，必先苦其心志，劳其筋骨，饿其体肤，空乏其身，行弗乱其所为，所以动心忍性，曾益其所不能"为座右铭，从不喊苦喊累，把今日成长中付出的努力视为明日成才的根基。不论案件的大小，我都会从每个案件的办理过程中汲取到不同的知识，并将此作为自身经验的储备，灵活地运用于其他相似案件中去，真正做到了举一反三、触类旁通。同时，我十分注重办案规律的总结和归纳，从马克思主义的规律论出发，认为一切事物的运行都是有其固有规律。而公诉作为检察工作中的重要环节，承担了案件办理过程中承前启后的关键责任，无论是实体方面的证据审查、出庭公诉，还是程序方面的权利义务告知、延长期限，都比前期的侦查工作、后期的审判、执行工作更加复杂和琐碎。在这样的情况下，正是由于我准确地把握和运用了公诉工作的规律，才使我成长得更快，成才得更早。

二、反贪工作中的蜕变为日后的成才提供了有力的支持

1999年,我主动要求到反贪工作一线锻炼和提高自身素质。相对于公诉工作的跟案件打交道,反贪工作更多的是和形形色色的人打交道,这就要求侦查员不仅要有相当的法律业务水平,更重要的是要具有广阔的人生视野、丰富的生活经验及对其他相关行业知识的熟悉和了解。在公诉科八年的工作经验一方面为我更好地理解法律法规、审查判断证据提供了帮助,但在另一方面也为我转变工作思路形成了不小的障碍。为了尽快地适应反贪工作环境和节奏,我潜心研究业务,注重观察和学习其他承办人的办案方式和技巧,在最短的时间内使自己由一名公诉人蜕变为一名侦查员。虽然这个过程十分艰难甚至痛苦,但今日再次想起,这又怎不是人生成长的必经阶段呢?每每念及当时之景,我总是会说这不仅仅是角色的转变,更是我成长的过程。正是由于彼时的不易,才换回了此时的成才,我想对于任何一名人才都是如此吧!

2002年,因参加北京市"反贪系统第一次业务技能大比武"取得了第四名,我于当年被借调至市院参与反贪专案查办工作,并办理了多起大案要案。2002年办理了市纪委移送的北京隆达轻工控股有限公司(原市二轻局)原副总经理兼北京白菊电器集团公司原董事长、总经理刘启超(副局级)挪用公款一案,该案从一个单一的挪用公款案件深挖出包括两名局级、五名处级和多人涉嫌贪污、行贿、受贿的窝案。通过办案为国企挖出多名蛀虫,挽回经济损失100多万元;2003年参与办理了毕玉玺受贿案,该专案是发生在北京公路建设领域的重、特大案件,涉案级别高、金额大,市委领导高度重视,群众密切关注,最终毕玉玺因涉嫌收受巨额贿赂被判处死刑缓期二年执行,专案其余被告也受到了应有的惩罚。

"十年寒窗无人问,一举成名天下知。"2004年,由于在市院借调期间工作业绩突出,办理的相关案件受到各级领导的高度肯定,我被正式调动至北京市人民检察院反贪局工作。在市院的平台下,我作为业务骨干被委以重任,先后办理和参与办理了中央领导、中纪委、高检院、市纪委交办的重特大案件十余件,均取得了良好的查办效果。查办了国有银行监事会主席胡楚寿受贿案、山西省委副书记侯武杰受贿案、承办了国家农发行副行长于大路贪污、

受贿案、财政部金融司长徐放鸣受贿案、社科院服务局局长张林书受贿案、北京市公安局网监处原处长于兵贪污、受贿案,公安部经侦局副局长相怀珠伙同其妻李善娟受贿案、北京鹏润房地产开发有限责任公司、国美电器有限公司黄光裕、北京新恒基房地产开发总公司黄俊钦(黄光裕之兄)、北京中关村科技有限公司法人许钟民单位行贿案、中央电视台新台址办公室主任徐威受贿案等一大批领导高度重视、在社会引起巨大反响和震动的贪污贿赂案件,深挖其他犯罪案件及线索并成案20余件,追缴赃款和挽回经济损失上亿元。

2005年我为响应科技强检的政策号召,促进侦查工作信息化建设,在办案中完全依靠自主能力制作了"电子卷宗"和"多媒体案件汇报系统",引起了领导的重视。

"宝剑锋从磨砺出,梅花香自苦寒来。"在市院工作期间,因工作成绩突出,4次年度考核为优秀,连续五年获市院机关嘉奖,一次被评为市院机关先进个人,2次获优秀共产党员光荣称号,一次个人三等功,因主办专案所在专案组荣获集体一等功一次,2010年9月被确定为北京市反贪系统第二批专业人才重点培养对象。

三、领导岗位的历练为日后的继续成才创造了条件

"仕宦而至将相,富贵而归故乡,此人情之所荣,而今昔之所同也。"2011年,我经过竞争上岗,走上了一分院反贪局侦查一处副处长的领导岗位。通过自身的不断努力,我逐步从书记员成长为承办人,继而又成长为部门领导,可能这并不是成才的唯一标准,也可能与欧阳修所说的"将相"还有巨大差距,但是不可否认这确实是我成长成才的显著表现。

2011年,我作为办案队长,在一分院"建设三型检察院""办精品案、走精兵路"的方针指引下,在队建制的平台基础上,在院、局领导指挥下,我们依赖于市纪委专案,在我及全队干警的共同努力下,带领办案队共办理案件6件7人。深挖出利用职务之便,贪污、受贿用于个人美容、美体消费的窝案、串案,办理了北京市卫生局原工会主席白宏(副局)贪污案、北京市财政局农业处处长杨苹贪污案、国家国防科技工业局系统工程三司兵器管理处处长江莉(正处级)贪污案、神华煤制油有限公司财务总监魏淑清（副局）贪污、受贿案、神华煤制油有限公司工程分公司财务经理金晓东受贿案、北京城建集团第三建设公司副经理刘兴宝伙同张然共同贪污案等案件，上述案件的办理为我们寻找贪污、腐败新的滋生地以及权力"寻租"的新领域开阔了新思路，在保证年初制定的案件数量的基础上，保证了效率、效果、安全的统一，受到了市纪委、院、局领导的高度肯定。与此同时，我队还为我局的其他办案组和区县院提供我队深挖案件线索近十件。

2012年，我带领全队共计5名同志办理案件15件15人，办案数量较上年上升200%以上，名列全局第一。包括办理了北京市公安局交通管理局副局长隋亚刚伙同其妻东惠玲受贿案、华北计算技术研究所科技计划部业务三处处长姚淑君贪污案，中国国家气象局华丰影视公司董事长石永怡（副局）贪污案、最高人民法院基建办副主任（副局级）钟鸣伙同其妻田克苗受贿案、姚光锋、张启俊、单位行贿案，朝阳公安分局南磨房派出所民警时俊杰、王佳宁受贿案、李宝恩、吴家立介绍贿赂案、魏秋莲、李淑芬行贿案等一批司法机关领导干部在项目、工程领域腐败案件，以及打击了警察队伍腐败的串案、窝案。同时为其他区县院输送线索3件，并查获一名副局级干部案件，取得良好查办效果，并取得相关部门、上级机关、领导的认可。

我在担任副处级领导的两年多的时间里，能够有意识地参与处里的管理工作，做好处长的助手，加强队内管理，发挥老同志积极性，培养年轻同志的业务能力，有意识的为反贪工作培养德才兼备的人才。两年多以来，队内1人荣获第七届北京市"人民满意的政法干警"争创奖，北京市政法系统优秀共产党员、石景山区"敬业奉献"榜样荣誉称号，我本人获得全市检察机关反贪部门第四届技能比武第二名，嘉奖一次，2名干警被评为"首届全市检察业务骨干人才"及被我院评为"首届检察业务岗位能手"，一名年轻干警被提拔为副处级后备。一名同志参与了"北京市第十一届党代会代表"的考察。

2011年市院第四届十大精品案评选中，我查办的相坏珠伙同其妻受贿案、中央电视台新台址办公室主任徐威受贿案获十大优质案，我作为办案队长组织查办的北京市卫生局原工会主席白宏贪污案等系列案件入选十大精品案，2012年入选北京市检察机关第一届检察业务骨干。

以上就是我对自己成长、成才之路的回顾，可能并没有像有些人那样的荡气回肠，也可能也没有像有些人那样的跌宕起伏，但却是那样的真真切切与朴实无华。正如我一直所认为的，淡淡的一句"娘以指叩门扉曰：'儿寒乎？欲食乎？'"其情感之真挚，胜过万语千言。

十五年追逐检察梦

侦查监督处　甄卓

"鲜红的肩章两边挂，我们是人民的检察官；庄严的国徽头上戴，我们是共和国的检察官。"虽然已经更换新的检察制服十多年了，这首熟悉的《人民检察官之歌》还时常会在耳边回响。第一次穿上检察制服、第一次讯问犯罪嫌疑人、第一次出庭支持公诉、第一次以检察官的身份进行校园普法……无数个第一次，这不仅仅是简单的人生经历，更是代表着一份荣耀、一份自豪、一份强烈的归属感。

从十五年前迈进检察院的那一刻起，就从来没有怀疑过自己的选择，逝去的是难忘的青春，收获的是对检察事业的忠诚和热爱。曾经有过很多选择其他岗位的机会，自己都是毫不犹豫地选择留下，二〇〇九年，当时还是在房山检察院工作，区里要求各单位符合条件的干部必须报名参加公选，院里推荐我参加了市政管委副主任的竞岗，考试成绩我是第一名，虽然有正科提升副处和进领导班子的优厚待遇，而且市政管委是非常重要的部门，但在组织部门考察谈话时我还是明确表态，参加竞岗是服从组织安排，但是自己更愿意留在检察院工作，组织部门向院里专门致函，进行了非常高的评价，表示尊重本人意愿。就个人感受，做好工作的第一位是忠诚，对检察事业的忠诚。作为一名检察官，如果没有对检察事业的热爱和忠诚，只是当作一份谋生的工作，是不可能成为一名合格的检察官。只有对检察事业的忠诚，才能时刻恪守检察官职业道德，一言一行无不体现检察官的良好操守，严于律己，珍惜检察官的荣誉；只有对检察事业的忠诚，才能孜孜不倦地钻研业务，不断提高专业素养，争做专门型、专家型的一流检察人才；只有对检察事业的忠诚，才能为检察事业的不断发展进步而骄傲，将全身心投入到追逐"检察梦"。

合适的平台是检察人才健康成长的保障。作为一名在刑检部门工作十多年的业务干部，仍然要非常感谢入院之初三年半的综合部门工作经历。在办公室半年工作期间，负责信息、接待、宣传工作，为熟悉区情和外部环境提供了便利的条件；在政治部工作三年时间，负责全院的教育培训、文体活动、人事档案，通过档案整理、组织全院性的活动，使自己在短短一个多月的时间就认识了全院的一百七十多名同事，为熟悉单位内部环境搭建了良好的平台，如果在业务部门是难以做到的。综合部门与业务部门工作最显著的不同点在于，业务部门以案件办理为中心，工作与其他部门和同事交叉较少，体现独立完成工作的能力；综合部门的工作大部分涉及多个部门甚至全院，既有为全院干警服务性工作，又具有一定的管理职能，通过在综合部门的工作经历非常有效地提高了自己的协调管理和沟通表达能力，为以后能够非常顺利地适应中层管理岗位的需要奠定了坚实的基础。对综合部门同志另一个非常重要的要求是命令不过夜，能够当天完成的加班也要完成，一是因为工作会涉及到很多部门和人员，自身工作的一点拖沓会影响很多人的工作；二是时间不能由自己完全支配，无法预见明天会有什么临时性的任务，业务工作承办人可以自己根据进度适当安排，什么时间提讯、什么时间结哪件案件等等，但综合部门不可以，市院、区委随时都可能安排一项紧急工作，当时特别怕周五，上级突然发一个文，要一个报告或者安排一项活动，三天之内报送就意味着当天得报，周六日即使自己加班完成报告或者计划方案到时间也无处去报送，这也培养了自己及时快速处理工作的习惯。二〇〇二年一月，我到燕山检察处工作，办理公诉案件，当时有三个公诉案件办案组，我与书记员刘洪是全院最年轻的办案组，每年承办的案件都将近全处案件量的一半，印象最深的是刚刚承办案件，处领导就指派办理一件故意杀人案，因为被害人是一名国企的领导，嫌疑人是单位职工，认为自己受到不公正的待遇而实施犯罪，致被害人重伤偏轻，很多人对嫌疑人都是抱有同情的态度，又恰逢国企改制，在当地社会影响很大，处里多数人的意见是定故意伤害。我带领书记员到案发现场进行实地勘查、模拟再现案发情景，因为鉴定结论和诊断证明并未明确表述被害人的具体受伤部位和程度，只是最终的损伤程度结论，我专门到医院对被害人的伤情进行检查、记录。为了解案件的真实起因，三次到嫌疑人的工作单位进行走访。在处务会上，我提出认定故意杀人的三点理由得到了大家的认可：第一，嫌疑人共砍被害人十八刀，第一刀在后脑，

第二刀在颈部,第三刀在头顶,后来的刀口集中在手、腕、踝部,是因为被害人跌倒在沙发上用手脚进行抵挡造成的,嫌疑人的目的仍然是砍向被害人头面部的致命部位;第二,嫌疑人是被多名闻声赶来的同事强行制服的,期间一直未停止砍杀行为;第三,嫌疑人的遗书、前期供述均明确表示出杀人的动机,后期辩解是因为已经放弃自杀念头害怕被追究更重的刑事责任而进行的自我保护,符合人的正常思维逻辑。因为案件的特殊背景,法院将该案作为公开庭审观摩的案件进行审判,除法院邀请的很多人,还有嫌疑人、被害人的家属也进行了旁听。因为事先准备充分,针对其是否受到不公正待遇的问题,从单位如何想方设法地解决他所反映的问题到劳动部门如何认定,有单位证明、劳动部门的鉴定、上级单位的规定、大量的证人证言以及其收到单位的补贴的签字表等证据,无论是合议庭还是旁听的群众,都已经清楚地感到他的要求是无理要求,并没有受到不公正待遇,不只是将案件事实全部查明,更重要的是为企业正名。为使合议庭更直观地了解案情,我还尝试了申请关键证人出庭作证,被告人面对三名当场制服自己的证人,其只是想弄伤被害人无杀人故意的辩解显得苍白无力,三名证人准确无误地指证被告人在制服过程中仍然持刀不停地向被害人头部去砍。最后,判决被告人犯有故意杀人罪处以十年以上有期徒刑。这件案件之所以记忆深刻,首先是办理第一件重大案件,其次是深刻地体会到作为执法者不能简单地感情用事,从表面看,被告人是一名工人,受过工伤,被害人是单位领导,双方明显有强弱势之分,但只有全面详细地了解事情经过,理智地站在公正的立场上才能真正看到事情的本质。现在回想起来,从院领导到处里,都在有意识地将一些重大疑难复杂案件交给自己,正是这些难题和压力才促使自己能够积累足够的办案经验和解决疑难复杂案件的能力,特别是二〇〇七年担任公诉二处处长,院领导将公诉二处的案件办理范围定位为职务犯罪、经济犯罪、未成年人犯罪以及女性犯罪案件,这四类案件囊括了所有的犯罪类型,特别是几乎所有涉众性或者群体性案件都有女性犯罪嫌疑人,通过不断地锻炼,以后在办理各类案件才能得心应手。在办案工作之后,经全院青年干警的选举,我还担任了院团总支书记,后来还被增选为区团委委员,负责全院的青年工作和文体工作。虽然增加了很多的工作量,但通过团的岗位与全区的各机关单位团组织都建立了良好的关系，带领院里的青年干警先后推出过两个市级先进单位、三个区级先进集体，个人两次被评为市级青年岗位能手。来到一分院之后，在侦查监督处副处长的平台上就非常适合自身特点，分院的侦查监督处既要负责案件的办理，又负责对区县院的指导，之前十三年的基层工作和十年刑检工作，对区县侦查监督工作非常熟悉，直接办理过除危害国家安全、走私类以外的几乎所有类型案件，合适的平台既能锻炼自己，又能驾轻就熟地开展工作。如果没有良好的环境和合适的平台，就不可能有施展才能的机会，就不可能完成经验的积累和水平的提高，而平台不是干警个人能够创造，都是组织上和领导根据个人特点的不同而提供不同的展示平台，自己这些年所有成绩的取得，无不得益于组织和领导所提供的合适的平台。

成长成才必须有勤能补拙的精神。1998年大学毕业时，电脑知识还只限于DOS系统的简单了解，单位还没有专门的打字员，会使用电脑的人寥寥无几，正值单位开展竞争上岗和双向选择，我作为工作小组的成员，负责计划起草、总结撰写等文字工作，可是我还不会使用电脑系统和打字，为了完成任务，我上班时用笔写，下班背字根练打字，12点之前没有休息过，两个星期学会了五笔和盲打。1999年初任检察官、2003年主诉检察官、2004年主侦检察官和检察员考试，这些考试都是一次通过，参加院里和区里的考试成绩都很好，同事们都夸奖聪明，其实自己更明白是通过勤学才能获得的。出庭公诉时发表公诉意见都是脱稿，法官和律师都很惊讶，那是因为案件已经在脑子里过了无数遍，公诉词已经在心里修改完善了无数回。2011年，处里研究决定让我参加全市侦查监督技能比武，心里非常忐忑，在参加比武的人员中自己年龄偏大、没有比武经验、之前长期在公诉岗位工作，但是没有丝毫犹豫地接下任务，因为相信自己勤学苦练完全可以弥补不足，用了3个月的时间对所有侦查监督规范文件、一百多本相关的业务书籍、历届比武材料进行了全面的复习，很多时候已经到了后半夜就睡在办公室的沙发上，辛勤的付出得到了回报，在技能比武中取得了第二名的成绩。

成长成才必须善于学习、善于总结。每个案件都是不同的，都是各种社会问题的不同反映，查明案件事实、准确适用法律、实现三个效果的统一不是口号，是实实在在的要求，要求检察官有扎实的法律功底、丰富的社会知识、良好的表达表述能力和逻辑思维能力，而这些都不是天生，都需要学习、总结，再学习再总结。向书本学习，特别是现在首都检察网的内容非常丰富，辅助办案系统非常强大全面，有法律法规、案例，还有大量的论文，市院研究室的案例选编等等，现在我仍然坚持每天在首都检察网上学习一个小时以上，保持知识的及时补充和更新。向身边人学习也非常重要，每个人都有值得学习的方面，每个人都可以成为自己的老师，老同志有经验，善于发现问题，年轻同志接受新知识能力强，能够提出非常独到的见解，有的同事敬业精神让人敬佩，有的理论水平高，有的结案报告撰写得好，每人身上都有亮点，每天都能让自己学习到很多东西。仅仅学习是不够的，还要善于总结经验，成功的、失败的、自身的、他人的都需要总结，成功的继续坚持，失败的提示避免再出现。

成长成才需要良好的环境。自己在两级院很多个部门工作过，深刻体会到良好的环境的重要性，自己担任过房山检察院公诉二处处长，处里的各项成绩都非常好，无论是市院的基层院业务考评，还是院内各项评比都能排到前面，当时处里的人员数量在全院各部门中属于中等，但在调研、信息、宣传等各方面都是第一、第二名，2007年组建处时11名同志，现在有2名担任处室正职，3名处室副职，为上级院输送3名干部，和谐、好学、积极向上的氛围让每名同志都能够快乐地工作，处室还被评为市级先进集体。对工作环境的理解，通过参加技能比武感触颇深，侦查监督处是非常团结的团队，每个人都力所能及地提供帮助，整理复习资料、共同研讨问题，李立副检察长和刘祥林老师不厌其烦地为我释惑答疑、介绍经验。可以说，没有团队的支持，没有良好的环境，就不可能取得后来的成绩。

15年来，所取得的成绩与组织给予我的荣誉相比还是远远不够的，但是自己会始终保持对检察事业的忠诚，始终保持"不患无位，患何以立"的心态，以更加勤奋的工作和更加刻苦的学习来争做一流的检察人才，追逐"检察梦"，一直到离开工作岗位时都会有两个字深深地铭刻在心中——无悔。

检察路上的足迹

政治部干部处　张鲲

每个年轻人都有过梦想。有的人将梦想作为一种希望，有的人为了追寻梦想而不懈努力，而我在大学毕业签订就业三方协议时，我的梦想是成为一名优秀的肩负法律监督职责的检察官。时间如白驹过隙匆匆而过，回首已是14年的检察工作经历，回想当年第一次步入检察机关时的意气风发，第一次办案出示检察机关工作证时的豪情满怀，我不由得轻声问自己，你的梦想实现了吗？

答案似乎是肯定的。自己已在检察岗位工作多年，同年并肩走进一分院大门的四个大学本科生中，只有我一个人还坚守在检察机关，继续追寻着检察梦想。自己的工作成绩得到了领导和组织的认可，荣获过嘉奖，也荣立过个人三等功，2013年我被北京市人大常委会任命为检察员，迈上了检察生涯的新台阶。

然而答案似乎又是否定的。虽然我从事过公诉、自侦、政工等多个岗位，在每个岗位尽职尽责，但自己还不能称得上是优秀的检察官。一名真正优秀的检察官是博学的，是精通法律的，是具有丰富司法实践经验的，是具有很强的群众工作能力的。而我，距离这个标准还有很长一段距离。

是的，我已经是一名检察官，但我的梦想还没有实现。

为了追寻梦想，我曾经努力过。

一、办理专案

记得那是1999年11月初，我刚刚参加工作4个月，对反贪自侦业务还懵懵懂懂的我，突然接到领导的通知，被抽调到一个专案组，并且马上去参加一个会议。这是一件市委政法委领导亲自督办的市属某银行行长经济犯罪案件，涉案金额数亿元，案件已经由市公安局侦查了一年多，现在改变管辖，由检察机关重新侦查，公安部门原承办人员集体回避，不允许再接触案件。

市委政法委领导要求加大办案力度、全力挽回损失、对外严格保密，无论当时还是以后绝对不允许宣传报道，因为涉案款项涉及北京市的财政资金安全，而且领导担心案情一旦对外公布，相关银行就会出现储户挤兑现金的混乱局面。

专案组成立了，时任市院检察长许海峰是专案组第一责任人，时任一分院检察长叶上诗是专案组直接责任人。市委政法委主要领导要求专案组每天上报案情专报，每周当面汇报案件进展。从专案组其他同志严肃而又紧张的神情中，我觉察出了从未有过的巨大工作压力。而办理专案的前期，专案组五六名成员中，只有我一个书记员。

从此开始了紧张的案件侦查工作，很多业务根本没有提前学习的机会，直接上手就干。例如记录讯问笔录，刚开始时不得要领，一团忙乱，感觉自己比嫌疑人还要紧张。好在师傅们能够充分体谅，在我记笔录的同时他们也在记录，讯问结束后让我将两份笔录好好对比一下，反复几次，使我很快掌握了记录笔录的方法。我配合多名承办人提讯、查询银行资金走向、到相关单位取证、查找知情人……只恨自己分身乏术。

从此开始了不分昼夜的工作，专案组的同志只有工作任务的观念，没有工作时间的概念。我跟随承办人白天外出取证、晚上提讯嫌疑人，工作间歇找时间休息，所有的作息安排完全取决于侦查工作需要。记得一天上午，我们刚刚结束一夜的讯问，在专案组驻地睡着了，检察长来听案件情况，推门看到我们横七竖八的睡姿，没有忍心叫醒我们，轻轻地关上了门。

从此开始了没有周末节假日的工作，所有的案卷和材料都在专案组驻地集中保管，出于安全考虑，领导安排我在周末和节假日只要不外出工作，一律在专案组驻地值班，看管这一百多册卷宗和几箱的零散材料。

这个专案一办就是2年，在北京检察系统可以说是绝无仅有。专案前期的工作重点是侦查犯罪，案件移送审查起诉后的工作重心转向了办理专案牵连出的其他案件、为国家挽回经济损失，并随时为公诉部门和审判机关提供补充材料。而这2年中，我生活的全部内容只有工作，我的全部时间和精力都投入在了专案中。

参与了这个非常规的专案办理，我很快熟悉了反贪侦查工作的各个环节，并且有机会在两年中跟随多名检察员办案，学习他们各具特色的工作方法。通过专案组办理的一个个案件，迅速掌握了各种侦查必备的工作技能，为后来自己顺利开展反贪侦查工作奠定了良好的基础。也正因为参与了这个非常规的专案办理，我深深地体会到了在自侦工作中严格遵守各项检察纪律的重要意义，并亲眼目睹了个别专案组成员先是因专案办理的功勋显赫而立功受奖，随后又因违纪违规而受到纪律处分，并最终调离了检察机关，离开了他们所钟爱的检察事业。一幕幕血的教训，让我从多个视角透视了反贪自侦工作，对自侦工作和反贪干警有了更为透彻和全面的认识，有所心得，却也是沉甸甸的。

二、访问学者

为了重点培养反贪侦查人员的证据意识，院领导有意安排我到公诉二处交流，学习严谨规范的公诉业务，重点学习把握案件中的证据标准。安排我离开反贪，出乎同志们的意料，而十个月后又从公诉二处把我调回反贪，更是出乎同志们的意料。只有我心中清楚，领导这样安排，是希望我成长为一名优秀的反贪侦查员。但连我也没能想到的是，很快，院领导又给了我一个到丹麦人权研究所——世界著名的人权研究机构参加研究合作伙伴项目的机会。

丹麦人权研究所与北京市检察院、海淀区检察院都有着良好的合作研究关系，2003 年前后每年都会给北京检察系统一个名额，代表中国的检察官到丹麦人权研究所进行访问研究，全部费用由丹麦方面承担。也许因为当时一分院年轻同志中，只有我一个人刚刚考取了英语雅思 6 分的成绩并且在有效期内，院领导同意让我和海淀区检察院的叶衍艳（后来的全国十佳公诉人）去访问学者项目协调人的办公室进行面试，争取这全国唯一的名额。经过面试，我被正式邀请于 2004 年 8 月至 12 月到丹麦人权研究所进行访问研究。

2004 年 8 月，我将岳父母接到北京，安排好家里的事情，告别了已怀孕 6 个月的妻子。从首都国际机场，飞到了丹麦首都哥本哈根，一个非常美丽、欧洲古典建筑林立、连抬头仰望蓝天都会让我看得发呆的城市，开始了令人难忘的访问学者的经历。

我拟定的研究课题是中国与欧洲刑事羁押制度的比较研究。选定这个题目是因为它既和反贪侦查工作中的强制措施密切相关，又与人权保障紧密相连。丹麦人权研究所为我指定了一名教授作为指导老师。这名教授曾经是丹麦王国的一名法官，后来专门从事人权研究。在她的指导下，我参加了丹麦人权研究所的课题研究工作，并参加了国际人权法课程培训，访问了与警察机构合署办公的检察院，旁听了法庭审理，并且很偶然的机会亲眼目睹了丹麦警察逮捕涉嫌贩卖毒品嫌疑人的执法过程。总的感觉是震撼。100多年前丹麦也曾是一个国家机器滥用暴力甚至酷刑的国家，而随着经济发展、文明程度的提高和人权保障意识的迅速增强，这个欧洲著名的高福利国家，人权事业进步极快，排除社会制度的因素，对比中国的现状，我感觉差异仍然很大。

我大量阅览专业书籍，并对感兴趣的问题与丹麦学者，以及和我同一批作为访问学者的一名尼泊尔法官、一名尼日利亚教师、一名南非大学生和一名贝宁公务员用英语进行了广泛交流。在那里，我感觉学术研究是国际性的，是可以抛开政治观点来进行的。但如果将学术理论应用于实践，则不可以偏离政治和社会制度。而丹麦的人权学者也是国际性的，为了便于开展广泛的学术研究，他们掌握了多种国家的语言，每次开会的时候，基本不用他们的母语丹麦语，他们会提议本次会议使用的会议语言，除了英语之外，经常使用西班牙语、法语、德语，如果指定了会议语言，会议中所有的发言都必须使用该种语言。遇到这种情况，我的指导老师会给我做同声传译，小声用英语为我进行翻译，尽管我的英语水平还没有完全达到参加学术研讨的水平。

做访问研究的一项重要任务是用英语撰写三万字以上的研究论文，并且要用英语进行论文答辩，评委则是丹麦外交部官员和研究所的人权专家。能否顺利通过论文答辩是检验访问研究最终成果的重要标准。这样高的要求对于一个英语专业毕业的大学生还比较适当，但对于我，一个具有普通大学英语教育背景的年轻检察人员，实在是太艰巨了。而且对方为了节省项目费用将研究周期从6个月压缩到4个月，工作任务安排得很满，却没有安排观光游览的日程。

在我参加的多次学术会议上，丹麦的学者们对中国的关注度很高，也常常拿中国的事情举例。遗憾的是，他们的观点因为所收集的信息不够全面而不客观，在人权学术领域，确实需要有既懂中国法律，又熟知中国国情，还能用国际语言流利表达的学者与各国的人权学者进行沟通交流。我每次参加学术研讨时，面前的桌签上写的是大写的英文单词CHINA（中国），使我每每如坐针毡。我深感此次学习机会来之不易，而且很多人权问题事关国家的声誉和形象，自己决不能在学术研讨中只做一个沉默的听众。同时我深知以自己的英语水平要想完成高质量的学术研究论文难之又难。但我决心尽最大努力完成好学术论文，我要用论文答辩的机会，向大家介绍一个真实的中国。

我坚持每天用英语整理研究所得，不断积累。欧洲国家的公众假日很多，放假时，因为我们这些访问学者都持有申根签证，可以畅游很多欧洲国家，其他几位访问学者都会放下手中的研究任务结伴到周围的欧洲国家游玩。而我却每每谢绝了他们一同前往的建议，专心在宿舍撰写我的英语论文。那时，我想：今生我还会有机会再来欧洲，这次我先把重要的事情完成了，下次再来游览这些著名的风景名胜，欣赏美丽的欧洲风光。英语论文撰写得异常艰难。在论文撰写过程中，我得到了前来丹麦参加国际会议的中国社科院法学所黄晋老师的指点，得到了同为法律系毕业生的妻子的关心和支持，是她时常为我在国内查询相关中文资料，通过电子邮件发给我作为参考。那时，我还真是想过，妻子腹中的胎儿，竟然也在无形中接受了法律问题的早教。正因如此，我要更加努力地撰写论文。

四个月的访问研究很快就结束了，在我的论文截稿之前，我得到了国内传来的消息，我的儿子顺利降生了。我在论文的扉页上用英语写道：仅以此文献给我刚刚来到这个世界的儿子。随后我参加了论文答辩。五名不同国家的访问学者中，有两名因个人原因没有能按时提交论文参与论文答辩。

我的英文论文得到了丹麦人权专家的高度评价，丹麦人权研究所专门举行了庆祝活动，庆祝我的访问研究圆满成功。我荣获了丹麦外交部和丹麦人权研究所颁发的荣誉证书和国际人权法培训证书。同时，我也得知，丹麦人权研究所为我的英文论文申请了国际刊号，准备在丹麦正式印刷。带着收获，也带着遗憾我回到了北京，课题研究的成果令我惊喜，但我也错失了很多领略欧洲风光的绝佳机会。在有限的时间内，我们只能做最值得做的事情，我没有后悔。回国后，一分院还将这篇论文推荐到北京政法系首届高层次人才论坛，荣获了优秀研究成果二等奖。

此后，在反贪工作中，我更加努力工作，无论是配合其他承办人办案还是自己独立办理案件，都注重理性、平和、文明、规范执法，强化合法取证的意识、杜绝非法证据的收集，注重严惩犯罪与人权保障的合理平衡，并取得了较好的工作成绩，入选全市检察机关反贪部门首批侦查业务骨干人才，和"十百千"第三层次人才。经过市院反贪局组织的系统培训，并到市公安局预审处交流锻炼6个月，全面提升了对侦查讯问的把控能力。我在努力工作的同时注重法学理论问题的研究，特别是对司法实践中的人权保障问题，始终保持了高度的关注，撰写了多篇调研文章公开发表。

2010年，我服从组织安排，毅然离开了我所热爱的职务犯罪侦查岗位，收藏起积累了10年的较为丰富的反贪自侦经验，来到政工部门，从零做起，从最基础的干部数据库维护入手，不以善小而不为，扎扎实实地学习政工业务，并配合干部处的领导做了大量的工作。2012年12月，我被任命为干部处副处长兼退休干部管理办公室主任，主要负责退休干部的服务管理工作。作为老干部工作部门负责人，我深深体会到老干部工作政治性、政策性、思想性很强，是一项严谨、复杂、细致的工作。虽然在检察机关这样一个以业务工作为主流的单位，老干部工作只能算是滚滚江河中的一股涓涓溪流，但我将它视为提升自身政治素质和群众工作能力的锻炼平台，努力做好各项工作。在全国各族人民跟随党中央通过不断努力建成小康社会、实现"中国梦"的历史时代，芸芸众生中的我，依然记得刚刚进入检察机关工作时的梦想，为了心中的检察梦，我需要继续努力。

灯火阑珊寻芳华

纪检监察处　薛海龙

关于梦想的事情可能每天都发生在我们的思想里,在个人成长发展的道路上,梦想的成真无疑具有极大的催人奋进的力量。然而,值得我们关注的更是实现梦想的心路历程。因为,在绵长的人生之旅中,那些让我们久久不能忘怀的物事才最值得眷恋的。

实现司考梦想:仓促中跨进司考大军的行列

1999年我参加当年的全国检察机关晋升助理检察员统一考试,竟然以两分之差而成绩败北。因为,1999年是助理检察员系统考试的最后一年,从此以后,司法部有了新规定,要步入检察官行列,必须参加统一资格司法考试。仓促之间,我做出了决定,务必通过统一资格司法考试。于是,购置了大量的司法考试辅导资料,开始了漫长而艰难的司考之旅。先是自以为是的进行个人自学,每遇节假日,统统放弃休息,自己钻进办公室一头扎进书海里,两年后的2002年,满怀信心的进入考场,结果,由于缺乏对司考的命题模式和考试思维的适应,可想而知是多么的惨败而归。在经过短暂的犹豫之后,我终于又鼓足了勇气,一如既往的加入司考大军行列。理论是行动的先导,思路对了,行动才不会出错。经过多方听取意见,看有关司考指南的相关文章以及名家指点,决定先参加司法考试辅导班的学习。那时在北京电影学院的大教堂里进行集中面授辅导,基本上都是周末加双休日上课。在这里,我有幸听取了"三校"(北京大学、中国人民大学、中国政法大学)名家的讲课,像著名刑法学家阮其林、民法学家李仁玉、刑诉法专家潘剑锋、行政法专家张树义等等,影响最深刻的是讲授国际法、国际私法、国际经济法(俗称"三国")的杨帆老师,她是中国政法大学的才女,讲起课来也是才气十足,很有章法,引人入胜。直到后来在司法考试中,我的"三国"成绩一直让我信心百倍。听了三个月的普通培训班,感觉还不过瘾,又再接再厉的报名参加了一个月的冲刺班。2003年的司法考试让人情何以堪？基本上没有时间好好看法条了，结果是应了一句话："不该出错的你出了错"。司考中我以3分之差而名落孙山。接下来的冬天里，我在考虑该怎样真正的应对司法考试了，听原万国培训机构的负责人骆勇说过一句话：应该用研究的心态去应对司考。于是，我不断地研究前些年律师资格考试以及近两年的司法考试题目，明白了题眼和考点的真正涵义。即使是这样，自信心的打击仍然很大，我只有背水一战，找回自信。2004年春节一过，我就立即投入应考准备。没有参加培训班，也没有听信"轻轻松松过司考"的神话，而是先认真制定备考计划，采取看三遍教材、看三遍法规汇编、看历年考试题汇编的三看方法，开始了单独的司考之征战。在春季里，各个司考培训机构都是先打出免费试听的招牌，争相拉生源。我基本上就是周末去听免费讲座，平时自己下班后开始复习。大量的知识点需要记忆，怎么办？我打电话问在外地的母亲，信奉基督教的母亲能将《圣经》的内容大段大段的背诵下来，她告诉我，要记住一本书的主要内容，看第一遍从前往后翻，看第二遍从后往前翻，看第三遍从中间往两边翻，最好能将重点内容编成口诀。我采用了母亲的建议，果然效果不错。2004年的夏季里，我常常晚上读书到天明。那年深秋的司法考试一结束，我走出位于西单附近鲁迅中学考场时已经十分疲惫，但还是情不自禁地走进了天安门广场，轻轻吟诵叶剑英元帅的那首诗：攻城不怕艰，攻书莫畏难。科学有险阻，苦战能过关。我依然在心里信誓旦旦的准备来年再战。不久，考试成绩下来了，我终于顺利过关。那年冬季的一场大雪之后，我带着上小学的女儿去登西山八大处，我告诉她，人生就像攀登山峰一样，只有坚忍不拔的毅力，才有可能登上成功的顶峰。

实现帮助亲友的梦：用心的祈祷铺就成长之路

司法考试过关后，在很长的时间里，我都不能从那梦魇一般的折磨中解脱出来，无论是在家里，无论节假日和亲朋好友聚会，逢谈必有司考和学习，在亲友圈里，我成了患上司考魔怔的人。2005年，姐姐的孩子高宝从重庆机电工程学院毕业，他听从了老师的建议，到一家台商企业当技术员。我告诉高宝，你要把车间包括整个企业的技术运作程序熟记心间，你要尽可能掌握企业的核心技术，高宝笑着说，这不太可能。我告诉他，只要你用心，没有办不到的事情。后来，高宝果然用心良苦，成了公司的技术大梁。台湾老板欣赏他，派他去巴西带队组装机电设备，巴西一行获得了成功，台湾老板又派他去俄罗斯进行相关业务。几年后，我再见到高宝时，他已经是信心百倍了。2005年，我大哥的儿子华生参加高考，我告诉他，别害怕高考，你要拿出勇气，要以"三看"的全新方法去应对它。考前半年时间，华生几乎是在书山中度过的，他发挥了超长的记忆，考试成绩一出来，竟然超过了重点大学录取分数线二十多分，只是估分过于谨慎，报考的大学并不太理想，那是后话。我大哥的女儿燕子一看这种学习方法不错，也是欣于接受，她先是成功考上了一家师范大学，后又考上了物理系硕士研究生。2013年6月，在高校毕业生就业形势非常严峻的情况下，她有幸被地方一家重点中学签约录用。老家邻居一个叫张飞的孩子，在华北科技学院读书，学得是法律专业，2008年快毕业了，他找不到工作，我告诉他，你别去乱跑了，本科留北京很困难，何况也没有通过司法考试，你还是先准备司考吧。张飞觉得我说的有理，于是也开始了司考征战，2009年，他考试失利后，一度心灰意冷，我就劝导他，要重新鼓足勇气，要信心百倍。结果是，张飞一边在北京打工，一边业余学习，春节都没有回山西老家过团圆年。我把自己在司考中的感受毫不保留的传导给他：自古华山一条路，只有背水一战，方能有成功的可能。张飞很用功，为了考试，人都瘦了一圈。2010年司考顺利过关。接下来，还是工作没有着落，在北京生活都成问题。我告诉他，先去山西老家发展，干律师行业，积累司法实践经验，同时又鼓励他趁着岁数不大，报考中国政法大学在职研究生班。在经过一年多的精心准备下，张飞终于成功的考上了中国政法大学在职硕士研究生。2012年春节在老家聚会时，我问他有何感受，他说，人生的路不在于多么艰难，而在于你是否用心去实践。我告诉他，还是不能浅尝辄止的，一边干律师，一边读硕士，最好把博士也考下来，那时岁数还不到30岁，职业的选择就更有了主动权。据了解，政法院校也喜欢招录有实践经验的考生读博士。张飞说他想的正是一样。不仅如此，张飞也动员他妹妹开始司法考试，为将来在社会上工作增添竞争的砝码。我看到了我周围亲友中的年轻人真正树立起了走自己路的决心和勇气。

实现做人做事的梦想：宝剑锋从磨砺出

在对学习和工作的基本看法形成了自己的一套思路后，无可辩驳的是会影响着我们个人的一生。现实的经验教训，更加坚定了我对做人、做事的基本原则：工作莫含糊，做事要精心，你怎么对待工作，工作就怎么对待你；你怎么对待他人，他人就怎么对待你。我曾和许多朋友探讨过，假如一个年轻人从大学一毕业，你不要急着去领导机关，要从基层做起，从基础做起，更要用心去做，要坚决历练自己。千万不能朝三暮四，这山望着那山高，急功近利，今天当科长、明天当处长、后天当局长。好像只有当官才能标志着成功。人生更应关注过程，关注个人为之奋斗的历程。2008 年过后，我被院党组任命为检务督察办公室副主任，一个全新的行业，一个新角色的挑战，我没有退步。先是对纪检监察工作的基本熟悉，很快，我就能书写每年的纪检监察工作报告了。紧接着是对检务督察的日积月累，先是结合实际起草了《自侦案件搜查扣押现场督察实施细则》，后来，不断地对督察实践进行身体力行。从 2009 年迄今，我亲自参加的各种现场督察不下 100 多次，专题督察报告、纪检监察工作报告及各类调研文章累计不下 30 余万字。比如 2009 年在开展廉政风险防控管理工作中，大家对这项工作都不太了解。我先是随队去原来的崇文检察院学习廉政风险防控，后来，又及时研习市纪委有关廉政风险防控文件精神，到图书馆查阅了大量与廉政风险防控有关的书籍资料，终于搞清楚了廉政风险防控的真正内涵，它把现代质量管理体系应用于廉政风险防范方面，主要运用 PDCA 循环管理——又称为"戴明循环管理法"，最早出现在美国，于 20 世纪 50 年代初传入日本，70 年代后期传入我国，并开始应用于全面质量管理方面，成为我国现代化管理内容之一。PDCA 循环管理方法是全面质量管理体系的基本方式，由计划（Plan）、执行（Do）、考核（Chek）、修正（Action）等具体阶段组成。有了第一手资料，起草本院《全面推进廉政风险防控管理实施方案》以及院领导在全院动员大会上的党课报告就得心应手了。再如，2012 年，市检一分院开展"庸懒散"专项治理中，我承担了起草工作方案和《加强处级领导干部管理的意见》的任务，虽然属于较新领域的工作，心里没有底，但在领导和同志们的鼓励和支持下，迎难而上，几经周折，没负重望，同时也是对自己的考验和挑战。为此，我个人感悟到，工作中，要不断的善于总结和用心总结。为什么是同样的年轻人，有的进步比较快，而有的进步比较慢？我分析，主要原因一方面是否积极努力，另一方面是否工作尽职尽心和善于总结积累。在执法办案一线这样，在综合保障部门都存在这种现象。要做行家里手，要自己锻炼自己，自己给自己加压，更要认真总结成败得失。否则，工作平平平庸庸，作风松松垮垮，不注重日积月累，成功的大门永远就不会向你敞开。机遇向来是为有准备的人而出现的，在督察办副主任岗位上的实践经历，更让我看到了，凡是工作出成绩的人必是用心和付出的人，凡是浮夸不务实的人，其工作业绩必不突出。常言道：十年磨一剑，宝剑锋从磨砺出，梅花香自苦寒来。那些虚荣的耀眼的光环可能只是短暂的一个阶段，昭示一个人个人内涵的品质才是具有永久魅力的。为此，在工作中不断自觉向本院做得好的其他同志学习，在工作之余，仍然坚持了读书和写作这个爱好。灯下漫漫，人生漫漫，探寻精神家园的脚步漫漫。2009年，作为执行编辑，编辑了由中国检察出版社出版的《剑胆集——首都检察干警文学作品选》，个人入选作品2万余字。

　　写到这里，忽然想起南朝乐府民歌《三洲歌》中的句子：送欢板桥湾，相待三山头，遥见千幅帆，知是逐风流。在这个追寻伟大梦想的时代，千帆竞发，百舸争流，一种呼唤民族复兴的共同愿望像幽灵一样牵系着每个人的心思，朝暮相度岁如画，无悔历程风牵挂，蓦然回首望春月，灯火阑珊寻芳华。基于这样的考量，对每个人来讲，脚踏实地，万里征途，始于足下更为重要……

怀着感恩的心　在变化中成长

控告申诉检察处　鲁雪松

序：我是怀着感恩的心写下这篇文章的，从1998年大学毕业来到市检一分院工作至今，15年的时间里，我的工作轨迹是二审监督处、干部处、机关党委办公室、干部处、二审监督处、奥组委法律事务部、公诉二处、白纸坊司法所、公诉二处、控告申诉检察处，7个不同的岗位，10次轮转，平均一年半换一次，最长的岗位工作过5年，最短的工作8个月。

说句心里话，开始转岗的时候，内心充满了矛盾，因为好不容易熟悉的人与事务都要放弃，投入到另一个新的环境中。陌生是容易让人产生不安感的，于是我经常劝慰自己，变化是暂时的，一切都会尘埃落定的。但这种不安定感持续了15年，以至于自己已经适应了变化的节奏。

我不敢说自己有多么优秀，但不同岗位的历练，使我拥有了一份难得的际遇，让我见识了更多优秀的人、复杂多变的事、难以预料的结果，锤炼出坚毅淡然、荣辱不惊的状态。这一切都是组织给予我的恩惠，借此文章表达自己真挚的感谢，同时也感谢上述处室的领导和同志们对我无微不至的关心与照顾。

我成长的时代，是一个崇尚英雄的时代。可以想象，当我穿上检察制服的时候，是何等的意气风发。检察事业的光荣和梦想，从那时起，就根植在我的心中。然而十五年后的今天，回首过往，我才真切地知道，比起荣光，这是多么重的一份责任。当年青涩的少年郎，在检察事业的指引和锤炼下，终于成为检察事业的中坚力量。

注重细节，发现自我

1998年7月，我被分配到本院二审监督处。事实上，检察工作的开端，并不像自己所设想的那样帅气，像所有的检察干警一样，我也要从最基础的工作做起，复印、钉卷、做笔录……然而很神奇的是，在这些看似简单重复的工作中，却为我打下了坚实的基础，对检察工作也有了最直观、最真切的认知，也奠定了我踏实、严谨的工作总风。我也逐渐明白，检察气质，就是从慎重对待每个细节开始形成的。

2003年，我的检察生涯，面临了一次比较大的改变。我调任本院干部处，后又转岗机关党委办公室，涉及干部任免、奖惩以及青年工作。这三年的工作经历，我转型得比较辛苦，但却让我获益良多。第一，三年多政工部门经历，使自己政治坚定，忠诚可靠，始终与党和国家的大政方针政策保持一致，自觉贯彻执行院党组的中心工作。第二，我得以从一个全新的角度观察和感知检察工作。第三，我也开始学会关注前辈，同事，懂得了谦虚，也知道了要终生学习。第四，我也试着在工作中了解自己，发现自己的潜能，并逐步完善自己。显而易见的成效是，我的性格更加沉稳，学会了静下心，坐得住。这三年，完善了我的检察气质，从另外一个角度塑造了我，锤炼了我。也正是得益于这样的锤炼，当我担任本院机关团委书记时，我能比较块地进入角色，在负责本院共青团组织的日常工作的同时，勇于结合青年特点开展工作。自己长于组织，善于协调的特质也得到充分的发挥。2006年，本院机关团委被评为市直属机关优秀团委。

追求卓越，完善自我

2006年初，我服从组织安排，回到二审监察处任助理检察员，直至2007年7月，我独立承办了20件指导案件，12件自侦案件不起诉审批案件、7件抗诉案件、1件再审案件，共计40件，涉及近20个罪名。我在这段时间里，我接触到大量抗诉、指导案件，通过办理这些疑难复杂案件，不仅熟悉了一审、二审的程序，更提高了处理难点问题的能力，实现了从理论知识到实践技能的转变。

其中，李元会绑架再审案于2007年被评为北京市检察机关第二届诉讼监督十大精品案件，2009年被评为全国优秀诉讼监督案件。这个特殊的案件，直到今天也在提醒着我，作为一名检察干警，必须时刻保持警惕、敏锐、钻研和执着。法律的公平、公正，并不仅仅是精神层面的指引，更是具体工作的落实。

世间的道理都是一样。农夫用多少心力，最终都会反映在土地的收成上。检察工作也是一样，所以我对自己的要求就是，每天的工作结束之后，再多想半小时。

作为一名新时代的检察干警，不仅要处理好手头的案件，更要有前瞻性。《韩非子·心度》中提到"法与时转则治，治与世宜则有功"。即法制与时俱进，就会使国家安定，治理的方法与社会实际想适应就会有功绩。2006年8月，我在承办赵亮等6人重大责任事故抗诉案中，发现由于没有关于重大责任事故罪"情节特别恶劣"的司法解释，导致检法两家对重大责任事故造成什么样的后果才构成"情节特别恶劣"产生重大分歧。联想到当时全国各地重大责任事故案件频发，意识到相应司法解释的缺失，必然导致法律适用的混乱，从而无法准确有效的打击此类犯罪。为此撰写《关于建议对重大责任事故罪"情节特别恶劣"的标准做出司法解释》的情况反映。后该情况反映被中央政法委《政法综治要情信息》全文转发，并报送党和国家领导人审阅。2007年2月，最高检出台了《关于办理危害矿山生产安全刑事案件具体应用法律若干问题的解释》，对重大责任事故罪中"情节特别恶劣"作出明确规定。

老话说，机会总是会垂青有准备的人。2007年，院里安排我代表侦查监督处参加了北京市检察机关侦查监督技能比武。当时，我没有侦查监督工作经历，接下这个任务，多少有些冒险。我唯一的信心，就是自己多年来坚持不懈的法律学习，具备一定的法律素养，另外就是自己迎难而上，善于打硬仗，不服输的性格。最终的结果，克服诸多困难，最终跻身前20名，获得"北京市检察机关侦查监督优秀检察官"的荣誉称号。

感谢转角，提升自我

2007年8月，正值北京奥运会的决战时刻。我很幸运地被选派到北京奥组委挂职锻炼，任法律事务部项目经理，负责涉奥刑事案件的管理、汇总和分析。迎来了人生中一次重大的机遇和挑战。我迎难而上，尽量发挥专业特长，与相关司法部门通力配合，积极打击各种涉奥犯罪，取得了良好的效果。特别是在打击倒卖奥运门票的专项斗争中，先后打掉了数十个倒票团伙，抓获票贩子数百名，查获近万张奥运门票，有效的遏制了倒票的不法行为。为此，两次接受新华社记者的专访。因为工作成绩突出，2008年，北京奥运会结束时被评为优秀个人。

在奥组委经历，永远都是我最珍贵的经历之一。在历史的重要时刻，作为亲历者，内心的激荡是可想而知的。奥组委工作平台的特殊性，给我打开了一扇窗口，我看到了更为广阔的世界，也引发了我很多的思考。当我试图从一个新的角度来审视检察工作的时候，我的认知得到了升华。在后来的工作实践中，我的办案能力也得到了切实的提高。这段经历和我后来第二次挂职锻炼形成了有趣的辉映。

2010年8月至2011年4月，作为北京市政法系统第一批处级后备干部，我前往宣武区白纸坊司法所挂职锻炼，任副所长，负责社区矫正工作。主要负责120名刑满释放人员的帮教与49名刑未满释放人员的社区矫正工作。在不到四个月的时间里，通过具体实践，我不但加深了对社会生活的理解，也切身感受到基层司法工作的特殊性和艰巨性，这些都为我今后的工作积累了不可多得的经验。

迎接挑战，锤炼自我

2009年初，我的工作方向又进行了一次调整，我加入了本院公诉二处。公诉二处是一个有着优良传统的处室，我一方面为自己能够在这里工作感到高兴，另一方面，也明显地感到压力。这种压力来自于公诉二处案件的特殊性。案件多为疑难、复杂案件，同时还涉及大要案，政治敏感度高。我有给自己提出了新的要求："铭记初心、求精求准"就是用刚刚参加检察工作的虔诚之心，对待每个案件，同时多学习，多研究，争办精品案件。本着这样的心态，我很快进入了状态，每年审结十余件经济案件，涉及贪污、受贿、私分国有资产、诈骗等多个罪名。2012年，我参与办理的"7·21"专案，即内蒙古自治区副主席刘卓志受贿案，荣获集体一等功。2012年，因全处结案数量第一名的成绩，荣立三等功。

15年，七个不同的岗位，使我获得了特殊的际遇。无论这些变动和调整，在当时接受和适应起来用了多少努力，今天看来，都是通向前方的助力。成长之后，才知道目力所及的地方不会是终点，用心才才会走到理想的地方。如果没有遇到那么多转弯，我怎么能够收集各种美好，接近心中的目标，心中有花，才可以最终怒放。

心怀梦想　不断成长

公诉一处　潘雪晴

时光荏苒，岁月如梭。这样的开头虽不免老套，但的确能够表达日子如白驹过隙般飞逝带给人内心的触动。

转眼间我从军校转业到市检一分院公诉一处工作已近九年。九年，即使放在一生的坐标里衡量也不是一段很短的时间。九年，从检察书记员到检察员，并进而走上公诉部门副职的领导岗位；九年，从最初的手足无措到今天处理案件的自如从容；九年，从而立走向不惑。回首这一路走来，有小成功的喜悦，也有小坎坷的挫败，无论何种感受，都是这段年华里不可复得的经历和财富，会随逝去的年华一起深深地镌刻在我的生命里。回首这一路走来，我庆幸自己始终能在梦想的指引下不断朝着目标迈进，在公诉人的岗位上努力进取，过程中虽有种种艰辛，但却一直享受着成长的喜悦感、职业的荣誉感和事业的成就感。

有梦想的人是幸福的。

至今回想起转业时的抉择都不免唏嘘。

从外地来京，投身一个全然陌生的环境，举目无亲。未来会怎样？自己能找到什么工作？能否尽快完成角色转换？能否立足？诸多问题在脑海里纵横交错，无助、彷徨。常常会夜不能寐或忽然从梦中惊醒，望着空洞的黑夜，感受着更空洞的内心。

幸运的是在我转业的那个年代，三十岁以下的年龄、全日制大学本科的教育经历，都构成了我的优势。因缘际会间，我很快就进入了中国建设银行北京分行企业文化部工作，部门老总也是转业军人，看中我是正规大学本科毕业生，并曾担任军校法学教员的经历。在分行企业文化部工作的三个月，时逢建设银行改制，企业文化部也面临着很多全新的课题。在部门领导的支持下，我参与组织并主持了分行系统内部风险防范论坛，撰写了多份在分行内网刊发的文件，得到了领导的认可。部门老总和主管副行长都笃定我会留在银行工作。

可是，在努力适应新的工作环境的间隙，我常常会若有所失，常常坐在建行分行十六层的楼梯间里独自发呆。是的，相较于很多转业干部我很幸运，很短的时间内就有了较好的去处，国企白领，可能的优厚待遇，这些都是不少人梦寐以求的，我为什么感受不到开心快乐呢？到底哪里出问题了呢？渐渐的，我明白了自己内心的声音。我是当年司法部下属的五所政法院校的法学毕业生，四年本科学习，七年军校法学教员再度升华，十一年的经历使我骨子里认定自己是个"法律人"，转行做其他工作使我内心无所依靠，成为无根的飘萍，于我的专业而言则意味着背叛。于是，我又一次走向双选的道路，并最终幸运地进入市检一分院公诉一处工作。我至今还记得分行企业文化部的老总表示惋惜时自己说过的话："我大概算是一个有梦想的人，为了自己的梦想而追逐应该会幸福吧。"

那些挑战，无论多难，都得接着。

进入检察院公诉部门工作，只是实现所谓"法律人"梦想的第一步。而最终站稳公诉台，游刃有余地组织指控犯罪，才是实现了自己的梦想，这是一个漫长而不断积累的过程。在自己树立的一个一个目标的感召下，我迎接并战胜着一个又一个的挑战。

第一关是全国统一司法考试。我深知，自己进入检察系统时间晚，起步已经比大学毕业就进入检察院工作的同事晚，时间于我而言非常紧迫。在检察官入门考试这件事上，我不能给自己太多的借口，必须一次通过。从2004年10月进入检察院工作，我便开始研究历年司法考试的出题规律和考查内容，认真审视自己的优劣势，一遍一遍做历年真题，不断查漏补缺。永远不会忘记的是最后一门考试，因为太紧张，将原本3.5小时的考试时间理解为3小时，等我紧赶慢赶写完试卷，走出考场看着静悄悄的操场才猛然想起看准考证，当时真有天要塌下来的感觉。如果通不过怎么办呢？自己一个人漫无目的地踽踽独行在街道上，忧伤、悔恨充斥着内心，当在外地挂职的先生打来电话时，我就那么站在大街上毫无顾忌地哭了。当时真是太紧张，太在意了啊！所以，那些小小的失误才会给自己带来近乎毁灭性的打击。但也正是这种在意使我能够认真全面地准备考试，最终以402分通过了2005年的全国统一司法考试。

第二关是完成由检察书记员到承办人的转变。书记员承担的更多是事务性的工作，而承办人则意味着要对案件负责，肩上的担子重了，责任感驱使着我要思考更多的问题。2006年下半年至2007年上半年，近一年的时间我处有近一半人员被抽调办理"9·08"专案，剩下的同志承担日常办案任务。我同时审查的案件最多时达到八件，在公诉一处工作过的同志都知道这意味着什么，这种状况即使对有多年办案经验的老同志来说也是一种严峻的考验。而且好象上天要给我更多的历练，多数案件都是多人多起、疑难、复杂案件。有大半年的时间，周一至周五的晚上、周六一天我都是在加班中度过，工作似乎永远干不完，头绪怎么也理不清，真有被抛入烂泥塘的感觉，无论怎么扑腾都抓到一手泥。除了咬牙坚持，不断寻求解决问题的办法，没有任何其他的道路可走。所幸，近三百个日夜的焦虑、煎熬、纠结之后，那些案件都顺利地处理出去，并且无一起案件被判无罪或指控被法院有较大改变，保证了办案质量，甚至还有不少案件办出了亮点。如徐雪瑞等五人故意伤害案，对四名被告人全部改变定性、一名被告人作存疑不起诉处理的意见得到检委会支持，并最终获法院判决认可；苗晓晶等故意伤害案对法院判决提起抗诉并得到改判，该案被收录当年的检察年鉴；姚贺喜等故意杀人、抢劫案，引导公安机关侦查，调取关键书证印证言词证据，"零口供"实现对被告人姚贺喜定罪处刑。有了这样的经历之后，对于办理案件我有了初步的认识和自信，基本完成了由检察书记员到承办人的转变，能够较为从容地完成审查起诉和出庭公诉工作。

第三关是参加全市公诉人技能比武。现在回头想，在被安排去参加公诉人技能比武之初自己处于非常懵懂的状态，要比赛哪些项目，在每一个环节要注意些什么都很模糊。所幸的是当年领导对技能比武非常重视，在每一个环节都给我们请来知名专家、教授授课，使我能够在最短的时间内尽快进入备战状态。经历了数月的被同事戏称为"魔鬼训练"的过程、参加了大大小小十余场考试之后，我走完了自己的技能比武之路，获得了北京市"优秀公诉人"荣誉称号。过程中的艰辛至今仍记忆犹新：公诉实务考试历经九个小时，走出考场为缓解疲劳和头痛，我去足疗，坐着就睡着了。但这种艰辛回报丰厚，通过备战、实战，我办案的规范化程度提高，夯实了法学理论基础，找到了努力的方向。

第四关是办理专案、督办案件。专案、督办案件不同于日常普通案件的办理，日常案件更注重法律效果与社会效果，专案、督办案件还要注重政治效果，这其中要协调的关系更多，办案的节奏不全由承办人自己把握，对承办人综合素质的要求更高。2009年下半年，我参与办理了中央高度关注的刘晓波煽动颠覆国家政权专案（即"11·12"专案）。在北京市郊的办案点，我与公安、法院、市院的同志一起，经常加班加点到深夜。我努力汲取储备专案所需的理论知识，向有经验的领导、同志请教。在案件的审查起诉中，由我主笔，配合专案组长完成了所有法律文书、工作文书的制作，出色地完成了出庭支持公诉阶段的举证、质证、答辩环节的任务，高检公诉厅王军副厅长、市院方工副检察长给予了高度赞扬。同时，我还承担了专案组的后勤保障、司机的工作任务，意志和身体都经受住了考验。专案组长、我多年的师长领导张荣革同志对我的评价是有"钢铁般的意志、钢铁般的身体"，我知道他过誉了，应该是对我工作的肯定和鞭策吧。

2012年上半年，我参与办理市院督办的母德清故意泄露国家秘密案，没有拘泥于侦查部门已经调取的密级鉴定结论，而是系统查阅《保密法》等相关规范性法律文件，在充分理解掌握立法体制及法律位阶的基础上，指出原鉴定结论依据的规范性文件合法性不足，并调取到合法性文件，要求鉴定部门重新出具密级鉴定意见，最终该案依据新的鉴定意见提起公诉并判决，使案件经得起历史的检验。

成长，是坚持并不断积累的过程。

我的检察之路，也是不断成长，日臻成熟之路。回顾过程，大概有以下心得值得记取。

第一，心怀梦想，不断树立阶段性目标。

有梦想的人是幸福的，因为可以在梦想的幻境里感受精神的充实愉悦。但空有梦想的人是可悲的，因为梦想不具备自动成为现实的属性。如果没有一步一个脚印、脚踏实地的工作，梦想终究虚幻。所以，心怀梦想，引领自我；树立目标，实现梦想才是正途。因了内心"法律人"梦想的指引，我选择来到检察机关工作。进入检察机关公诉部门之后,"法律人"的梦想就逐步衍化为"公诉人"的梦想。相对于具体的目标来说,梦想依旧空洞而抽象。明白了这个道理后,我尝试着给自己树立阶段性的目标。司法考试、承办案件、技能比武、主诉资格考试、办理专案、检察员考试,每一个目标具体而现实,将每一份答卷做好,距离梦想就更近了一步。也许有的同志会质疑这样是否会目的性太强,或者这是否就是工作的全部。是的,这不是工作的全部,更不是人生的全部,但是在实现阶段性目标中我们会对自己提出要求,每一个阶段性目标的实现过程都是一个系统工程,在不断汲取知识、充分占有知识的基础上,才能实现思考层次的提高和整体素能的提升。

第二,不怕困难,勇于迎接挑战。

人都有惰性,我也一样。在一个又一个的目标面前,我感到过疲惫,更感到过力不从心,也曾经想要止步不前。但是,静下来想,现代社会还有无需竞争的岗位和环境吗?我们何其有幸,能够生活在物质生活极为丰裕的当下。可我们又何其不幸,想要出世远离竞争,过着与世无争小国寡民的生活几乎没有可能。所以,面对困难和挑战,除了迎上去,扛下来别无他途。

第三,善于思考,努力超越自我。

美国大法官霍姆斯曾说"法律的生命不在于逻辑,而在于经验"。应该说,他的这句话肯定了经历对法律工作者的重要。但是,徒有经历,不善于思考,是无法提高自身把握案件、妥善处理案件的能力的。所以,思考的作用不可小觑。

在我看来,思考,其实是有层次的。

首先,是养成思考的习惯。不满足于处理具体案件,而是在办理具体案件的过程中不断思考其中可能涉及的理论问题及法律规定,这就做到了不就案办案,机械办案,而是在思考中办案,养成思考的习惯。

其次,不断总结。公诉部门的办案人员,由于案多人少,工作任务繁重,时间一长,容易只顾埋头办案,满足于应付日常工作而忽视总结。总结,其实是对繁多头绪的梳理,梳理的过程会促使自己去不断求索,将自己不懂不通的问题弄懂弄通。

最后,是在不断思考的基础上提升自身的思考层次。思考与积累,是相辅相成的关系，积累才有更多的知识量，而大量的知识占有才会提高思考的能力，提升思考的层次。所以，积累是前提，是基础。积累到一定程度，不断总结提高，思考的层次也就提升了。

　　文章最后，感慨万千。在各位领导、同事不辞辛劳、不厌其烦、不吝赐教的关心、帮助、支持下，我一直在成长。内心充满了感激，无以为报，我会继续努力，一直向前。

坚持成就梦想

公诉一处　孟粉

记得电影《中国合伙人》曾经有一句话：梦想，就是让你坚持感到幸福的力量！其实，每个需要坚持的事物不会让人产生持久的幸福体验，因为坚持暗含了"隐忍"、"挺住"等含义。那么为什么还要坚持呢？因为有时你除了坚持没有别的选择。关键是，你坚持之后就会发现另一个世界。所以，不是因为有梦想才坚持，但是因为坚持才实现了梦想。

个人职场事业的发展也是如此。大学刚毕业你会知道自己能干什么，干好什么吗？相信大多数人并不知道。许多有所成就的人，他们在进入某个行业之初并非必然，都有着偶然因素，比如因为自身的某一个特点或者专业而偶然进入了某一行业。但是之后的道路却因为有了超越常人的持之以恒，最终无一例外的成为某个领域杰出的人物。所以，做什么领域不重要，重要的是，当你走上某一条道路，应该义无反顾的坚持前行。

偶然的职业选择

人生是充满偶然性的，至少在我的人生履历中有这样的体现。2000年我毕业于中国政法大学的第二学士学位和中国新闻学院的第二学士学位。对于新闻事业的向往，我毕业的求职愿望是做一名有责任感的记者。不容否认，其实在今天我仍然对新闻事业充满激情。理想往往很丰满，但现实却又那么骨感。毕业季找工作投到几个大媒体的简历均杳无音信。在人才会上，我把简历投到了北京市检察院第一分院，考试、面试，很快就通知我录用了。我当时对于检察机关究竟是做什么的，实在是没有概念，因为在我的印象里，什么职业有记者那样自由和广阔呢，上得庙堂、下得民间。但是为了成为一名真正的"北京人"，我伴随着记者梦的破灭，懵懵懂懂地进入了检察机关。

刚开始在公诉一处做书记员，听到了"提讯、开庭"这样陌生的词语，那时候，我连这两个字究竟怎么写都不知道。跟着师傅摘卷、提讯、开庭，才觉得办案也是很有意思的一件事,与记者的新闻调查有着异曲同工之妙。特别是看到公诉人在法庭上慷慨激昂的样子,心里有一种冲上去辩论的冲动。那时候,我知道了原来有"公诉人"这样一个令人热血沸腾的岗位。

不同的"检察梦"

就在我开始描绘自己的"公诉梦"时,工作调整把我放在了与新闻专业密切联系的对外宣传岗位,这也是考虑到我的新闻专业特长。在这个岗位上我一干就是五年,这五年里,我又重新燃起了对新闻事业的激情,像一名职业记者一样天天在各个处室发掘新闻线索,撰写大量稿件投到检察日报等行业报刊上。功夫不负有心人,我写的新闻宣传稿件逐渐在专业同行里得到了认可,对一分院检察工作的宣传也得到了上级的肯定,撰写的新闻稿件两次登上《检察日报》的头版头条。

五年的外宣工作经历,我逐渐摸索出了首都分院的检察宣传规律,对外宣传工作不但取得了成绩,也让我获得了大量荣誉。撰写各种稿件所获的奖励有十多种。这期间,我不但通过了司法考试,也对检察机关的各项业务工作更加熟悉。但是总感觉自己对业务是"隔靴搔痒",向媒体介绍、宣传业务工作时,因为没有亲历过,所以对于司法工作的细节无能为力。久而久之,内心的遗憾越积越多,发现自己越来越渴望"试水"业务工作。

终于,机会来了。2007年院里进行了一次大的岗位调整,我通过"双向选择"来到了公诉岗位,从此,我在32岁的职业"高龄"时成为一名公诉人,又捡起了曾经渴望的"公诉梦"。

虽然通过了司法考试,虽然有一年的公诉书记员经历,但是当我真正面对一个可能判处死刑的案件时,我感受到前所未有的压力。庆幸的是,我对这种压力是有备而来的,因为决定加入到公诉人行列之前,我就知道这是检察院最苦、最累的也是最锻炼人的业务之一。从此,我开始了从心灵到身体的历练。

记得我刚到公诉一处时办理的第一起案件——贾某故意杀人案,虽然只有四本卷,但是除了细节变换的认罪口供,还有一把菜刀,这就是案件所有的支撑点了。案件两退三延,领导给予了足够的重视。我列出二十八个问题补充侦查,其间把被告人前后十九次的口供进行反复比对,查找变换的细节,分析口供的真实性。历时6个半月，我经过焦虑、犹疑、困惑，当时精神压力巨大。但是当经过这个令人纠结的阶段后，我反而更加内心确信，因为这是我穷尽了自己全部的责任心进行审查和判断证据。迄今为之，我可以拍着胸脯说：我办的这个案件就是铁案，它经得起历史的检验！

而且事实证明，我通过这个疑难案件收获了更多：因为它我开始思考证明标准的问题；学会了一种思考问题的方法；撰写了《印证证明模式在办理疑难故意杀人案中的运用》一文，解决了只有被告人口供的案件如何论证的问题。迄今为止，这种论证方法仍然是我在办理故意杀人案时经常运用的。

随着越来越多复杂及敏感要案的办理，我的业务自信渐渐地树立起来。更重要的是，业务领域的成功转型，我确信并验证了一个普世的信念：任何一个再艰巨的困难，只要你全身心投入地去解决它，总是能够克服种种障碍最终成功。随着案件的不断积累，在各级领导的关注和培养下，我开始办理了各种类型的疑难复杂案件，我认真总结规律将案件划分了几种类型，针对不同类型的案件抓主要矛盾。事实证明，案件这样审理能够实现效果与效率的最大化。此后我相继圆满办理了上级督办或者社会广泛关注的各类案件，比如刘建国抢劫杀害纸老虎集团董事长案、姚曼、王义民敲诈著名歌唱家案等等。与此同时，我原来在外宣工作中养成的爱动笔、愿思考的习惯一直伴随着我的公诉工作，办案同时，我总结撰写了大量的调研、随笔，及时总结、思考并表达出来。

随着我国法治观念的深入人心，维护和谐社会的需要，每一起案件所需要息诉工作量是巨大的。但是，释法说理工作对于我擅长沟通、交流的宣传经验来说，恰恰不是很难的问题。无论面对怎样难以纠缠的上访对象，我均调动在外宣岗位时"换位思考"职业习惯，在面对每一个诉讼参与人进行释法说理时，我都会站在对方的角度用他们愿意听、听得懂的语言进行社会矛盾的化解，我办理的公诉案件从未出现被缠诉、闹访的现象，并且多起案件的当事人都送来锦旗表示感谢。在公诉工作中我收获的不仅是业务经验、社会阅历，更重要的是民众对司法公正的认可和信任。

办案的经历让我在体验前所未有的公诉人职业荣誉同时也获得了各方面的肯定。从事公诉六年，我三次荣获优秀，被评为"公诉之星"等等。而这一切的背后，我知道，其实我何尝没有畏惧、疑虑甚至有时后悔过呢？当面对一个棘手的案件时，我曾经半夜惊醒；为了一个社会瞩目的案件庭审，我改了十多遍的公诉词直至凌晨；最困难的是当女儿生病而我抽不出时间照看时，我心中曾经暗暗后悔过：图什么呢？可是，当你经历过这些困难后，你忽然又会发现：再难，不过如此。克服了常人难以克服的困难，也就收获了独好的风景：当你坐在公诉席上，与被告人周旋、与辩护人智辩，当你的当事人非常尊敬、发自内心的叫你"孟检察官"时，这些经历带给自己的人生体验是如此不同，又如此宝贵，夫复何求！

坚持才能实现梦想

也许在没有人生经验之前，每个人并没有明确的梦想，因为一切都在摸索，都在试探。往往就是在摸索前行的过程中，这个"梦想"的轮廓会逐渐清晰起来。当有一天你在前行的路上偶尔抬起头来，你忽然会发现自己已经置身梦想之中。

但是"坚持"并不是被动的等待，不是漫漫的消耗，是努力的思考、认真的改变，朝着目标的方向改变。也许，刚开始我们没有能力或者资格去规划前程，但是在做事中思考，思考中改变，无论什么样的境遇，总有一些规律是永恒的，比如：

认真的做好眼前的每一件事，从中找到乐趣并享受它，这是一切职业荣誉感的来源；

学会总结、摸索规律并运用起来，会起到事半功倍的效果；

每一种经历都是宝贵的经验，总会在你的人生旅途中帮助你渡过难关；

感恩的心态能包容一切。

所以，只要方向是对的，坚持的过程中可以犹豫、后悔、焦虑，但是不要放弃，因为只有坚持才能实现梦想！

检察梦伴随我成长

民事检察处　徐猛

我从事热爱的检察事业已有十三个年头,在我的检察路上没有惊天动地的大要案,没有可歌可泣的感人事迹,没有轰轰烈烈的精彩情节,有的只是再平凡不过的办案学习生活,然而再平凡的经历也会有自己的感悟,回顾这段检察路,是"坚持、积淀、奉献、担当、感恩"指引着我成长。

一、坚持与坚守

2000年大学毕业后,怀着对未来的憧憬和对检察工作模糊的概念,我来到了市检一分院工作。我非名校学子,又是一名大本生,自觉出身低微。但因自恃头脑还不笨,假以时日勤奋一些,自会有所建树,所以对于未来我依然充满信心。淳朴而又坚定的检察梦在那时就已经在我心中生根发芽。但是不久以后的一件事差点摧毁了我的检察梦,那就是"司法考试",至今埋藏在我心底最深处的痛,我不愿提及但又不得不提。2001年轰轰烈烈的全国统一司法考试开始了,我也冲入了司考大军。然而冲进去容易,出来难。当我的同龄人,我的战友们都顺利的通过,并被任命为光荣的检察官的时候,我还在为通过考试而不断的挣扎着,一次不行两次,两次不行三次,我已经濒临崩溃的边缘了,甚至我怀疑我是不是真的太笨,没有能力通过资格考试,一次次的失败在不断的挑战我的极限。同时可怜的自尊开始作祟,不敢去面对,害怕被嘲笑,甚至一度我都不敢面对同事了。但是再难我一直坚守着我的检察梦,为了这个梦这一步再艰难也得迈出去。终于经过努力我通过了司法考试,同年我被任命为助理检察员。有的朋友调侃地说:你真行,屡战屡败,屡败屡战,勇气可嘉。我全当这是对我的褒奖,因为这段路走下来,没有领导的信任支持,同志们的帮助鼓励,哪怕是这种善意的玩笑,没有这种厚脸皮,恐怕我真的坚持不住了,好在我没有辜负大家辜负自己。所以回忆这段惨痛且并不光彩的经历,我并未觉得没面子,并未觉得耽误了我的人生时光,恰恰我要感谢我这专业化道路上艰难迈出的第一步，这一步走的如此艰辛，让年少轻狂的我看到了自身太多的不足，让没有受过挫折的我感受到了面对失败坚持的深刻涵义，用艰辛、坚持换成长、进步，值得！打那时起我痛下决心，我一定要加倍努力，尽快缩短与同志们之间的差距。而后，我又参加了在职研究生的学习，完善自己的知识结构。近期又参加第一届全市检察系统业务骨干的评选，并成功当选。我通过办理大量案件提高业务能力。在办案组期间，我办理民事行政案件200余件，每件案件的办理，都给予我启示和收获。在指导组期间，指导区县院办理协查案件200余件，并由我负责执行案件的办理工作，面对学理和实践中的空白不断推进执行案件的研究等等，这些案件的办理不断的提高自身的专业化水平。就这样我在专业化道路上不断的前行着，坚持着。我深知自身有太多的不足和差距，但是我始终坚信坚持到底，终有回报。

二、积累与沉淀

每段路都有它存在的意义，每段路都是我们人生的经历。进入一分院十三年来，我在公诉二处、公诉一处的书记员岗位，民事行政检察处的书记员、助理检察员岗位，民事检察处处长助理、副处长岗位，期间还有市委政法委干部处挂职锻炼岗位等多个岗位磨砺过。每段路都有收获，每段路都有进步。记得刚做书记员的时候，我们要跟着师傅去看守所提讯，要出庭支持公诉，而书记员首要的任务就是记笔录，初来乍到真的记不下来，提讯还好点，记不下来师傅会说慢点，也能让犯罪嫌疑人重说几遍。出庭可就麻烦了，谁也不等你呀，记得有一次我当庭记了三十多页纸，手都麻了，不过还是很有成就感，说明我的记录功力在进步。书记员的岗位一干就是七年，当然是被动的，因司考不过。也有人调侃称我为书记员爷爷，而我想说七年也好、爷爷也好，学到了知识，掌握了本领才是真谛。而且面对现实，正视自身更重要。这七年我学会了如何在团队中发挥自己的力量，学会了如何协作配合。甚至是复印、打字、记录、订卷这些工作都让我从中有所领悟，存在就是合理，存在就有意义。工作不分贵贱高低，只是分工不同而已。

我的检察路上第二个打击就是我从热爱的公诉岗位被调到民事行政检察工作岗位，那时我想不清楚为什么是我离开，而民事行政检察部门又是做什么工作的，带着种种的疑惑我到了民事行政检察处。这一干就是十一年。自从我2002年到了民行处工作以来，我先后在内勤、办案、指导、处长助理、副处长岗位工作，可以说民行处的岗位环节我基本都经历过工作过，我从起初的不愿意与疑惑到今天的热爱与憧憬，确实走过了一段不寻常的路，这段路不管我的心情如何，对于我来讲都是宝贵的工作财富。每个岗位都给我不同的感受，都给了我不一样的锻炼。不得不提的是我在民行处内勤岗位工作的那两年时光，我感谢那段日子，忙着、累着、苦着、不被认可着，甚至自己都迷茫着，其实忙、苦、累，或者不被认可都不可怕，可怕的是自己都迷茫了。我一度苦闷，患得患失，我开始讨厌这种没有成就感的工作，不被人重视的工作，为别人服务的工作。后来我发现我错了，也是我的领导一句话点醒了我，记得他说：别人不爱干的事你争着干，别人不能干的事你试着干，久而久之，你就什么都会干了。我就试着这样去做，渐渐的我明白了这句话的深刻内涵。当我的工作使我处工作有条不紊的运转着，当我忙碌了一天看到大家会心的笑容，我体会到这个岗位的价值，这个岗位锻炼了我的统筹能力、沟通能力、增强我的责任意识、奉献精神。可以说那段时光为我日后工作打下了坚实的基础。后来，我在民事行政检察处的指导组、处长处理岗位工作过。我深知团队的配合有多么重要，所以不管我在什么岗位，我始终要求自己要沉下心，踏踏实实的做事，通过自身不断的积累、沉淀，为民事检察工作贡献力量。

在我的成长中必须要提的还有那段挂职锻炼生活，2011年我作为政法系统第二批百名后备干部被选派到市委政法委干部处挂职处长助理。工作十几年了，还真是第一次走出院门，心里太忐忑了，我们这二百名同志基本到了基层挂职，只有我们十几个人留在了委机关，而我又被留在了干部处，整个挂职锻炼从定方案、各单位推荐，到最后选人选都是干部处负责，我忽然有种没有了隐私的感觉，因为我的每一步简历人家都了如指掌。就是带着这种不安，我开始了挂职生活。我是抱着不给检察院丢人的态度开始工作的，但是渐渐的我发现仅有这个心态是不够的，这得真刀真枪的干呀，处长给我安排的工作是参与教育培训和人才培养工作，这和我从事的检察业务工作完全不搭界，那真是两眼一抹黑呀。没有别的办法，学、问、悟，剩下的就是干了,那时候工作真是如履薄冰,小心翼翼,心理压力太大,毕竟在领导机关锻炼,真怕干不好出了丑,给检察院丢脸。所以我就把握一切可以学习的机会,多多的向身边的同事请教,从细微的小事做起,渐渐的融入到新的工作环境中,并逐渐掌握干部工作的规律和方式。好在在自身的努力下,在领导同志们的帮助指导下,我较圆满地完成了挂职锻炼工作,也取得了一定的工作成绩,半年里编了一本书、组织了第四届政法系统优秀人才评选、参与了两个干部培训班、组织了几个大型工作会议等,也得到了上级机关的认可。但也确实有过材料写的烂未被采用,事做不好挨批评的时候,不过我很感谢政法委的领导,并没有拿我们当挂职锻炼的人看待,而是真心的提出你工作的问题,你需要改进的地方,也只有遇到这样的领导你才会进步,才会成长。半年的挂职锻炼生活很短暂,但对我未来的路来讲却是意义深远。我增长了见识,磨炼了意志,看到了不足,取得了进步,更重要的是我比以往更有信心去面对艰难险阻,更有勇气去攻克难关。同时我会用另外一种视角去看待检察工作,就如我刚刚锻炼时政法委领导提到的跳出司法看司法,跳出检察看检察,会别有一番感受和领悟。还真是对我回院后的检察工作起到了很大的帮助。办案过程中不仅仅关注法律层面的问题,不再是机械的对照法律的规定去思考问题,而是更多的关注社会效果、政治效果与法律效果的统一。眼界、层次较以往有了长足的进步。我的大局意识、责任意识、忧患意识得到了增长。个人素质能力确实得到提高。

工作角色的转变,工作职责的变换,使我体会到,只要脚踏实地,锐意进取,珍惜它、揣摩它。不管我们的岗位如何,都能在本职工作中取得成绩,都能为检察事业的发展贡献力量。每个岗位的坚守都是一个积淀的过程,源于我们对检察事业的热爱,源于我们对检察梦的追求。

三、奉献与担当

团队中我们的角色会不断的变换,但不论角色如何转变,恒久不变的是一种精神,就是奉献与担当。决策者讲奉献,执行者也要讲奉献,辅助者同样要讲奉献。也只有那样我们的团队才会有凝聚力、战斗力。才会攻无不克、战无不胜。记的刚到民行处的时候,我们处老同志居多,很庆幸我处在有那么多老同志在的那段岁月,在他们身上有我们年轻一代太需要学习的地方,我唯有观察学习，再观察再学习，有源源不断的优秀品质让你汲取。脏活累活没人爱干，老同志们挺身而出了，当事人难缠、案子难啃了，老同志上了。可评优选先的时候却看不到了他们的身影，这是何等的精神。他们在用一辈子的坚持去谱写不朽的检察梦，而在那一辈人中，奉献与担当就是他们的执着的坚守。所以打那时起我就要求自己也要传承这种精神，甘于奉献，勇于担当。渐渐的我也学着积极地去奉献自己的力量，很开心，有被需要感。我也要求自己把处里的事院里的事当自己的事去做，面对困难，敢于担当，有了责任感。那时我才真正体会到这个集体需要我。我真正的感觉自己进步了，成熟了。感觉自己肩上有了沉甸甸的责任，那是对集体的责任，对一分院的责任，对检察事业的责任。从此，在义务活动中也经常会出现我的身影了，当同志们需要帮助时我也会冲到前头了，团队需要我冲锋陷阵时我也义无反顾了，这些都源于奉献和担当精神的指引。

四、感恩与回报。

我走过的十三年检察路真的不长，但这段路上留下了好多人的身影，他们一直激励着我前行。有并肩作战的同志，有带我入行的老师，有点拨我成长的领导，有给我提供平台的一分院。正是他们才让我的这段路走的踏实，走的精彩。所以无论我的路走到何方，走到何时，我都要求自己要感恩，因为这些人都没有义务帮助我，有的只是无私的传承和奉献。当我成长到有了能力的时候，我要回报他们，回报团队，回报一分院。尤其是当他们需要我的时候，我会义无反顾的用我的所学所长，来回馈，去贡献。

在我未来的检察路上，我依然会坚守我的"坚持、积淀、奉献、担当、感恩"。他将指引我继续走在我的检察路上，这条路没有尽头，因为我将会把我的一生都奉献给我钟爱的检察事业。这就是我的平凡再平凡不过的"检察梦·我的成长路"。

以技能比武为平台
提升检察业务能力

行政检察处　徐敏

2004年结束了十九年的校园生活,我走进了北京市人民检察院第一分院,转换了新的角色,开始了检察职业生涯。转眼间在一分院已经工作了九年。曾经对检察业务是那么的陌生,从最初的检察机关是国家的法律监督机关的书本概念认识,经历了具体的检察业务实践,经历了对检察工作的执着追求,更深刻的体会到了检察机关的法律监督内涵,更加明确了"强化法律监督、维护公平正义"的职责所在,自己也从一名书记员一步步成长为一名检察官。在我的检察成长路上,对我影响较大的是北京市检察机关组织的三年一次的检察业务技能比武,是技能比武使我较快的提高了业务能力,给了我展示自己的平台,激励我更加努力不断提升法律素养,力争成为一名优秀的检察官。

一、作为选手参加技能比武的成长经历

2008年我作为参赛选手参加了北京市检察机关第三届检察业务技能比武,并取得了预赛第一名、决赛第二名的成绩。在收获荣誉的同时,更收获了技能,提高了业务水平。比武并不是目的,而是提升业务能力、检验业务能力的方式和手段,关键是要在技能比武中学习,总结经验与不足,在办案实践中注意完善和提高。总结比赛的经验,我有以下几点体会:

(一) 有针对性地培训,迅速提高技能

一个人的成长,离不开组织的培养和自身的努力。在这次技能比武中我深刻的体会到了组织培养的重要性。一分院有着光荣的历史和传统,成长了一批有影响力的检察业务人才,同时把人才的培养工作放到了重要的位置。以技能比武为契机,从接到技能比武通知伊始,全院高度重视,制定了完备的技能比武计划。我处根据院里的部署和安排,针对性地开展了大量的技能比武培训工作。在办案中进行了有针对性的训练,从审查终结报告的撰写到案件的汇报讨论，加强了岗位练兵的强度，使每位案件承办人的业务能力有了较大的提高。同时处室为每位承办人制定了学习计划，列举了学习书目，加强法律理论的深入研究，提高法律基础理论水平；在案件讨论及汇报中，当时的焦慧强处长对结案报告的制作到案件汇报，均给予了有益指导；在比赛前夕，焦慧强处长对我处参赛选手进行了为期一周的系统培训，这次培训对办案及比赛均让大家受益匪浅，精心准备的案例及办案和考试的技能培训，使业务能力得到显著提高。至今，关于案件的审查思路和审查方式，依然应用于办案的实践中。

（二）平时的积累，打下良好的基础

比武前的培训毕竟是短暂的，培训更多的技能和技巧的提升，而能力更多的要靠平时的积累。在办案中，要不断地加强学习，我们的工作性质决定了我们要不断地更新法律知识，对办案中遇到的新问题新情况要有钻研地精神，仅凭学校里学到的知识远远无法适应办案实践，要学会用法律思维去思考研究新的法律问题。办案是理论与实践结合的过程，在办案中，要学习掌握办案技巧，培养良好的思维方式，积累办案经验。我对于自己办理的每一件案件，都会认真研究每一份法院判决书，研究审判思路，认真分析研究所涉及的各种法律问题，使每一件案件的办理都有不同的收获，在点点滴滴日积月累中提升业务水平。我来院第一年被派往大兴区庞各庄镇锻炼，2005年底回到我院民行处后，即开始了办案。当时我处对区县院的案件指导记录工作由内勤承担，但因为内勤事务繁杂，经常影响记录工作。为了创造更多的学习和积累经验的机会，我主动提出承担记录任务，这样可以参与到案件指导讨论中来，在记录的同时可以学习和总结案件办理的经验。任何的付出都会带来收获，通过参加大量的案件讨论，使自己在办理案件的同时，收获了额外的知识和经验。尤其在案件汇报和讨论中，学习分析案件的思路，学习从不同的角度看待问题，这些对业务能力提高有很大帮助。

（三）比赛前的意外磨炼了意志

在临近比赛前半个多月我因意外受伤，只能腿上缠着绷带在家卧床休养。因为伤痛使我无法集中精神进行比武的准备，而且伤情也可能使我无法去参加比武。眼看比武临近，我曾经想过要放弃比赛。但是院领导及干部处、工会、教育训练处和我处的领导和同事们给予了我很多的关心和鼓励，鼓励我积极配合治疗争取尽快恢复，为了集体的荣誉去完成比赛。大家的关心和鼓励让我克服了伤痛的烦扰，积极地进行比武前的最后冲刺，以饱满的精神状态充满信心的参加比赛。虽然比武推迟了一周进行，但我的腿伤并没有好，我在同事的搀扶下一条腿仍然缠着绷带一瘸一拐的进入了考场，受伤的腿放在一旁的椅子上完成了三个小时的预赛笔试。在几天后预赛成绩公布而我位居榜首的时候，高兴、激动和受伤的委屈使我不禁留下了眼泪。当我两天后再次一瘸一拐的走进决赛的考场时，在场的评委和观众投给我的鼓励的目光，使我更加坚信我的付出与坚持是值得的。

二、作为培训教练参与比武的成长经历

2011年市检察院组织了第四届检察业务技能比武。作为第三届检察业务技能比武个人第二名和"北京市检察机关民行检察十佳办案能手"，受处长的指派，我协助宋海副处长对我处参加技能比武人员进行业务培训。这次不同于上一届技能比武，新的角色、新的任务也意味着新的挑战。最终我处选手在技能比武中取得了第一、四、九的好成绩，我作出了自己的努力和贡献。在收获了劳动成果、满足了成就感的同时，自身的业务能力也有了又一次提升。

（一）在培训中学习

培训工作从4月份开始到9月底结束，近半年的时间。因培训时间较长，所以培训的内容更加丰富。从法学基础理论、最新的司法解释到办案实务，在组织培训的同时，自己也同时进行了系统的学习，给自己创造了学习的机会和环境。在案例实训中，为了选择适合比武的案例，我查找和阅读了大量的案例材料，在选择了案例的同时，也学习了大量的案例中的审判思路和法学理论。司法工作更多的是一个经验积累的工作，很多人常说，优秀的法官和检察官都是大量案件办出来的，没有上千件案件的积累无法成就一名优秀的法官和检察官。而对于没有机会和时间办理大量案件的年轻检察官来说，多研究案例同样是迅速提升业务能力的方法。虽然是作为培训的教练，但是对我同样是一次学习的过程，有付出就有收获。

（二）在培训中提升

因为民行技能比武的形式是给定案例进行审查终结报告的撰写和进行案例汇报、答辩，所以这也是培训的一项主要内容。结合自身参加上一届技能比武的经验，我尽自己所能积极进行案例的收集、改编和文书的点评工作，尤其在封闭培训阶段，因宋海要参加其他项目的比武，我承担了大量的培训工作，经常加班加点准备案例、设计答辩问题和审查终结报告的审阅点评，保证了几乎每天一个案例的培训工作的顺利进行。在准备案例的答辩问题和审查终结报告的点评中，从对案例中法律问题的深入研究到案件的审查思路及文书写作的层次逻辑，在与参赛选手的交流中，相互学习，共同探讨，自身对案件的审查能力有了进一步的提升。

近期，因工作的调整我到了行政检察处工作。因为在学校中主修的专业是民商法和经济法，从事检察工作的九年时间里接触的案件主要是民事案件，行政案件是我相对陌生的领域。这次工作调整对于我来说，是检察成长之路上的又一个新的起点，新的挑战。也许会有挫折，也许会有艰辛，但我相信我的汗水和努力一定会给我带来新的收获。

坚守　为了我心中的检察梦

办公室　王燕鹏

人生就如同一场旅行，你永远不知道在哪一个路口会有怎样的精彩在等你。今年是我走出大学校门后的第九个年头，回顾自己这些年来的成长足迹，我庆幸自己选择了一条正确的路径，收获颇丰、受益良多；更深刻的体会到，在通往梦想的道路上，选择固然重要，但更重要的是要坚守自己的梦想，并为之不懈奋斗。

保持热情——从懵懂到现实的检察梦

踏入检察机关的大门，对我而言实在是有一些偶然：如果不是有些厌倦了大学四年英语专业的学习，转行攻读法律硕士研究生，如果不是在轰轰烈烈的就业大潮中有些偶然的参加了一分院面试，恐怕现在的我不会跟检察机关有任何的交集。实话实说，尽管经过系统的法学教育，自己有了成为一名职业法律人的理想，但进入检察机关工作，更多的是凭着一份对完全陌生职业领域的好奇，以及对检察官胸前国徽的景仰。所谓的检察梦对我而言，完全是一片懵懂。

走出校门后，我曾经困惑于如何跨越理想与现实之间鸿沟，但经过身边榜样的言传身教与多年的历练，我才逐渐明白检察官这三个字背后意味着的责任与担当。在公诉部门工作的七年时间里，我从一名书记员成长为检察官，在执法办案过程中，我深刻的体会到，面对并不熟悉和理解法律专业知识的当事人，通过自己严谨的作风、人性化的执法来得到人民群众的信任，进而相信司法机关、相信法律，不仅能够维护司法公信力，也能够最大限度的体现我们的法律和社会对人民群众利益的关注与保护。我还清晰的记得曾经办理的一起故意伤害案件中，来自农村的被害人家属一直纠结于为什么杀人不能偿命，质疑司法机关是否公正执法。面对情绪激动的被害人家属，我并没有按部就班的向她解释故意伤害和杀人之间的法律区别、宽严相济的刑事政策,而是一次又一次的耐心倾听对方的意见,设身处地的尽力帮助她解决面临的实际困难,最终得到了对方的信任和理解。面对法庭上认罪服法的被告人,尊重司法裁判的当事人,一种巨大的成就感油然而生。多年来,正是这样的一种职业荣誉感鞭策我在不同的岗位上勤恳工作、甘于付出,支持着我时刻保持着对检察事业的热情,使我的检察梦从懵懂变为现实。

把握机遇——从感性到理性的检察梦

职业荣誉感和成就感坚定和明确了我追求检察梦的方向,也激励和督促着我不断提升能力、超越自我。办理大要案、出国培训、技能比武、多岗位锻炼,与许多同龄人相比,我无疑是幸运的——九年多的工作时间里,我曾经不止一次接受过充实自我、提升自我的挑战。所谓挑战与机遇并存,只有做足准备,才能把握机遇,我深知其中的道理,更加珍惜每一次应对挑战带给我的机遇。

在组织的培养和领导同志们的帮助下,我脚踏实地的工作、自我加压、勇于突破,专业知识、岗位技能以及综合素能都得到了扎实的提升:对涉外犯罪、危害国家安全犯罪、有组织犯罪等专业性强、政策要求高的重大复杂案件办理形成了较为成熟的工作模式,先后参与办理了"908专案"、"608专案"、"403专案"等一批社会影响大、上级关注的大要案与专案,得到了上级和相关单位的肯定;通过了高检院组织的清华——天普大学法学硕士培训项目考试,参加了为期一年半的全英文法律授课学习,赢得了国外同行的尊重,以优异的成绩获得了美国法学硕士学位;参与了重大刑事案件公诉引导侦查、关键证人出庭、主任检察官制度改革等系列创新实践,撰写的二十余篇调研文章先后发表于《检察日报》、《北京检察》等院内外刊物、学术论坛文集;曾两次获得"首都模范检察干警"称号、因追诉的一名被告人被判处无期徒刑荣立集体二等功一次,获北京市优秀公诉人称号,北京市检察机关英语技能比武第一名。

2011年底,我从公诉部门调入办公室工作,面对从业务部门到综合部门的岗位调整,我积极发挥自身优势,在较短的时间内完成了从一名具体案件承办人到综合干部的角色转换:时刻以高度的责任感对待每一件看似繁琐的工作任务,经常放弃休假、周末等闲暇时间加班加点工作,向领导和同志们请教全院各部门、各类别的检察工作内容,发挥自身的业务和文字特长完成好全院综合性文稿的起草工作;深入分析和解决分管的信息工作面临的实际问题，确定了服务领导决策和体现我院工作成效的发展思路，修订完善了考评机制，调动部门和干警两方面参与信息工作的积极性，深入各处室挖掘有价值的信息线索，发挥信息工作平台报送渠道直接、时效性强的优势，形成推动全院各项工作均衡发展的合力。全院信息工作的考核成绩、工作效果得到了院领导和同志们的肯定。

每一次迎接挑战过后，我个人都得到了极大的成长和锻炼，正是这一次又一次的锤炼，使得我能够更加理性的思考自身的优势与不足，努力获取追寻检察梦的能力和资本。

坚守信仰——从模糊到清晰的检察梦

人生如船，梦想是帆，我相信每个检察官的心中都有一个不同的检察梦。大学毕业后九年的工作经历，使我由一名大学生成长为检察官。伴随着年龄的增长、工作经历的丰富，我个人的检察梦也日渐明晰：我深知，实现检察梦，必须具备三个要素：坚定的政治信仰，专业的职业精神和脚踏实地的工作态度。

检察梦是中国梦的一部分，实现中华民族伟大复兴的中国梦离不开安定团结、民主法治的社会环境，肩负着强化法律监督、维护公平正义使命的检察官，必须要有坚定的政治信仰，时时处处以人民利益为重，为实现中国梦保驾护航。检察梦根植于检察事业，检察事业的发展有赖于一支高素质的检察官队伍，肩负着新时期检察事业传承使命的检察官，必须要有专业的职业精神，与时俱进、秉公执法，在检察事业中实现个人发展。实现检察梦没有捷径，空谈误国、实干兴邦，不切实际、好高骛远的梦想终究是海市蜃楼，实现个人的检察梦，必须要有脚踏实地的工作态度，勤勉务实的工作作风，一步一个脚印的向着梦想的方向前进。

作为一名年轻的检察官，我明白自己在追寻检察梦的征途上还有很远的路程要走，还需要继续努力。作为一分院这个光荣集体中的一员，我深知自己与许多同志相比，还有一些不足和差距，还需要进一步历练，不断提高。回顾几年来自己走过的历程，我为能够成为一名首都的检察官而自豪，更为能够融入一分院这个光荣的集体而骄傲。我将继续执着的坚守自己心中的检察梦，将个人的发展置于一分院检察事业发展的全局中，为实现我院争创"四个一流"，走在全国直辖市检察分院前列的工作目标做出自己的贡献！

胸怀检察梦　实践伴我行

侦查监督处　闫芳

学生时代，检察官作为国家公诉人义正辞严、睿智干练的形象在我心中久久不可磨灭。能成为一名检察官既是刑法专业出身的我一直以来的梦想，又是一份荣幸和机缘。2003年夏天，当我真正迈进市检一分院的大门时，我开始了检察梦的追逐！

日子如流水般逝去，十年检察生涯，我从年轻稚气的学生成长为一名人民检察官，在新的起点建功立业。我想，正是我身边这样一个团结向上、富有战斗力的检察集体给了我正确的指引和谆谆教育，正是丰富的检察实践给了我前行的动力和圆梦的勇气，让我甘愿用青春、信念和汗水去兑现当初的人生选择。当我翻阅刑事卷宗，需要从纷繁复杂的证据材料中提炼犯罪事实时，当我面临罪与罚的种种困惑，需要突破思维定式、明辨是非时，当我面对形形色色的当事人，通过耐心细致的工作释法说理时，我深切体会到：拥有学历并不当然具备履职能力，胜任检察官的工作，需要胸怀检察梦，牢记使命感，以实践为师，踏踏实实地做好检察工作的每一步。

一、从平凡小事做起，在实践中锻炼自我

一分院具有光荣的工作传统，以办大要案著称，也正是因为这个原因，吸引了很多有志青年加入这个团结的集体。而在实际的工作中，虽然每天都与案件打交道，但并不是每天都能与大要案打交道，而是从平凡的小事做起，从身边的点点滴滴做起。刚入门时，我们都要从书记员做起。记录——印卷——归档等，书记员每天事务性的工作琐碎而繁杂，而且是终日忙忙碌碌，却看不到成效。如何实现个人价值？需要摆正心态。无论之前接受过多么系统的法学教育，知识转化为现实的推动力尚需要一个过程，而书记员的工作就是我们对案件流程、程序进行了解和认知的过程，也是我们从理论迈向实践的第一步。特别是在案多人少的情况下，一个书记员可能需要协助好几个

承办人工作，这也锻炼了我们的沟通协调能力。合理安排时间，耐心细致地与承办人配合，做到领会意图，查缺补漏，才能进一步规范执法行为。近四年的书记员工作，我跟随5名检察官办理了危害国家安全、侵犯人身权利、财产权利、妨害社会管理秩序等多种类型的犯罪案件。每名检察官都是我们的老师，跟着不同的检察官，让我们领略到不同的办案风格和办案技巧，因为有了这真诚无私的"传帮带"，促进了我们自身工作习惯的养成，也带动了我们一步步的成长，向着检察梦又迈进了一步。初任检察官后，我在办理一起普通的因婚姻家庭矛盾引发的故意杀人案时，庭上，被告人将案件的起因归咎于被害人即其妻子有婚外恋，存在过错。辩护人对被告人进行了明显的诱导性发问，在这种情况下，需要公诉人准确、迅速地做出反应，及时提请法庭予以制止。法庭辩论阶段更是对一名检察官综合素质的集中检验。针对辩方不合理的辩解，需要公诉人有理有据的反驳。为了做好这次出庭支持公诉，我将大部分的功课做在了庭外，联系到了关键证人被害人的哥哥，给他讲明出庭的意义和如实陈述的要求，并收集了相关书证。庭审时，我们向法庭申请让在庭外等候的控方证人出庭作证。证人将其知晓的被告人多次对被害人实施家庭暴力迫使被害人提出离婚的事实作出了详细的陈述。公诉人结合出庭证人证言、在案书证等证据情况，对被告人及辩护人所提出的被害人存在一定过错的观点进行了有力辩驳，取得了良好的庭审效果，出色地完成了出庭任务，对公正合理地处理案件起到重要作用。心中有梦想，需要落实到现实的空间里。无论事大事小，用心去做，总会有收获，这是多年来的工作给我的最大启迪。

二、用责任化解干戈，在实践中完善自我

胸怀检察梦，不仅要有高超的检察工作能力，更重要的是身负正义与责任感。我们的工作就是与当事人打交道，态度决定一切，认真对待每一起案件、每一名犯罪嫌疑人、每一名被害人，很多事情通过认真、负责的工作态度而被发掘出来，也正是因为我们理解、尊重当事人，体谅到他们的难处而真正使案件案结事了。在侦监处工作期间，我办理一起立案监督申诉复查案件时，通过阅卷，在对案件的事实和证据问题进行分析论证的基础上，认定下级院作出同意公安机关不予立案的意见是正确的。而该案的核心问题是申诉人对案件涉及的法律问题并无异议，但对我们维持公安机关不立案的结论不服，多次申诉上访，并向区人大代表写信控告，要求查看当年上报总公司的文件。针对申诉人的这一请求，因不涉及刑事法律问题，简单地直接答复也可以审结此案。但为了真正化解这一案件，我多次与下级院的承办人员及申诉人原单位人事处人员了解情况，并与其原单位联系，调取了当年的文件目录，证实没有该文件。当我们将所做的工作耐心细致地对申诉人进行解答时，一直急躁的申诉人情绪平静了，对我们的工作表示认可，至此再也没有来院信访。这个案例给我的收获是，虽然案外的工作增加了额外的工作量，但能让当事人满意，化解社会矛盾，案结事了，这也是我们检察官最大的精神追求。检察梦的实现，不仅是一人一时一事之功，而是需要与不同部门、同事之间相互协作，胸怀责任心，心往一处想，劲往一处使，做起事情来事半功倍。而在良性、顺畅的工作关系中，个人的价值与自我价值也得到了尊重和实现。

三、丰富工作经历，在实践中提升自我

胸怀检察梦，要以丰富的实践经历为支撑，具备容人容事的宽广胸怀。我在一分院工作的十年，先后在公诉、侦监两个部门工作，而且到基层政法委挂职锻炼政治部主任助理半年，这些工作经历都成为成就检察梦的基石。担任书记员期间，我曾被选派参加书记员技能比武的候补。虽然心情有些失落，但仍然迅速调整状态，和大家一起同学习，同交流，保质保量地完成陪练工作，同时，学习的过程也是我梳理书记员日常工作规范的过程。2011年，我参加了市院第四届侦查监督技能比武，虽经认真备考，却未能进入下一步的答辩。但我仍然坚持聆听每一名参赛选手的汇报答辩，看到了自己的不足与差距。两次失败经历的洗礼，使得我个人的心理承受能力和工作能力都得到了锻炼和提高。在十八大安保一线挂职锻炼期间，更是一次综合能力的提升，既熟悉了不同工作职位的工作要求，也进一步强化了全局意识，明确了法律和政策的关系，增强了组织协调能力，以大局为重，注重办理案件的法律效果、社会效果和政治效果的有机统一。实践是认识的源泉和动力，基层工作纷繁复杂，给了了解基层、熟悉基层的机会。通过组织办会、开展活动、部署工作等一件件具体的工作，让我真实体验到基层工作的辛苦和艰辛，其

中，有一件事让我记忆犹新，即陪同领导到窗口单位、基层党支部亲临督导，通过我的视角，近距离感受到政法机关领导的认识高度、思维高度，学习到在实践中发现问题、解决问题的工作方法，特别领会到思想政治工作不仅仅是理论说教，为干警解决问题、办实事也是思想政治工作的重要组成部分，从而更加坚定自身的政治信念、工作信念和执法理念。"学之前所未学，干之前所未干"，不同部门的锻炼使我对自身有了更加客观的评价和更有针对性的定位，进一步明确了我的检察梦的努力方向。

新形势下检察工作面临的任务更加重大，检察梦的实现给我们每一名检察官都提出了更新、更高、更严格的要求。十年的守望，十年的坚持，为了心中的那份执着，多少检察官平凡的坚守和默默的奉献，他们都将成为我身边的榜样。或许，我并没有丰盈的收入、显赫的声誉、惊人的战功和耀眼的光环，但一旦选择了检察事业，就是选择了值得一生为之奋斗的梦想，就要不负时代和事业的期望。行走在维护司法公正、树立法律权威的社会主义法治道路上，我们一直前行，因为，有这样执着的检察官们伴我同行，因为，心中有那份执着的梦想！

中国梦　法治梦　在春天中前行
——我的检察成长之路

检察技术处　梁骁

梦想是心中的渴望，是前行的力量。如春姑娘的脚步般，"中国梦"，这个掷地有声而又色彩斑斓的词汇，仿佛一夜间点燃了每位国人的激情。宛若一双双风寒的腿在猛然间感到的舒适，宛若千万只浣纱手在溪畔、在江边感到的脉动，宛若开放的梅花噼啪地引爆了春天。

在我身边，就有这样一群有梦的人。他们满怀信心，用青春在共筑中国梦中焕发绚丽光彩；他们脚踏实地，用汗水在共筑法治梦中浇灌理想之田。他们为司法公正挥洒大智慧，为人民满意释放正能量。他们在工作中努力的多一些主见，少一些盲从，把工作当作一项伟大的事业在坚守；多一丝公心，少一丝私欲，把工作当成一种崇高的信仰在追求；多一份责任，少一份草率，把工作当成一个中国法治的梦想在铸就，身心一致的践行着忠诚、为民、公正、廉洁的政法核心价值观。

梦想需要行动才能起航，法治的春天更需要我们一步一个脚印地用行动才能实现。

十三年来，我同一分院检察技术一起成长。经历了处室筹建、队伍壮大、专业细化的发展过程；十三年来，我同一分院内部网一起成长。经历了三次网页的全面改版，两次大规模网络建设，实现了万兆双核心路由交换、千兆楼层设备间交换的平台；十三年来，我同全市信息化一起成长。经历了两次全系统网络构架基础方案变迁，从简单的局域网共享到C/S软件系统体系，再到现在的B/S大集中模式。我的梦想，在岗位上孕育。

十三年间，我以超出全国分数线100多分的成绩成为计算机专业在职研究生，并有幸师从中国计算机法证协会会长、国家网络安全首席科学家许榕生教授；十三年间，我在取得最高检颁发的电子物证鉴定人资格证书的同时，还通过了国家司法考试，取得了法律职业资格证书；十三年间，我有幸参与了全国人大常委会原副委员长成克杰、公安部原副部长李纪周、黑龙江省原省委副书记韩桂芝、国家食药局原局长郑筱萸、国家开发银行原副行长王益等19个大要案的多媒体制作及出庭示证工作,充分感受法律氛围,熏陶法律素养。我的梦想,在历练中成长。

十三年里,我撰写的信息化汇报文章《向科技要警力,向科技要战斗力》被市院推荐至最高检发表;主持撰写了《一分院电子数据技术协查工作实施办法》,由检委会通过并实施;受到由最高检和检察日报联合举办的"检察装备技术论坛"邀请,发表题为《科技在自侦案件中的应用、限制及发展》的主题演讲;撰写《程序是正义的重心》一文,并节选实务部分,以《对技侦措施要明确范围、加强监督》为题发于检察日报;在对电子证据多年案件数据、工作经验的总结、分析后,配合处长协调多个部门在院内召开8次推介会,宣传、推广前沿工作。以实实在在的行动,推动着技术工作的持续发展。我的梦想,也在思考中完善。

梦想需要法治来护航,法治的实施更依托我们政法干警由心出发,以行实践。

康德曾经说过,世上唯有两样东西能让我们的内心受到深深的震撼,一是我们头顶上灿烂的星空,一是我们内心崇高的道德法则。在去年的挂职锻炼中,我被分配至派出所任所长助理,负责人民调解和处突工作。工作中,我尊崇着内心的指引,坚持"调解、执法和说法不应停留在毫无情感的法律层面和纸面"这一指导思想,将法律规则、诉讼程序、申诉途径融入日常调解,以时机为契机,以耐心为基础,以情感为突破,做到"四宜四不宜"(宜少不宜多,宜缓不宜急,宜暗不宜明,宜粗不宜细)。该经验也被市政法委百名干部挂职锻炼总结收录,成为12个入选的经验介绍之一。我的梦想,在坚持中升华。

基层派出所的工作不仅仅局限于琐碎繁杂的小事,它是构建和谐社会系统中坚实的骨架。工作中,我带领同志们曾经有过一天处理一百多个报警电话,也有过一天用了十几个小时只处理一件闹访事件;有过面对越战退伍老兵只身横卧徐副主席车前,也有过面对从全国聚集的铁道部职工群体性上访事件;有过顶着烈日、踩着五六十度的地表巡逻在周边小区、超市、长安街,也有过冒着百年不遇的暴雨坚守在抗洪救灾的第一线，体重下降了十几斤。我的梦想，在磨砺中坚韧。

工作中，我和同志们一起经历了从化解小区居民的家庭纠纷，到处理各种群众上访、闹访、防暴处突；从提前通知群众各种时节的注意事项，到"7·21"特大暴雨事件的紧急抢险救援；从接到110电话的迅速出警，到涉日游行、十八大会议零事件的安保执勤。和派出所干警一起严格的执行了市局的"六个零容忍"要求，最大限度的预防和减少违法违纪案件的发生，最大限度的提升队伍的战斗力，圆满完成了各项任务。我的梦想，也在践行中坚定。

梦想是需要厚积才能薄发的，法治的梦想更需凭坚持来支撑，以力行来磨炼，用清贫来砥砺，靠创新来前行，并因奉献而壮丽。

"不积跬步，无以至千里；不积小流，无以成江海"，人生的道路虽然漫长，但紧要之路，常常只有几步，特别是当人年轻的时候，应当矢志追求高洁，放胆磨砺人生，在实现梦想的道路上博观约取，厚积薄发，做到"四个表率"。

提高能力，做博学善思的表率。俗话说："心有多大，舞台就有多大"。这句话虽不乏唯心主义成分，但也说明意识形态，说明思想对于实践是多么的重要。一个没有思想的人，是一个平庸之人；一个不会思考问题的人，是做不好任何工作的。学习、思考目的在于运用，在于转化。如果不能落实到工作中，就是一个本本主义者，是一个空想主义者。这就需要将思想转变成工作的科学化、精细化水平，带领大家，争做一流的人才。

敢于担当，做攻坚克难的表率。"大事难事看担当，顺境逆境看襟怀"，敢不敢负责任，能不能担重任，会不会解难题，是检验我们政法干部综合能力素质的重要尺度。要把担当精神内化于心，外化于行，使其真正成为一种品格，一种习惯。平时工作看得出来，关键时刻站得出来，危急关头豁得出来，真正成为检察事业的担当人。工作中既要多做务实的工作，不浮夸；又要多做务虚的思考，求进步。既要谈原则，又要讲团结，不谈原则没有战斗力，不讲团结没有凝聚力，以此开展队伍建设，培育一流的队伍。

勇于创新，做开拓进取的表率。思想决定出路，创新推动发展。要紧紧抓住两法一规实施的历史机遇，加深检察技术与检察业务结合，提升司法鉴定办案质量和出庭支持公诉能力，扩大取证性、线索性、审查性三方面的协查，提升证据意识，辅助侦查、诉讼、监督工作，以新思路、新思想推动具体实践，创造一流的业绩。

珍惜岗位，做勤勉敬业的表率。杜绝"慵、懒、散、奢"，不能只做"传声筒"、"复印机"，要胸怀全局，摆正位置，按本色做人，按角色做事，按特色定位。既要体现独立，又应注重协调，做到行权而不越权，有才而不恃才。每一次角色的转换，都是对自己丰富知识和培养能力的绝好锻炼；每一次岗位的变迁，都是对他人满腔信任和殷切期盼的一诺千金。在做好各项本职工作的基础上，注重调研、总结、宣传和推广，扩大影响力，提高辐射力，以一流的业绩赢得应有的认可，树立一流的品牌。

是的，梦想总若春天的暖意，蛰伏在我们心底，痒痒的，使心灵得不到片刻宁静。直到春天从绿意内敛的山头，将雪的冷面吹成笑花，将硬邦邦的冬泥吹成软绵绵的棉被；直到梦想从心底的角落走出，将希望变成现实，将平凡成为传奇。春天，必然是这样的，梦想，于春天中前行，终究会实现！

数年磨砺锻造反腐利刃
刚毅品格铸就实战精兵

反贪局侦查一处　刘忠光

　　29年前,我放下了手中的钢枪,从西南边陲来到了北京市人民检察院。东交民巷39号,那栋百年前专为洋人美容养生的小楼里忙碌着一群爱憎分明,嫉恶如仇的人,其中多数头发已经斑白。懵懂的我甚至不知道他们在忙碌些什么。只清楚的记得,他们正直、严谨,他们兢兢业业,心底无私。师长们的谆谆教导,使我很快进入了角色,一个个因贪污、受贿的官员在我们的努力下被诉诸法律。然而,我们并没有歇息的空余,历险者的蚕食和吞噬能力越来越强,欲壑难平,这源于他们那颗贪婪的心。仇恨之余,我暗自发誓,假如这棵大树上有一百个虫子,就算是起早贪黑,我也立誓把他们全部缉拿归案……

　　事与愿违,残酷的现实证实了我的无知和幼稚,在适当的温度,湿度等环境条件下,害虫们在被捕捉的同时正以惊人的速度繁殖,变得更强硕,更为耐药而且伪装的更不易被发现。实践—认识—实践,正是这二次飞跃,使我不得不首次调整理念,在清理害虫的同时治理环境,改良滋生腐败的土壤,铲除罪恶萌芽也许能够实现标本兼治。

与时俱进　打铁必须自身硬

　　进入院校系统学习,为日后熟练的运用法律武器打击职务犯罪奠定了基础。在无情的查处一个又一个腐败分子之后,我发现,单有法律知识和一腔热血远远不能满足工作的需要。我身处反腐前沿,在举枪射击的同时,始终被敌人的枪口所瞄准。如何做到将对手伏地前,不被他射出的子弹击中,是每一名战士要刻苦磨炼的本领。我们实践的环境千差万别,对手形形色色。但有一点相同,他们身居高位,智力超群,利用手中人民赋予的权力,非法的为个人攫取不义之财。使出各种招数对抗调查是他们的本能,因为他们有血、有肉、有思想，但欲望使他们失去信仰，变成没有灵魂的行尸走肉。他们散发出各种传播性极强的病毒和细菌，弥散在我们工作的环境中，能否在这长期特殊的细菌战中屹立不败，需要我们有一颗强壮的心脏和健康运行的免疫系统。

一个人一生中的得到与付出从他呱呱落地的那一刻起就已注定，如果你非要得到本不应属于你的那份东西，那么将随时等待接受惩罚。不知别人信或不信，人在不择手段积累财富的同时，如影随形崛起的是一座法律的债台，不是此消彼长，而是水涨船高，如果不克服贪婪，迟早会登上欲望的巅峰，向下望，你将万劫不复。这是我在讯问时经常跟对手说的一段话。无数名曾经辉煌、极度狡诈的嫌疑人在深刻领悟后，追悔莫及，如实交代了犯罪事实。我们的对手是无比险恶，高度贪婪的，与之交锋，我们必须自身硬，自身净。要做到：常在河边走，就是不湿鞋，湿鞋也不怕，我有防水袜。各种纪律、规定、禁令都是写在书上，贴在墙上的，也许看过就忘，只有心中的那条红线，要牢刻在你的大脑皮层，成为不能逾越的永久记忆。耐得住寂寞，守得住清贫，是检察官要时刻修炼的内功。记住，良好的声誉是你最好的伴侣。

换位思考　惩防结合新思路

我非常感谢父母遗传给了我善良的基因，除此之外，还有刚毅不屈和敬业精神。亲办过的数起案例，使我对各种犯罪嫌疑人的内心世界有了全新的认识。

朝阳公园有限公司首任总经理陈业银因涉嫌受贿被拘留，七天没见儿子回家给自己揉腿的老父亲察觉到了异常，探听到实情后随即溘然长逝，百般孝顺的嫌疑人在太平间的铁柜前，抱住父亲冰冷的头颅失声痛哭，水泥地上留下孝子额头流下的斑斑血迹，"爸爸，是我害了你呀…"这撕心裂肺的悔恨像雷一样在天空中鸣响，余音至今萦绕我心……

巨山农场场长张裕明因受贿和挪用公款被调查，他始终坚信我们的党永远都是伟大、光荣、正确的。正是他，用了十年的辛勤付出，使一个简陋、贫穷，心如散沙的国营农场彻底改变了面貌，他的功绩远比罪恶要多。在他五十岁生日那天，我为他亲自点燃了蛋糕上的蜡烛祝他生日快乐！随即历数了连他自己都已忘记的无数功绩和感人故事。那天，他的眼神那样惊异，那样充满感激。也正是那天，我知道了什么是心语，什么是老泪纵横……

市政管委出纳员丁彤因挪用公款1400万无力归还，在家人的劝说下选择了自首，善良淳朴的父母双双跪地，请求法律宽恕。他说，就是因为单位领导在分房时故意将他排斥在外。因此，他赌气用公款在郊区买了一套住房，为上班方便又买了一部车。为尽快还上这几百万元，他让同住的情人帮助每天购买复式足球彩票，期望中几个大奖后神不知鬼不觉的把挪用的钱还回到单位账上。然而，每天数万元的支出换来的确是失望、再失望以致崩溃。面对冷冷的铁窗，他唯一的寄托就是时时思念家中无限爱他的妻子和刚满三岁的儿子，还有那飞一般衰老的爸妈……

首钢公司结算中心主任徐志刚利用职务，用公款帮助其朋友姜钰辉（地铁公司工人）为其他公司解决所谓"贷款额度"，在银行存款一亿元，谁知二人均被骗子所骗。仅6天时间，骗子们就勾结银行人员将款转出并提现7000万元，发现后已于事无补，虽然三名骗子最终被执行死刑，但徐、姜二人却因共同受贿300万元而被判处死缓。戴上手铐的那天，姜钰辉的女儿正好满月，年轻漂亮的妻子为抚养孩子无奈的选择了离婚，年过八旬的父母无法见到小孙女整日以泪洗面……

华风影视集团公司总经理石永怡，是个精明能干的女强人，她以五万元加一部摄像机起家，十年拼搏终于将几人的团队发展为几百人的集团公司。公司除了价值数亿的漂亮大楼之外，账面资产还有几十亿元。然而，她在悔过书中写道：在公司发展中，自己对付出和回报心存委屈，所以就动了邪念，将个人美容消费的110余万元用公款结账铸成大错。长达十年的监禁生活，将怎样折磨这位可敬女性的心灵和肉体，国家也将为此蒙受不可再得的无数财产损失。一心支持妻子事业的丈夫和刚步入社会的女儿将以什么样的心态去面对这一切……

一个个鲜活的案例背后，除了办案人员与对手的精彩博弈，斗智斗勇的故事之外，还隐藏着涉案者每一个家庭及成员的悲惨故事，这一系列的悲惨影响着我们的社会，使我们的社会成员产生了这样或那样的不同心态。我们每一个人都无法生活在真空当中，或为人子女，或为人父母，或为人夫妻。每个人面对不同人都有不同种责任，这种责任应该指使我们正确的思维和行为，否则悲剧不可避免。正如案例所体现的那样，所有的犯罪行为（除部分过失犯罪），究其思想根源，均源自于不平衡的心态。因此我断定，失衡的心态如妖魔和怪兽般恐怖。但如何能使全体社会成员，尤其是手中握有权利的大员保持心态平衡。如何让权利在阳光下运行，避免飞蛾扑火般的悲惨以及衍生的悲剧一而再，再而三的重演，重创和污蚀我们的社会和善良人们的心灵，这是社会管理者包括执法者要潜心研究，并以自律精神率先垂范的重要课题。公平和公正是防止心态扭曲的前期保障，以身作则是避免上斜下歪有效方法。老一辈无产阶级革命家的良好声誉之所以在民众心中长久不衰，最重要的就是他们能够做到在党和人民需要的时候挺身而出，而非在利益面前抢前一步。

　　查办案件的几种目的应如何排序，我与之前有了不同，惩罚被移放到了最后，教育和警示放在了前面。通过办理个案，教育包括其本人在内的一批人，警示其身边的无数人，让众人知道，莫伸手，伸手必被捉。刑罚的期限并不重要，因为，我痛恨的不是他这个人，而是他的犯罪行为。一枚立功奖章与一条鲜活的生命和几个家族的幸福和荣誉相比它一钱不值。嫌疑人也是人，无论他罪过多大，只要他尚存良知，我就要用真情去感化他，为他解读法律，让他看到希望，我们最终的目的还是要拯救他。这是我执法理念的又一次转变。此后的若干案例，均证实其正确性。讯问时，我不再把坐在对面的人当作是敌人和将来要惩治的对象。了解其真实的内心世界是我首先要设法做到的，分析和剖析其作案的动机和思想根源是我办案的重要部分，也是最终揭露和证实他们犯罪的制胜法宝。罚当其罪，不让嫌疑人承担本不应由其承担的任何责任，用心与其交流，才可突破案件并避免冤假错案。要做到这点关键在于取得对手信任，检察官要以人格做保证，但这种保证绝不能以任何形式的承诺和欺骗来实现。要知道，任何人都不会愿意向自己不相信的人吐露心声，嫌疑人更是如此。用真实的案例进行耐心细致的释法说理，讲明后果，使其面对无法逃避的现实，在认罪的前提下重新思考前景，选择从轻、减轻道路。这正是我所办理的案件中，很多被告人虽然被判重刑，仍能坦然面对，因为内心诚服，他们清楚，如果不这样会更惨，所以他们多数选择了不上诉。

坚忍不拔　反腐前沿屡建功

敏捷的思维和应变能力以及超常的发现力是父母通过血脉留给我的又一笔巨大财富，体现在办案中的表现形式是对案件的突破能力和对潜在案件的预感和洞察力。

几年前，我在查办8·19专案过程中，在侦查工作陷入绝境的情况下，锲而不舍，抽丝剥茧，终于用证据链条锁定了包括一名法学博士后在内的神华集团下属公司两名国企高管（二人均为副局级），最终认定二人四个罪名，多起犯罪事实，成为名副其实的精品案（第三届十大精品案之一）。

2008年，北大医院发现收费员偷拿公款，在公安机关和区检察院不予受理的情况下向我院求助。我和搭档连续奋战，在数万份财务凭证中排查出嫌疑人编造的假退费单据1649份，最终锁定该医院收费员赵云江贪污公款210万元的犯罪事实。同年还查办了财政部税政司周蕙受贿案和新华社江苏分社副社长施勇峰（副局级）伙同其姐施克英共同贪污、受贿大案。

2009年，我在办案中发现某公司一份金额只有6020元，上面注有"返现"字样的记账凭证，通过深挖细查，挖出了一批国家机关、国有公司有关人员涉嫌受贿、贪污的犯罪线索，将几千元的线索变为数十万元的大案，将一个孤案变为串案，两年共立案15件（含立案后转出5件），仅中建电子公司就查办6件6人，最终形成对弱电工程安防设备供销领域贪污、贿赂案件的专项打击，震慑了行业犯罪，同时还深挖出国家人保部宋志诚受贿大案。

2011年，我在办理3·29专案过程中，短时间内就搜集到北京市卫生局工会主席白宏（副局级）在数年内用工会公款400余万元进行个人美容消费的犯罪证据并突破口供，最为重要的是我没有就案办案，而是凭借敏锐的侦查意识和高超的侦查技巧，带队查扣了某女子会所多年的财务凭证和电子消费信息等重要资料，发现了美容会所的"秘匙"，打开了案件密室，掌握了一大批爱美女性贪官涉嫌犯罪的线索和证据，继而深挖出市财政局杨苹、国防科工局江莉、国家气象局华风影视集团公司总经理石永怡（副局级）、华北计算科学研究所姚淑君、中石化公司金晓梅、城建集团公司刘兴宝和情人张然共同贪污案等美容系列贪污、受贿案。目前已立案超过15件15人。这一系列案件被多家报纸、网络等媒体转载和播放，记者撰写的《内参》也被习近平、王岐山等国家领导人批阅，在全国引起震动。

在调查神华煤制油公司财务总监魏淑清（副局级）虚报美容发票20万元涉嫌贪污的线索过程中，我凭借职业嗅觉发现了魏淑清与该公司财务经理金晓东有共同受贿的重大嫌疑，随即将魏淑清、金晓东和某会计师事务所经理王某先后传讯至院，利用相互间的矛盾和猜忌心理分别瓦解，终于在预定放人时间前十分钟取得口供和关键证言，最终挖出二人共同受贿370余万元特大案件。（白宏案被评为第四届十大精品案之一）。

2012年，我又先后承办了最高人民法院行装局副局长钟鸣伙同妻子田克苗共同受贿案（12·16专案）；市交管局副局长隋亚刚伙同妻子东惠玲共同受贿案（5·29专案）以及朝阳分局某派出所多名民警受贿案（10·26专案部分）。在这三起领导高度重视的重大案件办理过程中，我凭借高超的审讯技巧和真诚耐心的释法教育，得到了嫌疑人认罪的口供和大量相关证言，为案件侦破起到了关键作用。这一年，我们五个人的团队共立案查处15件，创了最高记录。

曾经有人问我：为什么你总能够顺利的拿下口供和证言？为什么你总能在查案时带出其他案件？我也同样问过自己，其实答案很简单。用心办案。才能在讯问时避免和化解僵持，对手不一定非要以对立的形式面对。然后，就是意志和毅力的比拼，针对各领域，各行业人员的犯罪特点深入一步调查，广泛的搜集证据，你就会有新的发现。事物的普遍联系即关联性决定了多数案件都不是孤立存在的，不怕查不到，就怕想不到。在侦查思路上一定要坚持"有罪推定"。反之，再清晰的线索，也可能查无。

任重道远　　前途中布满荆棘

将近半生的拼搏和努力，不仅没有将害虫抓尽，反而大有蔓延之势，以至于危及党的生死存亡，这是一名法律工作者的悲哀，管理者更应当深度深思。问题究竟出在哪里？是共产党员丧失信仰，贪图物质享受，迷恋钱色，所以不惜以身试法。还是利润的二次分配中产生的不公而导致财富不均，贫富差距过大所引发的掠金暗战。还是在现有体制下形成的权贵阶层不劳而获，少劳多获与劳动者劳而不获之间的强烈反差所激发的社会矛盾所致。法律面前人人平等是否真实到位，还是仅为口号，法律的权威性遭到空前挑战，执法者心有余悸，立法与司法实践间的矛盾分歧等等。还是归结为复杂的综合原因，我想大家自有公论。此外，各级官员若能实实在在的出于公心，公平处事，将个人利益放在公众利益之后，民众的反腐呼声就不会日益高涨。厦门公交车纵火案告诉我们什么？即使是一个穷兄极恶之徒，能下决心干出夺取一车人性命的大案，也必有一个负面情绪积累的过程。在此过程中，如果陈水总能从身边的人那里得到温暖，从工作人员那里得到友善，从刻板僵硬的程序中得到柔性救助，他也许就不会彻底归化为恶魔，没有反思就无法防患于未然。社会是一个大家庭，空气中必然流动着怨气，大家庭的要义在于相互照拂，有责任感的公民，尤其是那些手握公权的官员，应当主动承担起消解怨气的责任，以正能量化解人心的阴暗和冰凉。送人玫瑰手有余香，善待一人就是善待整个社会，一个充满善待的社会，必将善待每个人。

　　我院治理"庸、懒、散"取得良好效果，但是否有人追问过"庸、懒、散"产生的原因何在？在任何社会群体中，一旦正常的竞争秩序被破坏，必然形成各种各样的负面效应，怨气会像瘴气一样弥散。人需要正气，社会更是如此。

　　打击犯罪固然重要，但我认为，有效地阻断犯罪实施的途径，加大犯罪成本（代价）的宣传，让探险者不敢犯罪，不想犯罪，不能犯罪，以实现有效预防犯罪之目的，将惩防结合中的先惩再防，转变为防惩互进。医生的最高境界是不看病，是无病可看，全身心地投入到疾病预防工作。反贪人员也应如此，无犯罪可查，全部从事犯罪预防和司法救助。理想遥不可及，重回到现实。目前的预防职能还停留在案件侦结后到涉案单位就案授课的初级阶段，效果可想而知。我不认为这是真正意义上的犯罪预防。防微杜渐是整个社会的责任和义务，立体防护可避免司法机关工作范围的片面性和单一性。整合社会资源，全方位，多层次，有效的进行犯罪预防工作已刻不容缓。

　　反贪工作靠的是经验积累，而积累需要长时间的在案件中摔打，正所谓十年磨一剑，灵光一现不可能长久。我从家庭到部队，从学校到社会，从初始到如今，我从一事无成到终于可以回报社会。"羔羊跪乳，乌鸦反哺"，动物尚知感恩，何况万物之灵的人类。像珍惜每一粒粮食一样珍惜岗位上的每一分钟，敬业、奉献是对我们的基本要求。要知道，工作给我们带来的不仅仅是维持生活的工资，更多的是维持生命的快乐。

有人说：如果能搓成堆儿，一盎司忠诚，相当于一磅智慧。因此，我曾告诫自己，要培养全力以赴的工作精神，全身心的投入你所热爱的事业当中，不惜透支生命，不去计较得失，追求内心的平衡。因为，平和的心态能够驱走妖魔，延年益寿。我确信这是真的。

在此，向日夜战斗在反腐一线的检察官们致以崇高的敬礼！你们以透支生命的方式用血肉之躯为共和国构筑了一道坚固防线，你们用生命之歌唱红了检徽。

坚定信仰　追逐梦想
——我的检察梦

反渎职侵权局　杨明

我与检察事业的结缘，完全源自一次"歪打正着"：1998年7月，跟大多数同学一样，我也投入到找工作的大军中，通过自己的努力，1997年底终于与某市直机关达成了就业意向，只等来年通过北京市公务员考试，就可以签订就业协议。所以，当大部分工作还没有着落的同学忙着四处投递简历，为工作奔波的时候，我已经过上了优哉游哉神仙般的生活。1998年春节过后不久，市检察院在国展中心设立展台招贤纳良的时候，我还在河南老家沉浸在与家人共度春节的幸福之中。寒假结束开学后的一天，我到系办公楼转悠的时候，偶然发现公告栏里贴有一个通知，大意是在国展中心报考市检察院的同学第二天去八宝山面试。因为曾经有过在海淀区检察院实习的经历，对专业对口的检察工作充满了向往。第二天下午，我全然不顾自己根本没有向市检察院投递过简历的事实，抱着"试试看"的心态，拿着一份简历就来参加面试。那个时候交通不如现在方便，等我坐了两个小时的公交车从学校到面试地点的时候，面试工作已经进行得差不多，干部处的同志就要准备收摊了。看我理直气壮地把简历递上去，他们对了半天花名册，也找不到我的名字，就问我怎么回事儿，我说我已经在学校里报名了，系里通知我可以来面试。不知道是不是考虑到我从学校坐那么长时间的公交车到八宝山不容易，他们竟然给了我一个机会，一番询问下来，面试负责人杨保根科长通知我初试通过，第二天来参加笔试，这个看似简单的决定，深深地影响了我一生，因为它改变了我的职业生涯。

第二天，包括我在内的来自各高校的60名应届毕业生参加了在市院机关二楼食堂举行的笔试考试，考试结束后，因为当时传说市院要从这60个考生里选出50个充实到检察队伍里，我信心满满，认为根据自己的考试情况，无论如何我也能进前50名，进检察院应该是板上钉钉的事情，于是就把原本找好的工作给推掉，一心一意等着市院的召唤。事实证明，市检察院要招 50 个大学生的确是个传说，因为最终只有 16 个考生走进了市分两院的大门，幸运的是，我是其中之一。

1998 年 7 月下旬，我和其他 15 位新入职的大学生一道，办理了正式的入职手续。可能是考虑到我有在海淀院法纪部门实习的经历，市院干部处把我分配到分院的法纪处，期间虽然经历单位分设、部门更名，但我一直在同一个部门从事同样的工作，一干就是十五年。从工作的第一天起，我就提醒自己要感恩：在我看来，从中原大地一个偏僻的农村走出来的自己，能在首都的检察机关谋一席之地，做自己喜欢的工作，这是一件十分值得庆幸的事情。自己唯有加倍努力，才能对得起命运之神对自己的眷顾。因此，我要求自己首先要做一个勤奋的人。为了把工作做好，我坚持每天提前到岗，因为当时就住在市院对面的简易房里，上下班的距离不过二百米，每天起床以后，我就早早来到办公室上班，做完打扫办公室卫生、打开水之类的事务性工作之后，就开始一天的工作。这个习惯，我保持至今，因为对检察事业的热爱，每当我身处办公室的时候，我的心里才会觉得特别的踏实。为了让自己能更好地胜任检察工作工作，我虚心向每一位承办人学习，注意总结他们在办案中的取证、讯问询问技巧。我是一个幸运的人，几年的书记员工作下来，我几乎配合过全处所有的承办人办案，从他们身上我学到了不少有益的经验，在工作中，我也积极为承办人分忧，每配合一个案子，所有事务性工作，我从来不会让承办人操心，而且，在办案中也敢于提出自己的建议，不少都得到了肯定。几年的工作干下来，我成了全处承办人最喜欢用的书记员，这也为我胜任以后的工作打下了坚实的基础。

2004 年，我被院里任命为助理检察员，开始走上独立办案的道路。当年 10 月我就立案侦查了房山公安分局治安支队民警李某某涉嫌帮助犯罪分子逃避处罚案，因为有 6 年的书记员工作打下的坚实基础，在办这个新罪名案件时非常得心应手，仅用了不到两个月的时间就把它侦查终结，最后法院经过审理，对我移送审查起诉的全部事实予以认定，李某某被判处有期徒刑四年，初战告捷，极大的激发了我的工作热情。

2005 年上半年，我受理了署名举报原昌平区房地局在办理王府花园房权证过程中可能存在渎职问题的案件线索。在初查过程中，我不仅仅局限于查办举报信中反应的昌平区房管部门的问题，还注意扩大视野，深挖案件线索。后经工作发现原昌平区规划局有关人员渎职给国家造成重大经济损失的事实，遂报请主管检察长批准，果断对该事实以事立案。经进一步侦查，发现自1992年3月起，昌平区立汤路沿线建起包括王府花园在内的十五个违法建设项目。1996年北京市组成调查组对该十五项违法建设进行了查处，对开发单位的处罚问题作出具体规定：原昌平区规划局负责对建设单位的违法行为做出处罚并负责执行。在执行过程中，昌平区规划局违反行政处罚法的规定，让违法建设项目开发单位先缴纳一小部分罚款后，其余应缴罚款用违法建设的房产作抵押。受处罚的开发单位在缴纳首笔罚款时，最多的仅缴纳总额的30%，最少的不足1%。抵押合同签订后，行政相对人无视抵押合同约定的义务，私自处分抵押房产，原昌平区规划局既不追缴罚款，也不向法院申请强制执行，导致所签的抵押合同形同虚设，截至立案之日，十五个违法建设项目开发单位尚有大量罚款未缴纳。面对这么一个专业性强、难度很大的案子，在办案过程中，我认真负责，一方面厘清有关人员在本案中的作用，从而确定犯罪嫌疑人；另一方面全面查清原昌平区规划局所作的行政处罚决定中尚未执行部分的数额，并积极督促和协助昌平规划局、财政局进行罚款追缴入库工作。由于欠缴罚款单位较多，数额较大，各单位对追缴罚款有抵触情绪，加之原来的行政处罚决定已过向法院申请强制执行的时效，无法通过国家强制力实现。还有一些单位发生变更不易查找，追缴工作难度很大。为尽可能地挽回国家损失，我不仅代表检察机关向北京市规划委员会通报了查办该案的有关情况，督促该委员会高度重视并责令昌平区规划局做好欠缴罚款的追缴工作，还多次和昌平规划局的领导沟通追缴的具体工作，并适时确定责任人采取强制措施以引起该局对追缴工作的重视，同时在开发单位之间营造一种检察机关已经介入，各开发单位所欠罚款不缴纳决不罢休的声势。我还建议昌平区规划局领导就剩余罚款的追缴问题向昌平区领导作了汇报，昌平区政府随后专门就规划罚款追缴问题召开有关部门负责人参加的协调会，部署对尚未入库的罚款进行追缴。最终为昌平区追回上亿元的罚款，检察机关在办案中积极为国家挽回损失的做法受到昌平区领导和有关部门的好评。

之后，通过参与办理市委政法委督办的"4·06专案"、市院交办的"9·30专案"等一系列案件的磨炼，我在业务上日渐成熟，成了一名在办案方面能挑大梁、担重任的检察官。2007年，我代表一分院参加了市院组织的侦查部门"三优"评比活动，在比赛中我力挫其他参赛人员，以全市反渎系统第一名的比赛成绩荣获北京市检察机关优秀侦查员，同年12月，在第二届检察系统"全国优秀侦查员"评比活动中，我又被高检院授予"全国优秀侦查员"称号，2009年入选"十百千"人才工程，并入选全国检察机关一级侦查人才库。

2010这一年我被任命为检察员，我的检察职业生涯到了一个更高的起点。这3年，是我在办案质量和数量上有了质的飞跃的3年：3年来，我先后立案侦查了门头沟区国资委原主任高某某、西城区人民法院法官乔某某、延庆县张山营镇原党委书记王某某、北京市公安局国保总队七支队原支队长高某某等6人涉嫌职务犯罪的大案、要案。其中，张山营镇原党委书记王某某滥用职权案是我从互联网中发现犯罪线索，通过深挖成功将案件突破的一个成功案例。去年4月份，我从互联网上看到，各大媒体都报道了国土资源部公布的对延庆县张山营镇上郝庄村违法占地建设一案的查处情况，凭借多年的侦查工作养成的职业敏感性，我意识到其中应该存在政府职能部门人员的渎职失职问题，立即向领导汇报，申请查处该事件背后可能隐藏的渎职犯罪问题。随后，和其他同志一道，每天早出晚归，奔赴百里之外的延庆县，对延庆县政府、国土、规划、建设以及张山营镇政府有关人员是否存在渎职行为展开调查，当时正值夏天，气温很高，我们开的是一辆车况较差的老桑塔纳，在炎炎烈日下，开着这辆院里差不多最老的老爷车外出办案，确实不太好受。考虑到其他同志跟我一起工作很辛苦，为了能让他们能多休息会儿，我主动承担起开车的任务，那一段时间，每天八点从单位出发，下午很晚才回到单位，成了我和队里其他同志工作状况的真实写照，经过近两个月大量艰苦细致的工作，最终查明张山营镇原党委书记王某某涉嫌渎职犯罪的事实，这个案子的成功办理，受到市院慕平检察长的好评，指示市院将我院高度重视舆情收集，深挖新闻报道背后有价值的案件线索的经验在全市检察系统转发。

回顾自己十五年来的工作，收获颇多。我在奋斗中经历欢笑，经历幸福，也经历彷徨，日常工作的辛苦和劳累，我都把它们看得很淡，我在坚持着自己最初的梦想，我觉得我是幸福的，因为自己能一直从事自己喜欢的检察事业。当然，我也曾有过短暂的彷徨和失落，主要是看到以前的同学在其他的行业上做出了不错的成绩，获得了较高的收入或者较高的政治地位，而自己的生活依然是如此的平淡，心中难免会有一丝的失落，但这种失落是短暂的，对这份事业的挚爱让我坚持了下来，我依然相信我当初的选择是正确的，每当看到通过自己和同事们的努力，把一张纸变成一个案子的时候，那种莫大的成就感是无法用语言表达的。所以，无论工作多累，待遇多低，我都无悔这一选择。

检察事业让我的生活更精彩

二审监督处　赵鹏

各位领导、同志们：

上午好！九年前我进入市检一分院的大门，从那时起，我立志做最出色的检察官。多年来，组织及领导为我指引了科学的道路、创造了难得的机会、提供了丰厚的条件、给予了无微不至的关怀。今天，我不敢说我一定能够实现"做最出色检察官"的目标，但我可以肯定，在通往这一目标的道路上，我一直义无反顾。

作为在办案部门工作的党员检察干部，我给自己提出的要求是：办案精、调研强、比赛挺得住、生活要丰富。简要解释：办案精是检察官立身之本；调研强，意味着发现、解决问题的能力及创新能力强，是更好地开展工作的必要素质；比赛挺得住不仅为了得到荣誉，更重要的是通过比赛促成自身能力的一次次飞跃，实现跨越式发展；丰富多彩的生活才能调剂办理刑事案件的紧张情绪，让我以健康的身心投入到检察事业中。

在感动中发酵办案的动力

很多年前，我的钢琴老师曾经批评我不懂得感动，所以无论技术多好，曲子都不动听。当时她非常肯定地说："做任何一件事情，都要在感动中寻找动力。"今天，我能够理解这句话，因为我确实在感动中发酵着办案的动力。

人们提起一分院的时候一般会说这是办理大案的地方。但我所在的二审处，办理的都是已经经过区县法院一审判决的，鲜有所谓的"大案子"。然而，这些所谓的"小案子"对当事人来讲是天大的事情。每一个案件背后都有深层的原因，每一个案件的当事人都能给人独特的感受——或是痛恨，或是惋惜，或是心酸，或是无奈……走进他们的世界，理解他们的行为，在价值冲突中寻找最合适的解决方案，对我来说是一种巨大的人性探索和精神历练。

正是这种感动给了我巨大的办案动力,所以我从不嫌案件太多,从不怕取证太难。我希望通过自己的努力,改变更多的现状,宽慰更多的心灵。是这种动力让我在面对一件经过了一审公检法长达数月的工作仍未能查明被害人身份的案件时,不言放弃,通过遗物中的一张几乎快要烂掉的邮寄单,又经过一个月的调查终于找到被害人的家属,因为我不希望被害人在判决中被表述为"无名氏"。也是这种动力让我在发现一件遗弃案的被告人即使被判了刑仍没有意愿抚养被自己遗弃的女儿时,联系民政部门帮助他把女儿合法送养给了愿意收养女孩的人家,因为我觉得在这个案件中,最重要的焦点是对孩子的关爱。

这种动力源源不断,力量强大。它促使我自愿承担最重的工作任务,想尽一切办法提高业务能力。2010年在区县院锻炼时,我的第一份结案报告就被公诉部门的领导认为是他所见过的写得最好的审查报告并要求全处传阅。去年,即使在连续参加北京市十佳公诉人比赛、全国公诉人辩论赛的情况下,我的办案数量都高于全处平均水平。三年来,我办理的一审、二审、再审案件涉及五十余种罪名,抗诉案件改判率每年都在90%以上。感动给我办案的动力,办案给我前进的力量。

在调研中反思工作的定位

在我看来,调研不是一项工作任务,而是一种工作方式。因为每一个层面都有这一层面所独有的问题,只有处于这一层面的人才能看到并解决它。比如一个书记员所面临的所有问题中,总有一部分是只能由书记员发现并亲自解决的,检察长发现不了,发现了也解决不了。找到那些真正属于自己的问题,想办法解决它们,是一种能力,也是一种责任,更是认识自我的过程。在不断寻找并解决这些问题的过程中开展工作,就是我所指的作为一种工作方式的调研活动。

为了培养这种习惯,我要求自己每天写满700字日记总结才能睡觉,保证每年二十万字的写作量。起初不知道写什么,我就写工作流程、办案思路。写下来后就发现有些东西不明白,于是就去看书,书看多了就有了想法,渐渐地文章质量也提高了。以今年为例,截止到目前,我已撰写了十一篇调研文章,其中有两篇发表在法学类知名期刊上;参加了六个全国性的论坛,都有论文入选并作主题发言；此外，我针对二审法律文书与他人合著的专著作品也出版问世；还在北京青年报上刊发了7篇专栏文章。这些调研文章，有的获得了"全国检察基础理论优秀研究成果二等奖"，有些被人大复印资料、北大法律网全文转载。更重要的是，在撰写文章的过程中我也不断调整自己的工作思路、不断尝试新的工作方式。调研让我对二审检察工作的理解不断深入，也让我越来越爱这份工作。

在赛场上发现成长的痕迹

我酷爱比赛，因为比赛能让人在短期内迅速提高某种能力，这是提高学习能力的最好的手段。而一名优秀的检察官，恰恰需要良好的学习能力。

所以我不会放过任何一个比赛机会。只要有比赛，我就会兴奋。因为我总能在参赛过程中迅速充实一部分知识，提升某项技能。比如，十佳公诉人比赛让我在一个月内阅读了刑事审判参考上的所有案例分析，让我具备了一天之内阅卷完毕、报告写完的能力，让我能在3小时内写出一篇3000字的文章；全国公诉人论辩赛让我学会了抬头面带表情、不打磕绊地阐明自己的观点，在争论与交锋获取优势，更学会了和他人配合。这些能力将让我受益终生。

每一次在谈到比赛的意义时我都会说，不管结果是否真的具有说服力，至少参赛的过程总能让我更上层楼。

在生活中回味选择的意义

我不是一个工作狂，但我的生活已经很难和工作分开。我热爱检察事业，在从事这份事业的过程中，我的生活也被彻底改变。我希望自己的生活也能与之相关。

去年我开设了检察官个人实名微博，我在上面发布微案例，上传我自己制作的关于检察工作的各种图片，解答网民的问题，介绍检察文化。至今我的微博粉丝超过12万，每个微案例都有数百个回复，每个图片都被上百人收藏，每天都能接到数十封私信，与我讨论法律、向我投案自首，甚至表达爱意。微博得到了市院、高检院领导的肯定。

这都拜检察事业所赐，是检察事业给了我饱满的生活，我庆幸自己当初的选择。

结束语

今天，我的工作取得了一些成绩，我真心感谢单位对我的培养，领导对我的关心，同志对我的帮助。我会继续坚持自己的梦想——做最出色的检察官。最后，用尊敬的居里夫人的话结束我的发言："我们要有信心，更要有耐心——把生活变成幻想，再把幻想化为现实。"

选择

公诉二处　车明珠

  人的一生，不断地经历着选择。选择，意味着经历蜕变，选择，意味着担当责任，选择，意味着风雨兼程的付出，选择，意味着无怨无悔的坚持。选择的力量，也因此成为一种最强大的力量。

  时光如梭，2002年的这个时候，为了找工作，我打电话到院里毛遂自荐。主管招录的老师委婉地告诉我，用人合同已签满，不甘心的我情急之中脱口而出："可是我非常优秀！"没想到，她思考了一会儿，真的为我单独安排了面试。两轮面试下来，政治部的老师们以博大的爱才之心、宽广的容才之量和灵活的选才之能，接纳了我这个锋芒毕露不知天高地厚的小姑娘。就这样，我怀着对检察工作朦朦胧胧的憧憬与向往跨出中国政法大学的校门，迈进了一分院。如今，岁月已涓涓流过了十多个年头，每当回想这一段，我的心中仍是充满了温馨与感激，实现梦想时的喜悦和兴奋仍在脑海中不时泛起。仔细品味，"机遇"的偶然，其实是"机制"的必然。"机遇"存在的前提是有一个好的机制，一个尊重知识，认可能力的机制。感谢这个集体公正的人才机制，不仅给了我们实现职业理想的机会，更重要的是，她为我们这些涉世之初的青年保留了一方心灵的净土，这对我们的职场生涯将是一笔难以言喻的财富。当初的选择，让我爱上了这身挺拔的制服，也爱上了这个具有现代意识与现代机制的集体。

  我被正式分配在公诉一处从事书记员工作后，多年的理论学习终于能真枪实弹地派上用场的想法，着实让我兴奋了好一阵，恨不得亲手办个大案、要案证明一下自己的能力。但后来才发现，书记员工作更多的是体现在琐碎的事务性工作中，曾经有一段时间，心理落差很大，不知道自己的价值在哪里。有一天，师傅若无其事地问了我一句，"小车，你能写起诉书吗？"我原本以为，我初来乍到，只是个书记员，而且毫无办案经验，所以，像写起诉书这样的事，连想都没想过。师傅看出了我的心思，又问了一句："你知道你为什么不能写吗?""我不会写。"我硬着头皮说。"不是不会,而是你根本就没想。事务性的工作对新人很重要,能够磨炼心性,培养习惯。这跟地基打得越牢,楼才能盖得更高是一个道理。但如果你只让自己埋头于事务性的工作,你永远只能做这些工作。"从此,即使从事记录、打字这些简单的工作,我也用心去总结、体会,并主动思考遇到的问题。自己承办案件之后,我时时感叹,很多工作的顺利完成,都得益于从事事务性工作所养成的统筹、协作、严谨、主动的工作习惯。其实一个人不需要每件事都做好,只要有一件事做得好,你就有下一次机会。即使是看上去不起眼,或者完全事务性的工作,如果你能做得比别人好一些,不需要很多,你就有下一次机会去做更大的事。取得某种成绩或者达到某种高度,有人要花十年,有人可能只用两三年,表面上看付出的时间并不相同,但光阴背后的汗水是相同的。回首我走过的路,我从心底里感谢那些曾手把手领我入门的领导和同事,他们的言传身教,使我不仅学到了办案的经验、方法,更学到了做人的准则,做检察官的准则。在自己深深浅浅的脚印旁,有着师傅们的足迹,正是在他们的教诲中,在他们的扶携下,我一步步朝着自己的理想靠近。感谢师傅当年这看似平常,却用心良苦的两问一答。在人年轻的时候,过来人一句善意的提醒,特别是一言衷心的点拨,对他都意义非常,甚至会伴随他一生,这些质朴的道理,是给予年轻人最宝贵的传承。

　　来到起诉处的第一天,老同志对我说:在这里,案子就是天。没有什么比案子还大、还重! 初来乍到,我并没有理解这片"天"的含义,只是知道,周围的同志,十几年穿着制服蹬着自行车风里来雨里去,来来去去,都是奔着检察院,都是为了那一本本载着受害人血泪辛酸的案卷。我不禁困惑,这样的职业是不是值得期待,我的青春究竟能不能绽放? 不久后,在一个小案的办理中我找到了答案。案情其实很简单,犯罪嫌疑人李广远因不满水泥厂工作安排,持凶器至副厂长家,对其妻子、女儿进行殴打,保卫干部罗福生听到呼救前来劝阻,为了保护手无寸铁的女人和孩子,罗福生用身体挡住了李广远刺向母女的31刀,用血肉之躯为别人搭起了一座生命之桥。通过走访我们了解到,罗福生牺牲后整个家庭几乎陷入瘫痪状态,"罗福生是多管闲事"的流言蜚语更让他的亲人雪上加霜。通常情况下,事实清楚的案子,只要几天就可以审结，但面对罗福生的壮举，师傅张荣革感到，我们必须为他做点什么。于是，我们向厂领导提出建议，应当为罗福生申报烈士。为协助水泥厂的申报工作，我们特意安排水泥厂及民政局领导参加庭审。师傅郑重地把撰写公诉词的任务交给了我。我通宵伏案，一口气儿写完了那篇公诉词。当正义遭践踏、善良受蹂躏，我感到自己的血液里还奔腾着疾恶如仇的火气和血性。民政局的领导在庭审由衷地说，"我们为罗福生的行为感到骄傲"，并留了一份公诉词作为申报材料。不久后，罗福生被北京市民政局评为烈士。能够参与"为他做点什么"，让我初尝了"公门修行"的快意，也让我感到了自己肩头的分量，从那天起，我决心用自己的双肩扛起这片天！入行的时候，我只是很朴素地想着要把工作做好。十年后，我亲身体会到了检察人、法律人的职业内涵和社会期待。检察事业是中国法治事业的重要组成部分，我把它的发展看作我奋斗的理想，因为我深感法律的光辉将越来越多的给普通人以温暖，我热爱这个具有社会的良知，能够体察人性和社会的职业，我庆幸自己当初的选择，是检察官这个职业给予了我梦想的舞台，她是我耕耘的土地。

提起公诉人，大家都说，这是个非常有风采的职业。的确，人们看到的往往是他们在法庭上的慷慨陈词和胜诉宣告时的威严仪态。当然，更接近他们的人，也倾听过他们对"遗憾"的叹息、甚至对失误的懊丧。如果说十年前在我的想象中，检察官这个职业就意味着替天行道，除恶务尽的痛快淋漓的话，那么今天，这个摸爬滚打了多年的岗位对我好象千斤重担负在肩。我战战兢兢，如履薄冰。每接到一个案子，师傅当年那句教诲仍字字敲在我心上："世上什么东西都可以重来，只有人命，一旦错了，就再也无法挽回。"每办一案，辗转三思，还是担心由于学识浅薄、观念陈旧、疏忽大意，而好心办了错事，甚至坏事。今天的中国法治，尽管远未完善，却是以许多前辈一生的青春年华为代价的，我们不能忽视今天中国的发展步伐与觉醒的精神面貌，更不能忽视崭新的市场经济对于执法理念、执法能力提出新的、更高的要求。灯火通明的办公室，常常有检察官埋头阅卷，伏案苦读的身影。参加工作以来，我的周末也基本上是在学习和加班中度过的。拿到博士学位，想象中的轻松与释然没有如约而至，回忆自己本科毕业十年来，白天上班、晚上和周末伏案苦读的经历，学习似乎已经成为一种惯性或是习惯，是每天紧张工作后调剂神经、理清思路的一种手段。不止一个人劝过我，一个女同志，何必跟自己过不去。的确，在职学习所经历的奔波、疲惫也让我感到过委屈，但我相信最简单的农民哲学，只有流汗才有收获。一切的付出都是因为，我不是想做这份工作，而是想做好这份工作。办过的案子越多，我越感到手里握的这把正义之剑、光荣之剑的千斤分量；越感到罪恶是多么复杂，令人痛恨，更令人痛心。我更深的理解了检察事业在中国社会中扮演的神圣而艰难的角色。在社会转型期，刑事司法活动处在众多矛盾和冲突的聚集地，如何在众多的价值观念中做出合理取舍，如何在自由与秩序，个人与社会的矛盾张力中取得平衡？知识的厚度决定工作的高度。作为公诉人，"终身学习"不仅是工作的必需，更是对职业的尊重。

　　每一个人都会有自己不同的人生选择。人和人的区别在于，有的人把这种选择当成了手里的工具和身上的标牌，而有的人把这种选择当成了终身的追求和毕生的信守。尽管这个五颜六色的世界有太多的诱惑，但检察官从未在执着前行的路上停下过脚步。他们朴素、固执地按着自己的心愿安排了生活，除了增长的经验、丰富的思想、更沉重的责任感，年华老去，记载的全是付出、奉献。很多人多少年来从没有立过功、受过奖，但那扎扎实实的千百件案件中，凝聚着检察官艰辛的汗水，记录着奉献者忠诚的信守。或许是有太多的人站在名利的河坡上瞭望信仰的原野，如他们这般固执坚持信念的人为数不多。在这个变化的时代，也许有些不改的东西更显得可敬可贵了吧！一位老同志，在住房、升迁等许多关系切身利益的问题上从来没有找过领导和组织，到公诉处工作后，却给组织提出了参加工作25年来唯一的一个请求，"在我退休之前请不要让我离开公诉部门，我要在公诉战线奋斗终生。"我不知道怎样形容这件事带给我的触动：一个选择，一种信念，往往会决定一个人的人生目标以及为之奋斗的执着情怀。历史悠悠的长河，千回百转，泥沙俱下。前贤范文正公曾只身登上岳阳楼，临波浩叹，一个人的身躯独对烟波浩渺的千里洞庭，是多么的渺小啊。可一个怀着国家之忧，以天下为己任的忠臣志士的胸怀，又该是多么的广大！一个优秀的国家检察官，他的胸中，应怀着整个中华民族多难的历史和辉煌的未来；怀着要将一腔热血奉献给党和人民检察事业的忠诚情怀；怀着用个人的身躯做社会正义的柱石，做邪恶死敌的坚强斗志！世纪的长河奔涌向前，而兴于源头处的那一句"先天下之忧"仍然汹涌地回响在我们心中。为了消除普天同庆，天下共乐的未来里所有的阴影，检察官的位置，在"先天下之忧而忧"之间。

　　人生常常是这样的，因为一件小事使你的心灵受到震撼而领悟了人生；因为一个憧憬使你勇敢的面对一切而懂得了追求；因为一个选择使你一生都充实快乐而无怨无悔。我始终庆幸，我选择了检察事业，选择了一分院这个集体。在十多年的磨炼、付出和追求中，我已深深爱上了这项体现公平与正义的事业。每当我坐在公诉席，代表国家惩恶扬善，我就会觉得自己的人生价值得到了淋漓尽致的体现。与工作带给我的成就感相比，困难、清贫和付出都显得微不足道。我已在这条通往理想的道路上走了11个年头，我还会永不懈怠地走下去，风雨兼程，无怨无悔。是的，为我选择，无怨无悔！

与市检一分院反贪事业共同成长

反贪局侦查二处　徐洪祥

我于二〇〇三年毕业于中国政法大学，毕业后就进入刚刚成立四年的本院反贪局工作至今，一直从事反贪侦查工作。时光如箭，岁月如梭，转眼间我从事反贪工作已经十年了。十年来，我从一名书记员成长为一名检察官，从一名走出大学校门的大学生成长为一名反贪的业务骨干，从一名法学学士成长为全市反贪系统的一名刑事侦查学博士，我院反贪局也从当初的二十来人、一年办理十几件案件发展到如今的下设三个处室、五十余人、每年办理五十余件大要案。2013年2月，我所在的侦查二处被北京市人民检察院和北京市人力资源和社会保障局授予集体一等功。回想起来，自己的发展道路可谓是与我院反贪局共同成长。下面汇报一下本人十年来的成长经历和一些心得体会。

初到反贪，勤学苦练扎根基

扎根反贪，从点滴做起，培养自己各方面的侦查能力。从加入反贪队伍的那一刻起，我就感到无比的光荣，我一直坚信反贪事业是一项关系国家兴亡、关系执政党地位的事业，是一项值得我们青年同志为之奋斗终生的事业。

在走上反贪工作岗位的那一刻，我就给自己定下了三条做事的信条：一要诚实，二要实干，三要虚心。作为书记员，就要明确自己的定位：辅助承办人做好基础工作，向承办人虚心学习。在开始的三年里，我脚踏实地，从一点一滴做起，认真完成领导和承办人交给我的每一项工作，共参与立案侦查案件二十余件，其中涉案金额一百万元以上的大案八件，要案五件。

在工作中，我很好地完成了案件记录工作，对案件材料的保管工作和其他事务性工作，并严格要求自己，注意培养自己各项侦查能力。一是完整准确地完成记录工作，提高了自己书记员记录工作的基本功。如在"11·7"专案中北京美禾电子科技公司原总经理蔡国安贪污案，中国农业银行总行基金托管部原副经理郭辉受贿案,大量的记录工作使自己的记录水平得到大幅度提高;二是在办理窝案、串案中,增长了突破案件的能力,如在办理北京市石景山区北方农工商公司原总经理张礼受贿、贪污案,通过深挖犯罪,又发现了北京市石景山区北方农工商公司副总经理刘丽英贪污案、北京市石景山区北方公司经理张敬行贿案、北京市石景山区北方农工商公司蔬菜公司经理戴凤琴行贿案;三是学习财务、银行、金融等方面知识,提升调取证据能力,如在张礼案中,调取了数十家银行和相关单位的账目和有关文件,提升了调取证据的能力;四是理论联系实际,提高分析判断能力,如通过办理教育部学位与研究生教育发展中心副主任王战军贪污案,经过对该案的反复论证,我的分析判断能力也得到提高;五是服务大局的能力,如2004年在杨沛林局长、万凯同志带领下从辽宁省辽阳市某信用社追回"11·7"专案涉案款一千五百余万元,为国家挽回了巨大损失,取得了良好的社会效果。

当时反贪局为我安排了优秀的承办人,承办人对我严格的甚至近乎苛刻的要求对我却是大有裨益的,如果没有他的严格要求,我也不会快速掌握反贪的基本技能。我那时候住在集体宿舍,每天白天忙于外出取证,晚上回来坚持按照要求将当天所取的案件材料整理好并分类保管好。就是在工作这样紧张的情况下,我坚持司法资格考试的学习,常常是只有等到每天晚上八九点钟忙完一天的工作之后,才能安安静静、踏踏实实坐到办公桌前,拿起司法资格考试的辅导书看书学习。当时我把所有的时间都安排到工作和学习上,经常感冒发烧,有时发烧觉得难受,就下班后先回宿舍休息一下,捂上被子出身汗,感觉稍微好些后就回到办公室继续学习,我的办公室当时在一楼,许多同事回宿舍都要经过那里,我的办公室也成为院里有名的"长明灯"。在这样的条件下,2003年9月,从大学毕业三个月以后我成为全院当年为数不多的通过司法资格考试的人员中的一名。

2008年我参加了北京市人民检察院组织的第三届检察技能比武中的英语技能竞赛和职务犯罪侦查部门技能比武。我以高度的责任感和荣誉感,投身比武训练,以求真务实的精神,严格要求自己,以扎实的工作作风,做好准备工作,最终我院代表队在英语技能竞赛中,以108.64的成绩获得团体第一名,在职务犯罪侦查部门技能比武中,以217.97的成绩获得团体第五名。业精于勤，行成于思，这些成绩的取得都来源于自己平时工作中的积累。

独立办案，小荷才露尖尖角

2007年5月份，我被市检察院安排到东城院反贪局侦查二处交流锻炼。我认为这不仅是锻炼自己的难得机遇，更是展现一分院形象的良好机会。到东城院后不久，东城院就任命我为助理检察员，并给了我独立承办案件的机会。这在以前在分院是难以想象的。反贪人才成长速度慢，成长周期长，是一个有目共睹的不争的事实。从一名书记员成长为一名侦查员独立承办案件往往需要十年八年的时间。我充分抓住这一难得机遇，争取多办案，办好案，在办案中不断成长。在交流锻炼期间，我独立承办了北京图书大厦业务员高惠兰、乔鹏受贿案，并参与了西城区人民法院原院长郭生贵涉嫌贪污、受贿的"6·8"专案，其中承办了北京市西城区人民法院原副院长娄冬梅受贿案、北京市建筑安装工程公司资金处副处长何刚、宋庭杉贪污罪、蒋利华行贿案、北京索意普科技有限公司经理盛理评单位行贿案、宁波新兴达智能钢具有限公司经理徐益平单位行贿案。我扎实的工作作风、吃苦耐劳的精神和高超的侦查工作水平，得到了东城院领导的大力表扬，树立了一分院侦查人员的良好形象。

例如，在办理北京市西城区人民法院原副院长娄冬梅受贿案件中，我与东城区人民检察院卢林同志一起负责对娄冬梅的审讯工作。为了保证审讯工作的连续性，我克服家庭困难，连续奋战在办案地点。我妈妈当时患眼底动脉硬化，视力微弱，专程从老家到北京治疗，为了专案工作的需要，我没能照顾一天。但为了审讯工作的顺利开展，我一方面向娄冬梅讲政策，另一方面体现组织对娄冬梅的关怀，在娄冬梅因思想斗争身体状况不佳的情况下，在深夜购买娄冬梅急需的物品。在卢林局长和我的努力工作下，娄冬梅全部如实交代了自己的违纪违法犯罪事实，并检举揭发了犯罪嫌疑人郭生贵的多起犯罪事实。我还从中深挖出了北京市建筑安装工程公司资金处副处长何刚、宋庭杉贪污案、蒋利华行贿案。在专案组工作期间，我参与了十余起案件的立案侦查工作，其中大案1件1人，要案2件2人，外出调查取证行程数千公里，讯问犯罪嫌疑人、询问证人数百小时，加班200多个小时。我的工作得到了市纪委和市院领导的书面表扬，并将表扬材料送到了我院。

又如，在我独立承办的北京索意普科技有限公司单位行贿案中，犯罪嫌疑人、北京索意普科技有限公司副经理周玉红向北京市西城区人民法院原院长郭生贵行贿三百万元。在对周玉红立案侦查之前，东城区反贪局已经对北京索意普科技有限公司经理盛理评立案侦查。我发现该公司副经理周玉红是该公司的负责人之一，他向经理盛理评介绍了受贿人，并与盛理评共同商定了行贿的金额，而且行贿款中有九十万元是从周玉红所控制的北京博奥泛讯公司银行账户中支付的，最后周玉红亲手将三百万元支票交给了受贿人。我认为周玉红为了谋取不正当利益，向国家工作人员行贿，是北京索意普科技有限公司单位行贿罪的直接责任人，应当对其立案侦查。于是我首先制定了侦查计划，随后调取了相关书证，并在对犯罪嫌疑人周玉红的讯问中，加大了讯问力度，通过我对周玉红的反复教育工作，最终周玉红对自己的犯罪行为供认不讳，并深刻反省了自己的错误。最后，东城区反贪局领导同意了我的观点，决定对周玉红单位行贿案补充立案侦查。对犯罪嫌疑人周玉红的立案侦查，避免了放纵犯罪，并且对"6·8"专案的主要犯罪嫌疑人郭生贵定案提供了有力的支持。

在办理北京图书大厦图书销售人员系列受贿案中，我与东城区人民检察院反贪局的同志一起，冒着上海四十余度的高温，连续在上海各区调查取证十余天。为了查找该案的一名关键证人任某某，我在查找了任某某位于杨浦区的居住地后，又马上赶赴任某某位于宝山区的工作单位。在摸清任某某在上述地点居住和工作后，为了能够顺利找到该关键证人，我又连夜和上海市黄浦区人民检察院的同志一起研究，制定了第二天的工作计划。在询问任某某过程中，任某某对案件事实不如实作证，为了突破对任某某的证言，我在晚上十点多，又赶往任某某工作的位于黄浦江的一条船上进行搜查，一直到凌晨，终于找到了该案的关键证据。在关键证据下，任某某终于如实交代了为犯罪嫌疑人高某某"洗钱"的全部过程，我做笔录一直到第二天上午，又把任某某的询问笔录传送给北京的同志，使得蛮不讲理的犯罪嫌疑人高某某终于认罪服法。

在我被东城院任命为助理检察员后，通过对犯罪嫌疑人娄冬梅的讯问工作和对北京索意普科技有限公司单位行贿案的独立承办，我有了三方面的收获：一是注意总结犯罪嫌疑人被讯问时的心理状态和讯问人员应当采取的讯问策略，针锋相对，对症下药，提高了讯问水平；二是对案件的独立思考和侦查方向的准确把握；三是通过已办理案件发现线索，并进一步突破案件的能力。

2009年2月19日，春寒料峭，人们还陶醉在春节的喜悦气氛之中，我和反贪局干警一起在经过调取银行对账单、向案发单位了解情况、询问举报人等缜密的初查工作之后，依法传唤了犯罪嫌疑人、清华大学房地产管理处综合科原科长倪晓军，一举拿下了犯罪嫌疑人的口供，对犯罪嫌疑人倪晓军以涉嫌受贿罪立案侦查，取得了牛年的开门红，并按照最高人民检察院关于开展查办城镇建设领域商业贿赂犯罪案件的部署，以该案为突破口，把握案件特点规律，顺藤摸瓜，深挖出一批城镇建设领域商业贿赂犯罪案件。最终，从倪晓军受贿案中我局共立案查处与该案有关的城镇建设领域商业贿赂犯罪案件21件21人。在办理每一起案件时，我都制定了详尽的行动预案，因人而异展开讯问，讲究策略，避实击虚，以虚取胜，成功突破个案。例如我在讯问北京某科技发展公司法定代表人陶某某时，并没有急于将我们已经掌握的其向犯罪嫌疑人倪某某多次行贿的犯罪事实抛出，而是先了解其所在公司的业务情况，让其详细交代工程情况，以便根据行业的潜规则，估算出其犯罪数额，并堵死其退路，在获得关键书证——公司的有关账目并向其出示后，彻底打败了其心理防线，陶某某交代了全部犯罪事实，我们又从中发现了一批新的线索。

我在办理倪晓军受贿串案过程中，还正确运用刑事政策，取得良好的社会效果。在案件适用强制措施和处理上，我注意正确体现政策，严格执行纪律，注重社会效果。串案的特点，决定了干部群众对其的关注度高，社会影响大。因而，对串案的处理，必须注重社会效果。体现在实际工作中，我一是保证处理的及时性，要及时审理、及时研究、及时处理，以稳定发案单位干部群众情绪，稳定正常的生产、工作秩序。二是为了侦查工作的需要，针对不同的情况，对犯罪嫌疑人采取不同的强制措施。例如我在办理王某某行贿案时，由于王某某如实交代了所有犯罪事实，并且考虑到王某某是我们查办的该系列案中的第一名行贿人，为了对今后的行贿人现身说法，我们将其拘留的强制措施变更为取保候审。我国刑法的目的是预防犯罪，我们在办理案件过程中坚持挽救教育的原则，实现了侦防一体化。许多犯罪嫌疑人都写下了催人泪下的悔过书，下面是我摘录的一名犯罪嫌疑人在被侦查终结、移送审查起诉后发给我的一些短信："我的案子月底就要开庭了，真心感谢您对我的关心和帮助，不管最后判决如何，我都会坦然面对。""您让我懂得了用勇气去承担、去面对自己的弱点和挫折，而不是去逃避、去消沉，这将是我终生的财富。我渴望能成为您的好朋友，分享彼此未来事业征途的快乐或艰辛。"

迅速成长，反贪骁将办案超

2010年以来，在院领导搭建的平台上，我每年查办一批以局级以上干部为代表的职务犯罪案件：2010年我查办了国家测绘局成果管理司司长李永雄（正局级）共同贪污案等3案3人；2011年，我查办了北京市朝阳区原副区长刘希泉（副局级）受贿案和受到中央领导批示的中国航空港建设总公司原副总经理、总工程师陈同洲（副局级）贪污案等5案5人。2012年，我所在的侦查二处办案人员18人，立案案件18件22人，人均1件1.2人，我办理了国务院国有资产管理委员会所辖中国诚通控股集团有限公司党委委员、副总经理王斌（副局级）受贿案等4案6人，比侦查二处人均办案数高400%，其中大案3件5人，要案1件1人。在案源的开拓上，我充分运用了"系统抓、抓系统"的初查工作思路；在疑难案件线索的把握上具有侦查意识强、分析线索透、重点定位准、外围工作细的特点；在疑难复杂案件的挑战面前，我运用侦查谋略和"攻心为上"的方法相结合，情法兼顾，有效地敦促犯罪嫌疑人认罪服法，素以"攻坚型能手"著称。2010年2月，我荣立三等功。

运用计谋，兼收并蓄巧突破。我针对12小时审讯突破的反贪办案工作难题，潜心钻研，将心理学、公共关系学、军事谋略等知识运用于审讯实践，研究犯罪嫌疑人的供述障碍和供述动机，有效打开了12小时突破难的工作局面。针对犯罪嫌疑人从开始接受讯问到交代问题，心理上的认知、情感、意志特点，我通过"望、闻、问、切"准确把握对象的心理特质，选准时机，相时而动。在犯罪嫌疑人抵触时以迂为直，与之建立信任，避其锋芒；试探时晓以利害，敲山震虎，挫其锐气；动摇时因势利导，乘胜追击，断其侥幸，从而有效地利用12小时进行审讯突破。

在侦破国务院领导签字批示的中国航空港集团副总经理、总工程师陈同洲受贿要案中，曾是空军大校的陈同洲，在第一次审讯接触时，居功自傲，企图以昔日"朋友"之名遮今日索贿之丑。针对陈同洲的心理，我并不急于求成，而是首先和他漫谈曾经的英雄事迹和当年万众瞩目的风光经历，正当陈同洲沉醉往昔、放松戒备时，我话锋一转，说到："是啊，作为一个大型国有企业的副总，却收入平平，而那些表现平常的人却发了大财，而且快退休了，心里一时想不通也是难免的，对吧？"这一席话，点中了陈同洲心里的痛处，陈同洲正沉醉在昔日荣誉的光环里，自认为作为一个"英雄"没有得到应有的利益和回报，心里失衡才产生了退休前"捞一把"的念头。这一席话更让陈同洲明白，侦查员此番是有备而来的，沉吟半晌后陈同洲喃喃说道："是啊，千不该万不该就是动了贪念，事到如今，后悔也没用了，我想什么你都知道了，我还是说了吧……"随后，陈同洲不仅交代了贪污70万元的犯罪事实，而且还交代了其在案发之后与杨某某打电话订立攻守同盟的事实。

出其不意，以奇制胜克顽敌。我作为办案骨干，承担着局内大要案的突破工作，这些案件的对象往往权高位重，见多识广，有些还是某一领域的专家能手，他们凭借着学识高、阅历深、人脉广，往往抗审能力强，难以突破。但对于这些"硬骨头"，博闻多才的我总能出其不意，想出应对的方法。

审讯工作始终是反贪工作的难点，也是我工作的重点。审讯的成败往往直接决定着一个线索或一个案件的成败，我凭借严谨的逻辑思维，高超的言语艺术，贴切的谈话方案，再加上一身凛然正气，常常令对手俯首就擒。在办理中纪委交办的"1·15"专案中，审计署移送的材料中仅涉及国土资源部地籍司处长沙某某在第二次全国土地大调查中将有关业务交给其同学贾某的公司，而且该案还涉及内业、外业、分辨率等专业名词，沙某某和行贿人贾某到案后均拒不交代，案件一度陷入僵局。我迅速调整侦查方案，运用"囚徒困境"理论，准确把握了两人虽表面上形成了"攻守同盟"，但因相互间无法沟通，内心都担心对方会主动交代，而陷自己于被动的心理状态，从行贿人贾某给沙某某的女儿存的一笔10万元存款入手，唱出一场"将计就计"，使原准备抗审到底的贾某终于被突破了心理防线，交代了向沙某某行贿844

万余元的犯罪事实,并供认了其在办案人员到其办公室时匆忙将记载有干股协议和行贿记录的U盘扔到办公室角落。为了拿下贾某的口供,就连正月十五万家团聚的时刻,我都是在看守所与犯罪嫌疑人贾某一起度过的,就在那天晚上,贾某被成功突破,绚烂的烟火映红了我露出笑容的脸庞。最终依据贾某的供述和U盘的记载按图索骥,沙某也被成功突破,该案得到了中纪委等有关领导的大力表扬。

博学慎思,明辨笃行树形象。我在工作中有三件"法宝",也是我多年办案工作中恪守的行为准则。一是勤学。每办理一起案件前,总要先对案件涉及的行业或领域进行调研、查法规、翻书籍,正是有了这些"底气",在突破对象时往往事半功倍。二是勤思。2011年、2012年连续两年我承担了国家检察官学院立项课题《贪污贿赂犯罪嫌疑人供述心理》和《贪污贿赂犯罪嫌疑人讯问对策调查研究》。每办完一起案件后,我总会抛开成功的喜悦,对办案中的得失进行深入思考和总结,我结合办案实践,先后在《人民检察》等法学杂志上发表了《贪污贿赂犯罪嫌疑人供述心理调查研究》等调研文章。为了写作博士论文,我曾经不停改变自己的研究时间,从断断续续的研究时间到等孩子睡了在阳台上秉烛夜读,再到为了不打扰孩子,到办公室凌晨五点开始写作。我发现一旦使学习或研究写作成为一种习惯时,才会有写作的思维,才会不断创作出文章。经过一天忙碌的工作之后,坐在电脑前写论文,眼皮子虽然还能勉强支撑住,但眼前自己打出的文字已经开始昏花。坐在我的办公桌前,正好能够看到北京的西山,晴天看西山的阳光,刮风下雨天听风赏雨,每天早上我都见证这个城市的醒来。2013年3月12日星期二,凌晨北京迎来了2013年的第一场春雨和第一声惊雷,当雷声响起时,我正坐在办公桌边写作着自己的论文。三是慎行。我在反贪侦查工作中不断检查自身在思想作风、学风、工作作风、生活作风等方面存在的差距和不足,认真对照自己的执法行为,文明办案、廉洁办案,增强检察职业道德意识,提高职业道德修养。因此我在侦破案件过程中,不但使犯罪嫌疑人俯首认罪、心服口服,还赢得了当事人和案发单位的信任与支持,树立了检察机关公正执法、文明办案的良好形象。

成长是需要付出代价的。我的成长是伴随着我的家庭一起成长的,但是我最亏欠的是我的家庭和爱人。从我儿子出生到现在，我儿子的每一个生日，我都是在工作岗位上度过的。2009年，为了能够让我更加安心工作，怀孕后的妻子回到河北的娘家待产。当我得知儿子降临在这个世界的时候，我还在结束办案工作赶回河北的火车上，当我赶到医院时，我的妻子已经怀抱儿子虚弱地躺在产科的病床上，所以我这一生最大的遗憾就是在儿子出生的时候没有能够陪在他们娘俩的身旁。2010年我的妻子带着孩子回到北京租住在她工作单位的宿舍楼，在我儿子生日的前一天下午，我接到了出入境管理处的电话，被我院立案边控的犯罪嫌疑人国家测绘局成果管理司司长李永雄同案犯陆英将乘坐当天的航班到达首都机场。当天晚上，下起了倾盆大雨，儿子发起了高烧，我仍然坚持在工作岗位上，继续对陆英的讯问。儿子的高烧一直不退，我妻子只好让她的同事深夜开车带我儿子到儿童医院输液。儿童医院的输液大厅里人山人海，我妻子抱着孩子坐了一晚上。经过一宿的审讯之后，我终于拿下了犯罪嫌疑人陆英的口供，这时已经是儿子生日那天的下午。回到家看了儿子一眼后，我就匆匆回到了单位。第二天，我又成功拿下了犯罪嫌疑人李永雄的口供，对李永雄以涉嫌贪污罪立案侦查。2011年我儿子的生日，我是在对犯罪嫌疑人朝阳区副区长刘希泉的工作中度过的。2012年我儿子的生日，我院对犯罪嫌疑人国网新源北京十三陵蓄能电厂厂长助理王东文以涉嫌受贿罪立案侦查……

我感谢一分院反贪局培养了我，同时也教给了我"厚积薄发"和"吃亏是福"，我也将继续把我的青春和热血奉献给一分院的反贪事业。

执着与梦想

民事检察处　侯琛娟

　　关于梦想，关于成长，每个人有不同的经历、不同的注解、不同的感悟。浮现在我眼前的是十几年来的职业经历中对法律梦想的执着与追求。

　　说到职业经历，不由想起二十岁时的我，那时大学毕业入职家乡的法院，初初入行，稚嫩青涩，从书本上知晓秩序对于社会的价值和法官维护社会秩序的意义，单纯地信仰法律。在法院工作的八年，从书本到实践，使我由懵懂的学生逐渐成长，业务方面我熟知民事审判工作规律，审查案件思路清晰，能够娴熟地办理或简单或复杂的民事案件；同时，经历着生活的柴米油盐，感受着普通人的悲喜烦忧，体会着社会的价值判断，有句话说"因为懂得，所以慈悲"，生活阅历的增加使我更加理解法律所蕴含的利益衡量，也更加懂得人生的取舍。人的一生都在不断的选择，也许在一处拐角，就注定了命运的转折。入职六年之后，不甘于工作的按部就班，不甘于生活的安逸无忧，放弃节假日，放弃看电影逛街，放弃一切一切的休闲娱乐，我捡起十年未看的英语，再读书柜中的法学理论书籍，用了两年的时间，通过研究生考试，毅然辞职，带着对未来的期许，来北京读研，期待着能在更加宽广的舞台上实现梦想。三年之后，一分院接纳了我，使我得以再续职业梦想。带着满心的喜悦与幸福，我走进了一分院这个集体。我深知，一分院给了我从事检察工作的机会，给了我一片梦想生长的土壤，我必须坚守法律人的良知，努力提升专业化素养，锋利履职的利器，无愧于这个集体、这份职业赋予的责任。

　　在政治部干部处一年半的时间，我参与了职级晋升、部门和干警考核考评工作、"三定"工作及各项日常工作，对我院的人才机制有了初步的了解，对综合部门的工作从不同以往的角度有了全新的理解，对检察工作和我院的工作思路有了整体的认识，逐渐溶入到我院的文化氛围中。

　　如果说干部处的工作经历拓展了我思维的宽度，那么在上级单位的交流锻炼则培养了我思维的高度。2011年初，我有幸被我院派往市委政法委执法监督处交流锻炼。检察工作与执法监督工作虽同为政法工作，但工作的角度、高度不同，市委政法委是市委组织、领导、协调全市政法工作的职能部门，执法监督处是其仅有的两个业务部门之一，负责涉法涉诉信访工作和部分案件督查等工作，工作任务的繁重、工作性质的重要使我不敢有丝毫的懈怠，带着压力和挑战，我在领导和同志们的带领帮助下，迅速转变角色，较好完成了工作任务，其中，2011年上半年市级进京重复访案件化解工作给我留下了尤为深刻的记忆。

化解进京重复访是中央和市委布置的一项重要的政治任务，必须按期完成化解工作。这些进京重复访案件均属越级访，化解难度远超一般信访案件，其中的市级进京重复访工作更是其中的重中之重，大都是沉积多年的"骨头案"、"钉子案"，为此，刘大为副书记决定主持召开四次进京重复访案件会商研究会，逐案研讨这批案件，既妥善处理这些案件，也为化解区县140件进京重复访案件指明方向，为推动上半年进京重复访工作的圆满完成奠定坚实的基础。处领导将此次会议的所有事务性工作、会议记录及会后文件的撰写任务交给了我。当时，我刚到处里不到一个月时间，还在适应期，接到工作我心中忐忑，任务的重要使我只能凝神聚气，边学边做，全力以赴。通过向同事请教组会流程经验，领悟上级文件精神，研读处室材料的体例风格，我完成了从草拟会议通知和会议文件、协调参会人员、确定会议场地、会议记录到会后材料的撰写等一系列工作，得到了领导和同志们的认可。其中，最艰难的部分是四次会议纪要的撰写工作。四次会议是以集中会商研究的形式，将66件进京重复访案件以一案一汇报，一案一研究，一案一方法的形式，明确了每案的工作责任制和下一步工作意见，对市级66件进京重复访案件的成功化解起到了重要作用。无前章可循，我草拟纪要时不知从何下笔，因为会议以一案一研究的形式贯穿始终，其中每件案件又各有特点，会商过程中反映出许多共性问题、个性问题及各位领导在研讨案件过程中展现出的化解案件思路的亮点，这些作为会议的重要内容必须在纪要中明确地表达出来，但是此种以一案一研究为内容的会议纪要没有模式可循，为此，我尝试着契合一案一研究的会议模式，以一案一小结，类案一总结，结尾一汇总的形式，以简洁严谨、重点突出的表述方式创造性地撰写了会议纪要，力求展现会议的精华部分，得到了领导的肯定，顺利完成了会议纪要的撰写工作，并且之后类似会议纪要一直沿用了此种撰写体例。

交流锻炼的过程，付出了艰辛的努力，也增加了我的职业阅历。陌生的环境，全新的工作促使我不断学习、不断调整、不断适应，这一过程也使我迅速提升了工作能力，拓宽了政治视野。通过从事涉法涉诉信访工作，跳出检察看检察，跳出信访看信访，使我体会到从事检察监督工作更要具备大局意识和责任意识，深刻理解了处理案件充分考虑社会效果、政治效果和法律效果的统一的理念和意义。随着经济社会的不断发展，各种矛盾不断滋生，错综复杂，就案办案、机械办案是不能彻底解决问题、化解矛盾的，服务民生的，要把自己置身于经济社会大环境下去思考案件，用更开阔的眼光去处理案件。案件的终结只是一个开始，真正的结束是把解决执法问题与解决民生问题紧密结合，想方设法通过正确的行使职权解决群众的问题。尤其是参加数次案件会商研讨会时，看到奋战在矛盾化解一线的公检法司各单位干警通过不断的实践，总结出行之有效的群众工作法，感受到上级领导以人为本、一心为民的工作态度，使自己受到了震撼，这些都使我对自己从事的工作有了更进一步的认识，在回院后的工作中更加主动地提升把握大局、执法办案、释法说理、群众工作、调查研究和制度执行等各方面能力。

如果说交流锻炼的阅历拓宽了我的视野，那么参加北京市检察机关第四届民行检察技能比武则是一次挑战自我超越自我的尝试，提升了我的业务能力。

民事案件没有刑事大要案炫目的光环，在检察机关也常被"边缘化"，但也许是一直从事民事工作的原因，我对它产生了一种近乎亲情般质朴的难以割舍的情怀，虽然工作中遇到缠访闹访的当事人会影响我的情绪，但从未改变对民事检察工作的热爱。民事案件与生活息息相关，就是日常生活中发生的各种矛盾与法律逻辑的有效结合。我喜欢它如生活一般一地鸡毛的琐碎而又温暖，喜欢妥善处理好一件案件之后的欣慰，我坚信，第一件案件的正确处理，恰如蝴蝶扇动美丽的翅膀将春花的香气四散弥漫一样，让和谐的春风滋润普通如我的人们的心田。众所周知，专业能力是业务工作的生命线。虽然系统的专业知识学习给我打下了良好的专业基础，审判经历使我熟知民事审判工作规律，然而由于检法工作思路的差异，而我从事民行检察工作时间较短，办案数量不多，这些知识与经验犹如漂亮的拼图碎片，需要一点一滴全面掌握民事检察技能才能把它们拼接在一起构成一副完整美丽的图片。技能比武就给了我一次做这个美丽拼图的机会。2011年，我报名参加了第四届北京市民行检察技能比武。民行检察技能比武把民行检察业务搬进赛场，真实再现了民行检察工作的办理过程，高度贴近民行业务实际。备战比武的那个夏天渐行渐远，期间的拼搏努力、鼓励帮助却留在了记忆里。

那个夏天，我努力向书本学。每天清晨六点，我站在会议室的阳台上，开始一天的学习，晚上，在柔和的灯光下看书。读好书犹如聆听智者的声音，带我领略思想的光芒，感受心灵的启迪，使我读懂每一个条文背后所蕴含的价值取舍，理解每一部法律所构建维系的秩序内涵，在理论上迈向更高层次。

那个夏天，我用心向同事学。他山之石，可以攻玉。我主动积极参与到团队互动培训中。互动培训以案例贯穿始终，培训过程使用了30多个典型案例，以法律运用能力的培养与提升为目标。每个案例我除了掌握案件的焦点问题之外，还与其他选手充分互动，从案件分析、文书论理等方面找差距，要求自己领会案件涉及的全部法律知识，由点及面，提高能力。我感受最深的一点是在培训过程中，往往是做得不好的案例收获最大。比如培训中一个涉及对合同性质的认定的案例，在写审查报告的过程中，我不知如何定性更加准确，审查报告写得很不顺畅。当天晚上，我又仔细地研究了该案例，仍不明了。第二天案例讨论和点评，我认真聆听了老师和同事的观点和分析，我的观点果然是错误的。课后，因该案例选自《民事审判指导与参考》，有办案法官撰写的详细的案件分析点评，我仔细多遍研读法官在案件分析中对合同性质的判断方法并与自己的思路相比对，终于形成了对该类案件审查的清晰的思路。之后，我完善了自己对合同类案件审查的方法。同时，我还坚持勤写多练的方法，对于培训中论理不充分、观点不正确的审查报告，我都在每次案件点评之后根据点评中的领悟重写一遍，及时总结改进，提高学习效率，达到了事半功倍的效果。就这样，在一次次与培训老师、与其他选手的碰撞交流中，我用心聆听别人分析案件的角度方法，学习他人更合逻辑的思维方式，更缜密的论理方法，并将其与自己的案件审查思路、文书撰写习惯相融合，开拓思路，享受互动培训带来的乐趣与收获。

那个夏天，我奋力超越自我。民行技能比武的决赛要求选手进行案件汇报和现场答辩。由于没有业务面试的经验，我很怵这个环节，为克服紧张情绪，我将30多个结案报告整理为简洁清晰的汇报稿，脱稿演练。在单位，我一遍遍对着镜子练习；回到家，我给家人演讲。就这样，我在孤独和枯燥的状态中，远离浮躁，忘却杂念，用心思考，踏实专注于学习，迅速将法学理论知识、民事审判经验和检察业务技能融会贯通，熟稔于心，也在这样一次法学精神盛宴中，收获了一份平和淡定的心情。

技能比武是两年之前，名次已成为过往，其间的纠结与坚定、疲惫与快乐留在了生命中那个段落。时间经过，积淀下来的是什么？留给我的是什么？是业务的进步，是平和淡定的心情，是成长的意义。

回顾五年的从检经历，无论是日常工作学习、交流锻炼还是技能比武，我院"四个三"、"办精品案，走精兵路"和"四个一流"的工作思路一直是我行动的指南，引导我在专业化的道路上不断进取。在备战技能比武时，我院领导高度重视，院党组要求教育训练处、行装处、机关服务中心等各部门之间沟通协调，保证每位选手参加培训学习，为参赛选手提供的充分培训保障和后勤保障。主管院领导对分管部门的培训，亲自制定培训计划，亲自指导练兵。同时，五年来，身边的同事亦是良师益友，是我身边的榜样。干部处同事的敬业勤勉、高效条理教给我良好的工作习惯；民事处积极向上的氛围无时无刻感染着我，鞭策着我，同时，他们也在工作中给予我无私的帮助。正是在领导和同志们的支持下，我得以成长；正是一分院这片肥沃的土壤，我的职业梦想得以生根、发芽，悄然绽放。

又想起童话《小王子》中的小王子，他说：因为我给我的玫瑰浇水，因为我给我的玫瑰盖罩子，因为我给我的玫瑰用屏风挡风，因为我为我的玫瑰花费了时间，才使我的花儿那么重要。这句话每次读来，我都由衷感慨。光阴似箭，多年来我一直行走在民行人的路上，就如小王子对待他的玫瑰一样，挚爱着民事检察事业，为它奉献，为它付出，期待着它的娇艳欲滴，期待着在检察事业的舞台上，公诉人、侦查员前进的路上有民行人的执着与梦想并肩同行，期待着法律犹如冬日暖阳，让公平正义的光芒温暖人间。

胸怀检察梦　成长精兵路

反贪局侦查一处　王慰

从 2006 年参加工作至今，从基层检察院到市检一分院，从二十出头的大学毕业生到三十而立的检察干警，从一名书记员到助理检察员，从初入社会的懵懂到熟练掌握职务犯罪侦查技能，并具备突破大要案的能力，人生最美好最有发展空间的七年时间里，我始终坚守在检察院反贪工作的一线。成长路上，我的欢笑、喜悦、汗水都与反贪工作息息相关；我的成功，成长与成才都与一个光荣而富有使命感的名字联系在一起——人民检察官。

"强化法律监督、维护公平正义"是我始终坚守的检察梦，"忠诚、为民、公正、廉洁"是我精兵成长之路上的指引，我用七年的检察工作经历彰显了"无悔奉献书正义、誓用青春铸检魂"这句誓言的内涵。

一、梅花香自苦寒来——基层检察院的五年工作经历为我奠定坚实基础

（一）五年点滴积累，成就反贪骨干

我 2006 年大学毕业后就到石景山检察院参加工作，成为反贪局书记员。在负责书记员工作期间，我坚持反贪工作无小事的办案理念，踏实肯干，刻苦学习法律文书的制作、犯罪嫌疑人的讯问技巧等专业知识，培养了良好的职业习惯和规范意识。当年配合承办人完成各类线索受理初查 50 余件，并参与立案 8 件 8 人。

"在实践中学习，在办案中成长"是我一直坚持的工作理念。2007 年我通过了国家司法考试，2008 年被任命为助理检察员，成为全局最年轻的承办人。后作为基层院反贪局的年轻承办人参加了市院"网监处"专案的查办工作，通过参与市级大、要案办理，提高了应对疑难、复杂案件能力，积累了查办大要案的宝贵工作经验，及时高效的工作能力、扎实稳健的工作作风得到了市院领导和同志们的肯定。

2009 年，我到市检一分院反渎局交流锻炼，拓展侦查业务视野，提高办案水平。面对渎职侵权案件的犯罪主体自我防御能力和反侦查能力较强的特点，积极配合一分院承办人运用侦查策略，赢得战机，促成案件突破。

2010年，我回到石景山检察院，勇挑重担，独立承办贪贿案件共6件6人，其中大案3件3人，涉案金额100余万元，成为当年全局办案数量最多的承办人。石景山区以大型国企为依托，其职务犯罪体现出类型相对集中的特点，针对这一情况，石景山院反贪局查办案件的重点领域是行受贿窝串案并总结出一整套完整成熟的办案模式。这一模式对我今后工作的思路和方法的影响很大，我在工作中注重发现线索并分析线索之间的因果联系，在案件查办过程中勇于深挖犯罪，主动把握案情查办的走势，并注重总结行受贿案件查办的经验，为今后的工作积累丰富的办案经验。

（二）收获经验体会，不断成长提高

我始终坚持理性、平和、文明、规范执法，保证案件质量和效率，努力使每一起案件都经得起历史检验，五年的基层检察院工作经历使我积累了经验，磨炼了意志，具备了一名优秀侦查员敏锐、果敢、坚毅的侦查素养，也使我对职务犯罪侦查工作有了更深层次的体会。

一是强化证据意识，保证办案质量。办案质量是检察工作的生命线，对查办职务犯罪工作而言更是如此，在案件的办理中，不断强化证据意识、程序意识。我在查办首钢医院计财处会计王某贪污案件的过程中，考虑到贪污案件对书证的质量要求极高，为固定证据，与书记员连夜加班从2006年至2010年王某经手的百余本账目中找出可能涉嫌造假的住院费用收据及清单共96份，后又冒着盛夏酷暑，前往票据涉及的七家医院逐一核实涉嫌造假票据的真伪，最终查实涉嫌造假票据金额共计三十余万，在铁的证据面前，犯罪嫌疑终认罪服法。

二是科学运用侦查谋略，集中突破案件。多年的侦查经验告诉我，反贪案件的查办是团队努力的成果，尤其是深挖犯罪，查办窝串案件更需要多个承办组的联动配合。我担任承办人期间先后与兄弟办案组配合，查办中国国际广播电台多人受贿窝串案、石景山和门头沟两区环卫系统多人受贿窝串案等案件。在办案过程中注意运用侦查谋略，突破口供多件多人，使多起小案变成大案，工作能力得到了领导和同事们好评。在办理门头沟区环卫中心张某受贿案过程中，我了解到行贿方曾以帮助张某亲戚买车的名义免除了张某与其65000元的债务。针对这一名为借贷实为贿赂的新型贪贿行为，我保持高度警惕，深挖细查，经过仔细敲定证人证言及张某的供词，通过向张某家人、亲属取证，调取相关公司财务凭证等多种手段，成功认定该笔款项为贿赂款的事实。

三是正确运用宽严相济的刑事政策，注重办案的综合效果。不断增强大局观念，正确处理办案与服务、打击与保护的关系。在办理安贞医院原基建处处长吴某受贿案中，考虑到吴某认罪态度较好，其主管的门诊综合大楼为北京市重点工程之一且已进入验收阶段，且自身患有多种疾病，现阶段不适宜长期羁押等事实，经与发案单位多次沟通，切实从有利于保障经济社会发展、维护人民群众权益出发，经请示院领导，决定对其采取取保候审强制措施，最大限度减少执法办案可能带来的负面影响，取得了办案政治效果、法律效果和社会效果的有机统一。

四是注重打击犯罪与预防教育相结合，体现人文关怀。职务犯罪的查办工作不仅要做到惩治腐败，更应重视对犯罪嫌疑人的教育引导，使其认识到犯罪行为的严重危害性，并对社会相关行业起到警示教育的作用，真正做到办理一件警示一片的犯罪预防效果。多年来我的生日大多是在加班加点办理案件的过程中度过，但是对被羁押的犯罪嫌疑人，我都会在其生日的时候去看守所里提讯，向其转达亲人的问候，这对犯罪嫌疑人的教育改造都起到了积极作用。我在石景山院承办的案件有多起犯罪嫌疑人为女性的案件，案件具有的共性的特点引起了我的重视，在对石景山院2008至2010年查办的女性职务犯罪案件进行总结的基础上，我撰写了相关调研文章，呼吁社会引起对女性职务犯罪的重视和廉政预防，并接受了多家电台、报纸等媒体的采访，起到很好的法律宣传效果。

宝剑锋从磨砺出，五年的基层检察工作经历让我不断成长。每一次的加班加点，每一次突破口供，每一次的外出调证，让我深刻体会到反贪工作的艰苦和严峻，让我意识到职务犯罪侦查工作的长期性和复杂性。五年的反贪工作得到了领导和同事们的认可，其间收获的荣誉也是对我努力工作的一种肯定，2007年获石景山院优秀书记员称号，获石景山院优秀检察建议评比第一名。2008年，在石景山院反贪局书记员比武中取得第一名，获石景山院优秀检察建议评比第二名。2010年获北京市公务员嘉奖奖励。

二、办精品案、走精兵路——一分院的工作经历使我迅速成长为一名反贪精兵

2011年，我通过遴选进入到一分院反贪局侦查一处，成为当时处里最年轻的承办人。一分院作为北京市级的检察院，以"办精品案、走精兵路"为工作追求，注重有力遏制职务犯罪、有效降低腐败机会，对查办大要案的能力和系统犯罪预防的能力提出更高的要求，结合之前在一分院交流锻炼所积累的工作经验，我迅速适应并全身心地投入到一分院反贪工作中来。

（一）成长新起点——会所腐败系列案件的查办

在一分院承办的第一个案件是我检察事业成长的重要转折。北京市财政局农业处处长杨苹受贿案是我在加入到一分院反贪队伍后承办的第一个案件，这个案件不仅是对我前五年工作经验的一次检验，也是我参与职务犯罪侦查工作新一阶段的起点，从事检察工作多年，我始终记得第一次到检察院上班的场景，第一次独立承办案件的喜悦，第一次加班加点调查取证的疲惫，第一次突破口供的成就感，以及第一次案件顺利查办并获得法院有罪判决的成功，我在一分院承办的第一个案件也更具有启示意义。

2011年，一分院反贪局集中力量查办了一批国家工作人员通过收受高级会所的会员卡进行贪污腐败的犯罪活动，案件涉及面广，犯罪人员职务级别之高，涉案金额之大实属罕见。我在此时加入一分院反贪局，承担了部分案件的查办工作，得益于领导的支持和信任，我被分派承办北京市财政局农业处处长杨苹涉嫌犯罪的线索，在接到线索初期，我仔细研判前期相关案件的办理情况，因前期查办的该会所腐败案件以贪污犯罪居多，所以我也以贪污犯罪为切入点进行初查分析，但在初查过程中了解到其入账支票为与北京市财政局有业务联系的单位，其受贿的犯罪嫌疑更大，于是转变侦查思路，以受贿案立案侦查。正是对案件线索的准确分析判断，成就了该案的顺利突破。

在案件办理过程中，我没有局限于立案事实，针对财政系统掌管预算分配、职权涉及面广的工作特点，分析判断杨苹可能存在行受贿现象的部门和领域，在讯问过程中予以旁敲侧击，以点带面扩大案情，通过自侦发现杨苹收受多家单位贿赂的犯罪事实。对犯罪嫌疑人的讯问工作，我充分发挥查办女性职务犯罪积累的丰富经验，在与杨苹谈话过程中，在充分肯定其工作业绩的同时，为其详细讲解国家关于商业贿赂犯罪的法律法规及相关刑事司法政策，通过深入细致的谈话，使其明白作为一名国家工作人员，不仅要用好手中的权力，更要在出现问题以后直面问题，认识其行为的危害性与严重性。通过不懈的努力，最终突破了杨苹的心理防线，逐渐消除了其畏罪心理及侥幸心理，使其坦白交代了自己收受多家业务单位会员卡及现金贿赂的犯罪事实，杨苹受贿一案的案件金额也由立案初期的 7 万余元扩大到结案的 70 余万元。同时针对案件反映出北京市财政系统内部管理存在的问题和漏洞，我及时向北京市财政局发出检察建议，得到该局领导的高度重视，并及时采取措施整改落实检察建议，取得良好的社会效果。

2011 年至 2012 年，一分院高级会所腐败系列案件的查办开拓了职务犯罪侦查工作的新领域，在社会引起广泛关注，高级会所里的腐败行为也引起相关部门的重视，2013 年，中纪委开展全国纪检部门会员卡专项清退活动，现该项工作已迅速传达到各部委和各地纪检监察机关，必将掀起新一轮的反腐工作高潮，体现出国家对反腐败工作的高度重视，也使我们坚定查办职务犯罪案件的信心。

（二）成长新收获——参与第四届反贪大比武

在一分院工作期间，使我的侦查水平和技能得到极大提高的机会是作为侦查员的助手参与第四届反贪大比武活动。2011 年 9 月，全市检察机关反贪部门第四届业务技能比武在延庆基地举行，我与副处长岳浩延作为一分院反贪局参赛队伍之一参加了此次比武。在两天的比武赛程中，我参赛组与来自全市 19 个分院和基层院的三十支参赛队伍就线索初查和首次讯问两项重要办案技能进行了比武竞赛，最终我参赛组侦查员岳浩延取得全市十佳侦查员的优秀称号。

为备战此次反贪大比武，在院领导和局党组的高度重视下，我们开展了为期四个月的高效备战工作。在这四个月里，我们发扬不怕吃苦、不怕受累、顽强拼搏的精神，加强学习、认真思考、科学训练。我作为侦查员的助手主要负责初查报告等文书的制作、PPT 演示文稿的制作以及现场讯问犯罪嫌疑人笔录的制作，通过我院组织的辅导培训及实战演练，我在演示文稿制作水平、侦查讯问笔录制作等方面有了显著进步，同时，我与侦查员为提高配合的默契程度，对线索初查和讯问犯罪嫌疑人的重点环节仍反复推敲，在原有的基础上使自己的能力和水平再提高、再攀升，力争达到最佳状态。

在临近比赛全封闭学习的一个月里，我参赛组发扬反贪干警"特别能吃苦、特别能战斗、特别能奉献"的精神，超大强度进行学习培训，并经常主动加班到深夜，我参赛组成员夜以继日，放弃休息时间，在最后的备战冲刺阶段全天候的进行学习与实战训练。为提高我们两名成员之间的合作沟通、协调能力，我们互相交流备战比武思路、方法、经验，在备战比武过程中做到共同训练，共同提高。

通过反贪比武备战，我积累了宝贵的参赛经验，及时将比武成绩转化为日常工作中前进的动力是我参加整个备赛参赛过程的宗旨所在，通过反贪技能比武，我与全市全市19个分院和基层院的反贪侦查员进行了交流竞赛，取众家所长，在日常办案过程中加以发挥运用，学中干，干中学，将此次参加反贪比武的收获学以致用，开拓自己的侦查思路，提高侦查水平。

（三）成长新总结——写给三十而立的自己

今年是我从检工作的第七年，多年的反贪工作锻炼已使我成长为一名优秀的侦查员。2012年，我立案侦查职务犯罪案件6件6人，是一分院反贪局立案数最多的承办人，并获得2012年度公务员嘉奖奖励。我的工作能力和成绩也得到领导和同事们的认可，2012年，经组织部门推荐，成为一分院最年轻的副处级领导后备干部，这对我既是鼓励又是鞭策，使我对公平正义的理想信念更加坚定。

站在三十岁这个新的转折点上，回顾自己七年的成长道路，我深深的意识到只有胸怀检察梦想，才能在反腐败这条道路上一往无前。很多人都对我查办案件的执着精神所感动，因为无论案件查办工作多么艰难，我始终坚信法治的力量，我对公平正义的追求从未停止。每次面对复杂的线索，面对证据的多重指向，面对线索查办的瓶颈，我都是冷静分析，认真思考，综合证据全盘研判犯罪行为，使案件事实逐步清晰；每次面对犯罪嫌疑人的狡辩翻供，我都理智对待，动之以情，晓之以理，对其强化思想工作，使其认识到行为的性质，以及相应的法律后果，同时根据犯罪嫌疑人的身心状况，在他情绪低落的时候带给他家人的问候，在他痛苦悔罪的时候坚定他改过自新从头再来的信念。使自己办理的每一个案件都经得起法律检验，使每个嫌疑人都认罪服法不仅是对自己反贪工作的严格要求，也是对法律和正义的负责。

三、士不可以不弘毅，成为检察精兵任重而道远

我成为一名检察干警，从事反贪工作已有七年的时间，这七年中，我国经济社会迅速发展，民主和法治建设取得长足进步，十一五时期的检察工作取得明显成效，十二五规划顺利开局。查办和预防职务犯罪、保障首都经济建设成为检察机关强化法律监督维护公平正义的工作主题。这就要求我们增强大局意识、首善意识、责任意识、忧患意识，主动将检察工作发展融入服务经济社会发展中。

面对新形势下职务犯罪行为产生的新特点，新动向，使我们不得不提高警惕性，增强主动性，立足本职、志存高远、牢固树立奉献创新、争创一流的责任感和使命感。不断强化自身的侦查技能和水平，同时应更加注重犯罪预防与廉政风险防控，坚持预防在前，惩治在后的工作方针。尤其在查办系统犯罪窝案过程中，更加注重对犯罪原因和动机的分析，查找制度上的问题和漏洞，协助发案单位整章建制，使其在警钟长鸣之后能走上正常发展轨道，用法律手段为首都的科学发展保驾护航。

胸怀检察梦，让个人的成长融入整个检察事业的科学发展中，在强化法律监督，维护公平正义的成长道路上不断实现自我，完善自我，成为一名真正的检察精兵。

知识产权检察梦·我的成长之路

行政检察处　张冬梅

一、知识产权检察梦的萌生

中国人的心里都有一个实现中华民族伟大复兴的"中国梦"。在我的心里，有一个知识产权强国梦，一直伴随着我的学业和职业。1992年，我在中国人民大学法学院攻读知识产权专业。当时恰逢《中美关于保护知识产权的谅解备忘录》签订，中国的知识产权事业刚刚起步。1994年毕业后，我有幸进入了北京市高级人民法院知识产权审判庭工作，这是中国第一个知识产权审判庭，从此开始了长达18年的知识产权审判生涯。在这个过程中，我看见，发达国家屡屡挥舞知识产权大棒在国际、国内两个市场对我国企业进行遏制，而我国企业不得不忍受着知识产权壁垒的致命伤，发展举步维艰。我感受到，知识产权对于中国改革开放，对于中国应对国际竞争是多么的重要和紧迫！

2008年，《国家知识产权纲要》发布，我国将知识产权提升到了国家振兴的战略高度。2012年，党的十八大报告再次强调，要实施"国家知识产权战略，加强知识产权保护"。目前，创新驱动、转型发展已成为中国未来发展的总基调。知识产权作为国家发展的战略性资源和国际竞争力的核心要素已成全社会的共识。令人感到欣慰的是，我国目前的知识产权制度已经形成了较为完整的法律体系，并且与国际保护标准相一致，符合WTO规则的要求。保护知识产权的执法工作也逐步加强，形成了行政保护和司法保护"两条途径、并行运作"的知识产权保护模式，而且通过知识产权司法审查制度，改变了过去"重行政、轻司法"的做法，司法在保护知识产权中的主导地位在实践中得到重大提升。

虽然我国的知识产权制度建设取得了巨大的成绩，但在立法、行政和司法等方面仍然存在一些亟待解决的问题。主要表现在两个大的方面：一是知识产权行政执法和司法审查在一定程度上存在有法不依、执法不严的情况，导致立法与执法相脱节。二是知识产权保护在司法"弹性空间"内的滥用。知识产权保护具有浓厚的公共政策色彩，在保护范围和保护强度方面，都存在政策上的考虑和利益上的平衡，存在弹性的法律空间。这个弹性空间把握得好，可以激励创新，把握得不好，就会妨碍经济社会的发展。但是这个弹性空间在司法实践中在某种程度上存在滥用倾向。

上述问题的存在，必然影响国内的自主创新，阻碍国内的经济发展，也会给西方国家攻击我国造成口实，不利于扩大对外开放，实现互利共赢。为此，社会各界要求强化知识产权检察监督、维护公平正义的呼声越来越强烈。我在知识产权审判工作中也深切地感受到这种呼声。于是，我的知识产权强国梦逐渐演化为知识产权检察梦。怀抱着这个梦想，2011年12月，我来到了北京市人民检察院第一分院。

二、知识产权检察梦的实现

（一）以检察理论的创新调研，提升检察监督的能力

检察和审判具有很大的差别。如果对检察理论没有深刻的把握，检察监督工作就不会走远。为了做好知识产权检察监督工作，我对全国第十三次检察会议以来的检察理论，特别是民事和行政检察理论和实践进行了认真的学习。我认为，目前知识产权检察监督的理论探索应当主要从两个层面入手：一是诉讼监督层面；二是法律监督层面。

关于诉讼监督。根据最高人民检察院有关文件确立的对于民事行政检察监督的基本要求，民事行政检察主要是通过办案以抗诉和纠正违法、检察建议、诉讼监督情况通报等方式对民事行政诉讼活动和行政执法进行监督。根据最高人民检察院有关文件对于监督的方式和内容进行拓展的要求，民事行政检察工作在强化传统的监督内容的同时，应该积极贯彻改革措施和要求，不断充实新的监督内容和监督手段，探索和开拓新的监督领域。那么，上述的诉讼监督方式如何适用于对知识产权案件的监督、如何结合知识产权监督的需要充实新的监督内容和手段，是一个值得探讨的问题。因为知识产权案件具有高度的专业性，不同的知识产权客体具有不同的保护方式。因此，应当根据知识产权案件的具体特点研究其所适用的具体监督方式。例如，对于终审判决被确认无效的专利行政纠纷案件，如果检察院认为权利应该有效，

应如何监督？能否采用抗诉的方式或再审检察建议的方式进行监督？我认为，目前对权利"起死回生"问题的研究和探索，对于知识产权监督具有重要意义，直接影响知识产权检察监督的效果。我对这一问题的思考，受到了我院多位知识产权咨询专家的一致认可。入院以来，我尝试从检察监督的角度对知识产权审判中存在的几类具有监督价值的问题进行了较为系统的研究，并先后在《知识产权》、《中华商标》等刊物上发表了多篇论文，进一步深化了我对于知识产权诉讼监督的认识。

关于法律监督。去年，在市院统一领导下，市、分三院同时对检察监督从诉讼监督向法律监督延伸的检察理论问题进行创新探索。我院承担了一个电信调研的课题。我有幸作为课题的执笔人撰写了两个系统的调研报告。围绕课题，充分分析了具体行政行为的合法性和合理性存在的问题，提出了立法和行政监管等多项建议，为未来的法律监督工作思路和方式的创新提供了很好的尝试。除了提交的两份正式调研报告，我自己还主动总结了关于法律监督的一些基本理论和实践问题，包括适用的目的、对象、基础、切入点、原则界限，为今后进一步研究打下了较好的基础。我知道，理论探索是一件非常艰苦的事情；我深知，理论探索对于监督检察工作的重要意义；我坚信，有多大的付出就会有多大的收获。我梦想着将来知识产权的民事和行政检察理论能够在我国知识产权发展的历史上留下浓重的笔墨！

（二）拓展监督渠道，创新知识产权检察监督机制

拓展监督渠道，创新检察监督机制，对于检察监督工作十分重要。知识产权检察监督的渠道和工作机制，在很大程度上适用我院现有的民事检察监督和行政检察监督的渠道和工作机制，但是由于知识产权监督具有一定的特殊性，因此在监督渠道和检察监督机制方面，需要有所创新。例如，我院基于辖区内知识产权诉讼案件的特点，根据目前知识产权刑事、民事、行政案件由不同机构审查办理，不利于全方位监督，不能适应首都发展大局的需要这一具体情况，整合了知识产权案件的检察职能，将知识产权行政案件、知识产权民事案件、知识产权刑事案件的管辖和办理职能统一由行政检察处行使，创立了具有一分院特色的三合一创新工作机制，对于今后的知识产权检察监督工作具有重要意义。

根据常年从事知识产权工作的感受，我认为，知识产权检察监督工作的难点主要有两个方面：一是知识产权检察监督如何促进国家经济发展；二是知识产权检察监督如何破解专业性强的困难。围绕上述两个关键问题，我积极献言献策，获得了领导的认可，并积极就知识产权监督机制创新的问题开展工作，已经取得一定的工作成效。

知识产权检察监督如何促进国家经济发展的问题，其实质是解决知识产权检察监督如何接地气、如何为本国经济服务的问题。长期以来，知识产权一直是发达国家谋求经济优势的工具，我国的立法、行政执法、司法在一定程度上存在脱离本国经济发展、单纯强调知识产权保护的倾向。我认为，知识产权检察监督应准确把脉我国经济发展对于知识产权检察监督的客观需要，以科技创新和文化创新"双轮驱动"为出发点，使知识产权检察工作与经济发展密切联系，从而更好地服务于国家知识产权战略、服务于国家的创新驱动发展战略。在具体检察监督工作中，应着眼于具体的行业甚至企业，而不是仅仅停留在对于国情、大局这样一些上位的概念的抽象认识上。结合知识产权划分为专利、商标、版权、不正当竞争的体系特点以及网络时代的特点，我们拟分别与发明人协会、专利代理人协会、商标协会、版权协会、互联网协会等与行业发展有密切联系的重要机构建立沟通联络工作机制以及相应的工作平台，并结合知识产权体系构建较为完善的知识产权检察监督格局。其工作模式是，立足行政和知识产权检察职能，以知识产权案件办理为基础，以服务高新技术和文化产业作为服务大局的切入点，通过上述沟通联络机制和交流平台，以调研为主要途径，以政策法规审查为辅助手段，充分发挥我院知识产权检察监督职能作用。目前我们已经与中国互联网协会等行业团体建立了比较健全的沟通联络机制和交流平台。

针对知识产权监督专业性强的特点，在领导大力支持下，我积极筹划了知识产权专家咨询委员和检察特约专家工作机制和平台的建设。通过这一机制和平台，充分发挥专家和平台的"智库"作用、"推手"作用和"桥梁"作用。

机制的建立比较容易，关键是运用。目前，通过互联网的机制和平台，我们已经组织或者参与了大大小小十余次学术研讨会和工作座谈会，正在进行两个课题的研究，跟踪互联网领域知识产权的刑事、行政以及民事保护问题，探讨纠纷解决机制、司法保障机制以及检察监督工作如何服务发展大局。我们也正在利用知识产权专家这一工作机制和平台，就案件线索发现以及知识产权疑难案件的研究持续开展工作。目前在知识产权检察监督机制方面所做的拓展还刚刚开始，我们梦求的是知识产权检察监督格局的全面构建和长效运转，我们还要加倍努力！

（三）以执法办案为中心，确保知识产权检察监督的效果

知识产权检察监督工作的推进虽然离不开一系列工作机制的建立，但光靠这些机制，没有案件作为基础，一切都是空的。只有以办案为中心，才能谈得上知识产权检察监督的效果。为了确保效果，应在着力于具有监督价值的案件的输。我认为，应当通过扮演"狙击手"的角色，确保和提升知识产权监督的效果；而且随着知识产权检察监督工作向纵深开展，监督的力度应当逐步加强。为此，我对当前检察院面临的知识产权诉讼监督的形势和办理知识产权案件的工作思路进行了深入研究，并就此向领导进行了汇报，获得了领导的认可和支持。

我认为，检察监督的最终目的不在于要翻法院多少案件，而在于让裁判者在办案时多一层顾忌，使司法公正多一层保障。只有突出监督质量和监督效果，才能实现检察机关强化法律监督、维护公平正义的目的。这正是知识产权检察梦的本质追求。

以上是我对知识产权检察梦所做的一些思考和走过的一些脚印。从知识产权强国梦到知识产权检察梦，我的梦越来越清晰。从"三型院"建设、"双精思路"，到争创"四个一流"，我感到，知识产权检察梦插上了腾飞的翅膀。让我们站在知识产权检察事业新的起点，勤奋努力、扎实工作，开拓进取，为实现知识产权强国梦而努力奋斗！

成长是最大的收获
——兼谈成长的经历

反渎职侵权局　范潮峰

2001年6月15日是我永远难以忘记的一天。这一天，我从大学毕业，走进了一分院的大门。领导当时对我说，小伙子身体不错，到自侦工作怎么样？我斩钉截铁地说，行！其实当时，自侦是什么工作自己还一点也不知道。就这样，我开始了在一分院十二年的自侦工作之路……

一、案件锤炼是成长的必由之路

如何高效准确的办理侦查案件是很多侦查员毕生的追求，在这条路上，我摸索了十二年。回首以往十二年的侦查之路，从侦查工作需要身强力壮到初窥侦查规律的门径，是十二年的案件侦查中一点一点摸索和积累出来的。自独立承办案件以来，走过了一条从单一追求案件数量，到案件数量质量并重，再到追求法律效果、社会效果和政治效果相统一的侦查之路。

办案初期，自己觉得立案数量就是侦查工作的王道。因此，从2004年独立承办案件开始，自己就在立案数量上下大工夫，笨鸟先飞，加班加点，用时间、努力和奉献去冲击立案数的一次又一次提高。记得2007年在办理北京市房山区城管大队原直属队队长黄振申滥用职权案和房山区城管大队原副队长张凤友玩忽职守案过程中，孩子刚刚出世，然而，由于案件正在关键时期，我一天产假也没休，每天奔波在房山、看守所和单位之间，高效的完成了案件的侦查工作。然而，就在几乎同一时间，一起全国关注的大案又不期而至——全国1：5万基本比例尺电子地形图被盗，内含23000幅机密地形图！在突如其来的案件面前，我只能再次放弃休假，投入紧张的工作。当时只锁定了一名监守自盗的犯罪嫌疑人张北飞。然而，对这起案件，犯罪嫌疑人盗窃电子数据究竟是干什么用。这些机密级的电子数据又能干什么用？通过艰苦的工作，我发现，这些电子地图都流向了市场，主要有三个用途，一是流向地图市场做地图；二是流向汽车导航仪市场做卫星导航；三是旅游发烧友做探险地图。于是，我们从北京市的地图市场和导航仪市场出发，深入到全国的地图市场和导航仪市场，发现了几家制作精度在短期内急剧提高的导航仪公司，顺藤摸瓜，又抓获了四名买卖地图的犯罪嫌疑人。同时，我与同事们一起，出差大半个中国，将流失到全国各地的机密地图一一收回，保障了这起涉及23000份国家机密的电子地形图无一滞留市场。也许是笨鸟先飞，也许是天道酬勤，努力总会获得回报，自2004年独立承办案件以来，自己个人立案总数一直保持在全局立案总数的50%左右。

然而，对立案数量的片面追求所带来的满足感并没有能够持续多久。因为在独立承办案件不久之后，我有机会领略到了新的侦查境界，那就是专案的办理。在专案的办理过程中，我逐步领悟到对案件质量的高要求，对个案与专案整体配合的协调，对案件高屋建瓴把握的必要性，对案件法律效果、社会效果和政治效果相统一的重要性。

自2004年独立承办案件以来，在领导的关怀和同志们的帮助下，我参加了反渎局几乎所有专案的办理：被誉为"审计风暴第一案"的北京市供电局原局长赵双驹玩忽职守案、市委政法委全程挂牌督办的延庆王璐林假案中延庆县公安局经侦队原副队长侯留永玩忽职守、受贿案、中纪委交办的国家体育总局体彩中心原总经理刘峰玩忽职守案、房山区城管大队原副大队长张凤友玩忽职守案、市纪委督办的北京市公安局网监处原处长于兵等人徇私枉法、受贿案、最高人民法院基建办原副主任钟鸣玩忽职守、受贿案、2011年全国注册会计师考试泄密案和朝阳分局某派出所民警滥用职权案等案件。这些案件均受到领导高度关注，被《新京报》、《北京青年报》、《光明日报》等重要媒体广泛报道。

在办理专案过程中，我学会了如何勤于思考。对此，我印象比较深刻的是当时两件在北京市很有影响的"假案"。2006年，在侦破市委政法委挂牌督办的延庆王璐林假案中，我承担了其中最关键、最难突破的延庆县公安局经侦队原副队长侯留永的侦查工作。侯留永是延庆县公安局长期工作在侦查一线的一名老侦查员，从一名普通的侦查员成长为经侦队副队长，其侦查对抗性、口供突破难度可想而知。在最初的三次讯问中，侯留永拒不承认自己玩忽职守的犯罪事实，讯问工作陷入了僵局。对于陷入僵局的案件，是侦查员最为头疼的案件,但却是能使我感到最为兴奋的案件,为思考这些陷入僵局的案件,我通常查阅大量资料,或是彻夜不眠,或是睡梦中有什么好的想法就马上起身制作成侦查计划,对于这个案件,我采取了对比侦查的方法,将侯留永以往办理的成功案件全部调阅出来,一一研究,全面总结了侯留永的侦查思路、侦查方法,再与此案对比,在此案中,为什么没按照以往的侦查思路进行?为什么没用效果显著的侦查方法?在强烈的对比效果中,侯留永不得不交代了自己因受贿而玩忽职守的犯罪事实。

北京市公安局网络管理处原副处长齐坤徇私枉法、受贿案也是我印象比较深刻的案件之一。该案的精彩之处在于驳倒了原案的全部犯罪事实。该案的原案认定犯罪嫌疑人田亚葵通过网络传播计算机病毒,通过分析,我发现,原案的事实认定部分建立在三个基础上:一是三个杀毒软件公司金山公司、江民公司和瑞星公司向公安机关的报案材料;二是思麦特公司因为田亚葵网络传播病毒造成了重大损失;三是该病毒在特定条件下能否在网络上传播的专家论证意见。经过分析,我认为这三个事实均存在重大疑点:第一,金山公司、江民公司、瑞星公司的报案材料疑点重重,三家公司的报案材料都说,突然在某一时间发现海淀区皂君庙附近病毒大爆发,针对这一疑问,我专门走访了国家计算机病毒防护中心,国家计算机病毒防护中心给出的答复非常明确,在目前的病毒监控能力下,不可能监控到如此详细的地址。胸有成竹之后,经进一步工作,查明了齐坤要求三家公司出具了虚假报案材料的事实;第二,思麦特公司是一家猎头公司,我们查询了公司近几年的账目,发现该公司营业额都十分惨淡,不可能造成如此重大的损失。三是专家论证意见,无论是行文还是语气,都十分接近,像是出自一人手笔,于是我们重新走访了参与论证的所有专家,专家均表示,案卷中的意见不是他们的意见,是有人伪造。查明了齐坤等人捏造事实,办理假案的经过后,整个案件便势如破竹,顺利得以侦破。

在办理专案过程中,我学会了深挖窝案、串案。随着侦查经验的日益丰富和对反渎工作理解的加深,我对于深挖渎职窝案、串案有了自己独特的体会和经验。在办理全国注册会计师考试泄密案和全国自学考试泄密案中,我深挖线索,顺藤摸瓜,通过试题买卖的脉络将单一案件线索扩展为多人多件的串案；在办理国家基础地理信息中心地图数据部原副处长张北飞故意泄露国家秘密案中，我深入北京市的地图买卖市场，又深挖出四名涉嫌故意泄露国家秘密的犯罪嫌疑人；在办理房山区城管大队原直属队队长黄振申滥用职权案中，我敏锐的发现了城管大队原副大队长张凤友玩忽职守的犯罪线索，凡此种种，不一而足……

在办理专案的过程中，我学会了大局意识，学会了始终坚持法律效果、政治效果和社会效果的统一。在主办最高人民法院和院党组都十分关注的最高人民法院基建办原副主任钟某玩忽职守、受贿案过程中，我不仅较好地完成了渎职部分的侦查工作，而且深挖犯罪线索，为反贪部门移送案件2件2人，为反贪部门的侦查打下坚实基础。在主办2011年全国注册会计师考试泄密案和2012年南磨房派出所民警徐某滥用职权案过程中，这两起案件因媒体的炒作，受到市院和我院领导的高度关注，为避免不良网络舆论，在其他同志的帮助下，我在一个月内完成对犯罪嫌疑人的立案侦查工作，快侦、快捕、快诉，使案件取得了良好的法律效果和舆论效果。由于办理复杂敏感案件较为出色，我所办理的案件，连续两届荣获北京市反渎系统"十佳精品案"和全国反渎系统"百件优质案件"。

二、调研总结是成长的厚积薄发

侦查工作是经验的积累，又不单单是经验的积累，厚积是为了薄发，只有通过总结提炼，经验才能升华为规律。为此，从自己独立承办案件开始，我从每一个小案出发，无论立案与否，都坚持写出侦查心得，见得多了，经的广了，积累的厚实了，对侦查难点的把握也就准了，对案件全局性的把握也就强了。近年来，我根据渎职案件逮捕中出现的问题所撰写的《渎职案件中逮捕的适用与人权保障》获最高检修订后刑事诉讼法征文一等奖；根据侦查中发现的案发单位存在的管理漏洞撰写的《侦查中的个案预防与系统预防》获北京市法学会刑侦学会一等奖。根据未决羁押中存在的问题撰写的《国际法视野下未决羁押的法律控制》发表于《人民检察》；对于渎职案件侦查中渎职案件侦查常依附于行政机关这一问题所撰写的《该怎样看待渎职犯罪查处的行政依附性》等两篇文章发表于《检察日报》，并被几十家媒体转载，使"行政依附性"一时成为渎检工作中的流行。

三、丰富的社会实践是成长的源泉

侦查工作是所有法律工作中社会性，实践性最为突出的工作，是一个侦查员对做人与做事的感悟，因此，一个合格的侦查员必须具备丰富的社会实践，认识社会，了解社会，从实践中来到实践中去。

2012年，受院党组指派，我有幸到万寿路派出所挂职锻炼，参加十八大安保工作，深入群众矛盾最深的基层一线，出色完成了值班，接警，出警等工作。同时，我参加了政法委组织的房山"7·21"特大洪水善后维稳工作队，一个月时间吃住都在房山维稳一线，开阔了视野，磨炼了意志。得到了有效锻炼。

十二年的自侦工作，使我悟出侦查的三种境界：一是熟能生巧；二是举一反三；三是融会贯通。侦查工作的魅力在于不断完成外部挑战和自我挑战后的一次次蜕变升华。如果一个人喜欢的事情和从事的工作是同一件事，那他就是一个幸福的人，而我，就是一个最幸福的人……

在侦监岗位上磨砺成长

侦查监督处　邢永杰

2005年硕士毕业后,我告别校园,怀着对检察事业的美好向往,来到检察机关这片没有硝烟的战场,加入了这支碧血丹心的队伍。从此,我走进检察事业的光荣与梦想,也开启了自己寻梦、追梦的人生旅途。期间,我在海淀检察院侦监处工作四年,2009年我被遴选到市检一分院侦监处工作。寒来暑往、春去秋来,时光流转中,我已在侦查监督岗位上默默无闻却又步履坚实地走过了八载。伴着一桩桩案件、一次次提讯、一分份审查报告、一本本结案卷宗、一篇篇调研成果,我对侦查监督业务从陌生到了解,从了解到熟悉,从熟悉到热爱。而我本人也从积累磨炼中实现了一些转变,从一名大学生到书记员、助理检察员,从基层检察机关到检察分院,从侦监战线上的检察新兵到"海淀区政法系统青年十杰"、"北京市检察机关侦查监督十佳检察官"、"北京市检察机关十佳调研能手"、"北京市首届侦监领域检察业务骨干人才"、"北京市检察机关先进个人"……我深知,这些"头衔"和"称号"是对我这些年努力工作、拼搏奋进的肯定,但我距离检察人才的标准还有很远,我追逐检察梦想的成才之路还有很长。在这里我只想把自己在侦监岗位上成长的一些感悟和体会梳理出来,与大家分享。

一、办案实践的磨炼是检察干警成长的基础

我到海淀检察院工作时,海检侦监处作为刑检工作的最前线,以全市侦监干警7%的人员承担着全市23%的总办案量,时间紧、任务重,是公认的"苦差使"。但我懂得,步入检察岗位,就应该吃得了苦中苦,就应该扎根基层、勇挑重担、经受锤炼。我欣然选择到最艰苦的侦监岗位历练自己,一干就是四年多,期间是海检侦监处工作任务最为繁重的几年,受理的审查批捕案件以每年10%-15%的比例递增,顶峰时期的2007年收案量达到6000余人。我与同事一起几乎每天都在和时间赛跑,加班加点,放弃周末、节假日

休息时间办理案件。作为年轻力量，我还主动承担了大量重大疑难复杂及新型的经济犯罪案件，四年来，我仅办理审查逮捕案件就达1200余件1500余人。办案之余我还向作为调研能手的师傅求教，学习如何利用丰富的案件资源撰写调研文章，并开始承担处里的调研任务。虽然工作非常紧张辛苦，自己的腰椎在长期伏案中也开始疼痛、变形，但我从来没有叫苦怕累，从没有在困难面前退缩，在压力面前止步。当我所办理的案件因定性准确、适用强制措施得当、办案效果好被评为精品案件时，当我运用法律武器，让人间正义得到伸张，让当事人的合法权益得以维护时，我体会到了检察工作的苦与乐。同时，经过办案实践的考验和磨炼，我也很快成长为海淀检察院骨干型人才，2007年被授予"海淀区嘉奖"，2008年入选"北京市检察机关侦查监督十佳检察官"，2009年先后被评为"首都模范检察干部"、"海淀区政法系统青年十杰"。由于业绩表现突出，2009年9月我被遴选到市检一分院工作。

二、持之以恒的学习是检察干警成长的源泉

新时期的检察官，需要具备扎实的理论功底和优良的业务素质以适应社会的发展和时代的挑战。从步入检察岗位开始，我就在检察机关成熟、完善的人才培养机制中受益，并有机会向首都检察机关的业务专家、全国"十佳"等优秀人才学习、请教，在他们成长经历的感召、熏陶下，我也暗暗下定决心要努力成为本领域专业化、复合型的业务骨干。几年来，我坚持将学习作为工作生活的重要内容，苦练内功，不断给自己"充电"。

一是向实践学习。检察实践是最好的老师，从中可以学到书本上学不到的业务知识和技能。对于办案实践中遇到的疑难问题，我积极地向身边经验丰富的老同志请教，将学习到的宝贵财富内化于心。平时我留心学习别人制作审查逮捕案件意见书的长处和优点，并运用到自己的实际工作当中，从中吸取经验。

二是向书本学习。我喜欢购买、借阅专业法学书籍，国家图书馆、高校的图书馆等都是我经常借书的对象。我还关注法学界最新的研究成果，经常查看浏览本院及兄弟院办理案件的优秀调研文章。对于学到的东西及时归纳、整理、总结，形成笔记或心得体会，不断积累。

三是向名家学习。一有机会我就积极参加各类学术研讨会，聆听法学名家在北大、北师大、社科院法学所等举办的学术讲座，丰富自己的理论知识。在办案实践中，我深感刑事实体法的重要性，自己硕士期间刑事程序法的知识背景不足以适应纷繁复杂的实践需求。为此，2006年至2008年我克服工学矛盾，自我加压，利用每天下班后、节假日以及一切可以挤的时间坚持自学了外国刑法学，阅读了《大陆刑法原理》、《英美刑法学》以及中国刑法的前沿理论等大量书籍，报考了北师大刑法学专业博士研究生，经过不懈努力，终于在2008年以优异成绩被录取，师从知名法学家卢建平教授学习中国刑法学。此后在职学习的三年紧张忙碌的时光，经过自己的勤奋与努力，我修完了全部博士课程，发表了十余篇调研文章。还记得2010年岁末，当喜庆祥和的年味渐浓，周围同事愉悦地筹划欢度佳节的时候，我已经开启了博士论文写作的漫长旅途。繁忙的工作之余，我挤出几乎所有能挤出的下班、周末、节假日，甚至吃饭睡觉的时间专心写作。经历了数不清的奋笔疾书之夜，度过了无数个苦思冥想的黎明，我终于坚持完成了十几万字的博士论文，并在2011年6月顺利通过了论文答辩，和同时入学的应届生一起如期取得了向往已久的博士学位，给我三年的博士学习生活画上了圆满的句号。欣慰欢喜之余，我蓦然发现，由于长期的工作学习压力，刚届而立之年的我已华发早生。但这段苦乐时光真切地让我体会到学习的充实和收获。

　　四是在竞赛中学习。"学然后知不足"、"比然后知不足"。岗位练兵、技能比武、擂台赛等，都为青年干警成长、成才搭建了展示和学习的良好平台。2008年、2011年我连续在两届北京市检察机关业务技能比武中分别参加了侦查监督和主题调研的比赛。还记得调研比武时两个多月办案、读书、写作、备战比赛的日子里，我经历了选题时的纠结困惑与豁然开朗，经历了实证调研时统计数据、收集案例的周折与艰辛，经历了书山学海中攀登遨游的充实与满足，经历了写作时灵感乍现的兴奋和快乐，经历了论文修改时的忍痛割爱和反复锤炼，也经历了准备答辩时克服怯懦战胜自我的心灵磨砺……每一次经历都是一次成长、一分收获的过程，在这段苦中有甜、刻骨铭心的日子里，我不仅在上届比武取得"侦监十佳"之后又收获了"调研十佳"的称号，而且通过参与竞赛、集中学习、大量阅读，收获了理论知识的增长、调研水平的提升和人生阅历的拓展。

通过参加技能比武，我深深地体会到，成功是每个人的梦想，而奋斗是永远不变的真理，只有耕耘才会有收获，只有真正的付出和努力，"勤奋到令自己感动"，才会看到自己期待的颜色。竞赛让我感到了压力，也让我将压力变为动力，激励我在慵惰懈怠时继续奋进，在畏难焦躁时选择坚强。

三、立足岗位创新调研是检察干警成长的重要途径

检察调研是检察业务工作的助推器。有学者曾这样定义一名合格的人才：一是能干，二是能写，三是能讲。干业务与写调研都是检察干警并行不悖的重要工作内容。记得有位全国检察业务专家深入浅出地分析了检察调研的重要意义：调研本身是一个集中学习的过程，可以督促读大量的书，督促自我学习。通过对一个专题的深入调研，成为一个问题的专家。研究透彻了一个问题，再研究下一个问题，就逐渐由一个问题的专家成长为多个问题的专家。最后就成为专家，专家就是这样练成的。

在检察岗位工作以后，我很快就体会到立足岗位开展创新调研的重要性，并将"通理论、精实务、善研究"作为自己成长的目标。从检八年来，我利用办案之余的点滴时间积极开展检察基础理论与应用理论研究，参与撰写检察基础理论研究专著一部——《检察学的基本范畴》，撰写各种调研文章40余篇，其中《从失范到有序——实证视角下我国搜查制度的完善路径》、《职务犯罪案件批捕权上提一级试行改革报告》、《检察执法环节释法说理的正当性、路径及限度》、《破坏计算机信息系统罪疑难问题探析》、《职务侵占罪"利用职务便利"认定中的若干争议问题》等20余篇文章在《人民检察》、《中国刑事法杂志》、《国家检察官学院学报》、《云南大学学报（法学版）》等国家核心期刊、知名期刊公开发表，并获得国家级二等奖、市检察机关优秀调研成果奖等荣誉。我作为主要执笔人参加最高检检察理论研究重点课题两项，国家检察官学院科研资助项目两项，市院重点调研课题1项，课题成果均顺利通过结项审核，部分还获奖。我还成功申报了博士后科学基金面上资助项目一项——"刑事撤案制度研究"（资助编号2013M530821）。结合在侦监岗位工作中理论知识和实践经验的不断积累，我积极参加了深化侦监办案方式改革，推进工作机制创新的各项实践。近年来先后参与批捕案件分类审查、人权保障视野下的检警关系、减少审前羁押、审查逮捕阶段律师介入、

轻罪刑事案件快速处理机制、羁押必要性审查机制等在全国和本市具有创新和示范意义的检察改革的探索和试行，相关经验被《检察日报》、《国家检察官学院学报》等报刊转发并推广，取得良好成效。

冰冻三尺非一日之寒，就调研而言，平常的积淀储备非常重要。调研文章的质量、深度与作者的理论水平、知识背景、文字功底和逻辑思维能力等直接相关，而这些素质和能力的养成，单靠一时的勤奋和突击是很难达到的，需要的是养兵千日，筑牢基础，打好基本功，平日多读书、多积累、勤动笔、勤动脑，才能在关键时刻厚积薄发。正是源于我平时在工作中热爱调研、关注调研、坚持调研，我才得以有机会接受第四届北京市检察系统主题调研业务竞赛的挑战和考验，并以全市第三名的成绩取得十佳。

四、检察职业责任感是干警成长的强大内因

曾经因为法庭上慷慨激昂、据理力争的公诉人形象，我崇拜上了检察官；曾经因为惩恶扬善、伸张正义的光荣使命，我选择了检察官的职业道路。曾经的我些许肤浅与狭隘，只聚焦了公诉人的魅力彰显，然而八年侦监岗位的工作经历告诉我，不仅是庭审上的公诉人，还是劳作在刑检工作最前沿的侦监干警和奔赴在侦查一线的反贪勇士，以及非一线业务部门的工作人员，都是检察工作不可或缺的重要组成部分，每个岗位都有其独立的价值，都需要执着的坚守和沉甸甸的责任。

正是源于这份坚守和责任，多少个深夜我送走单位窗台上的最后一抹灯光，在办公桌前继续伏案工作，由于长期坐在电脑前熬夜加班，我的腰椎经常疼痛得不能弯曲就座，只能跪在地上使腰椎直立才能继续坚持敲击键盘，于是我买了放在办公桌上的站立式电脑桌和跪垫，以创新的"站立式办公"和"跪式办公"取代传统的坐式办公。

正是源于这份坚守和责任，2009年以后，在身患胰腺癌的父亲频繁住院的日子里，我每天奔波在医院和单位两点一线之间，夜里守护在病床前照顾父亲，白天坚持在岗位不耽误任何工作。身心俱疲之际我也好想给透支的身体放松一会、休整一下，但我坚持没有向单位申请过一天假，因为医院和岗位之间都有我难以割舍的沉甸甸的牵挂。

正是源于这份坚守和责任，作为34岁准妈妈的我在整个孕期始终没有请假休息过一天，没有离开过工作岗位，直到预产期前两天的 3 月 19 日中午突然破水，才急忙从单位直接住进了医院，在宫缩的阵痛中我牵挂着单位的电脑还没有来得及关，桌上的材料没有来得及收，还有些许扫尾的工作没能交接完……

八年前，从我步入检察职业道路的时刻，我就在心底对热爱的检察工作岗位萌生了坚定的信念，这种信念是我心中永不熄灭的灯塔，将在我未来的事业航路中照亮一片风雨浪击。坚守信念，便是坚守一个责任，坚守一种执着，坚守一份理想。坚守住信念，无论遇到多大的风吹雨打，我都会毫不畏惧地向着梦中的彩虹奋进……

岗位成才　　放飞梦想

案件管理办公室　　曹琳

2012年11月29日，习近平主席首次提出振兴中华民族伟大复兴的"中国梦"，这个梦想，凝聚着几代中国人的夙愿，体现了中华民族和中国人民的整体利益，是每个中华儿女的共同期盼。每一个中国人的命运，早已天然地与国家系在了一起；梦想其实也都与国家的梦想休戚相关，紧密相连。与其说中国梦根植在每个人的心中，不如说中国梦更握在每个人的手中—每个人通过努力追逐梦想的步伐，也正是中国梦实现的过程。作为一名检察官，我心中的检察梦，正如胸前佩戴的检徽，简单而坚韧，犹如身上穿着的藏蓝，真挚而朴实。九年的从检光阴，让我从一名庄严地站在公诉席上慷慨陈词的公诉人成长为一名履行神圣法律监督职责的民行检察官；从一名扎根基层院的中层干部跨越为有着更广阔舞台的分院干警；从一名奋战在民行战线的老兵转变为开拓案管阵地的先头兵，无处不留着我追梦的脚印，无处不记载着我在检察事业中成长的历程。

一、丰台院：梦想追逐的起点

"雄关漫道真如铁，而今迈步从头越。"1997年，我从中国人民大学英语系毕业后，就职于一家外企从事进出口贸易。兢兢业业、勤奋好学的态度让我一年半就从经理助理升至部门经理。在商务谈判、签订合同以及处理国际贸易纠纷过程中，我逐渐认识到依法解决问题的必要性和法理条款运用的重要性，并对法律知识产生了浓厚的兴趣。2001年，为了圆我的法律梦，我毅然放弃外企优厚的待遇和蒸蒸日上的事业，以优异的成绩考入中国政法大学攻读法律硕士。2004年毕业后，我怀着对检察事业的向往和到基层锻炼的思想，毅然投身到丰台检察院，成为了一名公诉人。工作后，一直潜心研究国际经济法、想象着自己能够在国际贸易纠纷中居中裁判的我忽然面对的都是带着手铐、穿着号服的犯罪嫌疑人，突然心生一丝困惑和茫然：放弃优越外企条件，在基层检察院能否心如己愿、永不后悔呢？

很快，在一场场与犯罪嫌疑人斗智斗勇的讯问中，在一份份严谨用词、伸张正义的起诉书上，在一次次法庭上慷慨陈词、代表国家指控犯罪时，我开始深切地感受到，闪光的检徽代表着国家的法律尊严、代表着社会的公平正义，选择了佩戴检徽，就意味着选择了惩治罪恶、伸张正义、保护人民，意味着选择了一份沉甸甸的责任。

2008年3月，院里将我调至民行处。刚到民行处报到，就得知我被选中代表丰台院参加八月份举行的全市民行、调研和英语三项比武。业务新、时间紧、任务重，我的压力之大可想而知。但不服输的个性和为院争光的愿望让我把这个重担勇敢地接了下来。我至今仍清晰的记得那个炎炎夏日自己每晚在台灯下阅读案例的寂寞身影，仍能清晰听见年仅2岁刚刚断奶的女儿被放在奶奶家追着我跑的哭喊声…所有的这一切换来的是民行比武法律文书撰写全市第二名和总成绩全市第三名的好成绩。

2009年6月，我成功竞聘丰台院民行处副处长。作为一名中层干部，我感受到了更多的压力和责任。我不仅主动承担了处里最重的办案任务，还勤于思考和调研，勇于创新，协同处长建立了抗诉和再审检察建议跟踪监督机制等一系列创新机制。

一分耕耘，一分收获。2008年、2010年分别荣立"三等功"，2009年获北京市检察机关"民行检察十佳办案能手"称号，2010年被授予北京市第六届"人民满意的政法干警"荣誉称号，2011年被授予"北京市检察机关先进个人"荣誉称号。

二、一分院：梦想放飞的地方

"天若有情天亦老，人间正道是沧桑。"2011年4月，带着七年基层检察院的沉淀，我有幸被遴选至一分院。在这个"人人争先，个个创优"的先进大集体中，我的检察梦有了一个更广阔的实践舞台。

还记得第一次参加全处案件讨论，惊异于每一承办人都能对自己的意见从法律适用和法理两个方面深刻阐述而且条理清晰；还记得办理的第一起提请市院抗诉案件厚厚的四本卷宗，阅卷和理清法律关系就费了一周的时间；还记得第一份抗诉书草稿上宋海副处长通篇密密麻麻给我做的规范性和严谨性方面的修改……所有这些，都是民行处这个全市最优秀的团队带给我的震撼和感动，也使我深刻领会了"追求卓越"的含义。

就在我埋头钻研民行业务，力争多办几个抗诉案件的时候，焦慧强副检察长带着我办理的一个案件使我明白了"办精品案，走精兵路"的真正内涵。那是基层检察院提请我院抗诉的一起建设工程施工合同纠纷申诉案件，基层院的提请抗诉理由主要在于法院原审判决所依据的主要证据均系复印件，而民诉事诉讼明确规定主要证据应为原件。由于被申诉人首钢建设集团的确也未能提供证据原件，我迅速审结案件并作出了支持抗诉的个人意见。在案件汇报时，焦检拿起卷宗简单翻了翻，问了我几个问题，我都说没有核实，主要是认为没有核实的必要，既然法院判决依据复印件做出就是错误的，检察院没有必要去调查事实的真相。焦检则说，我院党组提出的"办精品案"就是要把每件案件办成经得起时间和历史考验的铁案，对于民事抗诉案件，则要严格把握"抗诉必要性"，抗诉不是目的，最重要要做到明明白白办案。在焦检的指示下，当时主抓抗诉的刘晓明副处长亲自带着我，奔赴位于河北高碑店、怀柔、朝阳等十几家银行、工商档案局、建委等单位调取证据，甚至还邀请反贪侦查能手刘光忠协助调查，最终查明虽然判决依据的主要证据由于时间的原因确实只有复印件，但大量的证据表明原审判决的内容没有问题，最终做出了不予抗诉的决定。虽然我在民行处短短一年时间里，先后办理了抗诉案件6件，提请抗诉案件10件，和解1件，监督效果在全处名列前茅。但这个案件的办理使我收获最大：因为我它使我明白抗诉并不是精品案的唯一标准，只有法律效果、政治效果、社会效果相统一、经得起时间考验的案件才是真正的精品案。我知道，这个案件的办理使我在向精兵路奋斗的道路上又前进了一步。

业务素质不仅是在兢兢业业办案中积累出来的，更是在一次次岗位练兵、技能比武中打拼出来的。2008年的民行比武使我一进入民行领域就占据了业务高地。而2011年我又有幸代表一分院参加了调研比武。虽然闯入决赛后还是无缘"十佳"，但只有比才知道差距有多大，不足在哪里。接下来的日子，我更加勤奋地写作，积极地思考，用行动践行着李继华处长在调研比武培训上的写作箴言"只有写，你才会写。"所以有了之后的《试论民事检察工作参与社会管理的思路》一文入选第十三届全国检察理论研究年会,《民事检察监督调查的范围和程序》一文刊登在《检察日报》上,《检察机关提起民事公益诉讼的几个问题》入选北京市公益诉讼论坛,北京市院主持撰写的《民事诉讼检察监督的职权配置与程序设计》一书中留下我的笔迹……我的理论调研之路虽然艰辛,却越走越宽。

三、案管事业：梦想扬帆的方向

"长风破浪会有时,直挂云帆济沧海。"2012年7月,在高检院和市院大力推行案件管理改革的大潮流中,我院的案件管理办公室开始筹建,我又有幸作为第一批参与者和见证者加入到了这项检察机关加强自身监督的创新改革事业中。从筹建伊始,周晓燕副检察长就提出了我院案管工作要"高起点、高标准"的定位,为此,周检亲自带领我们南下,向案管工作开展早并且最先进的深圳检察院学习取经。周检的高定位也为我的梦想指明了方向。

万事开头难。案管机制改革从高检院到市院都是在探索中前进,学习成了案管人的第一要务。曹建明检察长曾指出,"事有所成,必是学有所成。"记不清放弃了多少个陪伴女儿进入甜美梦乡的夜晚,也数不清舍弃了多少个与家人一起共度的美好周末,我开始如饥似渴地学习各项检察业务,尤其是从未接触过的反贪、控申等部门的业务流程,学习新修改的民事诉讼法和刑事诉讼法,学习现代管理学……向书本学习之外,我还在宋庆跃处长的带领下向市院同仁求教,向二分院、海淀院等兄弟院取经。

"空谈误国,实干兴邦"。学习的同时需要大胆实践。我主要负责民行检察业务的案管工作,面对在规范民行检察执法行为,提升民行检察监督效率与质量方面对案管工作的期待,我在处长的带领下以及民行控申部门的大力支持配合下,积极发挥我的民行业务优势,严把受理关口,同时还针对三个月的新的办案期限的要求建立了对调卷和办理期限的预警机制,通过结案信息审核,提升了民行案件办理的质量和规范化程度。在案件管理工作的实践中,我的协调能力和服务意识大大增强,案件管理水平大幅度提升。

渐渐地,有了一些实务积淀,开始了一些工作创新,进行了一些理论思考。当在周检和宋处的带领和指点下,《北京市人民检察院第一分院民事、行政案件管理细则》、《北京市人民检察院第一分院案件质量督导办法》、《北京市人民检察院第一分院结案信息审核管理工作细则》等一系列规范性文件纷纷出台，《北京市人民检察院第一分院案件管理工作月报》连续四期飘着墨香送到各个业务处室负责人手中，《论民事检察案件集中管理机制改革路径》入选最高人民检察院主办的第十四届检察理论年会，我知道我的检察梦又插上了一双隐形的翅膀，带着我在案件管理改革这个更高更新的天空振翅高飞。

  中国梦的实现需要公平正义的法治建设来保障。卢梭说过，一切法律之中最重要的法律，既不是刻在大理石上，也不是刻在铜表上，而是铭刻在公民的内心。因此，维护法律的权威性、实现法律的公正性，让民众对法律心存敬畏、保有信仰，是检察机关作为公平正义的守护者义不容辞的职责。"打铁需要自身硬"，在加强法律监督的同时加强自身的监督，案件管理机制改革作为检察机关一项具有划时代意义的革命，有着重要的担当。作为一名光荣的案管人，我更要坚定梦想、埋头实干，以我院"四个一流"为标准，在案管改革机制建设征程中不断探索、努力实践、大胆创新。英国著名小说《金蔷薇》中那个穷而志坚的工匠，为了心中纯洁美丽的梦想，每天为金铺扫地，每天坚持从扫出的金粉中提炼金子，一点点地，一天天地，经年累月，最终铸炼成了一朵精美绝伦的金蔷薇。我也在铸炼我的金蔷薇，我也要用这种"聚沙成塔、集腋成裘"的精神和毅力托举着我的梦想，乘着案件管理事业这条大船，迎风破浪，走向灿烂辉煌的彼岸！

岗位是舞台　责任促成长

法警处　李亚光

2010年,我从武警部队转业进入检察系统,穿上检察干警制服之前,我从军16年,作为一名职业军人,我也算是小有成绩的,从一名普通的士兵成长为"雪豹突击队"的一名指挥员,是我国第一批驻外使馆警卫人员,在伊拉克经历了炮火洗礼和生死考验,并两次成功营救了被武装分子劫持的我国公民,荣立过一等战功。因此,脱下军装的那一刻,我是不舍的,更是不安的,没有了军歌嘹亮,没有了铁血豪情,我的未来将何处安放呢?幸运的是,一分院接纳了我,在座的各位帮助了我,让我有机会与大家分享作为一分院一分子的光荣和自豪。我不止一次对自己说:曾经的鲜花和军功章,只能是美好记忆而不能成为骄傲资本,我要时刻抱着感恩之心和检察梦想投入工作。平时,我把自己当成小学生,从零开始,对着书本学理论、跟着同事学业务、结合实践强本领,平时注重思考,事事处处留心观察,顺利实现了角色转变,较快打开了工作局面。结合自己多年特警工作经历和我院自侦办案中安全工作的实际情况,撰写了《确保办案安全,实现精品案目标》一文,详细分析了检察机关在办案安全方面面临的隐患并提出了对策;撰写的专题调研《我院司法警察编队管理现状存在问题及对策》收录在我院2013年第1期《新世纪检察》中;2012年,参加第4届北京市检察系统司法警察技能比武,获得"十佳"个人;在今年的体能测试中获得了满分的成绩。

法警工作看起来并不起眼,但任务繁忙,加班加点是常事,一人多用是常态,有时还要面临很高的安全风险,每一次出警都是一次较量,每一次任务都是一次硬仗。在今年的一次拘留任务中,犯罪嫌疑人陈某曾经是个警察,身高体壮,拒不配合,而他的哥哥患有小儿麻痹,利用残疾身体百般阻挠,如果硬上蛮干,必定会为侦查工作带来被动。最后我灵机一动,确定由配合民警将陈某和家属隔离,我带两名同志控制陈某双手双脚,使用械具将其控制在急救担架上,迅速带离的方案。抓捕中,陈某企图用头撞墙、碎玻璃瓶自杀相威胁，危急关头，我们三人同时冲了上去，以迅雷不及掩耳之势从他手中夺下玻璃瓶，顺势将其牢牢控制，强行为其戴上手铐，合力将其固定到急救担架上迅速带离，整个抓捕过程前后不到2分钟的时间。抓捕后，我们乘救护车继续押送嫌疑人安全抵达公安医院进行体检收押，任务结束时已是次日凌晨4点多了，不知不觉大家在高度紧张的情况下并肩战斗了12个小时。前几天，我和一名同事到上海执行长途押解任务，3天3夜连续作战，尤其是在返京的列车上，时间长、人员多、环境复杂，途中，我们始终关注犯罪嫌疑人的一举一动和周围情况，真是连眼皮都不敢眨，生怕出现什么意外情况，直到任务结束才敢长出一口气。面对这些复杂而艰巨任务的时候，考验的不仅仅是我们法警队员的体能，更多的是和嫌疑人的斗智斗勇，是对检察工作的热爱和无私奉献，我觉得，这就是我们检察机关法警人的责任担当。

每个人都有自己的梦想，在部队时，有不少地方企业家找到我，劝我脱军装，给他们当安全顾问，或者合开保安公司，开出高额年薪，甚至许诺给房、配车、送股份，在得知我转业到地方工作后，他们更是纷纷找上门来，条件一个比一个优厚，我知道只要我点头，什么条件他们都会考虑。但我明白不能这样做，饮水思源，我的今天离不开党和国家的培养，如果祖国需要我冲锋陷阵，我会义无反顾走上战场；如果工作需要我牺牲奉献，我会服从大局鞠躬尽瘁；如果为个人私利折腰，我会毫不犹豫说不。于是，我毅然决然地选择了拒绝，选择虽然平淡但不平凡的检察职业，我感到很知足、很幸福。

习主席说，中国梦就是让人民共同享有人生出彩的机会，共同享有梦想成真的机会，共同享有同祖国和时代一起成长与进步的机会。生活在这样一个有梦想的年代，工作在这样一个有理想的集体，我有什么理由不去奋斗、不去拼搏呢？作为一名一分院的基层工作者，我愿意付出所有的精力，在实现"争创四个一流"的目标中践行法律誓言，用实际行动迎接中国梦实现的那一刻。

我的演讲完了，谢谢大家！

实干成就梦想

未成年人案件检察处　何晓丹

2001年我脱下军装转业来院，分配到公诉二处担任书记员工作。检察院的一切对我是那么新鲜陌生，这里的工作与我在部队的专业完全不同，而我此前从未学习过法律，现在看来最基本的法律术语当时我听起来都一头雾水，可以说基本上就是一个"法盲"。但是，我看到处里的承办人办理一件件大要案、讯问嫌疑人、开庭，感觉作为一名检察官非常神圣崇高。我想既然来了检察院，就要成为一名真正的检察官。从此，我踏上了实现我的检察梦的征程。

从2002年起，国家开始组织统一的司法考试，要想成为检察官必须通过司法考试。对于没有法律基础的我无疑是巨大的挑战，但我别无选择。当时我已经29岁了，相比来院的大学生，我的起点要晚很多，我不允许自己再浪费时间，抱着一次通过的信念开始向我的检察梦发起冲击。在备考的最后三个月里，我每天坚持学习十四小时，迄今为止，那是我人生最艰苦的岁月。2003年，我以261分的成绩通过了司法考试。查完分数后我哭了，回想自己的备考经过令我百感交集。

2004年，我被任命为助理检察员，到二审监督处工作。虽然我拥有了检察官的职称，但是没有独立承办案件的经验，距离我心中真正的检察官还有很长的路要走。

我还清楚地记得我承办的第一件案子，那是一个有8名被告人的聚众斗殴上诉案。卷宗非常多，事实也比较乱，焦点问题之一是一名上诉人是否构成立功。根据上诉人的供述，其曾带领侦查人员抓获了另一名同案，通过与派出所核实抓获经过，侦查人员称该上诉人所供属实，随后我去派出所调取了书面证明，至此根据司法解释，我认为可以认定该上诉人构成立功，但是法院并没有采纳我的意见，理由是该上诉人带领侦查人员到同案的户籍住址协助抓获同案，而该地址公安机关已经掌握，没有该上诉人的带领也可以抓获,该上诉人在协助抓获中没有起到实质作用。我当时完全没有料到这个结果,这个案子给我上了生动的一课,自己确实是个办案的菜鸟,缺乏经验,只把法条记在脑子里是不够的,办案经验很重要。

在接下来的几年中,我一边学习一边办案。从2007年起,我连续六年办案数在处里名列前三,其中有四年名列第一。上诉案件的采纳率一直位居全处第一,抗诉案件的成功率也高于平均水平。办理的案件类型包括一审、二审、再审,涉及了公诉业务的所有程序。我曾四次年终被评为优秀,其中2007年至2009年连续三年优秀,获两次嘉奖,荣立两次三等功。通过办理大量的二审案件,我逐步积累了一些经验。在处里讨论案件时,我的意见越来越多地被采纳、被重视。在2008年我考取了主诉检察官资格,逐渐成长为处里的办案骨干。回顾这几年的工作,虽然有辛酸,但更多的是成就感。我感到自己找到了人生的坐标,体现了自己的价值。办理案件时,我力求每件案子都要体现公平正义,无愧于自己的良心,让有罪的人得到应有的惩罚,让无罪的人不被冤枉。其中有三件案子令我印象深刻:

1. 李国勇非法经营案

上诉人李国勇因贩卖盗版光盘被判处有期徒刑一年。一审判决后,她提出了上诉,称自己没有卖过盗版光盘。在讯问李国勇时,其供述被抓获是在下午,而卷宗中群众报警时间却在其被抓获之后,没有案发,上诉人为什么会被抓呢?通过阅卷,我发现这个案子在侦查阶段的证据存在大量瑕疵,许多证据都不能使用,排除了非法证据后,能证明上诉人犯罪的证据基本没有了。为了查清案件事实,我亲自到李国勇家实地察看,当时正值三伏天,天气暴晒,在察看李国勇家后,我又到其家所在胡同走访,向每家店铺询问李国勇家是否卖过盗版光盘。上诉人的儿子深受感动,事后给我发了一条短信:我妈妈的案子经过了派出所、分局、一审检察院、一审法院、二审法院,退回又重审,除你之外,没有任何一个办案人员到我家进行实地调查,那么热的天,您也没喝一口水,我心里很过意不去,不管结果如何,我都非常感谢你。作为一名司法人员,能受到群众的肯定,我由衷地高兴,觉得自己的付出是那么值得,这条短信我一直不舍得删掉,它经常激励我勤奋工作,公正执法。这个案子由于其他原因没有得到纠正,我感觉非常遗憾和无奈,但我已经尽了最大努力，做到了无愧于心。事后有好几次上诉人的家属要来单位看我，我都拒绝了。这件案子已经过去四五年了，直到现在上诉人的家属每逢节日都会发短信问候我。我们的群众就是这么可爱，不管是否达到他们的诉求，只要你尽心尽力地工作，他们都会理解你，感谢你。

2. 曹强贪污、受贿抗诉案

本案一审起诉认定曹强的贪污数额为28万元，应判处十年以上有期徒刑，由于知道曹强贪污的三位证人的证言均出现过反复，导致法院仅认定3.9万元，判处曹强有期徒刑一年，并适用缓刑。本案要想抗诉成功必须请三位证人重新作证。考虑到证人的种种顾虑，想让他们重新作证又谈何容易。其中一位是曹强的同案，当时已在监狱服刑。我在监狱见到他时，他情绪消沉，不愿提及往事。他作为曹强的下属，实施的犯罪行为完全是根据曹强的授意，在具有自首情节的条件下被判处七年有期徒刑，而曹强作为他的主管领导却被适用缓刑，从他的眼神中，我看到了委屈。我就从这点入手作他的思想工作，告诉他二人的判决不公平，今天我来就是为还他一个公平。果然他低垂的头慢慢抬了起来，我告诉他我有决心也有能力让曹强得到应有的惩罚，他被我的正义所感染，陈述了案件的全部事实，但证言录完后他又顾虑重重不肯签字，我就请来管教一起作他的工作，最终他打消顾虑签了字。接下来的两位证人是曹强主管业务的客户，作证时顾虑重重，我找到其单位的领导进行沟通，他们帮助我做通了二人的思想工作，最终二人不仅如实陈述了曹强的犯罪事实，而且还答应出庭作证。我深知本案能否说服法官，庭审是关键，为此我作了充分的准备。在庭审讯问阶段，通过有技巧的发问，就迫使曹强承认了犯罪事实。在证人出庭阶段，针对律师的不当发问我及时制止，提出纠正意见，使两位证人摆脱了律师的干扰，很好地陈述了曹强的犯罪事实，至此了解曹强贪污的所有证人的陈述达到一致。法庭辩论阶段，我运用曹强的当庭供述和证人的当庭证言充分论证了我院的抗诉观点，有力地反驳了律师的辩护意见，庭审效果非常理想，最终二审法院采纳我院抗诉意见，将曹强的刑期从一年加到十一年。这件案子充分体现了法律的公平正义，那种将犯罪分子绳之以法，让其受到应有制裁的快感令我兴奋不已，从而更加激发了我对检察事业的热爱。

3. 许思明强奸上诉案

如果说曹强案是让犯罪的人受到应有的惩罚，那么许思明案则是让无罪的人不被冤枉。刑法的任务包括惩罚犯罪与保障人权两方面，让无罪的人不受冤枉与让有罪的人受到惩罚同样重要。许思明在一审阶段一直认罪，但上诉时许思明提出在侦查阶段的供述是刑讯逼供的结果，称自己没有强迫被害人，发生关系是二人自愿的。通过审查，我发现本案存在 9 大疑点，不能排除被害人与许思明系通奸，被害人丈夫发现二人奸情后，被害人为推卸责任嫁祸许思明的可能。例如：二人发生关系后被害人立刻把弄脏的床单洗掉，按常理被害人应保留犯罪证据；事后二人还一起到饭馆吃饭，饭后被害人主动去到被告人家中独处，按常理被害人事后应该憎恨躲避对其施暴的人；还有二人均称在发生关系的过程中，被害人曾问许思明身上的疤痕是怎么来的，许思明回答是老鼠咬的，按常理被害人被强奸时反抗还来不及，哪有心思关心对方的疤痕？而且在发生关系的过程中，曾有人来敲门，被害人不但没有呼救反而还借故将其支开等等。本案疑点重重，在案证据不能排除合理怀疑，现有证据不能证明许思明有罪，我提出将本案发回重审，并建议区县检察院撤回起诉，二审法院和一审检察院都采纳了我的意见，最终许思明被无罪释放。后该案由周光权教授作为典型案例在全处以案带训。

通过五年的办案实践，我想成为一名真正检察官的梦想正在一步步迈进，2009 年我以全院第一名全市第三名的成绩通过了检察员资格考试。2010 年，我在院里选任检察员的竞争中，多项考评名列前茅，以总分第一名的成绩被任命为副处级检察员。那一年我 36 岁，相对起步较晚的我，终于一路奔跑追赶上了同龄人。

2013 年我被调到未成年人案件检察处工作，这是一个刚刚成立的处室，业务涉及未成年人案件的批捕、一审、二审、指导、复核、复查等，涵盖了批捕、公诉的所有业务，同时还承担着未成年人的犯罪预防、帮教等社会活动，这为我的检察梦注入了新的内容。面对有些全新的工作，我又回到了初任检察官时的敬畏和跃跃欲试，我知道自己的检察梦还远远没有实现，今后我会继续朝着成为一名真正检察官的梦想不断迈进。

公诉并快乐着

公诉二处　金明霞

2000年的夏天，刚刚走出象牙塔的我经过层层筛选，有幸被市检一分院录用。最初的三年，先后在两个公诉处和反贪局做书记员。那段时间，我配合检察官阅卷、提讯、开庭、刑场监督、接待当事人、调查取证，亲历了几乎所有的办案业务，得到了身边检察官们毫无保留的执业传教和业务指导。在他们的无私培养和充分信任下，2004年我便开始在公诉二处独立办案。

第一个案子是市院监所检察处交办的两名服刑犯在判刑前所犯贷款诈骗案，诈骗金额近五千万元，是当年涉案金额最大的一起贷款诈骗案，相关银行极为关注。从内勤领到四十余册卷宗后的第一时间，我便一头扎进了"卷海"中，制作阅卷笔录、安排提讯、梳理证据、计算数额、撰写报告……紧张并兴奋着，毕竟是自己独立承办的第一案啊！审查中发现其中一名嫌疑人在接受调查期间，多次向办案机关捏造李某共同参与贷款诈骗的事实，致使李某被错误立案。在向身边检察官请教并进一步补充完善证据后，我增加认定了诬告陷害罪，与贷款诈骗罪一并提起公诉。庭审中，该被告对诬告陷害罪的指控比较抵触，他没有想到自己当初为泄一时的私愤而将李某虚假供述为同案犯的行为也是犯罪。针对他的异议，我当庭重点解释了诬告陷害罪的犯罪构成，并强调李某在被错误立案后遭到的人格和社会声誉方面的贬损，被告人的行为已经严重侵犯了李某的人身和民主权利。最终被告人表示认罪。

还记得收到判决的那一刻，看着自己的名字作为出庭支持公诉的检察官写在判决首部，看着指控的每一笔事实和每一个罪名都被写进了判决认定的内容，看着两名被告人都被判处了应得的刑罚，我突然觉得自己很了不起！时隔多年，当时的那种感觉依然清晰，或许有点儿幼稚，或许有点儿夸张。但不管怎样，我开始喜欢上了公诉这份职业。

正是凭着这份喜欢，十多年来我一直扎根公诉二处。然而，要想每个案子都能收获这样的喜悦和成就感，必须付出努力。审查起诉大部分是案头工作,需要沉得下心认真阅卷,耐心细致的梳理案情,还需要不断的充实银行、保险、税务、证券等各领域专业知识。

2005年底,我受理了北京一家证券营业部经理张某挪用公款案。基本案情是张某在担任证券营业部经理期间,违反证券指定交易的相关规定,在未取得授权的情况下,擅自将客户委托营业部购买的国债进行回购,并将回购资金提供给其他单位进行股票交易。后因使用方无力偿还,造成证券营业部资金人民币6700万余元的重大损失。第一次提讯张某,面对我这样一个年轻检察官和证券业的门外汉,年过五旬的证券业精英张某非常不屑,对我提出的每一个问题都故意用极为专业的术语作答,弄得我一头雾水,非常尴尬。提讯回来,我买来几本证券专业书,熬了几个通宵恶补证券基础知识和法律法规。做好功课再次面对张某,他很是惊讶,放下架子认真的回答每个问题,在将案情原原本本的陈述完后,坦承自己确实应该承担相应的法律责任,但对于挪用公款6700万余元的指控还是觉得过重。2002年全国人大常委会对挪用公款罪作出新解释,严格限定了认定挪用公款归个人使用的情形。解释颁布后,挪用公款类案件骤减。审查后,我发现张某系以单位名义将公款借出给其他单位使用,并未从中牟取私利。根据新的立法解释,不属于挪用公款归个人使用,不能认定构成挪用公款罪。该案最终是以张某犯国有公司人员滥用职权罪提起公诉,并要求公安机关追捕追诉了另外一名涉案人员关某犯国有公司人员滥用职权罪的事实。一审法院判决张某国有公司人员滥用职权罪名成立,判处三年有期徒刑。宣判时张某当庭表示服判,未提出上诉。看到这样的结果,我很欣慰。

十几年间,我先后办理了上百件案件,年均结案数量一直位居部门前列。随着办案数量的增加,最初那种对公诉工作朴素的热爱逐渐被庄严的责任感和使命感所代替,对公诉也有了更深刻的理解。公诉的使命不仅仅在于将一名名罪犯送上法庭、定罪判刑,更重要的是要立足于检察机关是国家法律监督机关这个定位,通过对个案的办理充分发挥法律监督职能。十余年间,我多次纠正侦查机关认定的罪名,多次追捕追诉,从中体会和收获了更多的成就感和价值感。

2008年底我受理了由北京市公安局内保局侦查终结、经石景山检察院报送审查起诉的王连鹏涉嫌合同诈骗一案,起诉意见书认定王连鹏在以个人公司名义与首钢集团下属的北京京首贸易服务有限公司签订、履行矿粉等购销合同过程中,诈骗京首贸易公司预付货款1.3亿余元,用于个人投资、收购煤矿等。在审查了全部卷宗材料并提讯后,我发现京首贸易公司总经理汤建新对王连鹏将预付货款用于个人公司投资煤矿的事实是清楚的,汤建新有共同犯罪之嫌,但侦查机关却以涉嫌签订、履行合同失职被骗罪为由将汤建新另案起诉至区检察院。考虑到两案的关联性,我要求区检察院将汤建新案报送我院并案审理。通过进一步审查,我发现该案从形式上看,王连鹏是通过签订、履行购销合同的手段获取京首贸易公司货款,进行投资及个人购房等,最终造成损失,貌似合同诈骗罪。但诈骗罪的本质特征是行为人虚构事实、隐瞒真相,使被害人陷入错误认识,从而自愿交付财物。本案王连鹏将京首贸易公司预付货款用于个人投资,是得到汤建新准许的,王连鹏并没有虚构事实、隐瞒真相,认定其为合同诈骗罪定性不当。另据侦查人员反映,在向汤建新宣布逮捕、告知其涉嫌的罪名是签订、履行合同失职被骗罪时,汤建新曾高兴的作出胜利的手势,欢呼雀跃。我在提讯汤建新时,也能明显感到他对公安机关认定的过失犯罪的罪名相当满意。可是在我看来,案件中如果没有汤建新的准许和签字付款,王连鹏根本不可能源源不断的获得京首贸易公司高达上亿元的预付货款。汤建新在案件中所起的作用远大于王连鹏,认定其为过失犯罪显然是不恰当的。我认为汤建新身为国有公司工作人员,具有挪用公款的犯罪故意和客观行为,是个人决定以单位名义,通过购销合同预付款的形式,变相将公款供王连鹏的个人公司使用,进行营利活动。在与王连鹏业务往来期间,汤建新不仅向王连鹏索要钱财,还安排家属到王连鹏所购买的铁矿工作,谋取个人利益。据此,我认定汤建新构成挪用公款罪,王连鹏作为公款使用人,构成挪用公款罪共犯。因罪名改动较大,该案历经多次讨论和汇报。在逐级汇报过程中,我坚持了自己的审查意见,最终以挪用公款罪对二人提起公诉,二人均被判处无期徒刑。令人意外的是,汤建新竟然对一审判决未提出上诉。案发单位首钢集团给予我院高度评价。时隔多年,我依然清楚的记得汤建新在获判时的沮丧和无奈。

2009年办理邵建忠诈骗案时,我将区检察院批捕部门以证据不足为由未予批准逮捕的涉案人员卫登奎追诉为诈骗110万元的共犯,该犯获判有期徒刑十一年。

在享受追捕追诉带来的职业成就感的同时,我也清醒地认识到,追诉使犯罪分子受到应有的刑事惩罚,并不是额外附加的工作,而是公诉人的本职和分内工作。不追诉就是失职、不善追诉就是不称职。"法网恢恢、疏而不漏",简简单单八个字,需要公诉人付出艰辛的努力去实现!

相对突出的办案业绩为我赢得了周围同事们的认可和各级领导的信任,逐渐承担起办理大案、要案和疑难复杂案件的重担。我独立承办了海淀区原副区长星志国、门头沟区原副区长闫永喜、朝阳区原副区长刘希泉、最高法行装局副局级干部钟鸣等官员职务犯罪案件,以及被害人多达100余人的金德龙系列公司诈骗案,卷宗达二百余册、涉案金额上亿余元的北京市首例个人汽车消费贷款诈骗案等经济犯罪案件。并参与承办市委政法委挂账督办的延庆王璐林涉法上访案、马旺涉法上访案和最高检交办的部级专案——中国核工业集团公司原总经理、党组书记康日新受贿案。2012年被评为北京市检察机关第一届公诉领域业务骨干。

回首来时路,我庆幸十三年前选择了这样一份自己至今仍特别喜欢和热爱的职业。多年以来身边的领导和同事们一直鼓励我、信任我、帮助我、锻炼我,温暖的集体、和谐融洽的人际关系也让我更加坚定了这份喜欢和热爱!在我眼里,一个人如果能一辈子做他喜欢做的事,那他就是幸福的。我是幸福的,也愿意永远公诉并快乐着!

行且珍惜
——我的十三年公诉梦

公诉二处　崔誉

仿佛弹指一挥间,我大学毕业来到一分院工作已经十三年了。再回首这段有辛勤付出更有收获和进步的岁月时,第一次做记录、第一次独立办案、第一次开庭……许许多多的第一次,串联成一条让我不断成长的检察之路。而这条路上的每一个脚印,都见证了我从一个检察新兵向一名成熟检察官转变,一步步实践公诉理想的心路历程。

一、踌躇满志——梦想的起航

刚刚走出校园时,我像所有法科毕业生一样,渴望在检察院大展拳脚,学以致用,希望主持正义,惩恶扬善。因此,第一次穿上检察制服的我坚定的认为,只要将犯罪分子绳之于法,就是检察官最大的成功。然而,随着时间的推移,我却对这份工作有了新的感悟,再大的成功也需要从小处做起,就像一位检察院老前辈告诉我的"不要瞧不上书记员的琐碎工作,一个好的承办人一定曾经是一个好的书记员"。

然而,实现从一名学生到一位检察工作者的角色转换,现实总是比想象的还要艰难。比如,本以为自己有专业知识,记录水平也不错,可第一次做书记员还是手忙脚乱了,笔录纸上涂涂改改,更正的红指印密密麻麻,惨不忍睹。看着自己的"杰作",我的脸发红发烫。记得师傅说:"别急,刚开始都是这样的。"但我没法不着急,使出了"要做就做好"的倔劲,开始训练自己的记录、摘卷、归档等书记员功夫。我利用一切有利条件,努力学习,虚心请教,举一反三,在虚心学习的基础上,注意观察,用心思考,正是在这样的努力之下,我的书记员业务已经出类拔萃。

二、华丽蜕变——梦想的转折

在我的工作经历中,不能不提到的,就是改变我工作轨迹的司法考试。

2002年3月,我参加了首届全国统一司法考试并顺利通过,在成绩被确认后的7月,我拿到了一分院任命我为助理检察员的通知。在这几个月中,我仅仅是沉浸于考试过后的轻松,以及考试过关的喜悦,而这份任命通知给我的却是大大的惊喜,是我万万没有想到的。我没有想到刚刚工作满两年的我,能够从此走上很多前辈用了多年时间才进入的助理检察员工作岗位,我深深感到了院领导对我的重视和信任。而这份突如其来的责任,给了我尽快适应承办人角色的动力和信心。

被任命为助检员后,我从审查起诉普通刑事案件的公诉一处来到负责职务犯罪和经济犯罪案件的公诉二处,还来不及克服不同案件类型案件带来的不适应感,我就迎来了第一个挑战。我着手审查的第一个案子是一个百余册卷宗、涉案金额上亿元的六人系列金融诈骗案。说实话,刚刚独立办案,缺乏审查经验,而此案数额大、卷宗多、事实多、罪名也多,我感到了很大的压力,当时真是一头雾水,很茫然,不知从哪里下手,向来不认输的我在心里默默给自己打气:我一定行!

于是,无数的加班,虚心向其他老同志请教,每天按部就班地一本一本地看卷,一本一本的算账,仔细审查证据,努力做到准确认定事实、正确适用法律。随着对账目的清算、证据的核实,案情渐渐明朗起来,看起来很艰难的一个案子,被我一点一点啃下来了,我终于完成了独立办理案件后的第一份审查报告和起诉书。然而,随着开庭的日子一天天逼近,我的心一天天又紧张起来,虽然以前跟着师傅开过庭,但一想到自己将要作为公诉人在法庭上发言,心里还是底气不足,要是几名被告人都拒不认罪怎么办?要是辩护人提出相反意见怎么办?我分析着任何一点可能被被告人和辩护人抓住的环节,设想着任何一种可能在庭上出现的冲突,不断修改和完善公诉意见,充分做好庭审预案和准备⋯⋯即便如此,开庭那天,我还是叫上了一个有着丰富出庭经验的主诉检察官一起出庭、为自己壮胆。

我永远记得第一次开庭的那一天。短短几分钟的紧张之后,我完全进入了状态。基于对案情深入细致的分析、对证据完全翔实的掌握、对法律准确到位的适用,我出色地完成了出庭支持公诉工作,庭审进行得十分顺利。庭审结束后,主诉检察官对我说:"不错,继续努力!"我长长地舒了口气,也更加坚定了在公诉岗位上磨炼自己的信心。

三、勇挑重担——梦想的挑战

生命的希望在于不断地成长，办案的喜悦在于伸张了正义。我喜悦，不仅仅在于案件的成功办理，更多在于我在最大程度上体会着一名公诉人的辛苦和甘甜，体现着自己的价值。在公诉岗位上，老公诉人常说的一句话就是"每个案子都不一样，所以每一次办案都是新的体验"。诚然，随着办案经验的增长，对多种类型案件会有一套行之有效的办案思路和方法，但每一个案件不同的特点，又会带给承办人不同的体验，正是在不断接受这种新挑战的过程中，我逐渐成长为一个勇挑重担的成熟检察官。

例如，我曾参与办理了黑龙江省省委副书记、政协主席韩桂芝受贿案这一中央交办的专案。我负责审查其中三分之一事实，专案组最终出色地完成了工作。我还办理了市委政法委、市纪委等有关机关交办、督办的大量案件，如北京市公安局网监处原处长于兵贪污、受贿案、全国供销合作总社财会部预算处处长刘某挪用公款近4亿余元案、北京市地税局原局长王纪平贪污受贿案、丰台区人民法院原院长夏俭军受贿案等。这些社会关注度极高的大案、要案，不仅使我积累了办理重大案件的经验，还培养了我与各级机关之间沟通协调的能力。并且，在办理这些案件时，我能够以高度的责任心面对案件的各种疑难和争议。

例如，在办理前述全国供销合作总社财会部预算处处长刘某挪用公款3.96亿余元案时，由于涉案单位性质及涉案资金巨额的因素，媒体高度关注，我能够严格遵守办案纪律、顶住压力，提出应认定被告人的挪用公款行为属于"个人决定以单位名义将公款供其他单位使用，谋取个人利益的"情形的意见，并经市院公诉处支持，从而改变海淀院反贪局及其向市院反贪局汇报后的认定意见，最终我院意见被法院判决认可，从而正确地适用了法律，取得良好的社会效果。

此外，在办理每一个案件时，我都坚持细心与耐心，不放过案件的蛛丝马迹，尽量完善每个案件的过程。例如，在办理杨涛、董红亮、阮石丰抢劫案时，我经过仔细比对和进一步调取证据，改变了认定上述三人实施共同抢劫犯罪的作案时间，从而改变认定3人作案时的年龄、改变认定三人的刑事年龄阶段,进而得出结论认为:阮石丰在实施犯罪行为时为13岁、未达到刑事责任年龄,另两人为15岁、为相对刑事责任年龄,未予起诉阮石丰、将另两人起诉。最后,法院生效判决确认了我院指控的事实,后我院通过建议撤回移送审查起诉的程序,使市公安局将阮石丰撤回移送审查起诉。通过我的审查,最终准确认定了事实,也维护了三名犯罪嫌疑人的合法权益。

例如,在办理祖某等六人系列金融诈骗案时,通过审查赃款流向,我发现一笔200万元被打入一个公司,但没有该单位关于该款的证明和证言,也没有证明款项在此之后走向的账目。在退回公安机关补充侦查时,我提出了调查该款的意见,后公安机关据此查出了首钢公司资金结算中心副主任伙同他人受贿300万元的重大犯罪线索,后该二人均被判处死缓。虽然,赃款200万元与上亿元的涉案金额相比,只是很小的一部分,但我做到了"款出有因",查清事实,并且有力打击了犯罪。

再如,在办理姚冀闽等人贷款诈骗案件时,提讯嫌疑人时,我敏锐的捕捉到了他还有顾虑、欲言又止,我开始了刚柔兼济的说服教育,嫌疑人完全转变了态度,表示自己还有诈骗其他银行贷款的犯罪事实,从而及时发现了嫌疑人的漏罪,追加起诉贷款诈骗30笔、金额1800余万元,法院判决予以认定。这样的经历教会我一个简单的道理:根据不同的案件、不同的嫌疑人,办案要使用不同的策略,有时需要义正词严,有时需要和风细雨,法律的运用是一项需要智慧、需要技巧、需要耐性的活动。而这样的道理,只有亲身办案,才能有深刻的体会。

四、延伸视角——梦想的坚实

公诉人代表国家履行法律监督职责,依法指控犯罪,打击犯罪是我们的职责;但同时,我们又是人民的公诉人,在打击犯罪的同时还要保护人民的利益,维护刑事被告人的合法权利。责任心不是一句空话,我想它应该表现在每一个案件中。在办案中不断摸索、不断学习、不断总结、不断积累,久而久之,打下扎实的法律功底、丝丝入扣的分析,形成了自己独有的公诉风格。我严谨细心的工作风格,领导们能够放心的把大案、要案、难案交给我办理。

在依法办案、指控犯罪之余,我也在延伸公诉视角,实现检察工作的全面发展。例如，在办理市委政法委、市维稳办督办的 2010 年"维稳第一案"——董静等人合同诈骗案时，被害人达数百人，我并没有因接待来访要占用大量的办案时间而厌烦，而是在每次接待被害人来访时，本着爱民之心热心接待、去细心体察他们的诉求、耐心地释法说理，身体力行的为被害人追赃减损，用群众信服的方式执法办案，最大限度的增加和谐因素。

办案之余，我积极延伸公诉职能，通过发放检察建议参与社会管理创新，通过参与大量案件的论证、公诉引导侦查，培养与各级机关工作配合工作的能力。因为，作为一名优秀的公诉人，不能止步于犯罪得到追究的结果，在法庭之外，面对案件背后暴露出的问题，也要更加深入地思考。思考引起犯罪的社会问题，思考更好处理案件的法律问题，思考杜绝犯罪的预防问题。这种思考，让我在一个更深的层面，理解了检察机关作为法律监督机关的权力，和我们作为法律监督者的意义。

五、且行且珍惜——梦想的继续

"纸上得来终觉浅，绝知此事要躬行。"既要树立成为优秀公诉人的昂扬向上目标，又要脚踏实地，最重要的是自己摸索。在我十三年的公诉人职业之路上，我经历了摸索公诉工作方法的彷徨时刻；经历了与辩护人唇枪舌战的激情时刻；经历了提心吊胆害怕指控意见不被采纳的痛苦时刻；经历了成功公诉、成功追诉的喜悦时刻。感受成功喜悦的时间虽多，但仍每天以一种如临深渊、如履薄冰的心态在办理每一个案件，不敢有一丝懈怠，我经历着这个过程，不断迎接挑战，做出一次又一次正义的表达！日复一日的公诉工作已渐渐渗入了我的生活，我无法割舍；我在年复一年的公诉工作中找到了自己的位置，体会到了什么叫"痛并快乐着"。我的生命因为有了公诉经历而厚重、深刻！

从进入检察院工作开始，我就一直没有离开过公诉部门，每次佩戴国徽，以国家公诉人身份在法庭上与被告人、辩护交锋时，我都感到是对自己的一次挑战，一种催人奋进的挑战。正是这样的动力，使我加深了对起诉工作的理解和热爱，也使得我在起诉部门一干就是十多年，并且它还将继续下去。我也会继续用脚踏实地、严谨细致地办理手边每一件案件，诠释着"立检为公、执法为民"的思想，用专业的操守、扎实的法律素养来践行法律监督的职能。

  正是在办理这些鲜活的、真实的案件中，体现着公诉人在国家法治进步中的作为。经历了正义与邪恶的较量，做到了惩戒与挽救的并重，我力求将法律效果和社会效果的统一涓涓细流般地融入到每个案件的办理中！

  每次加班后走出办公楼，看着点点灯光、万家祥和，我心底有着稳稳的踏实，这里面也有我的一份努力，我有一点点自豪，这大概就是价值感吧。同时，我也深知，自己要做一名优秀公诉人还有很长的道路要走。然而，不管这条成为优秀公诉人的成长之路上会有怎样的困难和考验，我都不会停下探索的脚步，我会一直努力，在工作中成长，在办案中成熟，继续我的公诉人之梦！

中国梦　检察梦

公诉二处　王春波

2000年大学毕业后我怀揣着对中国法治的梦想，来北京市人民检察院第一分院工作，来院后我被分配到反贪局，自侦部门对我生活和工作给予了很好的锻炼，我主要参与当时的北京商业银行中关村支行行长霍海因专案组的工作，两年的自侦工作使我对自侦程序和反贪工作性质有了较为深刻的认识和理解。法律的道路从此在我脚下延伸开来，使我从一名象牙塔中的大学生逐步成长成为一名首都的执法者，也是在那时，检察官的形象在我眼中越来越清晰，我也越来越清楚地认识到检察官的神圣使命和光荣职责。

2002年院里安排我到公诉二处工作，在这个优秀的处室工作并成为这个团体的一员，是很多年轻检察干警的心愿，因为这里充满着机遇与挑战，同时也承载了一代代优秀公诉人的光荣与梦想。在公诉二处工作的时间里，我始终在虚心的学习，从书记员到助检员，在办理各种各样的案件中一点一滴的积聚能量，增长才干，在思想上的日趋成熟为自己承办案件打下了扎实的政治理论基础，在运用刑事政策处理解决案件问题方面能够达到高检院、市检院的要求。在领导和同志们的帮助下，也是在自己的努力下，取得了一些成绩，在2006年、2007年和2010年的年度量化考核中被评为优秀等次，并获得嘉奖。

2002年8月到公诉二处工作至今已10年有余，10年的公诉工作是使我成为一名司法执业人员的重要积累。自2009年以来，自己独立审查起诉各类经济犯罪案件36件，在各办案年度均能保质保量地完成处室的办案任务，办案数量居处室前列，于2006年、2007年、2010年度考核被评为优秀并获嘉奖，并在2012年被评为本院办案能手。

在近几年的公诉工作中，我还承办了一大批疑难复杂的案件，2009年承办的美籍华人丁文非法买卖人类头骨案，因为在非法经营罪的司法解释中没有明确规定上述行为可以认定，经反复查找相关行政法规，发现2006年8月

1日卫生部等九个部委发布的《尸体出入境和尸体处理的管理规定》对尸体的运输、买卖做了比较明确的规定，该规定明确了人类尸体包括骨骼，第八条还规定，严禁进行尸体买卖，严禁利用尸体进行商业性活动。根据上述规定可以看出，尸体不属于限制经营的物品，而属于禁止经营的物品，因此不能适用非法经营罪的第一款"其他限制买卖的物品"，只能引用第四款"其他严重扰乱市场秩序的非法经营行为"，由于保护死者的尸体是我国传统的民俗，而丁文等人贩卖人类颅骨谋利的行为显然违背了这一善良风俗，并且在国家明确规定禁止买卖尸体的情况下，大量贩卖人类颅骨获取暴利，其行为应当认定为非法经营罪，经过反复论证，最终我院以非法经营罪进行指控并得到法院判决支持，此案在北京属于第一例买卖人头骨的案例。

2010年承办的闫肃、杨非非等人骗取出口退税案，该案件属于零口供，且卷宗多达200余册，闫肃以其控制的诚信安隆公司从代理商购进AMD品牌的CPU，取得增值税专用发票，同时向海关假报出口，表面上将从代理商购进的CPU用于出口（使用的是真实的增值税发票），实际上使用淘汰或者废旧的CPU装箱并报关出口业务，取得了海关的报关单。由于海关对出口货物的真实性并不审查，所以闫肃轻易的逃避了海关的检查，将虚假货物出口至香港。在香港雇佣"马仔"通过走私入境的方式将这批货物运回北京，然后再进行下一批CPU的出口使用，如此循环往复。同时，闫肃将真实的CPU用于在国内低价销售，税务机关根据计算机CPU序列号在全球是唯一的终身代码这一特点，在全国17个省市电子市场上百家购货人进行调查、询问，将内销的CPU序列号与供货商提供的CPU序列号进行比对，证明诚信安隆公司将用于出口的CPU进行了内销，从而证明其骗取出口退税的行为。该类型的骗税方式被国税局称为"第五代新型骗税"，采用假冒出口、内销牟利的手段骗取退税，表面上出口流程完整、骗税手法隐蔽、查证困难，经与国税局稽查机关多次沟通、咨询，并提出进一步在国内调取CPU序列号进行比对的补证要求，最终成功指控该公司虚假出口货物价税合计2.07亿余元，申报退税达3500万余元。

除上述案件外，还有2010年承办的张涛（伙同门头沟区副区长闫永喜）贪污案、2011年承办的中科院地质地球物理研究所的段振豪、车春兰贪污科研经费案、2012年承办的市院督办的曾能财、刘伟诈骗国家拆迁补偿款案、2012年承办的市院督办的蒋小勇虚开增值税专用发票案（价税合计达4亿余元）等大案要案，均取得了较好的法律效果和社会效果。

从数据统计来看，本人2009年度A类案件占审结案件的33.3%、2010年度A类案件占审结案件的27%、2011年A类案件占审结案件的33.3%、2012年度A类案件占审结案件30%，该同志承办的案件中A类案件基本比率为三分之一，高于处室平均A类案件占有率。

在办理案件的同时，我还善于发现问题，在检察监督工作中发挥了审查起诉部门的监督职责，2011年度办理中科院地质与地球物理研究所段振豪、车春兰贪污案，给中科院地质与地球物理研究发出检察建议并得案发单位的回复；2011年度办理中国中原对外工程有限公司经理王元元挪用公款案，给中国中原对外工程有限公司发出检察建议并得到该单位回复；2012年办理中国中铁航空港集团有限公司副总经理陈同洲（副局级）受贿案，给中国中铁航空港集团有限公司发出检察建议并得到该单位回复。

除此之外，我在办案中多次发现漏罪、漏诉的问题，2009年度在审查徐百川、李兴发等人合同诈骗案，发现涉案人员张艺苧同样应当追究刑事责任，经过多次协调，要求公安机关追捕追诉，2010年公安机关将张艺苧抓获归案，移送我院审查起诉并于当年度顺利审结，后张艺苧被判处无期徒刑。2011年度办理郑北晨、玉长国合同诈骗案，发现公安机关漏诉两起诈骗事实，后要求其补充证据，我院起诉后法院判决认定了上述追加事实；同时发现该诈骗案件中涉案人员程远应追究刑事责任，要求公安机关追捕追诉后，2012年公安机关将其抓获归案，移送我院审查起诉并于当年度顺利审结，后程远被判处有期徒刑15年。

在繁重的审查起诉工作之余，本人对调研工作也较为重视。曾参与编写了《国家工作人员预防职务犯罪法律界定及案例剖析》一书，该书被作为国家工作人员普法教育辅导教材；另于2011年就丁文非法经营一案撰写了《小议非法经营罪的法律适用》一文；还于2012年与他人合作撰写了《"小金库"的界定、相关刑责及其防治》一文，得到国土资源部部领导的批示并在中国监察报发表；2013年还撰写了《"退居二线"赋闲领导干部受贿的法律认定》，已发表在法制与社会杂志。

　　公诉工作锻炼了我较强的组织、协调能力，公诉工作既要对侦查、审判工作进行有效监督，又要在如何处理案件实体问题及程序问题上与侦查人员、审判人员进行良性的沟通、协调，公诉二处的工作极大的锻炼了我的组织协调能力。在办案之余，我发挥自己的组织管理才能，积极参与、组织我处的各项文体活动和支部活动，使我的组织协调能力得到进一步锻炼。

　　在廉洁从检方面，我会做到"自身正、自身硬、自身净"。相信我在反贪和公诉两个办案部门的工作经验，将有助于我协助处长，查找新的执法风险点，不断完善监督的方式方法，增强监督的准确性和实效性，共同建设学习型、创新型、服务型业及部门，从而促进我院的队伍建设和各项检察业务工作顺利开展。

　　本人积极参与院内及检察系统各种演出及体育比赛，荣获"健康之星"。另外，我还参加了 2008 年北京奥运会 T1 车队驾驶员志愿者，在北京奥运会志愿者中作出了较为突出的贡献。为中国梦、检察梦做出了自已的贡献。

立足本职　开拓进取
做人民满意的检察官

公诉一处　李楠

"往事依稀浑似梦，都随风雨到心头。"转眼，我已在检察工作岗位上奋斗了八年。八年间，领导的关心，老同志的言传身教，同龄人的鼎力相助，使我逐渐从一个懵懂的学子成长为一名人民检察官。回顾这些年的工作经历和心路历程，我有以下几点体会：

一、调整心态，踏实工作

记得国足教练米卢曾经说过"态度决定一切"。刚刚参加工作时，我经常被周围的同事称赞"心态好"，那时懵懂，不以为然，现在回想起来，恍然觉得"平常心"也许是我这些年来能够较快成长的原因之一。

众所周知，书记员所从事的工作是最基础的，最琐碎的案头工作。但是，无论你是来自钢铁长城的最可爱的人，还是来自知名学府的莘莘学子，都必须从书记员这个最基础的岗位干起。可以说书记员工作是我们每个人职业生涯中不可逾越的一个必经阶段。打字、记录、归档，面对这些看似缺乏"科技含量"的工作，积极的工作态度，平稳的心态，是干好工作的前提。记得岗前培训时，主管检察长就曾对我们年轻人说过："年轻人可不能犯'眼高手低'的流行病，不能只懂理论，不懂办案；不能只会做文章，不会做记录；要放得下身子，踏踏实实工作"。

参加工作后，我被分配到内勤，由于工作性质的原因，我所从事的工作更加琐碎繁杂，收案登记、案件统计，甚至还包括买饭卡、领取办公用品等。一年来，我也曾渴望身穿检服，惩恶扬善；也曾艳羡胸佩检徽，出席法庭，落寞时，也曾自嘲"四年寒窗苦读，今夕机关打杂"。要说心里没有落差，有些勉强。但是，我深知作为刚刚参加工作的年轻人，检察院的每一个岗位、每一项工作都是新鲜而陌生的。对仅有理论知识，缺乏实践经验的年轻人来说，只要用心，就会发现可学之处，只要肯干，就能有所收获。就拿内勤工作来说，虽然不能直接参与具体案件的办理，但是，作为全处工作的枢纽，内勤起到上传下达的重要作用。在这个岗位上，可以充分锻炼我的沟通能力和协调能力，也可以使刚刚从事检察工作的我，能够先期从宏观上对将来所要从事的工作有一个整体的认识，为今后的工作铺好路。调整好心态，有了"不积跬步，无以至千里"的认知，有了"千里之行，始于足下"的决心，我集中精力去干手头的每一项工作，"眼勤、手勤、腿勤"，登记及时、统计准确，努力为一线办案人员服务。

被分到办案组后，开始接触书记员业务，为能把各项基础工作做好、做实，我苦练各种技能，夯实基础：笔录做不好，我就注重总结每类罪名的记录要点；打字速度慢，我就学习先进的输入方法，几年来，我参与办理的案件几乎涵盖了我处受理案件的所有类型，对每一类案件我都留心归纳记录要点，不断改进记录方法。有人曾质疑："书记员只不过是一个过渡阶段，将来还是要当承办人办案子的，苦练打字、记录这些基础技能，将来有用吗？"对此，我深信有了好的开始，才能有好的将来，一步一步的走，才能踏实、坦然。书记员阶段的磨炼与积累，是基础，并非"无用"功，作为年轻人要摆正心态，正确定位，踏实工作。

二、着眼长远，增长才干

"眼高手低"不可取，"安于现状"同样不可取。在书记员的岗位上，做好各项基础性工作是第一位的，但却不是工作的全部。没有想法的年轻人，在事业上只会裹足不前。对我来说，成为一名业务精通、经验丰富的优秀公诉人，才是最终目标。书记员则是我迈向这个目标的第一步。也正是因为这个"长远"的打算，使我对书记员阶段的工作有了更深层次的思考。在做好记录、归档等案头工作的基础上，在与承办人的相互配合中，我认真分析每一个案件，熟悉掌握每一个法条，努力从承办人的角度思考问题，注意把握一切机会向老同志学习，他们研究案件，我认真听，学习他们的办案方法和思路。对业务上有建树的同志，我虚心向他们求教，不断丰富自己，为今后独立办案积累经验，培养能力。

其实，书记员和承办人的工作是相通的，以承办人的标准要求自己，对更好的完成书记员工作也大有裨益。就拿记录工作来说，要做到重点突出，详略得当，除了熟悉案情和掌握一定的记录技巧外，书记员还要对案件所涉罪名的犯罪构成，量刑情节等问题心中有数，只有这样，记录时才能分清重点，针对性强。另一方面，为更好的完成记录工作，事前与承办人进行充分的沟通必不可少，有心的话，还可以借此向承办人讨教讯问技巧，丰富经验。为能顺利完成从书记员到承办人的过渡，实现工作角色的转变，就要发展的看待书记员工作，在从事书记员工作的过程中，抓住每一个机会，"多留心"、"多用心"，结合办案和年轻人理论功底好的优势，开展调研，积攒能量，为今后的发展铺好路，投好资。

在学中干，在干中学，经过不懈的努力和长期的积累，2008年，在院领导的支持与鼓励下，我参加了全市检察机关书记员技能比武，并获得了"十佳检察书记员"的称号。这一方面说明院领导十分重视书记员的长远发展和培养，注重从书记员抓起，提高全体人员的素质，另一方面，这也是对我学习和工作的一种肯定，为我将来的发展奠定了基础。

三、牢记责任，忠于职守

列夫托尔斯泰说过"一个人若没有热情，他将一事无成，而热情的基点正是责任。"只有时刻提醒自己肩负的责任，才能在新鲜感消退后，始终保持工作的热情，才能在本职工作中做出好的业绩。工作中，我力争还原案件事实真相，使有罪的人得到应有的处罚，使无罪的人不受追究，无论案件大小，都严把事实关、证据关，确保案件质量。

2011年，我承办了白淑新等三人故意伤害一案，在对纷繁复杂的证据进行反复梳理与核对的过程中，我发现案中一名叫宋昌国的人在案发过程中，伙同白淑新等人对两名被害人进行了踢踹，共同导致了被害人一死一伤的严重后果。根据其在案件中的作用，应认定为主犯，理应受到法律的严惩，而公安机关却未对其采取任何措施，经过向处领导、院领导请示汇报，及时致函公安机关要求对宋昌国进行追捕追诉，并引导公安机关进一步调查取证，夯实、完善证据体系。四个月后，被告人宋昌国被追诉到案，但其始终拒不认罪，辩称没有参与打架，自己只是目击证人。在法庭审理过程中，宋昌国的辩护人也以该案事实不清、证据不足、指控罪名不能成立为由进行了无罪辩护。庭审中,我综合分析全案证据情况,进行了有力答辩,并当庭发表了判处被告人宋昌国十至十三年有期徒刑的量刑建议。最终法院全面采纳了我院公诉意见及量刑建议,以被告人宋昌国犯故意伤害罪,判处有期徒刑十二年。

法律监督是检察工作的核心,也是检察官的首要职责。只有具备这种责任意识,具有高度的责任心,才能从错综复杂的案情和证据中,抽丝剥茧,发现问题,办出高质量的案件。在办理赵庆江故意伤害案过程中,通过仔细阅卷,我发现根据到案经过和赵庆江的第一次供述,赵庆江是在火车上经乘警盘问后交代了犯罪事实,有可能因构成"形迹可疑"型自首而对其量刑产生重大影响。为此,我在提讯时着重对其到案情况进行了详细询问。然而,赵庆江的供述与上述在案证据出现重大矛盾,赵庆江供述称是在打工地附近被抓获归案的。经进一步调查核实,我发现侦查机关存在为完成公安内部"清网"考核指标,违背事实,出具虚假到案经过和询问笔录的严重问题,后分别向承办该案的昆明市铁路公安处、房山分局发放了纠正违法通知书,受到上述单位高度重视和书面回复,昆明市铁路公安处领导还专门来我院就上述问题说明情况,听取意见。诉讼监督工作得到了被监督单位的充分支持与肯定,取得了良好效果。

四、吃苦耐劳,勇担重任

古之成大事者,不唯有超世之才,亦必有坚忍不拔之志。要想成为一名出色的公诉人,就必须吃得了苦,经得住考验,尤其在承担重大任务、面对巨大压力的时候,更应能迎难而上,勇往直前,力求在每一项工作中寻求提升,在每一次重任中挖掘自己的潜能。

2012年,刑事诉讼中证人出庭难的问题引起了我的关注,为什么证人不出庭?证人出庭的制度价值在哪里?如何能确保证人出庭作证?围绕这些问题,在院、处领导的支持下,我开始了对证人出庭工作的调研。通过对百余件证人出庭案件进行分类统计,我对我院多年来开展证人出庭工作的经验做法和成效进行了深入分析和全面总结,撰写了一万七千余字的调研报告及多份经验材料,受到了高检院和市院的高度关注,市院还将我院证人出庭工作的经验在全市予以推广。

2012年9月，全国检察机关刑事案件证人出庭工作现场会在北京召开，我办理的郭宗奎等四人运输、贩卖毒品一案被选为观摩庭，将于现场会当天接受公、检、法、司及专家学者代表共130余人的观摩。这给独立办案时间不长的我很大的压力，时值我刚刚怀孕，身体的不适，更使我感到有时力不从心。每当我倦怠时，我常常告诫自己，面对压力，要努力使自己变成弹簧，压力越大，动力越大。要相信自己，顶得住压力，吃得了苦，咬牙坚持到最后。为能出色完成出庭公诉任务，通过该案庭审充分展现我院证人出庭工作成效，我加班加点，进行了大量工作。毒品案件与其他类型案件相比，除被告人口供外的客观证据较少，证据上具有天然的劣势。庭审前，两名被告人又出现不同程度的翻供现象，否认犯罪事实，这使得出庭工作难度进一步加大。在院、处领导的支持和办案组同事的配合下，我曾多次赴房山分局缉毒队、北京市公安局缉毒总队、北京市天堂河戒毒康复中心等单位调查取证，并协调证人出庭等工作。修改后的刑事诉讼法正式实施前，由于缺少安全保障、经济补偿、强制出庭等证人出庭的配套规定，如何能确保证人出庭作证，成为我面临的一大难题。特别是案件中从被告人手中购买毒品的重要证人张某，能否顺利出庭作证，指证被告人贩卖毒品的犯罪行为，将成为案件能否成功公诉，庭审能否取得良好效果的关键。为此，我昼思夜想、夜不能寐，通过多次约谈，动之以情、晓之以理，逐渐打消了证人的思想顾虑，最终包括张某在内的四名证人全部同意出庭作证。庭审中，通过对证人的交叉询问，结合案件其他证据，向法庭客观、全面了整个案件事实，在保障被告人合法权益的同时，加强了指控，取得了良好的庭审效果，得到了现场观摩的领导与专家的充分肯定。

记得著名主持人杨澜曾经说过："这辈子你可以不成功，但不能不成长。"是的，短短八年的检察工作经历，成功也许离我还遥远，但我享受这份工作带给我的成长的感动，欣慰于这份职业带给我的所有变化。作为一名年轻的检察官，成才的路任重而道远，放平心态，但不放慢脚步；着眼长远，但不好高骛远；珍惜机会，把握现在，面对未来，我充满信心！

检察梦·我的成长之路
——从书记员到检察官的心路历程

公诉一处　宋文国

每个人都有自己的梦想，每个人的梦想也都许多，生活中的、工作上的……而我自进入政法大学开始，就梦想着能够成为一名检察官。不过七年的学校生活结束时，我未能遂愿，只好带着些许的遗憾走上了第一个工作岗位。然正如歌儿所唱"心若在，梦就在"，2010年7月，我辞去了工作三年的国有企业，通过"社招"的层层考核，进入了市检一分院，并被组织分配在公诉一处工作。

我终于有机会成为一名检察官了！在欣喜与雀跃之余，我发现尽管自己研究生毕业于著名的法学院校，且拥有七年不间断的法学理论知识学习的积累，但对实践中的检察业务工作还比较陌生，特别是实际操作经验缺乏；尽管自己在进入北京检察系统之前有三年的国企法律事务工作经验，甚至参加过诸多重大项目的法律论证、对企业违纪违法人员的查处，但与检察工作的严格、缜密要求总感觉还相去甚远，甚至一些基本的检察业务如案卷的装订、法律文书的制作等都不甚熟悉。

还记得第一次去看守所提讯，之前师傅虽然讲解了把犯罪嫌疑人从监室提到讯问室的详细路线和注意事项，但当那个带着手铐和脚镣的"威猛型"涉嫌抢劫、杀人的犯罪嫌疑人走在我面前时，我依然不免心惊胆战，竟然忘记了何时左转还是右转，在看守所里转了好几个来回，最后还是那个犯罪嫌疑人带我找到了那间讯问室。已经从学校步入社会数年，还有着一定的工作经历，竟然连这点小事都做不好。从看守所回来的路上，我感到深深的自责与懊恼。但很快，我认识到，其实在这里，我与刚毕业的学生没有什么区别，都需要从头开始。只有从小事起，才能扎实地走好以后的路。于是，跟着师傅们收卷、制作阅卷笔录、提讯、外调、开庭、复印案卷、归档……无论师傅比我年长还是比我年轻，我都乐此不疲。

当时全处只有两个书记员，所以每个人要跟两个组，七八个承办人。往往是这边正摘着卷，那边需要开庭；这边刚提讯完毕，那边需要去外调……起初感觉只是忙忙碌碌，但没过多长时间，我渐渐发现其中的"奥秘"——不同的主任检察官组所办理的案件类型不太相同。即使在一个主任检察官组内，每个承办人又有着各自不同的特点与专长——有人细致入微，有人高屋建瓴；有人嫉恶如仇，有人和风细雨；有人对多人多起盗窃案件研究深入，有人对运输毒品案件证据把握精准……通过在不同主任组与承办人间的"穿梭"，使我能有机会通过参与"京城江洋大盗"案、"公路盗窃游击队"案等特大盗窃、抢劫案的办理，掌握了一人多起和多人多起犯罪案件的审查要点和方式方法；通过参与"纸老虎董事长被害案"、姚曼敲诈勒索著名艺术家蒋某某案等案件的审查起诉，学会了对证据的审查判断；通过"全国检察机关刑事案件证人出庭工作"庭审观摩案件，掌握了庭审质证、示证以及证人、鉴定人、侦查人员出庭作证的要领。加入市委政法委"东方森茂专项工作组"，熟悉了涉众型案件善后处理与矛盾化解工作的方式方法。在主管副处长的指导下，通过对全市公安机关移送审查起诉的"法轮功"、"全能神"等邪教组织刑事犯罪案件的收案、审查、交办等工作，协调能力不断增强。两年多来，作为书记员，我完整参与办理了涉及煽动颠覆国家政权、间谍、故意杀人、故意伤害（致人死亡）、贩卖（运输）毒品、抢劫、放火等涉及不同罪名的各类案件96件119人。

在一个个具体案件的办理过程中，在将书本中的法律知识应用于审查起诉工作实践的过程中，我对"客观、公正"有了更加深刻的认知，也进一步意识到机械办案不可取，而"技术"与"技巧"对于将案件办好，意义重大。还记得在跟随师父办理陈某故意杀人一案时，看着公安机关起诉意见书对案发起因系"琐事"的描述，并没有引起我太多的注意。因为侦查机关起诉意见书中往往千篇一律地写为"因琐事……"，而检察院的起诉书中，也往往乐于应用"琐事"一词。但当我们提讯陈某时，嫌疑人对"琐事"一词的使用显得极为激动和质疑。在师父的带领下，我们查明原来犯罪嫌疑人在生活中对其亲属一向友善，甚至在与其前夫离婚后，仍在照料其前夫患病的父亲（也就是该案的被害人）。案发当天，被害人出于病态对陈某连续辱骂了数小时，陈某不堪辱骂，遂持菜刀将被害人砍倒。陈在行凶后立即打电话报警并叫救护车救治。在陈某看来，这怎么能说是"琐事"呢。针对此种情况，我们在起诉书中没有使用"琐事"一词，而是以"白描"的方式叙述案件起因。开庭当天，被告人对起诉书的描述完全认可，法院也在裁判中一字不落的将起诉书的内容完全引用。

而在跟随师父办理另一起案件中，犯罪嫌疑人郑某某是未满十五周岁的未成年人，在成年犯的教唆下，郑某某借向高某某卖淫之机进入高的住处，后伺机打开高某某住处的房门，用手机给同伙发出信号，程某、项某潜入高的住处，将高某某勒死，抢走高家财物。在制作起诉书时，我们踌躇再三，把原打算表述的"借卖淫活动之机进入高某某的住处"改为"借故进入被害人高某某的住处"。师父说考虑到这样的表述并非叙事不清，在法庭上能够说清楚"借故"的相关情况，没必要在起诉书中叙述具体缘由。一旦把"卖淫行为"白纸黑字地落在法律文书上，将会对郑某某今后一生产生无法摆脱的影响。案件起诉到法院后，起诉书的表述方法得到法院的肯定，主审法官对我们说："刑法要追究的是郑某某的抢劫罪行，并非要追究她的卖淫行为，表述为'借故'足以说明案件起因，不会产生歧义"。为郑某某进行庭外心理疏导工作的心理咨询师评价起诉书中'借故'的表述时，认为"这样的表述体现了检察机关对犯罪嫌疑人人格的尊重和关怀，实际上是挽救了郑某某的后半生，否则她永远走不出这个心理阴影，永远要背上这个精神枷锁。"

"技术"与"技巧"不仅体现在法律文书上，还体现在庭审的应对上，那就是理性、平和。在跟随师父办理何某某入室杀害两名卖淫女，抢劫被害人财物的案件时，当被告人辩称："反正她（被害人）是当小姐的，抢了她也不敢去报案，抢了就抢了"，"她是卖淫的，反正也不是什么好东西，杀了她活该"。而辩护人把从事卖淫活动作为被害人存在过错，以此作为应对被告人从轻处罚的酌定理由。听到这些强词夺理的辩解，我感到了愤怒与冲动。"她们从事什么职业并不重要，重要的是她们是父母的女儿，是丈夫的妻子，是子女的母亲；更为重要的是，她们和你、我一样，都有生命的权利和尊严！"师傅理性而又不失力度的驳斥，让被告人和辩护人无言以对，也让我的内心归于平静。理性不是冷漠，激情不是随意而为。检察人员个人对犯罪的深恶痛绝、追诉激情要内化于心，而审查起诉的法律职责要平和地外化于行。庭审中临场应对要以公诉规范为前提，使用法言法语来理性表达。

2012年9月，我被领导安排在处室内勤岗位，承担了全处收案审查、案件协调等相关法制工作。负责本处及上级部门交办的各类综合文字工作，先后起草各类总结、报告、计划、方案等材料15万余字。作为特约信息员，承担本处大量信息撰写、编辑工作，2011年以来共撰写各类信息40余篇，其中近20篇被本院或市院转发。承担本院公诉部门基层院考核相关工作，负责数据收集、复核、汇总和上报工作，做好半年和年度考核结果分析，上报主管检察长、提供给公诉各部门作为决策参考。内勤的工作虽然细微、繁杂，有时更是默默无闻，但我却乐在其中，因为这个岗位极大提高了我从大局着眼、从细节着手的能力和水平。

学而不思则罔，日常工作中，我还注重发现总结工作中遇到的突出问题，以期用以指导实践。近三年来撰写了个案分析、理论性分析以及调查报告等各类调研文章近20篇，其中有的入选全国检察机关刑事案件证人出庭作证研讨会论文集并在研讨会上作主题发言，有的在《检察日报》、《法制日报》等报刊、杂志上公开发表，还有的成为本院创新工作项目或者以本院发文形式上报市院。

三年来，怀揣检察官梦想的我，在办案中成长，在思考中进步。除了参与个案的办理，在组织的安排下，我还先后参加了"入职培训班"、"初任检察官培训班"、"公诉技能实训班"等多项学习培训。这些不同培训，可谓量身定制，使我能够有步骤、有重点地进行岗位实习、学习。在掌握助理检察员应熟知的基本业务流程、基本业务知识的同时，也更加明确了自己的工作目标和要求。正是组织的培养和师傅们的言传身教，使我在娴熟于审查起诉程序性工作的同时，对办"精品案"有了全方位的认识，对"四个一流"有了更深入的理解和把握，进而向着检察官的目标迈进。

2013年4月，我通过了组织的考核、考察，将要从书记员转换为助理检察员，我的检察官梦想之船将要迎风起航。但我深知，路漫漫而其修远兮，为做一名优秀的检察官，我将上下而求索。

我的成才之路

公诉二处　张媛

一、集体的智慧是我们成长的基石

2008年是三年一度的检察技能比武年，这一年既是充满艰辛困难的一年，同时又是收获喜悦的一年。这一年，我作为业务部门干警代表参加了全市检察技术技能比武，以优异的成绩、出色的表现荣获本届检察技术技能比武团体第三名。至今，比赛结果宣布那一刻的激动人心、令人窒息仍历历在目。当时，我的脑海里只有三个字在不停盘旋着"一分院"、"一分院"、"一分院"……此时，空气仿佛都已凝固，时间仿佛都已停止。当宣布我院获得第三名时，我的眼眶湿润了。第三名，虽然头上的光环远不如第一名那样闪亮、耀眼，但是同样是对我们努力的肯定，终于，我们没有辜负领导对我们的期望，同志们对我们的关心、帮助。

作为一名2007年刚刚走出校园步入工作岗位的新人，能够得到领导、同志们如此的信任担此重任，内心有着说不出的感激，暗暗下定决心一定要好好努力争取取得好成绩，为我院争光。说实在的，参加这次比武，让我既激动、向往，又紧张、忐忑。别人可能会不理解，觉得你一个上了那么多年学的研究生，难道还惧怕考试吗？诚然，考试对于曾经的我来说，早已成家常便饭，但是这次不一样，我的表现代表的不仅仅是我个人，还代表着我们一分院啊！在备考过程中，每当想到这一点，我就会无法克制的紧张，因为一分院是北京乃至全国检察系统的标兵、人家都在朝我们看齐，如果比不出好成绩，那我怎么能对得起这份荣誉，怎么能实现——"今天我为一分院而骄傲，明天一分院因我而自豪"的美好愿望呢！然而我也深知，光有压力，不能解决任何问题，关键是要将压力转化为动力，加倍刻苦、努力的复习，如此方能取胜。

在这项比赛中，我共负责两个环节，一是业务人员的上机测试，二是信息化应用展示部分的文稿演讲。说实话，刚一拿到上机测试的大纲着实让我有些犯憷，因为考试内容非常宽泛，而大纲又十分抽象、概括，真是给我这个非检察技术人员以无从下手的感觉。然而让我十分感动的是，和我一同参加比赛的检察技术人员陈军主动将其收集整理的复习资料拿给我，这不仅为我省去了不少复习时间，同时也让我对复习重点有了把握，就这样，我一边研读考试大纲一边复习考试内容。因为在此期间，我还在学习一种新的汉字录入方法，而这个输入法具有许多不同于现在普遍所用输入方法的特点和优点，但是需要每天至少六小时的训练方能在短期内大幅提高录入速度，就这样，我将汉字录入练习与复习考试穿插进行，打字打累了就去看书，看书疲劳了就再去练打字，现在回想起来，那段时间，真的是有些不堪回首！

然而这一切又是那么的值得，项明检察长、周晓燕副检察长、平家友主任、机关工会还有许多处室领导多次来看望我们参赛队员，给我们鼓劲，一起复习的同志们还互相开玩笑说"领导来了，我们身上的担子更重了，不取得好成绩自己都无法原谅自己"，就这样我们互相支持着向前。教育训练处李军处长在百忙之中不仅为我们制定训练计划，还亲自安排我们的衣食住行，让我们在最好的条件下备战。我处的朱兰处长和同事们为了能让我安心备考，主动将我的工作任务承担起来，给予我最大的支持，使我能够全身心的进入技能比武状态。

备考过程是痛苦漫长的，而复习时间却是紧张短暂的，转眼间，已经到了考试时间。10月9号、10号两天分别进行了院领导、业务人员和技术人员的上机测试，王一俊检察长获得了满分，我和陈军也以优异的成绩使我院团体分排名第二。接下来，就要看16号的信息化演示了，由于这个环节占到整个比赛成绩的60%，从一定程度上来讲决定着比赛的最终成败，因而从院领导到处室领导、同志们对此都十分重视，我更是不敢懈怠。我拿到演讲稿的定稿已经是10月13日，此时离正式演示只有3天时间了，虽然演讲稿不需要背诵，但是4000余字的稿子要在15分钟内配合演示片的进度、感情丰富的朗诵完毕，确实也有一定的难度，在这三天里，我不停的朗读稿子，还和梁骁、陈军在一起配合演示片的制作进行实战演讲，嗓子痛了，就喝点水继续练习，同事们见我嗓子哑了还主动拿出了润喉片。终于，功夫不负有心人，我们的展示得到了比赛评委、市院领导和其他兄弟院的一致好评,最终获得了总分第三名的好成绩。

这个比赛成绩,是全院一心、共同努力的成果,使我更加坚信——集体的智慧是我们成功的基石!

二、宝剑锋从磨砺出、梅花香自苦寒来

2010年,在出色完成书记员本职工作的基础上,领导指派我进入专案组协助办理省部级专案——康日新受贿案。这对于当时仅仅是个书记员的我来说,别提多么兴奋、激动了!因为我从选择学习法律专业开始,就梦想着将来要成为一名优秀的检察官,特别是每当看电视台播放庭审纪实等节目时,就幻想着自己是那个公诉席上与律师唇枪舌战的睿智的公诉人,一想到这里,虽已事隔三年,但依然清晰记得第一天来我院工作时的情景以及当得知自己被分到公诉二处时内心的兴奋和幸福。因为早在上大学时,就知道一批大案要案是由我院我处办理的,巧合的是,就在那天,是郑筱萸受贿案开庭的日子,当得知这一案件又是由我院办理时,一种职业自豪感油然而生,我更庆幸自己幸运地被北京市人民检察院第一分院这一北京市乃至全国先进的检察院所录取,能够成为一名维护社会公平正义的共和国检察官我感到由衷的骄傲和自豪。

一想到自己也要参与办理这样的省部级专案,再次激发了我作为一名检察官的职业自豪感和使命感,特别是该案由副检察长王化军亲自担任专案组组长,由具备办理数起大要案经验的我处杨琦处长以及业务骨干金明霞担任承办人,可以说是由精兵强将组成的经验互补的办案小组,我发誓一定要向他们认真学习,努力提高办案技能。为此,在协助办理该案过程中,我始终自觉加班加点、高质高效地完成各项工作,得到了领导的认可和表扬。

千里之行,始于足下,一旦真正参与办理专案,才知道专案的办理程序是如此具体繁杂,检察官在公诉席光鲜形象的背后,有着不为人知的艰辛付出,即便作为一名书记员亦是如此。特别是该案与以往省部级专案不同,康日新掌握和了解核工业涉及的国防和科学技术等方面的核心秘密,案件材料均为绝密级,一旦泄密,将对我国的国防及科研产生极为不利影响,因此专案组在办案各个环节都较以往专案更加注意保密要求,案件材料的交接都采用点对点、由我负责专门报送。

本案卷宗虽然仅四十余册，但是全案的所有卷宗都要复印多套用于承办方面机关和领导机关审阅，在收案当日，我复印卷宗到凌晨二点，当把百余册卷宗全部复印完毕，由于长时间在复印机前站立，我的双腿几乎已经失去了知觉。为便于承办人顺利开展案件审查工作，针对专案在不同阶段对阅卷笔录有不同要求的特点，我根据案件进展分别制作阅卷笔录，以便于承办人审查案件。办理此案过程中，专案组多次向各级领导汇报，与侦查人员开展面对面的案件讨论，多次提讯犯罪嫌疑人康日新，我先后完成上述各种记录二十余次，对于特别重要的讨论记录，我还在会后整理成电子文档，并将各种意见予以汇总，以备承办人参考。认真撰写专报十余期、安排各种会议、克服孩子未满一岁的家庭困难，和反贪总局的同志去浙江出差。为了保证律师阅卷权，考虑到辩护律师外地来京阅卷不便的情况，抽出三天办案时间专门安排律师集中阅卷，自己只得在律师阅卷完毕离开后，加班完成自己的工作。完成了对全案证据材料的示证整理并协助技术处同志进行多媒体制作。保证了庭审的顺利进行。

在做好书记员本职工作的基础上，我还协助承办人完成案件审结报告以及出庭材料的制作，并针对该案的难点、辩点，积极参与分析论证，提出见解，供承办人参考。

2010年11月9日康日新案件开庭审理，由于前期准备工作充分，取得了良好的庭审效果，并得到各级领导的高度评价。2010年11月19日，康日新因犯受贿罪，被判处无期徒刑。通过参与办理康日新受贿案，使我掌握了办理省部级专案的流程及特点，为将来承办该类案件打下了坚实的基础，也使我更加坚信——宝剑锋从磨砺出、梅花香自苦寒来。

三、践行办精品案的工作思路和目标、实现办案三个效果的统一

2011年，我办理了自己独立承办案件以来的第一个职务犯罪案件——张闽元夫妇受贿案。高保京检察长对该案作出重要批示：此案的办理体现了三个效果的统一，是办理精品案的典范。

在办理该案过程中，我始终严格依法办案，牢牢把握"案件质量是公诉工作的生命线"的理念，案件取得良好的法律效果。认真贯彻落实宽严相济形势政策，严把案件事实关：仔细梳理多组法律关系，充分论证新型受贿方式；认真补充定罪及罪轻证据，完善证据体系；切实对羁押必要性进行审查，保障被告人诉讼权利。最终，本案起诉事实全部获得法院判决认可，判决宣告后，二被告人均没有上诉。多样化示证方式，提高庭审指控效果：关键证人出庭作证，提高指控力度；当庭播放视听资料，突出示证效果；精心撰写公诉意见，庭审现场进行法制宣传；积极开展释法说理，促使被告人认罪服法。张闽元受贿案的庭审情况获得了市检察院苗生明副检察长的充分肯定并作出重要批示：结合证人出庭改革探索多样化示证方式有利于强化出庭支持公诉力度，增强出庭效果，请一分院继续实践和探索，并注意总结完善。积极履行诉讼监督职能，提高诉讼监督意识和能力：办理该案过程中针对卫生部在对社会团体的综合管理、对下级单位的业务指导、对下级部门的人员招录、对自身的作风建设等方面存在的问题，在深入剖析制度积极寻找对策的基础上，向卫生部发放检察建议。检察建议书在全市诉讼监督文书专项评比活动中，被评为唯一一份就个案发出的诉讼监督优秀文书。另外，追诉行贿人职务侵占罪。在审查收受刘志光贿赂的犯罪事实中，发现行贿人刘志光还涉嫌职务侵占罪。后经一系列工作，追诉了刘志光职务侵占罪，最终法院判决不仅认定了我院追诉的刘志光职务侵占罪的成立，而且判处了较行贿罪更重的刑罚，追诉取得良好效果。

办案过程中，卫生部四位部级领导两次批示，全国卫生系统整改落实，案件取得良好政治效果。针对我院发出的检察建议，卫生部高度重视，部长陈竺、部党组书记张茅、驻部纪检组组长李熙等三位部级领导同时对我院检察建议进行专门批示；卫生部还专门召开党组会专题研究，同时还将检察建议下发各单位部门认真学习，以该案为例，全面整改，惩防结合，杜绝此类事件再次发生；在卫生部领导直接安排下，经卫生部人事司、直属机关党委和驻部监察局等部门认真研究，针对我院提出的检察建议逐条进行回复并落实整改；案件判决后三位部级领导以及陈啸宏副部长再次就该案作出批示，并责成卫生部监察局局长专门就批示情况向我院反馈。

办案过程中，充分发挥法律监督职能、积极参与社会管理创新，多措并举提升办案社会效果。多措并举促检察建议实效。在向卫生部发出书面检察建议的同时，为了促进检察建议的实效性，提高整改效果，在副处长李辰的带领下，围绕该检察建议开展了一系列全面、深入、系统的工作：主动前往卫生部，围绕检察建议的内容与卫生部副部长徐科、监察局局长王大方等人进行面对面座谈；针对检察建议中提出的问题，与卫生部进行多次约谈，对存在问题逐一进行剖析，共同排查廉政风险点，并对其整改工作提出合理化建议；检察建议发出后，多次对卫生部整改情况进行监督，就检察建议的整改落实情况进行跟踪考察监督。

在与卫生部副部长徐科、监察局局长王大方等人进行座谈的过程中，我们一方面详细剖析制度、积极寻找对策，深入释法析理；另一方面主动听取卫生部对检察工作的意见和建议，自觉接受社会监督，希望以此为契机，进一步提高执法办案水平，强化法律监督能力、完善社会管理创新机制。卫生部对检察机关在办理案件过程中，以检察建议促机关单位发展的创新人性化办案模式表示欢迎，同时对办案人员体现的检察机关谦虚认真的工作作风、敏锐深厚的职业素养表示赞赏，展示了检察官的良好形象。

通过办理该案，使我更加明白，检察官不仅是国家检察权的行使者，还是国家和法律的化身，更是社会正义和社会良知的象征。一损俱损，一荣俱荣，如果一名检察官贪赃枉法、徇私舞弊，那么受损的将不仅仅是其个人形象，还有可能引起社会对整个检察队伍的负面评价，甚至产生对国家法律的信任危机。而要成为一名不负人民期望、不辱法律使命的检察官，就必须成为一个全心全意为人民服务的、法律专业知识深厚的、司法技能娴熟的、职业道德高尚的人，要具有较高的文化、道德素质和娴熟的业务能力。这将成为我终生的奋斗目标！

检察梦　公诉情

公诉二处　杨林

2005年,我走出大学校门,心怀检察梦想,来到了憧憬已久的市检一分院,并有幸被分配到满载荣誉的先进处室——公诉二处,转眼间,八年的公诉生活已匆匆而过,忙忙碌碌的工作和生活似乎让人无暇去回味、去感悟,这次征文活动恰恰给了我一个难得的机会去静心回顾这过去八年的点点滴滴,如果将这点滴细微的感悟浓缩成一句话,对我而言,就是享受"忙碌"中的"快乐",感受"平实"中的"激情",看似矛盾,却是我真实的体会。

享受"忙碌"中的"快乐"

从书记员到承办人,身份变化了,工作的重点也随之不同了,但没变的是依旧忙碌,因为忙碌,所以充实,更能从充实中体会到工作的乐趣,而我也在这个过程中慢慢成长。

还记得,刚参加工作,我便加入了专案组,参与办理高检院交办的某省副省长李某滥用职权、玩忽职守案,该案是我国首例被追究刑事责任的省部级领导干部渎职案件。作为一名检察新兵,我在承办人的悉心指导下,认真熟悉每一个办案流程,保证及时高质量完成承办人交给的每一项任务,此外,我还撰写了办理该案的工作总结。在同承办人积极为李案开庭作准备的同时,接到处长指示,继续参与办理某银行行长张某受贿案,该案又是一个高检院交办的省部级专案。在顺利完成李案的开庭任务后,我与专案组成员随即投入了张案的办理中。从提前介入到开庭,我力求把每一件工作作得细致并尽量完美。还记得收案后与承办人第一次提讯犯罪嫌疑人是在大年三十,家在外地的我没有丝毫抱怨,与承办人一起从上午一直提讯到傍晚。在参与办理该案过程中,我除了完成大量的阅卷、复印、记录等工作外,还针对该案的难点,积极参与论证,提出自己的见解。另外,由于庭审预案在开庭前一天发生变化,本案开庭前的准备时间非常紧张,我同专案组其他成员一起全力以赴，一直忙碌到开庭前的凌晨，才终于将各项庭前工作按要求、按计划准备就绪。充分的庭前准备使专案组在法庭上赢得了主动，出色地完成了该案出庭支持公诉任务，赢得了领导和观摩人员的一致好评。此后，我又参与办理了两件市院交办的专案。办理专案的经历使我养成了认真细致的工作作风。

专案结束后，我开始了日常的办案工作。最多时我曾同时协助7名承办人办案，接触的案件类型越来越多，遇到的问题也更加多种多样。提讯、开庭、案件汇报、向被害人宣权、案件录入、突击归档……每天的工作都排得满满的。还清晰记得第一次陪承办人开庭时感受到的无比庄严，第一次陪承办人释放犯罪嫌疑人时的感慨万千，第一次陪承办人逮捕犯罪嫌疑人时的于心不忍……很多的第一次，现在都已成为我工作中必不可少的组成部分，已经由陌生到熟悉。

感受"平实"中的"激情"

工作，就是一个案子接着一个案子，周而复始，难免会让人厌倦，但正因为案子常常是一个挑战接着一个挑战，所以让"平实"的工作变得有意思，每一次绞尽脑汁后解决一个难题，每一个庭审中迸发出的灵感，每一个复杂案件的审结……都让我感受到"平实"中饱含的"激情"。

2009年，我被任命为助理检察员，我深知新的角色意味着新的使命和更重的责任，所以，工作中我坚守：干一行，爱一行，干一行，专一行，始终以高度负责的态度对待每一个案件。独立承办案件以来，我所办理案件涉及的罪名更加多样，包括贪污、受贿、私分国有资产、职务侵占、操纵证券交易价格、虚开发票、诈骗等等，卷宗最多的一个案件达到230余册，一个案件的罪名最多达到6个，诈骗案件的被害人最多达到100余人。我还先后承办了市院督办的最高人民法院行政装备管理局处长冀某受贿案、张某等三人诈骗案和符某招摇撞骗、江某诈骗案。

在审查案件时，我认真审慎，考虑周全，始终注重案件质量，2012年我所办理案件中A类案件比例达到66.7%。多件案件追加了犯罪事实，其中，在办理朝阳区农委原副主任董某贪污案时，追加认定董某构成受贿罪，得到法院判决认可；在办理班某等三人诈骗案时，追加认定两笔犯罪事实，一笔诈骗130余万元，一笔诈骗30万元，均被法院判决认可；韩某合同诈骗案现已追加6笔事实，张某等三人诈骗案现已追加36笔事实，两件案件均还在督促侦查机关继续补充证据，继续追加犯罪事实。

在办案过程中，我还注重充分履行法律监督职责，仅2012年一年向相关单位发出检察建议4份，检查意见1份，均得到回复。其中，针对国土资源部下属单位中国土地勘测规划院设立小金库、私分国有资产的问题，向国土资源部发出检察建议，得到该部部长等多位领导的批复，另外，就该案撰写的《"小金库"的界定、相关刑责及其防治的调研报告》得到国土资源部副部长等多位领导批示；针对办理董某贪污案过程中发现的朝阳区农委私设小金库、内外部监督机制不健全等问题，向该单位发出检察建议，得到朝阳区区长的高度重视；针对办理金某合同诈骗案、韩某诈骗案过程中发现的房地产开发公司在合同管理和财务制度方面存在的漏洞和拆迁公司工作人员在拆迁过程中不认真履行职责的现象分别发出检察建议，督促两公司整改，以防类似案件再次发生。在办理冀国柱受贿案过程中，向最高法院发出检察意见一份，得到该院回复，这也是我院发出的第一份检察意见。

李某、刘某一、刘某二诈骗案是一起诈骗拆迁补偿款的案件。刘某二系某种植中心的法定代表人、经理，该种植中心在被拆迁范围内，李某和刘某一均在该种植中心承包了土地，用于经营。在拆迁之前，李某、刘某一在刘某二的帮助下花费20万元转租了原承包人王某位于该种植中心的土地，并将一部分给予刘某二，三人均盖了房子用于经营，在拆迁时，三人均得到了相应的拆迁补偿款，侦查机关认定三人基于转租地得到的拆迁补偿款系诈骗所得，认定三人构成诈骗罪。经过审查，我认为侦查机关的认定角度欠妥，转租虽然未经村委会同意，但三人与原承包人王某签订了协议，约定了转租的价格即20万元，该价格系双方协商的结果且实际支付，并且，相关的证言和书证并不能证明拆迁政策规定转租不能得到拆迁补偿款。由此，我认为侦查机关基于转租认定诈骗数额的方法不恰当。我从多角度论证三人的行为性质，阐明了不能认定刘某二构成非国家工作人员受贿罪、李某和刘某一构成向非国家工作人员行贿罪的理由，在这种情况下，转而从抢建的角度认定诈骗，由于角度发生变化，需要重新调取新证据，我引导侦查人员调取了大量证据，包括拆迁公示、拆迁前的卫星影像图、供述和证言等，并多次与侦查人员座谈，讨论调取证据的方向和内容。最终，我的认定意见得到我院主管领导和市院领导的认可。

班某等三人诈骗案涉案金额6000余万元，被告人公司众多，银行账户众多，资金走向非常复杂，涉及资金是否返还给被害人的公司，进而决定被告人是否构成犯罪及如何认定犯罪数额，我加班加点，认真梳理，制作出赃款去向的图表，尽管该案中认定三被告人的诈骗数额不易区分，交织重叠，但最终，法院判决与我院起诉书认定完全一致。

张某、李某、沈某诈骗案40余册卷宗大部分为言词证据，被害人多达100余人，涉案金额4000余万元，被告人将租赁房屋冒充回迁房低价出售给被害人从而进行诈骗。由于李某和沈某夫妇也通过张某购买了房产，二人辩称自己也是受害者，并将虚构事实的行为全部推给张某一人，而张某自始不认罪，因此，认定李某、沈某二人的主观故意存在困难，但考虑到二人参与骗取的款项占了诈骗款的绝大部分，我认真审查每一份被害人陈述，并一一摘录出证明二人虚构事实、对房屋系租赁一事应当知情的证据，同时，多角度分析二人辩解的不合理性，从而得出二人在真实业主出现时对房屋系租赁的情况主观上是明知的，据此认定二人构成共同犯罪。在数额的确定上，由于此案存在多名中间人，而中间人也获取了好处，侦查机关在调取证言时并未具体核实中间人每笔自己留存的钱款金额，而是全部计入被告人诈骗数额，我向中间人一一核实，最终确定了本案的诈骗数额。

八年的公诉历练，让我能够更加从容地面对案件中遇到的一个又一个难题，更加自信地接受一个又一个挑战，这些都离不开领导和同志们的关心教导和无私帮助，而我也将心怀感恩之心，继续踏实地"忙碌"，心怀检察梦想和对公诉的深情，继续努力前行。

检察梦·民行梦·民心梦

民事检察处　廖青

十年前，放弃了实现 America dream 的机会，怀揣着对检察工作的向往和敬意，我走进了北京市人民检察院第一分院的大门，开始了最初的职业生涯。寒来暑往，十年间，有困惑，也有前辈的帮扶，有申诉人的纠缠，更有对公义的坚定，从少不更事到沉稳执着，角色的蜕变，让我更加心怀坦荡地在我的检察路上继续前行，最初的梦想也逐渐地清晰起来。

民行案件家长里短的事儿较多，案由纷繁芜杂，房屋买卖、拆迁安置、医疗损害、劳动争议、分家析产、债权债务等，每一类都牵连着老百姓日常的民生民益，每一个个案都承载着双方当事人对司法公平的期许。案件的办理既是检察机关履行诉讼监督职能，维护司法公正的过程，也是解决群众诉求、定纷止争、化解矛盾的过程。

"民行工作，其实就是'民心'工作"，前辈这样告诉我。简简单单的一句话，实实在在的道理，我入了心，更用了心。每次接到一个新的案件，无论标的大小，卷册厚薄，我都拿出百分百的严谨和仔细，对证据的形式、内容及质证情况逐一核实，找准案件的争议的焦点问题，围绕焦点问题对案件的实体和程序进行深入的分析，力求抗点精准简洁，说理严谨透彻。所办理的白宝明借款合同申诉案 2010 年被评选为全市民行十大精品案件。马广玉贷款合同申诉案被评为 2012 年全市民行十大优秀案件。申诉人白宝明在毫不知情的情况下，背负了近六十万元的贷款债务。接到这起案件后，我从字迹鉴定、行驶证的真伪两个部分入手，通过调查取证，充分证实了原审认定的贷款事实系虚构，案件成功改判。三年来，白宝明先后向海淀法院、市一中法申请再审，均被驳回。而检察机关给予他的司法救济，最终使冤案得以昭雪。抗诉案件的成功改判，对于维护民众对法律的信仰，提升检察机关的司法公信力有着极强的示范意义，通过依法纠正司法不公，彰显了检察机关对诉讼监督职能的恪守，对实质正义的追求。大量的办案实践让我更加深切地体会到：民心只有在点点滴滴、微小甚至繁琐的工作细节中才能积攒和生根。

为了提升办理民行案件的综合能力，更好地履行民行检察监督职责，适时地补充新知识、终身的学习成为了我工作之余大部分的生活。我把系统学习六种知识，提升六种能力作为学习的主线。主要补充法律及司法解释知识、法律背景及原则知识、法院综合判例知识以及相关的金融、会计、土地、房地产等专业知识、党和国家路线方针政策知识、社会运行及社会经验知识。实务方面力求精益求精，《人民法院公报》、《审判案例要览》、《民事审判指导与参考》每一期都成为了我的案头书。同时在日常工作中做一个有心人，通过向身边的同事学习、参与案件讨论、参加多种形式的培训等方式，着力提升自己发现问题的能力、分析归纳总结的能力、案件汇报能力、法律文书撰写能力、与法院沟通协调能力、对当事人的接待及息诉的能力等。2008年受领导指派参加全市民行技能比武，获得全市十佳民行业务能手称号，那一年，我27岁，从事民行工作仅三年。正是在一分院这个充满了热情、朝气和人情味的大家庭里，在鼓励创先争优、不拘一格培养人才的制度氛围中，我逐渐成长为一名维护公正、坚守正义的新时期女检察官，沉醉于收获喜悦的同时，我也很快意识到，我的民行梦，还需要锻造和锤炼……

2010年，我办理了一起特殊的案件，让我对"民行"连着"民心"，有了更真切的感触和认识。2008年，北京市房山区农民杨某的妻子骑三轮车，经过一处工地时，不慎掉入一条水沟中摔伤，经抢救无效死亡。事发后，杨某将施工工地附近的公司告上法庭，认为水沟是施工造成的，公司应对其妻子的死亡承担全部责任。两审法院经审理均认为杨某不能证明妻子的死亡与该公司的施工行为有直接因果关系，判决驳回其诉讼请求。杨某不服，向我院申诉。拿到案子，刚看完判决的时候我也疑惑，侵权的后果发生了，不管怎么说一条生命，没有得到任何赔偿说不过去。全卷调阅以后，我发现卷宗中除了医院的诊断证明，证明死者受到外力撞击之外，仅有原告提供的几个村民的证言，没有任何证据显示这条水沟系被告公司施工造成。而且水沟距离被告公司的厂区大门外一两百米，就现有证据来看，很难和被告公司扯上关系。当事人杨某只是一个普通的农民，让他拿出被告公司就是施工单位的实质证据，根本不大可能。诉讼中，杨某申请了法院依职权调查取证，但法院未予准许。如果检察机关能够行使调查权，补强这部分证据，这案子不是就能够抗诉了吗。我抱着这样的想法，到案件发生地房山区某村调查取证。当时的水沟现在已经填平，完全没有这里曾经发生命案的痕迹。村委会的领导支支吾吾，口头上也承认是被告公司施工形成的水沟，但要求承办人不记入笔录，即使记了笔录，也拒绝签字。从村委会那儿了解到，被告公司是这个村的招商企业，办厂以来给这个村带来了相当可观的经济收益，同时提供了不少就业岗位，从村里来说，对这家企业绝对是保护的态度。所以，村委会拒绝出具证明材料，也告知承办人当时施工也没有任何材料备案。取证这条路，显然是行不通了。

而杨某的情绪也非常不稳定，两年来的申诉上访，让他既疲惫又愤慨。去到杨某的家里，不到十平方米的平房，家徒四壁，为安葬妻子，还向亲友借了一些外债。这样的一个案件，让本来觉得在业务方面还游刃有余的我，感受到前所未有的"纠结"。抗吧，证据不足；不抗吧，内心确认它的实体还是有问题，村民的证人证言，加之村干部的遮遮掩掩，都让我确信被告公司与本案的侵权事实之间脱不了关系，但是，没有证据。

没有证据支抗，本案只能作不立案处理。而不立案，说实话，我自己都不能说服自己，又怎么能说服饱受丧妻之痛的杨某。对申诉人来说，他不认为是没有证据，他所看到的是自己的妻子在光天化日之下死亡了，但是却没有得到任何赔偿，这样的结果显然不公平，就要检察机关给个说法。

不能抗，也不好驳，和解当然是最好的结果。但是本案和解还有很大难度，按照原判决的结果，被告是不承担任何责任的，如果和解，那等于就是变相承担责任，并且以后还可能就脱不开干系了。既然没有责任，为什么要和解，有法院判决撑腰，被告公司拒绝和解。

在上述两条路径都行不通的情况下，我想和解，难道仅仅限于原被告双方吗？能不能尝试检调对接，协调村委会来解决杨某的一些实际问题，从而达到息诉服判的目的。当我把这个想法向领导汇报以后，得到了处领导的大力支持，他鼓励我放心大胆地去做，不管结果如何，但至少我们尽力了。

和解的过程较为曲折，当然也颇有成就感。村书记从完全不接受到有点动心，从给点安葬费到设身处地的解决杨某一家面临的生存问题，类似一场谈判，也是一场心态的较量。恰逢村里改选，上一任书记答应的事儿，这一任书记告诉我先放一放。案件有时限，我不能等，也等不起。当我最终做通村里工作的时候，如释重负。"如何让对方从排斥到接受你，真正接受你的观点，接受你的方案，按照预期的结果去执行"，这是一个成熟的民行检察官需要掌握的谈判技巧，我把这段难得的经历写在了我的日记里。

和解的结果，杨某比较满意。村里给了两万元的安葬费，并且给他安排了一份照看体育设施的工作，每月有一千多元的固定收入。时隔两年，杨某给我打电话，得知他又找了一个新老伴，准备安心的过以后的生活，真心的为他感到高兴。后来此案被北京电视台《法治进行时》栏目、《人民日报》先后报道，取得了较好的社会效果。

民行工作的成就感来自哪里？我想是通过我们的工作维护了老百姓合法的切身利益。如果群众的合理诉求得不到依法、高效、公正的解决，那就是我们的工作没有做好，"为民"、"务实"、"责任心"都应当体现在做事上。我更加坚定了自己的办案理念，十年来办理民行案件300余件，抗诉提抗21件，发出检察建议8件。其中2009年包庆涛交通事故赔偿案成功和解，使因车祸瘫痪在床的70岁老人王某尽快获得了二次手术的治疗费用，也使申诉人包庆涛不再四处躲避执行。2010年办理的韩某劳动争议案和解成功，使诉争双方在历经7次诉讼、14次判决之后，终于化干戈为玉帛。

大量疑难复杂案件的积累，领导的悉心栽培，以及院里对青年干警的重视和培养，使我的民行业务历练得更加娴熟，办案的思路和心态也更加的沉稳。2013年，我被评为北京市检察机关民行业务骨干，并受国家检察官学院的邀请，为来自全国的百名检察官进行民行检察和解技能实训。同时也将我对工作的总结和积累转化成文字成果，公开发表文章8篇，参与撰写民行实务丛书两本，承担国家级重点课题三项。所带领的办案组两次获得北京市检察系统嘉奖。

民心，所承载的是大多数人对公正的向往，对司法公信力的认同。然而人心也是复杂的，实践中亦不乏申诉人想通过检察机关的抗诉权，获得一些法律上支持不了的利益，当其诉求不被支持时，就表现出对检察机关、对承办人的不满。特别是新民诉法施行以后，检察机关成为了申诉的最后一道屏障。一个民行人，除了理论深、业务精、功底厚之外，还需要具备强有力的心理素质，当面对愤怒、指责，甚至是谩骂时，大气、从容、淡定和耐心都是不可或缺的。既要对申诉人负责，也要对被申诉人负责，维护好法律的天平，不偏不倚，不枉不纵，是我的信念，也是我的坚持。

我的检察梦，还在继续……

追梦　塑造公诉精兵的风骨

二审监督处　任国库

1995年，与法律相识；2001年，与刑法相知；2004年，与检察相恋。回想起来，法治梦、检察情，已经走了很多个年头。从踏入检察院大门的一天起，便守护在公诉岗位，代表国家指控犯罪，履行着法律监督职责。今天有幸借"检察梦·我的成长之路"主题系列活动之机，与各位领导、同事分享我成长路上的心得与喜悦，非常高兴。

挫折是成长的印迹。成长就是一个不断学习的过程，是从自己与别人的经验教训中学习的过程。我记得，第一次去市看守所提讯时讯问完毕后，就拿着笔录和笔让犯罪嫌疑人签字。我就站在犯罪嫌疑人的右前方。当时师傅让我站在犯罪嫌疑人的后方。我没有细想，就过去了。回院的路上，师傅给我讲了一个发生在以前的提讯时的真实故事。书记员让犯罪嫌疑人签字时，穷凶极恶的犯罪嫌疑人用签字笔扎在站在其右前方的书记员脸上，差点扎瞎了眼睛。听完后，我当时有点后怕。后来师傅告诉我，应该站在嫌疑人的右后方，因为胳膊不容易弯曲，比较安全。我现在也带书记员，就会将很多的经验教训故事，讲给他们听。这仅仅是一个小例子，类似的还非常多，例如从法庭中类型化出示证据、到对于辩护律师提出的新证据，怎样从证据的合法性、关联性、真实性去进行质证以及与律师针锋相对地答辩等等。出彩的时候，会内心雀跃；当然出糗的时候，就自己在日记本中记上避免出现类似情况。有位哲人说过，第一次犯错误，不可怕；在同样的地方犯同样的错误，才是可怕的。也许，不犯同样的错误，就是成长的真谛吧。

客观公正立场是公诉检察官执业的基石。检察官作为国家代表和准司法官的角色定位，应该坚持客观公正立场，这样才能发现事实真相、维护司法公正。我所协助过的很多资深检察官虽然没有明确这样说，但都默默地坚持这种客观公正立场。我曾协助方洁、王翠杰、朱珽等一批资深检察官办理案件，在他们的阅卷实践过程中发现了共同点，均是从客观证据到主观证据，即从现场勘验笔录、电子数据资料、鉴定意见到证人证言、犯罪嫌疑人供述与辩解。另外，在他们的讯问过程中，均能保持一种平和理性，排除了先入为主的定罪观念。例如，王翠杰在办理纪有德故意杀人案时，纪有德拒不认罪、否认与犯罪有关联，而这种办案模式避免对口供的依赖，也避免法庭出现非法的供述的出现。最终通过其家人血迹、其秋裤上的血迹、电话、证人证言证明其购买菜刀等证明纪有德实施了故意杀人行为，后法院判处其死刑。

我独立承办案件后，均采用这种思路去办理案件，例如院领导交办的黄静、周成宇敲诈勒索华硕公司500万美元复查案。我们秉承客观公正的立场，去发现、还原事实真相，最终认为该案表面上具有某些敲诈勒索罪的特点，但是其行为具有正当的权利基础支撑，且手段在法律允许范围内，坚持刑法的谦抑性原则，不宜用刑法来调整这种行为，故海淀区人民检察院作出的决定是正确的，应予维持，华硕公司的申诉请求应予驳回。我们所作出的结论，得到院领导的认可与支持。

通过多年公诉经历，我认为客观公正立场是公诉检察官要达到以事实为根据，以法律为准绳而实现公平正义的关键。公诉检察官必须站在客观立场、而不应站在当事人立场上进行活动，才可能通过努力而发现案件事实真相，还案件以本来面目，进而实现司法公正。所以说坚持客观公正立场是基石，离开了这一基石，以事实为根据与实现公平正义都只能是无源水、无本木。

群众工作是案件效果的助播剂。群众工作是案件处理效果良好与否的重要环节。群众工作做得好，能够通过口碑传播，提升执法公信力；群众工作做得不好，案件就会出现处理合法但群众不认可的情况。某位检察长曾和我们年轻承办人讲，群众工作是一门艺术，既要有针对性，也要有灵活性，需要大量的经验积淀才能够做好群众工作。

我执业经历中，尤其是有幸作为市院政治部组织的第三批交流锻炼人员到宣武区检察院公诉部门进行锻炼的一年中，接待被害人家属百余次，对群众工作有了尤为深刻的认知和理解。基层检察院的案件性质与我院的案件相比较，虽然社会影响小，危害程度低，但是相对于每一位被害人或者被害人家属，却是同样关系重大，怎么接待好每一位当事人，也是我交流锻炼过程中时常思考的问题。

我在接待当事人之前，一般都做好两项工作，首先，熟悉案情，将案件的具体情况烂熟于心；其次，运用法律分析案件所蕴含的问题，预判当事人的实际诉求，例如某些被害人想多谋求补偿，却不明确说出，而只提要求加重处罚。在接待当事人时，态度要亲切并倾听其意见，释法析理，将当事人引导到利用法律解决问题的思维中来，并且针对不同诉求进行有区别的答复。

例如，被告人靳威故意伤害阚丽艳一案。该案案情较为简单，就是2009年10月9日10时许，靳威在宣武区荣丰小区12号楼下，因琐事与被害人阚丽艳发生口角，后靳威打击阚丽艳面部，造成阚丽艳右眼钝挫伤，右眼角膜上皮擦伤，双侧鼻骨骨质不连续，左侧断端轻度移位。阚丽艳身体所受损伤经法医鉴定为轻伤。但是该案在移送审查起诉时，公安机关即明确表示被害人在侦查阶段缠访、闹访。

接到该案后，我针对故意伤害案件的起因、后果等进行分析研判，对被害人提出的要求的可能点制定应对方案，后向主管处长汇报后，与其制定接待被害人阚丽艳的方案。后多次接待被害人，被害人阚丽艳提出其所受伤的眼睛视力下降，有可能失明。后我们根据被害人所提出的意见，积极联系市院法医对其病历进行审查，看是否构成重伤；针对被害人阚丽艳根据其轻伤的伤害后果要求检察院提出3年以上甚至10年的量刑的无理要求，明确对其讲明法律，坚决予以驳回。最终，被害人阚丽艳对案件结果非常满意。

案件办理的目标不仅仅是结案，更应该是修复被破坏的社会关系，使涉及的当事人对法律处理结果内心予以认可并欣然接受。故做好群众工作就显得尤为重要，有的承办人案件办结后，当事人通过送锦旗、口头致谢等多种方式表达对案件处理的满意程度，同样，有的承办人案件办结后，当事人却闹访、缠访、拦阻领导车辆，表达不满情绪。由此，做好群众工作这门艺术，是每位公诉检察官的必修课，而且是一门必须不断充电的必修课。

责任、品格、使命塑造公诉精兵的风骨。宪法、法律赋予检察院对诉讼活动进行监督的职权。公诉部门作为检察机关的重要部门，通过案件办理对公安机关、法院进行监督。只有高素质的公诉精兵队伍，才能胜任宪法和法律交给的神圣职责。公诉精兵的标准，在于政治坚定、业务精通、作风优良。标准是外在的，而公诉精兵的打造，除院内良好氛围、培养机制的因素之外，更多的是公诉检察官内在因素的作用。责任、品格、使命是非智力因素层面制约公诉检察官成才的重要因素。

责任，公诉检察官的职业特殊性，使它肩负维护公平、正义的社会责任。公诉检察官的工作，不是简简单单的案件办理，而是一项要求运用法律"武器"与被告人进行思想交锋，引导他们走出误区，重回善良，以达到认罪、悔罪、接受改造、净化心灵、重新做人的最终目的，从而体现法律的威严；并且还要满怀对人民群众深厚的感情抚慰那些受伤的心灵。只有心怀社会责任，具有悲天悯人的情怀的检察官，才能够通过案件去维护社会，运用法律去做心灵的工程师。

品格，公诉检察官对人的职业要求在于：首先，要有非常强的敏锐的观察力和缜密的逻辑分析力，以便发现犯罪以及进行法律监督。其次，要有非常强的指控犯罪的能力，以便有效地代表国家支持公诉。再次，要有细心、耐心、恒心，能够达到出手绝非凡品，结案必定铁案。

使命，使命感是决定公诉检察官境界高度的标杆。具有使命感的检察官，会全身心投入到检察事业的发展中，会为法治事业的发展贡献微薄之力，更会将中华民族的伟大复兴记在心中，落实在行动里。具有使命感的检察官，办理的案件必定会成为精品案件。

"雄关漫道真如铁，而今迈步从头越"。我会全身心投入到检察、法治事业的发展中去，争取能和千千万万检察同胞、法治同仁追梦、圆梦，圆中华民族伟大复兴之梦。

当我与检察结缘

民事检察处　庞涛

有人说:"十年磨一剑",今年 7 月,我大学毕业、从事检察工作满 10 年。10 年前,我还是一个稚气未脱的大学毕业生,当时的想法很简单,只是觉得自己学的是法律,到检察院工作专业很对口。如今,我已从一名书记员成长为一名检察官、从一名还未完全熟悉工作环境的新入职干警成长为一名可以独立办案的案件承办人、从一名还在摸索工作规律和方法的"新兵"成长为一名获得全市技能比武"十佳选手"称号的岗位能手,而这一切成绩的取得,都是因为我与检察结缘。

当我与检察结缘,我要求自己要不断提升自身素质。每个年轻人都有愿望、都有梦想,还记得 2005 年 7 月,我调到民行处时,被安排在内勤岗位工作,那时自己有个愿望,就是能在本职岗位上实现自身价值,自己更有个梦想,那就是可以有一天成为一名会办案、办出精品案的检察官。2007 年 9 月,我开始独立承办案件,当时,自己既兴奋又忐忑,兴奋的是自己可以接触具体案件,从事所学专业,忐忑的是自己如何尽快适应业务工作,成为一名合格的承办人。我的经验是先易后难、循序渐进,从 2007 年 9 月到 2009 年初,从简单案件办起,再到处理复杂案件,不到两年的时间里,我已承办了四十余件案件,初步实现了会办案的愿望。如果说,一年多的办案经历是打基础,那么,2009 年 3 月,我被院里选派到市院民行处交流锻炼,则是开拓眼界、提升能力的平台。与刑检部门不同,民行检察工作的受案量呈现"倒三角"状态,也就是上级检察机关反而案件数量多、类型疑难复杂,因此,能到市院民行处交流锻炼,是一个难得的好机会。从 2009 年 3 月到 2010 年 3 月在市院交流的一年间,我独自承办了多起疑难复杂案件,特别是我办理的尹舒、马良诉国瑞兴业房地产开发公司低频噪声污染侵权一案,属全市民行检察系统受理的环境污染侵权中的一类新型案件,由于目前我国法律尚未对低频噪声排放标准作出规定,此外低频噪声与人体健康受损之间的因果关系医学尚无定论,所以给审查此类案件带来很大难度。于是我边干边学,积极探索,撰写了说理性强、法律分析充分的高质量的抗诉审结报告,得到了市院民行处领导和同志们的肯定,同时也为市院今后此类案件的审查积累了重要经验。

除了通过办理大量疑难复杂案件提高自身能力外,很重要的就是积极参加案件研讨。市院民行处经常要对全市两个分院和所有区县院汇报的个案进行具体指导,需要听取汇报的案件数量很多,案件汇报的频率尤为显著,有时一天从上班到下班要不停地听上好几个案件的汇报,虽然辛苦,但现在想来,或许也正是这种高频率的听取案件汇报才使我这方面的能力获得了提高,就像市院一位领导说的:"办案子是一种能力,听案子也是一种能力"。一年来,听案子的经验告诉我,要想真正把案情弄懂吃透,一方面汇报案子的人要认真准备、理清思路、简明扼要、表达清晰,有时一个案子没听很明白,未必是听的人的问题,而是汇报人没有准备好,市院主管领导就曾对我们说:"汇报案件要把案情归纳一下,不要照本宣科,而最好能把它讲出来";另一方面更重要的就是听汇报的人要全神贯注,不能走神,边听边记,并迅速调动自己脑子里的法律知识和以往经验,以迅速形成自己意见,同时还要能有条理地表达出来让人听懂,我觉得这是一个不断学习锻炼和日积月累的过程,不可能一蹴而就,需要珍惜机会,增强信心,勇于发言,不懈努力,才能进步。

办案子、听案子、善学习、勤总结,一年的时间短暂而充实,一年的经历平实而难忘,现在想来,业务能力正是在这点点滴滴的平日工作中得到了提高。还记得自己在交流锻炼结束时撰写的那篇被市院刊发的3000余字的总结,当时自己用一句话来概括交流锻炼的感受:"学习是根本,实践来锻炼,交流有收获,成果促工作,感恩记心中"。的确,交流锻炼的日子是我成长路上一段难忘的经历,更是我与检察结缘的一个美好记忆。

当我与检察结缘,我激励自己要在岗位上建功立业。"每当掌声响起的时候,我知道自己又向前迈进了一步",这是一首歌中唱到的,这句歌词也最能概括自己2011年参加技能比武的真实感受。技能比武,记录着自身的成长,见证着自己的进步。而这种进步源于两个方面:一是源于坚定的自信。有人说,技能比武比拼的是实力,但我觉得更重要的是态度。"成功的秘诀在于你肯不肯,而不在于你能不能",参加技能比武首先要有认真对待的态度,只要肯于付出、勇于拼搏、善于应对，就一定能有所收获、取得进步。而这一切都是一个人自信的表现，"信心、信心、还是信心"，是我备战过程中面对困难，鼓励自己最多的一句话。记得2011年8月底参加市院民行处在延庆举办的赛前培训班，这次培训班名为"培训"，实则还包括"比武"的内容，被视为"预赛前的预赛"。特别是对于我来说，经历了从八月初以来近一个月的封闭训练，究竟效果如何，无疑是一次对外的展示和演练。说实话，起初自己很是忐忑，不知和全市民行检察系统近五十名优秀选手在一起PK，会是一个什么样的结果。但转念一想，自己就是一名普通的民行检察官，不应把结果看得那么重，特别是自己还是一个年轻人，不懂的、不会的还很多，参加培训班的目的就是向别人学习，找到不足，明确今后的努力方向。有了正确的态度，我的想法也由忐忑和担心变为了自信和认真。不仅提前学习了培训班上市院领导和业务专家的讲稿，还提前阅读完研讨案例并形成自己的意见，在小组学习中表现突出，被推选为学员代表，在第二天的案件汇报全体会议上发言。还记得头一天晚上，自己面对布置的五道围绕研讨案例设置的问题，关在房间绞尽脑汁撰写汇报稿一直到深夜，虽然一夜都未睡好，但第二天早上的自信发言，赢得了市院领导和全体学员一致的肯定和好评。二是源于科学的方法。民行比武分两个比赛环节，首先是在三个小时内撰写结案报告，然后再围绕结案报告进行脱稿汇报和答辩。这就需要复习紧紧抓住这两个环节来进行。撰写结案报告其实是一个承办人专业知识和办案能力的集中反映和体现，记得今年九月初，当时自己已经过五月以来的全面复习和八月初以来的封闭训练，在合同法、侵权法、物权法方面已经比较熟悉，但面对一个具体案例，总是感到知识点很零散，不善于全面把握和灵活运用。于是自己开始把之前看过的书再次阅读，将其中的重点进行梳理和总结，使一个个零散的知识点穿成了线、连成了面，有利于实现知识的融会贯通。同时，自己还把每次训练的结案报告都留存起来，形成了一个厚厚的文件夹，这些总结将有助于今后在日常工作中参考，成为一份可以长期保存的学习资料。

总结一下这次比武的感受，忽然觉得什么才是自己最大的收获呢？是自己取得的"十佳"名次吗，还是复习过程的辛苦呢？其实，随着时间的流逝，我会逐渐忘记是谁排在自己之前，又是谁排在自己之后；我也会逐渐忘记复习中曾放弃了多少休息的时间，经历了多少的不易。但我不会忘记的是这次比武带来的知识的增长和能力的提高，我更不会忘记这次比武记录了自己的成长，见证着自己的进步。因为在这个战场上，没有成功与失败，只有收获与进取。因为我知道在实现自己梦想的成长路上又向前迈进了一步。

当我与检察结缘，我告诉自己要努力争创一流业绩。素质的提升、功绩的取得都不是目的，最重要的是如何把案子优质高效地办好，增强执法的社会公信力。要想办好案，就离不开有效的方法，在实践中，我逐渐摸索出一套具有自身特色的办案法——办案"1+1"模式。

办案"1+1"，需要首先做好基础工作。对于民事案件来讲，所谓基础工作，就是要把案件材料认真审查，明确案件事实、当事人诉求、法院裁判思路，这是形成审查意见的前提和基础。

办案"1+1"，需要积极开展相关调研。民事案件的案由种类繁多，不仅要求掌握民法知识，还需要熟悉相关领域的专业知识。就以我办理的胡福生典当纠纷一案为例，典当行业属于特种行业，专业性强，而我处受理的典当纠纷并不多，作为一类新型案件，迫切需要承办人开展学习和调研。起初，自己受理此案时，很犯难，觉得典当领域太陌生了，这个案子该怎么办呢，更不敢想这个案子如何办成精品案。但随后我想起自己在市院交流锻炼时，也曾遇到许多新型疑难复杂案件，那时我从学习开始逐渐摸索，一步一步地去做，最终都能把案子办好。万事开头难，我鼓励自己从学习专业知识做起，一步一个脚印，把案子办扎实。于是，一方面我开始阅读典当的专业书籍，自学相关知识，另一方面我到北京市商务委员会典当行业管理处进行咨询，还以一名普通当户的身份到典当行进行咨询。通过以上方法，我很快熟悉了典当行业的基本知识，已经"入了门"。除学习典当专业知识外，作为案件承办人，还必须掌握典当行业的法律法规，而我国典当行业处于法律依据严重不足的状态，目前只有作为部门规章的《典当管理办法》。办案期间，恰逢2011年5月起国务院法制办向全社会征求《典当管理条例》的意见，我针对本案反映出的法律空白——绝当后当户是否还应支付综合费用，结合自己的调研成果，向其提出了立法建议。

办案"1+1"，需要不断挖掘案件"附加值"。如果把案子办好，顶多是维护了一方当事人的合法权益，而在我看来，每个案子都是一座宝藏，如果你善于发掘案件的"附加值"，则可以实现办案法律效果和社会效果的最大化。还是以胡福生典当纠纷一案为例，如果只是满足于通过调研把案件办专业并维护申诉人的合法权益，那么仅仅是个案实现了公平正义。而如果你的工作更进一步，从不同角度挖掘案件的"附加值"，则可以对整个行业的发展并宣传检察机关的职能、树立检察机关执法公信力起到促进作用。这件案件办完后，我一方面向国务院法制办提交立法建议，并把自己的调研成果投稿《检察日报》，2013年2月25日《检察日报》第六版刊登了我的文章《典当行绝当后不应收取综合费用》；另一方面，在宣传部门的大力支持下，我将此案例反映出的法律空白问题，通过以案说法的方式，在电视和广播节目中播出，为百姓提个醒，为宣传民事检察职能做贡献。2012年11月11日，北京电视台《大家说法》节目播出，2012年8月27日，北京人民广播电台新闻广播《警法在线》节目播出，均收到了很好的社会反响。2013年4月24日，全市检察机关爱民月专场新闻发布会在我院召开，利用这次发布会的机会，我又将这一典型案例向新闻媒体发布，《人民日报》内参于2013年5月3日以《法规不明致典当行恶意收取高额费用，检察院建议明确立法规范典当行业发展》为题进行了报道，引起了最高人民检察院姜建初副检察长的重视，我撰写的案例分析还被收录最高人民检察院民行厅出版的《民事行政抗诉案例选》，成为精品案件。

截至2013年5月底，已有六家新闻媒体对我所办理的典型案例进行了后续采访报道，它们是：

序号	日期	媒体版面	报道标题
1	5月3日	《人民日报》内参	法规不明致典当行收取高额费用
2	4月26日	《新京报》第A31版	检方支持"被精神病患者"申诉获采信
3	5月7日	《中国妇女报》A2版	民生典型案例，警示以此为鉴
4	4月25日	《北京商报》第2版	绝当后典当行是否该收综合费存法律空白
5	4月24日	《法制晚报》第a19版	典当行综合费用不必偿还
6	4月24日	正义网	男子"被贷款"60万告银行败诉，检方法律监督还原事实

总之，办案"1+1"模式的核心就是办案要用心，做个有心人。只要你不断地为你所办理的每一件案件做加法，这个案件对当事人、对你个人、对社会大众、对检察事业的发展的价值就会越来越大。与刑检部门不同，民事检察部门没有大要案，但它与百姓民生贴得很近，只要你善于挖掘这一个个"小案例"，你就会发现它们背后的"大价值"。

十年成长路、十年检察梦。会办案、勤调研、善宣传，已成为我现在良性的工作模式。通过这种模式，我可以在本职岗位上实现自己的人生价值，也可以为检察梦的实现贡献自己的力量。站在职业生涯十年的节点，我不禁问自己最大的收获是什么，我觉得就是学会感恩，因为这一切成绩的取得，都是由于我与检察结缘！

我的成长之路

民事检察处　陈昕颖

回想自己从事民事检察工作已有十个年头之多，在这期间，自己的点点滴滴见证着自己的成长，痛并快乐着！虽然我的成长没有惊涛骇浪的故事，也没有耀眼的光环笼罩着，但我的成长依然是美丽的！

记得，我刚到民事检察部门时，自己对民事检察工作一无所知，想当然的认为民事检察工作就是对申诉案件进行提请抗诉。可当我看完师傅给我的第一份申诉材料及卷宗时，我却困惑了，不知该从何处着手。申诉人说的有一定道理，可法院的判决也有一定道理，该怎么办呢？我带着困惑请教同室的大姐。她告诉我，民事申诉案件并不是都必须提请抗诉，要审查法院的裁判是否公正，是否存在违法情况等，如果法院的裁判是正确的，对申诉人的申诉理由是不能采信的。同时，她还告诉我民事申诉案件大部分是做息诉工作，但申诉人情况相差很大，接待时可能会遇到各种情况，因此做好接待工作是民事检察工作很重要的一部分……聆听了大姐的教导之后，我突然感觉民事检察工作与刑事检察工作有天壤之别，刑检部门的当事人来都是规规矩矩的听检察人员的问话，而民事部门的当事人却可以对检察人员大呼小叫，原来检察工作竟然相差这么悬殊！

为了尽快熟悉民事检察工作，我开始边学习民事方面的法律法规，边向身边的同事学习审查案件的方法及接待申诉人的技巧。同室的大姐每次接待当事人总能让当事人满意而归，很是令我佩服。经过一段时间的学习，我总结了大姐接待当事人的方法是"一张笑脸相迎，一把椅子让座，一杯清茶解渴，一句问候暖心"。看似简单的四句话，却在我做第一起息诉案件时，给了我很大的帮助。我办理的第一起民事申诉案件是一件极其普通的案件，对民事部门的老同志来说那真是小菜一碟，而对我一个刚入门的新手来说却是一次法律理论知识与实践的结合运用，也是对我的一次考验。记得申诉人陈某因不服供暖纠纷一案来申诉，申诉的理由是其妻是某国有单位的职工，按规定享受一定的福利待遇，应由其妻所在单位交纳供暖费，法院判决让其承担供暖费不当。经审查陈某与其妻为婚姻存续关系，在旧城改建过程中，分得两套楼房，一套登记在陈某之妻名下，一套登记在陈某之子名下。陈某之妻为某国有单位职工，依据国家政策享有一定的采暖福利待遇，然而陈某之妻在申报采暖费用过程中有过错，将产权所有属于陈某之子的房屋向其单位申报享受采暖费用。陈某之妻所在单位依据国家政策对陈某之妻所申报的采暖费用已进行了交纳，单位并无过错。陈某之子作为受益人，陈某可以要求其返还为其交纳的采暖费用，但陈某与其妻作为房屋的所有权人，在享受供暖后有义务交纳采暖费用。在刚开始接待陈某时，我心里还是很忐忑的，不知会发生什么事情。当我为他端上一杯清茶时，明显感觉到他的情绪有所缓和，于是我用我的热情和耐心为他讲解了相关的法律关系，并且向其建议为避免纠纷的再次发生，其妻应向有关部门变更供暖关系，依法正确保障其合法权益。通过一系列的讲解工作，不仅避免了陈某情绪不稳、矛盾激化的可能性，还得到了陈某的认可，陈某走时还一再表示感谢。当我看到自己也能用所学的知识为当事人解答疑惑并且令其信服时，别提我有多兴奋了！虽然以后办的案子比这个小案子复杂得多，息诉工作和维护司法公正也取得了一些成绩，但陈某由情绪激动直至脸上露出笑容的过程却一直留在我的记忆深处！

多年的工作实践，使我感悟到，对自己的业务所涉及的东西只有认真学习，不断提高自己的能力，并借助团队力量，才能更好地、更有效地工作。

（一）加强学习。面对在新形势下的民事检察工作的新特点及案由繁多的民事申诉案件，要想将每个申诉案件吃透，只能加倍学习。

一是向老同志学习。向老同志学习是司法工作经验的传承，工作经验是老同志在长期的实践中摸索出来的，在书本上是学不到的，有效利用老同志的工作经验就可以高效、准确地做好自己的本职工作。在与老同志一起办案的过程中，他们丰富的实践经验使我受益匪浅，并且也使我看到自己的一些法律盲点，这样就促使我更勤奋的学习，掌握一定的技能，在业务方面有了进一步的提高。在与民事检察处的其他同事相处的过程中，也从他们身上学到了许多好的工作方法，如接待当事人、做息诉工作等，在业务上的进步虽有自己的努力，但我认为更多的是借鉴老同志的宝贵经验。

二是向书本学习。对于一些基础性的东西或说理性比较强的东西，就必须向书本学习。在学习过程中，只要肯动脑，有些问题会自然产生。例如，因为旧知识没有掌握好而出现问题；因为突然出现一些新概念或现成的结论，使人容易产生问题；因为出现了相近的概念，混淆不清而出现问题；当旧知识不够用时，会出现问题；当从另一个角度重新理解同一事物时，也会出现问题等等。自己发现问题以后，经过独立思考，问题仍然得不到解决时，除了向别人请教外，可以大量的查阅资料，经过一番学习后，自然会有很大的收获。这样一来不仅对相关的法律知识理解得更透彻，而且学习掌握了更多的说理性的东西，对作为每一个申诉案件最后结案依据的法律文书的书写也有极大的帮助。法律文书的好坏可以直接反映一个案件办得质量，只有使所书写的法律文书更具有说服力，才能使当事人更易明白相关的法律关系，也才更有利于当事人息诉服判。

通过学习，能使自己成为本专业精通业务的行家里手。只有精业，工作才有底气，事业才有生气！

（二）提升能力。要做好民事检察工作必须具备三种能力，按主次关系分为逻辑思维能力、分析判断能力、语言表达能力。在接到一个案件的时候，面对的是繁杂的证据和庞大的材料体系，如何地去伪存真，找出接近法律事实的真相，这就需要考察自己的逻辑思维能力，分析真伪的判断力，通过这些能力吃透了相关的材料，汇总成一个完整的链条，才能得出一个正确的结论。

事物的发生、发展都有一个合乎逻辑的发展过程。在日常工作中，我们不但要学会善于了解，更重要的是要学会全方位地了解事物。在日常学习中如何提高自己的逻辑思维能力是一个很关键的问题。要使自己的思维积极活动起来，最有效的办法是把自己置身于问题之中。当有了问题和需要解决问题时，思维才能活跃起来，思维能力才可能在解决问题的过程中发展起来。逻辑推理需要雄厚的知识积累，只有将法律知识、生活知识和社会知识日积月累的积累起来，才能为每一步推理提供充分的依据。我们还需要养成从多角度认识事物的习惯，全面地认识事物的内部与外部之间、某事物同其他事物之间的多种多样的联系。当我们的逻辑思维能力提升了，分析判断能力也会随之提高。对每一个问题既要从正面论证，假设对方的目的是正确积极的，给它找充足的理由或根据，看它是否成立；也要从反面进行论证，假设对方的目的是不利的，那么从反面找理由，看自己的假设是否成立。这样经过正反两个方面论证，基本就能得出正确的结论。除了逻辑思维能力和分析判断能力外，语言表达能力也不能忽略。语言能力的好坏不仅影响着逻辑推理和分析判断的表达，而且在与当事人接触过程中也会起着重要的作用！

（三）团队协作。每个人要想做好自己的工作，只靠自己是不够的，只有在一个和谐的集体中，借鉴前辈的实践经验，充分利用团队力量，才会得到事半功倍的收获！

实践中的感悟并不限于以上三点，比如：工作的美丽并不在于获得了多少报酬，而在于体现了自己的人生价值；奉献者的快乐并不在于吃了多少亏，而在于用自己的智慧和汗水为人类、为社会做了一些有益的事情等。我会珍惜这走过的一路，因为一直以来都是靠脚踏实地，勤劳换取这一切的，每一个机会，每一次收获，没有任何捷径，无不是自己努力争取奋斗而来的，点点滴滴，林林总总，喜怒哀乐，全是自己的财富。在以后的岁月里，我依然会在平凡的岗位上，尽自己的力量将自己的本职工作做到最好！

立足岗位勤练兵　提高素质强技能

二审监督处　温如敏

2007年，我满怀着激动的心情，带着我的检察官之梦来到了北京市人民检察院第一分院。直到今天，历经6年的锻炼、培育和洗礼，我已经成长为了一名合格的检察工作人员，我的检察官之梦也将越发绚烂。在这些年里，2008年的技能比武给我带来的感慨和收获最多，也是我的检察官之梦里最值得我回味的一篇。

2008年，我作为一名年轻的书记员有幸与其他两名同事代表一分院参加了"书记员技能比武"项目，并且在经历了严格的速录、笔录、综合知识和档案管理考核后，三人全部取得了"十佳书记员"的荣誉称号。现在，比赛的兴奋已经远去了，沉淀下来的是无比珍贵的经验和启迪。

书记员是检察工作人员中的重要组成部分，书记员工作检察机关公正执法的基础。检察书记员技能比武是市院为进一步促进执法能力提高、推动人才队伍发展而为全市检察书记员提供的展示自身风采的大舞台。是促进检察书记员队伍全面、快速、健康发展的重要举措。作为全市上千名书记员中的一分子，我在接受代表一分院参加比赛的任务时，深切的感受到了责任的重大。因为我深知作为一名刚迈出校门不久的年轻干警，自己能力与"十佳"的要求还有差距，唯恐错失这次展示才干的绝好机会，辜负了领导和同志们的信任。感谢院领导真切的关怀和指导，是他们在动员大会上和慰问时候多次强调"比武结果不是目的，提高素质才是关键""比武是人才培养的一种方式"，才让我们三位选手放下包袱，轻松备战，为我们克服心理障碍，专心比赛指明了方向。

那次技能比武，我院共有三名选手参赛，全部入选十佳。之所以能获得这样喜人的成绩，我总结出以下三点：

第一，扎实的功底是基础。此次比武我院三名选手除我工作时间较短外，均具有良好的理论学习和工作实践经历，正是长期养成的踏实的工作作风，严谨的工作态度，扎实的理论专业知识为我们这次比赛取得好成绩打下了坚实的基础。就我个人来说，虽然参加工作时间不长，但我院对培养书记员十分重视，从入院一开始就接受各种相关业务技能培训，包括专业知识、工作纪律、工作流程、政治学习、案卷归档、调研文章等全面的严格培训，使我在工作初始就养成了良好的工作习惯并在短期内就熟练掌握了全部技能。俗话说，"打铁还得自身硬"，如果没有这些平日的积累总结，是无法在短期内打造出一名"十佳书记员"的。

第二，过硬的技能是根本。书记员技能比武分速录、笔录、综合测试和案卷归档等四项进行考核，这是作为一名优秀的书记员所必备的四项技能，每一项技能都有严格的规范要求。就速录这一项来说，为了尽快提高速录成绩，教育培训处精心选择了双文速记这一速录方法。刚开始，由于对原理把握不全面，速度比先前还要慢，我们也曾产生过怀疑和动摇。但是随着学习的深入，对这种输入法逐渐熟悉和掌握，速度有了稳步提高。在艰苦练习的基础上，我们还深入研究该种输入法的特点，结合考核重点编造了大量的高频字和自造词，并利用有声软件或者轮流阅读练习听打，大大的提高了录入速度。经过刻苦练习，虽然我们每一个人笔记本电脑键盘上的字母都被磨掉了几个，但收获的却是速度的极大提高。其间，市院教育培训处的张树昌处长在组织西片调研到我院培训基地考察时，对这种输入法也给予了充分的肯定。

第三，正确的管理是关键。任何事物都是量变到质变的发展过程，我院正确高效的组织管理是促使我们从一名合格的书记员到全北京市"十佳书记员"这一质的飞跃的关键点。我院教育培训处根据书记员技能比武的精神并结合我们三位选手自身的特点，制定了一系列颇有成效的备战计划。首先，安排有针对性和实效性的培训。针对考试的四个项目，精心挑选参考书目和速录方法，分别安排上届选手介绍经验，协调调研室理论培训，档案部门归档培训，全面巩固提高。其次，合理安排练习时间，增强培训效果。我院根据比武考核项目的顺序来安排练习时间，在封闭培训的日子里，我们一向遵循先速录，再理论最后笔录的顺序，以保证在真正的比赛当中能够完全符合比赛兴奋点，提高了培训效果。再次，定期实战演习，提前克服紧张心理。

大赛时心理紧张是不可避免的,为了将紧张对比赛成绩的不利影响降到最低点,教育培训处定期安排实战比赛,并在阶段测试时邀请院领导或部门领导参观。刚开始在领导面前打字我手都发抖,思想总是不能集中。几次下来,状态越来越好,领导在不在场,同场竞技的人多与少都能沉着应对,不受影响。最后,提供陪练,互帮互助,创造竞争氛围。虽然我们是三位选手参赛,但和我们一起奋力拼搏的还另有几名陪练。大家你争我赶,相互汲取经验,正是他们的无私帮助,使我们从始至终一直保持着昂扬的斗志和拼搏精神,一路拼到最后。我想我们的成绩里也有他们的功劳!

有人说过,不想当将军的士兵不是好士兵,我想每一位参赛选手一定都有争当十佳的激情和渴望。但仅有激情是不够的,一个技能不过硬的士兵是永远也当不上将军的。宝剑锋从磨砺出,梅花香自苦寒来。尽管实践短、任务紧、对手强,但我们一直都高标准、严要求,争分夺秒加紧练习,以饱满的热情,昂扬的斗志,苦练技能,勇往直前。在此次技能比武中赛出了优良风格,赛出了良好形象,赛出了最佳水平,充分展示了我院"追求卓越,争创一流"的精神风貌。

通过这次书记员技能比武,不仅仅使我获得了荣誉,更重要的是提高了自身素质。其一,历练了意志。在刚开始培训时我的成绩并不突出,曾一度想过放弃,时值奥运期间,体育健儿在赛场上激扬青春、为国争光,我深深地被"更高、更快、更强"的奥运精神鼓舞着,鼓舞我在灰心丧气时要紧呀顽强的拼下去,直到胜利!其二,增强了执法规范化意识。规范执法是书记员工作的基本要求,经过一系列的严格培训,无论在办理案件的记录工作还是其他有关事项,都能够按照技能比武的要求严格执行,做到严格依法,准确高效。其三,提高了工作效率。经过速录培训,我在跟随检察官提讯犯罪嫌疑人时或是开庭时,能够做到详略得当,重点突出;经过综合知识的培训,提高了发现问题、分析问题的能力;其四,增强了团结合作意识和集体荣誉感。在整个比赛过程中,我们三位选手之间互相帮助互相鼓励;在我们选手的背后,有强大的一分院,有讲团结能攻坚的团队,大家上下一致,众志成城,因为我们有一个共同的目标,那就是赛出一分院的良好形象!最后,提高了对书记员工作的认识。经过这次技能比武使我对书记员工作有了更加深刻的体会，也对院领导如此重视书记员队伍的良苦用心有了全新的理解：书记员工作是检察工作中最基础最普通的工作，但是不要小看这项工作，它与刑事诉讼活动息息相关；与检察机关法律监督能力息息相关；与办案质量和办案效率息息相关；与检察机关的社会形象息息相关。不积跬步，无以至千里；不积小流，无以成江河。要想作好一名书记员，政治素质、业务素质、身体素质一样都不能少；工作效率、工作纪律，工作热情，一项都不能缺。因为只有在平凡岗位上辛勤耕耘的人，才能成就不平凡的事业；只有作好了一名优秀的书记员，才有可能成为一名优秀的检察官；只有今天在书记员岗位上完善了各项技能，明天在检察官岗位上才有可能取得更大的成绩。

虽然这次技能比武早已过去了，但我所受的启迪和鼓励对我后来的发展起到了不可估量的作用。2011年我顺利的成为一名助理检察员，这与我在技能比武中打下的坚实基础息息相关。在后来的时间里，不论是遇到理论上的困惑还是实践的挑战，技能比武的这段经历就会跳出来告诉我，年轻人，不要害怕，有梦想就要去追，迎接挑战，克服挑战，让我们的梦想更加灿烂！

让梦想在这里起航
——我的成长之路

民事检察处　白晶

生命的价值　梦想的绽放

时光匆匆三十载，岁月无情又一春。我们每一个人的生命，都在这一分一秒中经历着，体验着，感受着，逝去着……我经常会问自己，在如白驹过隙的短暂生命历程中，我该何去何从，才能不辜负上苍给予我的馈赠，让我在这场盛大的体验中实现自己的价值，不枉此生。

"宁可少活二十年，拼命也要拿下大油田"，三十一年前，我诞生祖国最大的油田，大庆油田。在铁人精神的激励下，成长起来。许是家庭环境的耳濡目染，许是铁人精神的言传身教，又许是自己骨子里就一股子不服输的劲头，从小的我就坚定了一种信念：用心去付出，才能放飞梦想。

求学之路，艰苦而漫长，"书山有路勤为径，学海无涯苦作舟"，不记得多少次踏碎了一轮圆月，不记得多少回扛走了满天星辰，沉重的书本压弯了我瘦弱的肩膀，晦涩的文字浸染了我清澈的眼眸，但知识开启了我智慧的心窗，让我的生命变得充实而快乐，我坚信，永不停辍的汲取知识的养分，会让我的生命虽平淡而不平凡……

当初选择法学作为我的专业，只是源于一种最为朴素的对公平和正义的感知。本科学习中，我用了四年的时间学习了法律的基础知识，那四年，是我人生中对法学知识的启蒙阶段。带着最朴素的求知欲和正义感，我将每一门法学课程以优异的成绩画上逗号，因为我知道，我要学习的还远不止这些。在那四年中，我用了大部分的时间记忆和储备法律基本概念和基础知识，擎天的大厦必须有一个牢固的基础。背诵和记忆的过程是呆板和枯燥的，但为了培养一个完美的法学思维，所有的汗水和付出，都是值得的。

四年结束了，带着对法学理论特别是民法理论的一种崇拜和敬畏，我放弃了已经签约的工作机会，决定留在校园继续民法理论的研究和探索。于是，我又迎来了令我受益终身的三年法学研究生生涯。记得一位良师益友曾告诉我这样一句话，法律的本科学习是一个知识的学习，依靠记忆就能完成，但他培养出来的只是一名法学匠；而法学的研究生学习则是一种思维的培养，是一个集知识、经验、法律、哲学等于一身的艺术模式，他培养出来的才是一名法学家。法学匠和法学家，一字之差，天壤之别。三年的硕士学习，正是在从法学匠到法学家的路上稳步前行。在这三年中，我用了大量的时间阅读中外法学名著，还记得在第一次阅读博登海默的《法理学与法哲学基础》时，我内心所受到的极大触动，先生对法学真谛的哲学思考令我深受启发、魂牵梦绕；还记得第一次读拉伦茨的《德国民法典通论》时，德国法学前辈缜密的法学思维和严谨的法律逻辑，让我为之神往，无限着迷；还记得第一次读沈家本时，在那个风雨飘摇的年代，先生对法律之中国化的独到见解令我肃然起敬，由衷钦佩……每一次阅读这些法学著作，在焦灼的思考和探究之后，收获的都是一种头脑充盈、内心充实的满足感和成就感。2007年的夏天，我离开了培养我7年之久的母校——中国政法大学，感谢命运对我的又一次眷顾，带着亲人们殷切的希望，带着朋友们真诚的祝福，怀揣着对法律的信仰，我踏上了人生的另一个征程，我成为了一名年轻的首都检察官。

坚定的信念 不断地超越

雨果有句名言：所谓活着的人，就是不断挑战的人，不断攀登命运峻峰的人。生命的意义，就是要体现在不断前行的进程中，并且在前行中永无止境的超越。在工作岗位上六年的时间，我时刻提醒自己，不能将生命浪费在安逸和懈怠之中，要不断地学习，充实自己和超越自己。民行检察，我们是监督者，是守护公正的最后一道防线，无论是理论上还是业务上，都要求精益求精。

忘不了，2011年的那个夏天，带着拼搏的决心和必胜的信念，我参加了第四届检察机关业务大比武。多少个日光微曦的清晨，我从酣眠中醒来，迎着初生的朝阳开始一天学习；多少个漫天星辰的不眠之夜，我辗转反侧，只为心中还挂念一份尚未完善的实战报告。三个月的封闭强化训练，感谢领导们真诚殷切的关怀，同志们热情无私的帮助和家人们无怨无悔的支持，我取得了全市第四名的成绩，获得"十佳"称号。荣誉的取得，是对之前付出的汗水的回报，我内心深知，在拼搏的过程中，我所收获到的，远远不止这些……

忘不了，2012年的那个春天，我再一次带着些许的忐忑和踌躇的志向走入校园考场。民商法学深奥晦涩的哲学功底，博大精深的理论体系，严谨精密的逻辑思维，都曾"折磨"的我辗转反侧，彻夜难眠。但我没有放弃，我的梦想就是有一天能够超越。"会当凌绝顶，一览众山小"，我一直把这句话作为我的座右铭。它激励着我不断前行，永不言败。带着这种信心和信念，2011年，我克服了生活和工作的压力，利用每天的业余时间学习，终于以笔试第一名的成绩通过了民商法学的博士生入学考试，有机会继续深造……

忘不了，2012年的那个冬天，我带着满满的祝福和收获，结束了近半年的法官生涯。"纸上得来终觉浅，绝知此事要躬行"，一份份判决书后所历经的各个环节、程序和所承载的内容究竟是怎样的，没有亲自从事过审判工作是无从彻底知晓的。这半年时间里，我把每一次的开庭都当成是对自己的历练，每个法律关系，每份证据认定，每条法律适用，每个程序环节，都不敢有丝毫怠慢。半年中，我共审结的三十余件案件，调撤率近百分之五十，无一例缠访闹诉。不断地总结才会不断地提升，交流结束后，我把半年的感悟进行了梳理，用自己切身的体会总结了法官审判的思维方式，及其与检察监督思维方式的异同，这些难得的经历和宝贵的经验，都是促使我业务不断提升的珍贵财富……

真诚的付出 心灵的回报

从带上检徽的那一刻起，血液里流淌着的铁人精神又一次地鼓舞和鞭策着我，"巾帼横戈立马头，敢与须眉试比高"，成为一名首都的女检察官，我感到了深深的荣耀和自豪。近六年的职业生涯，我所亲历的每一个案子，我所接待的每一位来访群众，都使我深切地体会到了检察人、法律人的职业内涵和社会期待。我深感法律的光辉将越来越多的给普通人以温暖，我热爱这个具有社会的良知，能够体察人性和社会的职业，我庆幸自己当初的选择，是检察官这个职业给予了我梦想的舞台，她是我耕耘的土地，我将把我的青春和热血，都无怨无悔地奉献给她……

足迹 Footprints

检察梦·我的成长之路

选择她，就意味着远离物欲横流而朴实无华；选择她，就意味着远离城市喧嚣而低调平凡。神圣的光环背后，渐染着默默付出、甘于奉献的汗水和无数个辗转焦灼的不眠之夜。忘不了满怀怨气、怒气冲冲的来访群众，在我耐心细致的劝说下心平气和而去；忘不了数年恩怨纠葛的当事人，在我苦口婆心的劝说下一朝握手言和那舒心的笑脸；忘不了一起起受到不公平待遇的当事人在抗诉成功后，对我们投来感激和信任的目光；更忘不了一位年逾八十的老大娘，在数九严冬、大雪纷飞的春节前，为我们送来一面感谢的锦旗……群众的信任和正义的交托，让我的梦想在生命中一次次地绽放。

作为一名民行部门的检察官，我们不能象反贪将士那样扬眉仗剑、肃贪倡廉，也不能象公诉人那样舌战莲花、惩恶扬善，如果把奋战在反贪和公诉部门的女检察官们比作是娇艳的铿锵玫瑰，那作为民行部门的我们，则更似一朵朵馥郁芬芳的空谷幽兰。我们深知肩头同样担负着一份神圣的职责，秉公执法，公平公正，维护法律的权威和促进社会和谐稳定，为一方民众打造一片祥和的蓝天。

民行工作常常是繁复和琐碎的，一盏孤灯，几本卷宗，可能就伏案到三更，虽是忙、累，但在辛苦和奔波中，我却感受到了充实和快乐，收获到不一般的饱满的人生——审查案件，同时也是在感知生命种种不能承受之轻，因为每一个案件都在展示着当事人纠结复杂的人生经历，我在其中享受着律理的洗礼，尽心注重工作中的每一个细节，哪怕是一个平常的接待电话，哪怕是一份常规的权利义务告知；尽心办好经手的每一项事务，即使是一个标的微小的邻里纠纷，即使是一份简短普通的不支持监督申请决定书，我都谨慎细致，不敢有丝毫马虎懈怠。因为我深知，作为一名司法者，我的一言一行，都会对当事人的生活产生影响。

民事案件，都是与群众生活息息相关的事情，法律问题我们可以用知识去解决，情理纠葛的化解却是需要用心去应对。还记得我办理的一起劳动争议纠纷，原告马某十余年前本来是一家国企的正式员工，公司改制后，单位一直未让马某继续工作，但也没有马某解除劳动合同，只是每个月给马某一百三十多块钱的生活补贴，在这十余年里，马某没有正式工作，仅是靠打打零工为生，全家人都要靠其供养。现在马某已经年近五十，被单位诉至法院，要求解除双方劳动合同。法院判决合同解除，但并没有给马某任何补偿。每个月一百余元的生活费，何以支持其一个四世同堂的家庭？如果就案办案，工作其实很简单，可是看到马某殷切的眼神和焦灼的神态，我决定再去做公司的工作，促成双方和解。和解工作任务繁重，但为能化解双方矛盾，我和同事做了对方当事人很多工作，几番电话联系、几番约来作笔录，最终公司终于同意一次性给予马某六千元的补助款。当拿到这六千元钱的时候，马某感激的热泪盈眶，并送来锦旗。民事案件的办理可以很简单，也可以很不简单，但正是在简单和不简单的选择上，体现了一名民行检察官的职业良心。

　　我常常设想，假如我是当事人，我希望能面对一个怎样的检察官？我所期待的绝不是一个冰冷冷的法律机器。她应当热情周到，就像我的亲人和朋友一样，能够认真倾听我的心声，能够设身处地的为我着想，急我之所急，想我之所想，秉公办案，公平公正。每每我都在告诫自己，我们的一句贴心的话语，一个温暖的笑容，传达给老百姓的却是如雪中送炭、指路明灯一般的温暖和感动。

　　感谢命运让我扎根在检察事业这片沃土，是她，让我懂得敬重生命，让我敢于坚持信仰，让我常怀谦恭谨慎之心，让我常感奉献律己之怀。"路漫漫其修远兮，吾将上下而求索"，展望前方，路还很长，我自当尽力前行，勇敢拼搏，让我的检察梦在这里扬帆起航！

在工作中成长

反贪局办公室　率　黎

2010年5月，我从市院调入一分院，在反贪局办公室工作，至今已有三个年头，三年的工作历练，让我收获很多，也使我在成长的道路上又迈出了一步。

刚到一分院时，我被分到内勤组。当时近50人的反贪局只有两个内勤，除了琐碎的内勤事务性工作，还要承担信息、调研等大量的文字工作。面对繁杂的工作我意识到找好我在工作中的定位是做好工作的前提条件。经过思考，我认为内勤工作的任务就是为一线服务。面面俱到中要抓重点、抓质量、抓效率，注重细节。思路确定后，我变被动为主动，变例行公事为积极创新。将工作分门别类，甄别特点，分清轻重，化繁为简，使其更加条理化、程序化，处理起来高质、高效，自如有序。在工作中注重服务细节，当时局里每月报销的医药费很多，我拿出自己一个月的工资作为周转资金，全部换成零钱，每个月发药费时，我把每个人的药费分好装信封发下去。自己虽然麻烦，但是方便了同志。此外，在撰写信息和调研时，我发现一线干警在工作中积累了许多宝贵的经验，因忙于办案，无暇总结而未能转化成全市反贪干警的共同财富。我向领导提出了将侦查经验转化为信息调研的新思路，得到局领导的大力支持。我收集整理干警的办案体会，撰写了大量的信息，近半数得到市院反贪局的转发。有的信息受到了市院的高度重视，市院反贪办与我局合作进行深度调研，最后形成对全市查办职务犯罪有借鉴意义的调研文章。从事内勤工作9个月，撰写综合性文字材料约15万字，其中代表反贪局撰写的《反贪侦查信息系统构建初探》成为直辖市检察机关信息引导侦查专题论坛上的交流论文，并被编入论文集。

2011年2月，反贪局办公室成立预防中心，3月我被调整到预防中心，备战市院组织的案件分析报告评比和检察建议评比，当时预防中心的主任由办公室副主任兼任，工作人员只有我一个。领导把案件分析报告的任务交给了我，我从未干过预防工作，还是义不容辞地接受了任务。市院要求在3月底交稿。从我接受任务到交稿截止日期只有半个多月的时间。在主管领导的带领下，我们全面梳理了全局近三年查办的案件，最后确定将倪晓军系列窝案作为参赛案件。该案体系庞杂，涉及人员、单位和工程项目繁多，工程建设领域专业知识艰深，且案件线索分散在各队，案件当事人、单位之间、业务之间的关系难以把握。我们在大量学习工程建设领域招投标等相关知识的同时，查阅了近百册卷宗，在承办人员的帮助下，才终于理清案件的脉络。白天单位事务性工作多，没有整块的时间写，我就把材料带回家，连续5天，从凌晨2点写到6点，撰写了上万字的案例分析报告。报告如期上交市院。案例分析报告在全国检察机关第二届预防职务犯罪案例分析评选活动中被评为"十佳案例分析"。新华社内参予以刊发。案件分析报告为第二届技能比武参赛检察建议的书面制作，以及案件的媒体宣传打下了坚实的基础。

紧张的比赛过后，我们陷入了沉思。接下来的预防工作向何处去？面对十三项预防职责，面对上级院的考核压力和基层院的竞争，我们还能像过去那样由各处室零敲碎打搞预防吗？答案是否定的。经过深入思考，我们认为，首要的问题就是建立一个机构，规范一套机制，实现预防工作效益的最大化。

思路确定，在局领导和主管领导的带领和指导下，我们着手进行了一系列的预防机制和制度建设工作。为了整合我院的预防资源，在深度调研的基础上，我们撰写了《一分院预防职务犯罪管理工作若干问题研究》，制定了《一分院职务犯罪工作管理办法》。形成了以职务犯罪预防工作领导小组为平台，依托各部门运行的预防工作网络系统，初步建立了我院的预防工作机制。为了深化预防工作规范化建设成果，我们撰写了《加强预防工作的思考》，出台了《关于进一步加强我院职务犯罪预防工作的意见》，建立了预防工作联络员制度、预防工作情况报送制度和网上公布制度等一系列的制度规范，打牢了预防工作基础。在设立检察联络室方面，撰写了《关于建立检察联络室的若干问题研究》，制定了《关于加强惩治和预防职务犯罪工作的意见》。在开通行贿犯罪档案查询方面，撰写了《行贿档案查询必要性探析》，制定了《一分院行贿犯罪档案查询管理办法》。上述管理办法和工作意见均已发布实施，取得了积极效果。

为了及时、有效、动态化地全程反映我院的预防工作，我制作了《预防工作专刊》，现已刊发58期。为了提高预防工作深度，提升预防工作效果，我参与了市院组织的专项领域调研，形成《国土资源领域职务犯罪风险防控对策》、《联系群众机制》专项课题报告。

一年来，在全院的共同努力下，我院的职务犯罪预防工作取得一定的成效，主要表现在以下两个方面：一是形成全院一盘棋的工作局面。各处室高度重视，报送工作更加及时，报送材料的质量有所提高。二是预防工作形成规模，工作成绩明显提升。从数字来看，今年的预防咨询是去年的2倍，报送量是去年的3倍，行贿犯罪档案查询是去年的9倍，预防调查是去年的14倍。

在工作之余，我不断提高自己的调研能力，撰写的《检察机关排除非法证据的程序运作》在《人民检察》发表；《北京地区局级干部贪污贿赂犯罪情况分析》在最高检《反贪工作指导》发表；在市委组织的调研中，参与撰写了《反贪部门参与社会管理的路径研究》。合作撰写的住建部刘宇昕案件分析报告得到市院领导的好评，案件的检察建议得到部级领导的批示。

在我院工作不到三年的时间，我只是在领导的指导下完成了自己的本职工作，院里却给了我很多的荣誉：2011年被评为院调研骨干，年终被政治部授予嘉奖；2012年被评为院优秀信息员，院首届检察研究领域的岗位能手，《关于建立检察联络室的若干问题研究》被评为优秀调研成果。

在一分院的三年工作经历，使我有以下几点感悟：

一、个人的成长离不开领导的关心和同志们的帮助。

一分院反贪局是一个和谐而团结的集体，领导的关心爱护和同志们的热情帮助提供了良好的工作环境，也给每个人以较大的成长空间。刚到一分院时，对内勤工作不熟悉，是在领导的包容下，在同事和反贪局各队同志们的无私帮助下渡过的难关。刚到预防部门，就备战业务评比，我局的各级领导和同志们也给予了大力支持。李卫国局长和杨沛林副局长为业务评比提供支持和关照,段晓娟副主任带着我一本本地看卷,确定文章的选题和思路,李卫国局长从内容和结构上严格把关并亲自动手修改文章。涉及案件的承办人刘忠光、肖晴、张鲲、徐洪祥等人也都在繁忙的工作之余加班加点帮我理清案件的脉络。在预防的机制构建中,更是得到了院党组及各级领导的大力支持,局领导亲历亲为,段晓娟副主任凭着丰富的预防工作经验和出色的工作能力带领我完成了本职工作。回顾这三年,每一件工作都离不开周围人的支持和帮助,没有领导的关心和同志们的帮助,我是不可能顺利完成工作任务的。

二、保持积极平和的心态非常重要。

保持积极平和的心态是非常重要的,尤其是在接手全新的工作或承担更重的工作任务时,健康的心态更是迅速适应角色转换的保障。在工作中,要不断调整自己的心态,让自己始终保持积极的精神风貌,尽量高质高效完成工作。与同志相处,以诚待人。干工作勤而无怨,面对荣誉让而不争,正确面对荣辱得失。

三、不弛于空想,脚踏实地,平凡中也能出业绩。

君子务本,本立而道生,不管在什么岗位,首先要找准自己的定位。在内勤岗位,自己的职责是什么?在预防岗位,自己的职责是什么?要做到心中有数。思考问题时,站位要高,做具体工作时,要放下身段,脚踏实地去做,不弛于空想,不骛于虚声,以求真的态度做好最基础的事情,一步一个脚印,通过点滴的努力,不断实践,逐步积累,最终会有质的变化,在平凡的工作中也能做出业绩。

在平凡和坚守中构筑梦想
在忠诚和奉献中绽放青春
——检察梦·我的成长之路

反贪局侦查一处　刘淑丽

有这样一种事业，所有从事她的人都要将公平和正义作为行事的准则，她行使国家法律监督检察权，代表国家正义、维护法律尊严。依然记得刚刚成为一名检察工作者时异常激动和兴奋的心情，儿时的梦终于得以在现实中延续——做一名像父亲一样优秀的检察官。或许是骨子里有着和父亲一样的血脉，这个梦从儿时开始就与父亲身着检察制服的威严形象萦绕在一起，深深植入了我的脑海。我的检察梦承载着全家尤其是父亲的期盼从儿时起扬帆起航，陪伴着我以优异的成绩被中国政法大学刑法学专业录取，直到我毕业后成为一名真正的检察战线上的一员，那时的我满怀抱负，立志要像父亲那样成就一番优异的事业。

到一分院报到后，根据组织的安排我被分配到反贪局工作，父亲当时曾语重心长的和我谈话，并提醒我反贪工作是和形形色色的人打交道，工作难度和强度都很大，没有正常作息规律，很难做到工作家庭两不误，对女同志不是很适合。尽管如此，我还是固执坚持我最初对反贪工作"庄严神圣、受人尊敬"的认识，以一种"初生牛犊不怕虎"的热情开始了我的书记员生涯。跟着师傅办理的第一个案子是市纪委交办的专案，犯罪嫌疑人张裕明是受党教育多年的军转干部，具有一定的党性，从开始接触到结案，其认罪态度都比较好，办理这个案子增强了我的信心，当时的我不知天高地厚，认为反贪工作不过如此，不像父亲所说的那样艰难。这个案子刚侦结，领导又交给了一件中纪委的专案，犯罪嫌疑人汪肇平系高干子弟，有着复杂的社会背景，另一名犯罪嫌疑人王杨系法学博士，常年从事司法实践工作，政法系统关系众多且通晓法律法规，其实施的所有犯罪行为都是以规避法律、损害国家利益、满足个人私欲为前提条件，犯罪手段极其隐蔽，反侦查能力极强。在办理这起复杂疑难案件过程中，我饱尝了查账、跟踪的繁琐和辛苦，经历了抓捕犯罪嫌疑人时惊心动魄的真实场景，见识了预审中犯罪嫌疑人百般抵赖拒不认罪的嘴脸，反思过我国现行法律在面对高智商犯罪时所凸显的束手无策与国家反腐败大局之间所形成的矛盾。为了办案加班加点成了家常便饭，身体的透支、爱人的不理解以及自己的法律理论与办案实践的巨大差距曾一度使我产生了放弃反贪工作的念头，但是当我一次次亲历反贪前辈在犯罪嫌疑人猖狂的死亡恐吓下不辱使命顶住压力，凭借坚定的党性、多变的侦查谋略，克服无数困难，实现了一次次从"山重水复"到"柳暗花明"的突破时，我又振奋起精神，即使已经怀孕还是坚持战斗在反贪一线岗位上，直至生产前的半个月。"魔高一尺道高一丈"，正义终将战胜邪恶，令人欣慰的是我们锲而不舍的反腐精神和扎实细致的侦查工作，换来了国家对腐败分子的公正判决，该案被评为北京市十大精品案也证明了领导对我们的认可。

在反腐战线上我从事了五年的书记员工作，这期间我一度彷徨过、犹豫过，因为有些反贪前辈曾经告诫我说，"从一名书记员培养成一名公诉人仅需要两到三年的时间，但是从一名反贪书记员培养成独立承办案件的检察官需要5到8年的时间，反贪干部普遍成长的慢"。尤其是在2008年我具备了初任助理检察官资格后，根据反贪工作的实际需要，我必须继续承担书记员的工作，而与自己资历相当的其他部门的同事已经踌躇满志的开始担当起承办人的角色，这时我开始动摇了。"做成大事必定要有所积累，凡是在平凡岗位上能做好本职工作的人都是不平凡的人，会做小事的人一定能成功。"一本励志书上通俗但哲理丰富的话让我坚定了我最初的信念，我要继续在反贪岗位上坚守，后来凭借着这份坚持我脚踏实地的协助主侦官承办了新华社湖北分社副社长施勇峰贪污受贿案，北大医院赵云江贪污案，财政部税政司处长周惠受贿案等重大疑难案件。五年的反贪书记员工作让我经历了无数次"量变"的过程：从最初的记录速度较慢、记录不全到记录熟练且犯罪构成要件齐全的转变；从被动的接受任务到能够在工作中发挥主观能动性制定侦查计划、主动撰写法律文书的转变；从观察研究师傅的工作方式方法到在侦查方向、策略和案件定性上参与分析研究，积极提出建议找出自己差距的转变；从对涉案单位财务账目一窍不通到能够独立完成调取所需的财务账目资料的转变；从对讯问技巧一头雾水到逐渐摸索总结出行之有效的讯问技巧的转变……这些书记员工作中不起眼的"量变"不仅让我积累了丰富的办案经验，为今后独立办案打下了坚实的基础，还使我懂得了要想成为一名反贪精兵，不仅要具备丰富的侦查经验和扎实的法律功底，还要具有严谨细致的工作作风和勤勉敬业的奉献精神。

2009年8月是我从事反贪工作实现"质变"的一个转折点，领导将一个涉嫌单位行贿的案件交给了我。这个案件的犯罪嫌疑人虽然很普通，不是要案级别的人物，根据罪名判断最终判决的刑期也不会太长，但是这个案件很特殊，领导寄予很大的希望——通过这个案子要深挖出涉嫌受贿的一系列串案。当时虽然我们已经掌握了其涉嫌行贿的账外账，但是如果需要证实其涉嫌行贿，取证方面不仅需要有行受贿双方当事人的供述，还要有相关的证人和书证等证据来佐证。接到这个案子后我异常紧张，一方面这是我独立承办的第一个案子，我要尽快实现从书记员到承办人角色的转变，另一方面领导寄予很大的希望。要想办理好这个案子不仅要谨慎细致，更要注意以下几点：首先必须具备服务大局的意识和统筹规划、协同作战的能力；其次在调取证据过程中，不能计较哪些证据是我应该调取的，哪些证据是受贿犯罪承办人应该调取的，因为这种案子是一个整体，自己多做些、辛苦些不仅会增加自己的办案经验，还会有利于整个案件的尽快侦破；最后，要重视办案的质量和效率，不能因为任务重就拖延办案时间。这个案子承载着领导对我的期望以及对自己多年书记员工作的检验。进入承办人的角色后我很快制定了详细的侦查计划，其中查账和提讯是关键，查账怎么查，从哪里入手，我曾经挠头过，局长的一个点拨让我找到了切入点，我加班加点翻账研究出了该行贿单位的记账规律和特点，顺利的调取了证实犯罪所需的明细账、银行日记账和记账凭证等证据，再通过动之以情、晓之以理的讯问策略，获得了行贿犯罪嫌疑人的有效口供，最终该案起诉和审判认定的事实与我侦查终结认定的事实完全一致，并且我没有辜负领导的期望，通过办理该案深挖出近十起贪污受贿的串案。

近四年我独立承办过贪污几万元的小案子，承办过数起局级干部职务犯罪案件，还承办过犯罪数额在数百万元以上的专案，不管是小人物贪腐案件还是大要案或专案，我已经把"忠诚"融入了每个案子中，我始终秉承"恪尽职守、惩治犯罪、服务大局、保证效果"的办案理念，力争将每一个案子办成精品案。因为"国家就是棵大树，反贪干警就是啄木鸟，每办理一个贪官就是给大树清除一条害虫，害虫有大有小，不管大小我们都要清除。"

在反腐的道路上我同其他承办人一样也不是一帆风顺的，也曾遇到过挫折和困难，比如在初查一些线索时，虽然自己花费了大量的心血和精力，但是最终因为各种原因无法成案，在面对这种结果时，我曾经懊恼过，也曾经迷茫过，此时我理解了老反贪干警的一些无奈和感慨：反贪的许多工作都是干警付出许多但又是领导看不见的。但是我没有因此而离开，因为政法干警核心价值观中的"忠诚"是对我们最基本的要求，作为一名检察干警要勤勉敬业，尽心竭力履行法律监督职责；作为一名反贪干警更要默默奉献，坚守信念，把反贪工作放在首要位置，全身心地投入到反贪工作之中，无怨无悔。

"忠诚"还要求我们在办理疑难复杂案件时要敢于碰硬、不言放弃。在2012年办理民防局李伟宏涉嫌挪用公款案中，多年办案经验提醒我，李伟宏还有其他职务犯罪的重大嫌疑。但其曾担任过法制处副处长，也有司法界的朋友，不仅具备一定的法律基础知识，还具有一定的反侦查能力和意识。其在检察机关调查前早已做好各种准备：要求相关涉案人员为其出具了假证据、销毁了相关的书证、并与其妻子办理了离婚手续……一切行为只为逃避法律的追究和制裁。在讯问期间其拒不认罪，态度极其恶劣，"我知道如果我承认了，那我有可能被判十年以上徒刑，如果我不承认，我还可能有出路。"这是他的原话。通过多次的预审和对他个人背景、性格的了解我非常明白，这是一起典型的零口供案件，怎么办？是侦查终结仅以挪用事实移送审查起诉，还是继续侦查深挖其他犯罪，反贪干警要敢于碰硬，要有强烈的责任心，这才能体现对检察事业的忠诚。在猖狂的犯罪嫌疑人面前我没有退缩，我下定决心对待这种为了规避法律而实施犯罪的嫌疑人一定要追究到底，让其受到应有的法律制裁，这样国家的利益才能得到维护，法律的尊严才得以彰显。于是凭借锐意进取、敢于攻坚的精神，我把重点放在了单位的财务账上，通过缜密的对比研究发现了其以单位名义用600万元公款炒股而没有如实入账的痕迹，继续追查银行走账和证券公司的相关凭证，查微析疑，发现了其涉嫌贪污 50 余万元炒股孳息的犯罪事实。最终一审、二审法院判李伟宏犯挪用公款罪和贪污罪，判处有期徒刑十八年。

我独立承办案件四年来，立案案件 15 件 17 人，平均年立案数超出全局人均立案数，且 80% 以上的案件为大要案，办理的每个案子都达到了法律效果、社会效果、政治效果的有机统一。并且在办理案件过程中并不局限于个案本身的侦查取证工作，而是能够从行业潜规则和财务书证规律中发现可疑线索，以案找案，具备了深挖犯罪的意识和能力。2009 年，2010 年被评为优秀，2011 年荣获个人三等功，2012 被评为北京市先进个人称号和北京市检察机关业务骨干。以上这些成绩和荣誉已成为历史，我的追梦道路还很长。

每个人都有梦想，检察干警也不例外。检察机关的任何工作岗位都是我们实现远大理想的重要平台，做好本职工作是实现"检察梦"的最佳途径。"青年检察干警只要把个人的梦想与中国梦连在一起，与崇高的检察事业连在一起，并矢志不渝地为之奋斗，心中的检察梦就一定能实现。"多年的追梦经历让我明白，"检察梦"就是"法治梦"，是"中国梦"地组成部分，饱含着人民群众对政法工作、对检察工作地热切期望。今后我要把"个人梦"与"检察梦"、"中国梦"紧密联系在一起，脚踏实地，继续为"强化法律监督、维护公平正义"和我院"争创四个一流"的工作目标绽放青春、放飞梦想。

我把青春献给你
——在一分院工作十年的成长经历

反贪局办公室　王冬生

前不久，我看了两部电影，一部是《中国合伙人》，一部是《致我们终将逝去的青春》。两部电影的共同点，都是讲述了一批朝气蓬勃的青年在那个特定的年代，他们经历了美好的校园生活，毕业后步入社会，通过不懈地努力，最终实现自己的梦想。我虽然没有经历影片中主人公生活的那个年代，但我也曾有与他们类似的经历，那就是青春——一个人一生中最美好的时光。有时，我问自己，"你的青春在哪里？"面对镜子中的我，头上多的些许白发，眼角多的皱纹，我知道自己的青春已不在。虽然我没有向影片中主人公取得那样轰轰烈烈的成绩，但我确经历平凡而又不平凡的十年。回顾在一分院工作的十年，正是我人生中最美好的十年，是一分院这片热土养育了我，我也把这十年宝贵的青春献给了一分院。

从木樨地到一分院——值得记忆的 2003 年

2003 年，对于我来说，是个非常值得回忆的一年。因为在这一年里，发生了许多值得记忆的事。这年，我结束了在公安大学三年的学习生活，获得了法学硕士学位；这年，全国爆发了"非典"病毒；这年，值得庆幸的是，在"非典"封校之前，通过人才招聘会，我被一分院录用了；这年，我被选派到太阳宫乡挂职锻炼了。

记得是 6 月底，我坐着院里派的警车，从木樨地来到了一分院，跟着我的行李，走进了我院的集体宿舍。第二天，我正式到干部处报到，成为我院一名普通的检察干警。经过市院和我院的岗前培训，我被分配到干部处帮忙了三个月。

正当我踌躇满志地为今后从事检察工作准备之时，干部处的领导找我谈话，说市委组织部要求各单位要从当年录用的优秀毕业生中选派人员到农村基层挂职锻炼一年，院党组研究准备把我作为人选。经过考虑，我同意了。

从一分院到太阳宫——农村基层工作锻炼

9月中旬，我来到太阳宫乡政府报到，开始了一年的挂职锻炼工作。刚开始，我被安排到十字口村担任村党支部书记助理。不久，我被调回乡政府社会治安综合治理办公室工作。

太阳宫乡是朝阳区比较大的一个乡，位于朝阳区中西部，地处城乡结合部位，正处于城市化建设加速发展阶段，地区治安案件案发率高、拆迁补偿纠纷多、外来人口问题多、局部环境潜伏的安全隐患多。为了尽快适应工作环境，我一方面广泛研读各种有关社会治安综合治理方面的文件、书籍和报刊，迅速了解和领会有关政策，另一方面进行详尽的调研，深入到各家各户，广泛听取群众意见和建议，制订方案加以解决。可以说，这一年当中，太阳宫的大街小巷基本上都留下了我的足迹，哪里案件高发，哪里问题严重，哪里隐患突出，我就带着问题走到哪里，调查到哪里。经常是早出晚归、披星戴月。十字口村的王大妈就热情地说：你们真是为群众解决问题来了。每当听当群众对我的工作这样认可，即使再苦再累，心里也是甜滋滋的。

经过调研，我发现造成太阳宫地区主要街道交通拥堵问题的原因是路边乱停乱放机动车造成的。在解决这个问题上，采取了三个对策：一是发放《致沿街居民和单位的一封信》，要求他们落实好门前三包，守住自己的责任区域；二是协调交管部门，设立了六块禁停标志；三是协调城管科、城建科等相关职能部门，在太北村市场外侧建设停车场以缓解"停车难"的问题。由于采取措施符合实际，交通拥堵问题很快得以较好的解决。

太阳宫乡范围内的地下空间、在施工地、外来人口聚集地、农贸市场、货物仓库等人口聚集和物品存储的地区分布较为广泛，随之而来的就是潜伏着极大的安全隐患。经过前期大量调研，我制定了《太阳宫地区（乡）安全生产综合治理达标考核办法》，主要内容包括建立一支专职的安全生产监管队伍，将地区下辖的3个行政村和14个居委会划分为9个责任区，分别制定了达标工作标准。该考核办法在朝阳区政务网发布，区委区政府领导在视察太阳宫时，称赞这种做法，并给予了很高的评价。同时，从谁主管、谁负责的原则出发，制定了《太阳宫乡关于安全生产事故责任的追究办法》，明确了达标考核的奖惩制度和责任追究制度，并且公开接受人大代表和社会的监督。此外，为提高干部的业务素质，举办多种形式的安全生产培训班；通过板报、简报、悬挂条幅和张贴标语等方式，营造全地区的安全生产宣传氛围。由于建章建制、规范管理，使地区的安全生产监管水平进一步得到提升。

在完成日常工作的同时，我注重发现工作中的盲区。针对流动人口服务和管理工作中存在的问题，从流动人口的分布、职业状态、生活状况以及管理对策等方面出发，我撰写了《对太阳宫地区流动人口服务管理工作的分析报告》，受到了区有关部门领导的肯定和表扬。

一分耕耘，一分收获。在社会治安方面，刑事发案率大幅下降，群众安全感不断提升，实现了社会治安的明显进步；在安全生产方面，没有发生重大伤亡事故；在消防安全方面，火情次数比往年减少大半；在交通安全方面，辖区内未发生重特大交通安全事故，继续保持良好态势。在朝阳区评先创优活动中，太阳宫乡在综治、严打、消防安全、交通安全等项工作，都被评选为先进单位和先进部门。

一年的基层学习、工作和生活，既短暂又漫长。在寒来暑往中，不经意的，我已经和乡干部、乡里的百姓打成一片。365个日日夜夜，我在各方面的提高、进步和收获，将永远激励我脚踏实地、勤奋工作，以扎扎实实的业绩，报答社会、报答党和人民。

2004年的年会上，我作为挂职锻炼干部的代表，在会上做了题为《深入基层，寻找力量的源泉》的发言，受到院领导和同志们的一致好评。

从干部处到反贪局——初次接触反贪工作

2004年8月，我按期转正，并被任命为书记员。9月，我从太阳宫乡挂职锻炼回院后，接触了我非常热爱的反贪工作。

尽管在校期间我的研究方向是刑事侦查学，但是从我到反贪局的第一天起，我就下定决心，从零开始，虚心向实践经验丰富的老同志学习，认认真真地办理案件，使自己所学的理论知识能够真正融入办案实践之中。

然而，起初办案经历至今令我难忘。从看似简单的三孔一线的订卷工作学起，只要有机会我就跟着不同的承办人参与办案。几个月下来，觉得自己还能够胜任这项工作。现在回过头来看当时的我，尽管参与办理了很多个案件，但绝大多数案件参与的只是侦查过程的一个部分，或者是讯问，或者是搜查，或者是抓捕，大多是不同案件的片段。这时的我，在办案中，好像婴儿蹒跚学步，有时一两个小时讯问谈话完成后，还没有形成完整的笔录。但在这一过程中，因为能够接触到不同类型的案件，所以也为我后来办理不同类型案件积累了的经验，打下了坚实的基础。

如在办理原中国儿童中心主任（正局级）赵顺义涉嫌贪污、挪用案的过程中，按照原计划我们准备在中国儿童中心赵顺义的办公室对其进行抓捕。当得知赵乘坐的车刚刚离开时，我迅速带着法警跑向大门，向保安问询到赵可能乘坐的车辆号码，当得知赵乘坐的出租车号码等相关特征后，立即拨打电话与出租车管理部门联系，请求其协助查找并联系该车司机。结合案情，我分析赵可能去其上级单位全国妇联寻求保护。这样，我和其他承办人一同前往全国妇联。果然，当我们到达全国妇联后，该单位纪委书记称赵刚刚离开。案件刚有所转机，瞬间又成了断了线的风筝。那么，赵究竟去了什么地方呢？我提出，赵在回龙观有一住处，赵有可能去该处，准备携款潜逃。后经过技术侦查手段，与我当时分析判断的一致，这样，我们决定在清河收费站设卡堵截。到了收费站后，我反复在口中默念"2633，黑色桑塔纳"，眼睛始终盯着进入闸道的每一辆车。当赵乘坐的车辆缓缓驶入闸道时，我第一时间冲了过去，控制住司机。当赵第一眼见到我时，身子一下软坐在车里，随后法警跟了上来，将赵带上了警车。

一般来说，行动完了，也就完了。但我对此次抓捕行动进行了回忆和反思。比如说，在抓捕之前，应提前布置警力，有效控制犯罪嫌疑人活动的空间。同时，应事先派人进行秘密监视其一举一动，并充分利用其单位纪委人员对其进行有效牵制。此外，反贪侦查人员应学习警察查缉战术的相关知识。按照正确的查缉车辆来说，应当从车的侧后方45度角切入，而我们当时是迎着快速驶入闸道的车辆，一旦该车辆突然加速闯卡过关，我和其他抓捕人员的人身安全就难以保障，现在想起来，还有些后怕。

2005年9月的一天，我当时正在长春出差，办理中纪委、高检院、公安部联合组成的"东风行动"专案中的吉林省送变电公司原总经理樊军（副局级）单位行贿案。我接到内勤的电话，称我被调到干部处工作了。出差回来，局领导通知我，因干部处工作需要，让我即刻去报到。说实话，我当时对反贪侦查工作刚刚入了门，而且兴趣与专业都非常适合干反贪。最终，我还是服从了组织安排。

从反贪局到干部处——难得的人生经历

到干部处工作后，对于我来说，又是全新的开始。我有时也在想，为什么总是动来动去，总是让我适应新的环境。但有一点，我始终不断提醒自己，不论在什么岗位工作，都要把工作做好，这是最基本的要求。况且，并不是哪个人都能够有机会在这个重要的部门工作。

在干部处工作，我最先接触的是任免工作。起初，我跟随着处里的同志一起工作，感觉也没有什么意思，只是按规定、按程序走罢了。后来，由于工作分工调整，处领导让我单独负责任免工作，这时，我突然感觉有了压力。现在看来，有压力才有动力。因为从事干部工作，最基本的素质就要做到"底数清、情况明"，领导随时问哪个干部的情况，就能对答如流。为了做到这点，我调阅了从建院以来全部的任免决定和通知，制作了EXCEL文档，对院里每位干部的相关信息进行汇总，特别标示出参加工作时间和现任职务任职时间，以便对每名干部何时该晋升，能够及时掌握，为领导提供参考信息。

随着我对任免工作的逐步了解，我发现任免工作中有许多问题需要解决。其中，全院人员职数的计算及使用问题是头等大事。为此，我多次与市院干部处一并与市人事局、市编办协调增加检察院干部职数问题。经过争取，市人事局同意了我院职数的计算方法，有效缓解了职数紧张的问题。有了职数，任免工作就可以顺利开展。接下来遇到的问题，就是如何开展，即一年搞几次晋级晋职，什么时候搞，能否围绕院里中心工作开展，等等问题都需要全盘考虑，及时向领导提出建议。

领导同意职级晋升建议后，如何科学有效地制定好工作方案，特别是考核评价标准更是尤为重要。举个例子来说，考核评价检察员都有哪些标准？为此，我学习了各种关于绩效考核的书籍，最终制定出了考核评价标准，此后每次职级晋升时都有所调整，从考核内容、考核要素、分值设定、权重比例等等，力求做到客观。但说实话，到目前为止，我也没有找到更为科学的评价标准，因为我们考核评价的对象是每一个具体的人，虽然考核分数排名比较靠前，但从实际办案和工作中，这个干部未必强于排名比较靠后的干部。这就需要全方位考核评价一个干部，既要有分数作为参考，但同时也就需要根据后续的考察情况，来综合全面的评价一个干部，这也是我使用"考核"和"评价"缘由。否则，只有考核，没有评价，那么后续的考察工作则成为真正的走过场。

说到考察工作，我不得不提出任免工作规范化的问题。以考察为例，最简单而又最难写的，就是考察报告（如果你确实想要对一个干部真正负责的话）。经过反复修改，我制作了如何撰写考察报告的文书模板，其中包括考察报告包括几个部分，每个部分如何写，以及字数、字体等具体的要求。

考察之后，还有一项工作就是向党组进行汇报。如何将参加职级晋升的每名同志的情况，全面、客观地展现给院领导，非常重要。起初，我们将干部基本情况表、考察情况等材料以书面的形式印发给各位领导，后来，我发现每次总有些信息不能全面提供。这样，我就开始尝试通过幻灯片的形式进行汇报，实践证明，这种做法当时受到了院领导的肯定。

2006年，我通过考试，有机会参加了由北京市人事局、北京行政学院与美国佐治亚大学合作举办的"北京市第七期公务员公共管理专题中美研修班"。经过三个月的学习，我取得了佐治亚大学颁发的"公共管理培训毕业证书"。通过培训，使我开阔了视野，有机会和国外政府部门及其他单位的官员交流，为我日后从事干部管理工作提供了丰富的养分。

在干部处工作期间，我还从事过组织院、处级领导干部年度述职述廉工作，部门及全院干警年度考核工作，合同制书记员（法警）考核工作，年终奖励评比工作，毕业生和军转干选调工作等等。由于篇幅有限，不在此赘述。

尽管我在干部处工作仅仅四年半的时间，但我认为，这段经历对于我确是难得的人生经历，因为我从政治部各位领导和同事身上学习到了如何做人做事，因此，我非常感谢他们对我无私的关心和帮助。

从干部处再到反贪局——反贪工作的历练

2009年3月，新一届反贪局班子组建，编制增加，经政治部领导推荐，我又重新回到了反贪局这个大家庭。

局领导对我特别重视，为我配备了书记员，使得我有足够的空间来施展自己的才华。这次回到反贪局工作，我给自己定的目标就是办好案件，我也想证明自己，无论在哪都是好样的。有了这个想法，我对自己要求也就非常严格，抓紧时间多办案，办好案。经过短暂的适应阶段，我很快地适应了反贪工作。但我知道，这刚刚是一个开始，以后的路长着呢。

8月，我受局领导指派，有幸参与了中纪委牵头的"8·04"专案，即门头沟区原副区长闫永喜等人腐败窝案，具体承办了门头沟区建委原主任安凤奎、区国资委原主任高增明、北京京门国有资产经营中心副总经理张广宝涉嫌职务犯罪案件。该案有中央领导批示，又涉及民生领域的廉租房问题，加之被调查人身居要职，可以说，案件既重大，又较为敏感。案件办理之初，我们以纪委人员的身份与被调查人进行纪检谈话。我认真分析被调查人的个性心理特征，制定了行之有效的谈话策略。针对高增明胆小、爱占小便宜的这一性格特点，在第一次与其接触时，对其采取了高压态势，避而不谈制动毂厂土地的转让问题，为其进行定位，明确指出其任务就是交代个人经济问题，让其放弃侥幸心理，最后，为其指明出路，只要全面彻底交代问题，才能争取从轻减轻处理。经过政策攻心，高增明交代了8笔受贿事实，涉案金额40万元。针对安凤奎性格狡猾、思维缜密的特点，以打麻将这个话题作为切入点，让其开口说话。最初，安凤奎交代了收受开发商胡连喜给予的贿赂款60万元，但其始终狡辩曾通过其子安海岗将此款还给了胡连喜。针对这一情况，我们进行了大量的外围取证工作，调取了安海岗和胡连喜的证言，安海岗农商行银行卡的交易记录等书证。在接下来的谈话中，利用时机适时出示相关证据，在证据面前，安凤奎彻底放下了拒供的心理，交代了受贿胡连喜贿赂款78万元的详细经过。之后，通过深挖犯罪，查明了张广宝的受贿问题。最终，安凤奎因被法院判处有期徒刑13年，此案也成为北京市廉租房领域第一案。该案2011年被中纪委评为工程建设领域20起典型案件之一，并在中央电视台新闻联播予以报道。从夏天穿着短衣短裤，到冬天穿着棉衣棉裤，这个专案才算完结，转入司法程序。通过这个专案，充分锻炼了我在反贪侦查方面的各项能力，更重要的是掌握了办理专案的规律及如何与纪委等各方协调的方式方法，为我后来参与专案办理奠定的坚实基础。

"8·04"专案刚刚转入司法程序不久，还没来得及喘口气。2010年初，我又被指派参加中纪委牵头的"1·15"和"2·26"两个专案，即国土资源部相关人员受贿系统专案。其中，办理的北京天目创新科技有限公司法定代表人程晓阳向国土部地籍司统计监察处处长沙志刚单位行贿一案中，项目交易型的受贿方式为近年来新型的行受贿方式，在司法审判中得到首次认定。在办理新海投资集团有限公司法定代表人吴国海向国土资源报社原总编辑刘允洲单位行贿一案中，通过深挖犯罪，发现了国土资源部原副部长李元涉嫌重大受贿问题，并参与了对李的违纪调查，最终中纪委决定对李进行了"双开"处理。马馼、干以胜两位中纪委领导亲自到专案组所在地听取了案件情况汇报，并对专案组在较短的时间内迅速突破案件予以肯定和表扬。

2012年5月至8月，我又被局领导指派参加了中央某专案的办理。该案涉及众多高级别官员，特别涉及极其敏感人物，涉案跨度时间较大，涉及人员关系密切复杂，侦查取证难度很大。办案中，既要保证不暴露身份，又要达到取证目的，因此，我积极发挥主观能动性，妥善协调和处理各种复杂敏感关系。期间，正值我妻子怀孕待产，家中老人癌症做手术，我克服了家庭困难，始终坚持在办案工作的第一线，出色地完成了专案工作任务，得到了各级领导的充分肯定和表扬。

除了前述四个专案外，期间，我还承办了北京市西城区国有资产经营公司总经理曹白临（正处级）贪污案，北京大禹时代环保科技有限公司法定代表人李成群挪用公款案等20余件案件。随着大量案件的办理，特别是参加专案办理，我的侦查能力和水平也随之逐步提升。但我也清楚，我与一个优秀的侦查员相比，还有一定的差距。但我始终坚信，我一定会成为一名优秀的侦查员，我仍在路上。

从一分院到高检院——反贪总局借调

2011年4月至2012年2月，受局里委派，我有机会到高检院反贪总局借调工作。此次借调的主要工作是负责配合反贪总局侦查三处的组建及办案等工作。

到了侦查三处工作之后，最初的工作是协助处长建章立制，先后参与制定了《侦查三处督办案件程序规则》、《侦查三处公文处理办法》、《反贪总局侦查三处处内办文流程简表》、《侦查三处纪律要求》等文件规定。特别是起草并参与制定的《中央单位局级国家工作人员贪污贿赂犯罪线索评估审查操作规范（试行）》，得到邱学强副检察长的批示。

此后，大量的工作主要是办理案件，先后审查办理中央单位局级领导干部职务犯罪线索38件49人，办案数量占全处办案数量的1/2。其中，重点督办了宁夏回族自治区专用通信局局长吴省省贪污、受贿案等4个重大案件。特别是吴省省贪污、受贿案，被评为2012年反腐十大典型案件之一。

在反贪总局借调工作，使我有机会接触全国各省的反贪案件办理的情况。我充分利用随总局领导到各地调研的时机，与各地反贪部门进行交流，特别是针对新刑事诉讼法实施后，办案中遇到的非法证据排除等问题，进行了专题调研。

可以说，在反贪总局的每一天，我都对自己严格要求，因为我知道，我是代表一分院来借调工作的，我的表现直接反映了一分院检察干警的素质和能力。这次在反贪总局借调工作，与之前在太阳宫乡挂职锻炼不同之处，在于我有了一定的办案经验，因此，能够出色地完成各项工作任务。由于工作表现突出，我受到了反贪总局领导的高度肯定和表扬。

十年感悟

宝剑锋从磨砺出，梅花香自苦寒来。回顾在我院工作十年的经历，无论是在干部处从事管理工作，还是在反贪局从事办案工作，我都敢于勇挑重担，创新工作，坚持认真负责、精益求精的工作作风，高质量完成了所有工作任务，得到了领导、同事们的充分肯定。

期间，我被评为副处级后备干部，北京市检察业务骨干。由于工作成绩突出，荣立个人三等功一次，个人嘉奖六次，优秀共产党员两次。

我深知，成绩的取得，除了自身努力的结果，更重要的是一分院这片热土滋养了我，是院党组和各位领导、同志们给予我的关心和帮助。

记得几年前，曾读过一本书名为《致加西亚的信》，这本书是反贪局推荐给大家的。我认真阅读后，撰写了读书心得，并在全局会上发言，我当时提出了三点启示：忠诚和责任感，敬业和主动性，心态和战斗意识。究其实质，我想这是一种精神，一种追求。本文的开头，我曾提出我的青春已不在，似乎有些凄凉、懈怠。当时，我还想提一个问题，"你还有梦想吗？"我的回答是肯定的。青春已不在，但岁月留给我的一个宝贵财富就是一种对梦想追求的精神，对实现中国梦、检察梦的一种执着的信念。

那我们还犹豫什么？

立足办案　锤炼成才

反贪局侦查二处　陈浩然

2007年7月，我从中国政法大学硕士研究生毕业来我院工作至今，已经经过了近六个年头。从参加工作至今，我一直在我院反贪局从事反贪侦查工作。在院领导、局领导以及局里所有同志的关心和帮助下，我积极学习和实践反贪侦查业务，业务能力得到了长足的进步，工作态度及工作成绩也得到了大家的一致认可。2008年至2010年，我连续三年年度考核为称职，其中2009年度及2010年度连续两年获院嘉奖。2008年8月，被我院任命为副科级书记员。2011年4月，被我院任命为副科级助理检察员。在参与反贪侦查一线工作多年的过程中，我接触了大量案件，积累了很多的办案经验，由一个懵懂的高校毕业生逐渐蜕变成为反贪一线的骨干。点滴经验，弥足珍贵，特总结如下：

一、加强学习，努力提高自己的政治素质和专业理论水平

在我院"四个三"的工作思路的引导下，我以我院常抓不懈的建设学习型、创新型、健康型的"三型"检察院工作为平台，以成为不断提升学习能力、创新能力和实践能力的检察干部为目标，认真学习政治理论和把握政治动态，贯彻领会各级领导的讲话精神。结合工作认真查找自身的不足，并针对自身查找出的这些不足进行深刻的总结和纠正，同时积极与身边的先进典型和其他优秀同志进行交流，吸取他人之长补己之短。

在工作中，我始终加强专业理论知识的学习，针对工作中遇到的实际问题，认真思考和总结，努力做好调研工作。2007年，完成了院重点关注调研课题《反贪工作经营理念探析》的调研和主要执笔工作；2008年，完成了《犯罪学视角下的贪污贿赂犯罪心理原因分析》、《自首类型相关问题研究》和《反贪工作中检察建议的几点思考》三篇调研文章的撰写；2010年，完成了《浅谈自侦案件中的笔录制作意识》和《贪污贿赂犯罪侦查中证据体系的构建》两篇调研文章。

工作之余，我还强化反贪办案流程及相关学科，如犯罪学、犯罪心理学、侦查学、会计学等知识的学习和积淀，以求能在工作中做到得心应手。对于工作中存在的疑问，我虚心地向老同志们请教，学习他们先进的办案经验和严谨的工作作风。

二、踏实工作，以不断提高自己的业务实践能力为目标，积极投入到全局的侦查工作中

参加工作至今，作为书记员我积极配合承办人认真做好办案辅助工作，学习优秀承办人的办案技巧，作为案件承办人勤于思考，努力将自己承办的案件做透做细。多年来，参与办理初查终结线索10余件，立案侦查案件13件15人，其中参与办理中纪委、高检院及市院交办的专案5件。

2007年来院之初，我就参与了原深圳震环仪器设备有限公司总经理蒋伊春贪污案（二审判处有期徒刑十二年六个月）和中国外运股份有限公司工程项目部原副总经理丁仁兵受贿案（一审判处有期徒刑五年，未上诉）。同年八月，我参与了市院交办的"8·30"专案（即"10·22"专案），配合承办人办理了该案中湖北大都置业有限公司负责人易仁君、李勤单位行贿案（一审判处湖北大都置业有限公司罚金三十万元，易仁君有期徒刑一年四个月，李勤酌定不起诉，未上诉）。2008年，参与办理了北京住总集团原海外部经理吴学锋（正处级）挪用公款案（二审判处无期徒刑）。2009年，配合承办人办理了北京市丰台区花乡原副乡长张景刚（副处级）受贿案（该案于当年移送审查起诉并判决，一审判处张景刚有期徒刑十年，未上诉）。2010年1月，参与了国土资源系统"1·15"专案中北京淘源科技有限公司法定代表人、总经理贾汛受贿案的全部预审工作。同年5月，配合中纪委四室参与了中国国土资源报社原总编辑刘允洲（正局级）受贿案件（"2·26"专案）双规期间的所有预审工作及立案后的侦查工作（一审判处刘允洲有期徒刑十三年，未上诉）。同年11月，参与办理南方资产管理有限责任公司（以下简称南资公司）原总经理王廷伟（正局级）涉嫌贪污案，在办理该案的过程中，与承办人积极沟通配合，充分发挥深挖犯罪的侦查思路，发现了王廷伟与南资公司副总经理任宇光、原副总经理蒋晓勇、原总会计师张锦辉涉嫌私分国有资产的线索。2011年3月，年度工作开展伊始，我就被中纪委四室抽调至中纪委办案中心，配合办理中央高度关注的"2·11"专案（即铁道部部长刘志军涉嫌经济犯罪的专案），在该专案的系列案件中，我主要配合带队领导办理了国务院扶贫办外资管理中心原主任范增玉（正局级）涉嫌贪污、受贿、诈骗一案中的全部预审工作和部分外调工作。另外，还担负了该专案中其他涉案人员的调查工作。同年6月，我所在的侦查二处侦查三队开始办理国家住房与城乡建设部建筑市场监管司副司长刘宇昕（副局级）涉嫌受贿的专案，我在办理"2·11"专案之余，又被局领导抽调参与了刘宇昕前期的预审工作、刘宇昕被双规期间的谈话工作、立案侦查后的前期讯问工作，以及该专案中其他涉案人员的谈话和调查取证工作。2012年，我独立侦办立案案件两件三人并都于本年度侦查终结并移交审查起诉，即住房和城乡建设部建筑市场监管司资质处原借调人员郝继生受贿案及北京市海淀区邮电局清华大学支局理财经理李冉、北京市印钞厂生产部工人金蓬挪用公款案。以上参与办理的所有案件均为大案或要案，且均为A类、B类案件，无C类和D类案件。其中百万元以上的特大案件9件，处级以上要案6人（含局级4人）。

2007年以来，我局积极践行队建制的侦查模式，新的侦查模式逐步走向成熟，也为我更多地参与到案件的办理提供了便利，极大地丰富我个人的办案经验，提高了我个人的办案能力。2007年至2010年，我参与了我所在的原侦查四队全部21件21人立案案件的预审、取证等侦查工作。另外，由于局领导和各承办人的对我工作的信任和支持，我有幸参与了近年来我局许多立案案件的预审、讯问、询问和取证工作，与每位承办人基本上都进行过配合，从各位承办人身上学到了许多办案技巧。

三、勇于奉献，发挥不怕苦不怕累的反贪精神，以全身心的热情投入到工作中

2007年，我在参与办理市院反贪局交办的"8·30"专案中，多次出差湖北省宜昌市进行调查取证及抓捕犯罪嫌疑人工作，并放弃了多次休假的机会，连续三个月长期在外地驻守，顺利完成领导和承办人交办的任务。2010年，在参与的中纪委四室与我局联合办理的"2·26"专案（即刘允洲涉嫌受贿一案）中，我在中纪委位于平谷的双规点谷泉会议中心连续驻守5个多月，参与了犯罪嫌疑人刘允洲双规期间的全程的预审工作，制作笔录70余份，期间工作成绩得到了中纪委四室的书面肯定。2011年3月至2012年3月长达近一年的时间里,我仍然长期驻守在谷泉会议中心,尽心尽力地配合办理"2·11"专案,毅然放弃了探亲和休假的机会。

2008年,我在参与办理北京市丰台区花乡原副乡长张景刚涉嫌受贿一案时,犯罪嫌疑人张景刚当时是乙肝病毒长期携带者,大三阳呈阳性,随时都有发病的可能。我与承办人在得知这一信息后,冒着随时都有可能被感染乙肝的危险,继续坚持开展本案的侦查工作,在与张景刚进行的任何接触过程中都不采取任何保护措施,为的就是拉近与他之间的距离,消除他与侦查人员之间心中的隔阂。每次与其接触时都关心地询问其病情,并随时告知其家人的近况。这使张景刚本人极为感动,并一直保持较好的真诚认罪和悔罪的态度。

在办理住房和城乡建设部建筑市场监管司资质处原借调人员郝继生受贿案时,由于本案是在我局办理住建部市场司综合处调研员罗晓杰受贿一案中发现的,行贿人前期主动交代了其向郝继生行贿的问题,但由于其记忆的偏差,只交代了向郝继生行贿5万元的事实。我在调取银行账户时并未限于调取5万元银行卡的资料,而是调取了行贿人名下所有银行账户资料,通过分析研判,我发现了其中一张10万元金额的银行卡业务发生的时间和案发时间吻合,同时业务发生地是在郝继生的家乡,立即排除了行贿人交代的向郝继生行贿5万元的事实,并随即对该卡中资金的流向进行追踪,最终发现了行贿人向郝继生行贿10万元的重大犯罪事实。另外,在对郝继生的审讯过程中敏锐地发现,郝继生性格较为偏执,在证据不够充分的前提下,畏罪心理和侥幸心理严重。因此在办理本案的前期,我将工作重心立足于外围取证工作,并形成了一套严密的书证链条,在充足的事实证据面前,并针对其这样的心理对他进行了大量而细致的教育工作,解除了他心理上的矛盾和顾虑,最终使他如实交代了其收受贿赂的全部事实。

在办理北京市海淀区邮电局清华大学支局理财经理李冉、北京市印钞厂生产部工人金蓬挪用公款案中,犯罪嫌疑人李冉在分娩前几日到我院自首,立案后为其办理了取保候审的强制措施,为了方便其哺乳照顾婴儿,承办人到其家中对其进行讯问,并留有充分的时间让其休息、饮食,承办人需要在取得全面供述和保证犯罪嫌疑人情绪稳定、身体舒适之间把握尺度，拿捏分寸。在完成本案侦查任务的同时，做到注重保障人权，区别情况不同对待，体现了理性、平和、文明、规范的执法理念。

近几年的工作经历，我一直立足于以多参与案件办理为基础，通过办案实践提升自身能力，正是因为多年来将工作的精力全部倾注在办案工作中，才使我积累了丰富的办案经验，在从书记员到承办人的角色转变中能够迅速适应。当然，正是由于接触案件量大，在工作的同时也深深地感受到作为一个执法办案人员不仅要求业务过硬，更要求作风正派，清正廉洁。在办案中我能自觉遵守中政委、高检院、市院的各种办案规定和办案纪律，注重大局意识和责任意识。在今后的工作中，我会继续保持高涨的工作热情，投身到反贪工作中，不断提高自身的理论和业务实践水平，争取成为一名合格而又优秀的检察官。

在路上打造梦想的立方

反贪局侦查二处　史锐

梦想是什么？每个人都有做梦的权利，每个人对于梦想都有自己的定义。对于我来说，梦想是一种信仰，他扎根于我所选择的检察职业。在我的检察梦中，我是一名优秀的反贪精兵。从海淀检察院到北京市检察院第一分院，从书记员到案件承办人，从懵懂的毛头小子到北京市检察机关先进个人、北京市检察机关反贪部门业务骨干人才、北京市检察机关优秀侦查员……然而梦想很丰满，现实很骨感。回顾10年检察之路，我从来不认为自己达到了梦想的高度。办理的案件越多，这种感觉愈发的强烈。我距离一名反贪侦查精兵，还有很长的路要走。欣慰的是，我在这条道路上踏实而坚定地走着。好在这条路并不孤单，我有机会和大家分享旅途的感悟。

1. 态度决定高度

"选择了检察事业，就是选择了清贫和奉献"。这是在新人座谈会上检察长的一句话。我们对于选择的职业抱有什么样的态度，仅仅是养家糊口的手段，还是个人价值与社会价值融汇体现的舞台，这决定了个体职业生涯所能达到的高度。

选择反贪工作是偶然的。2003年我刚刚踏入检察院，人事处长问我想去哪个岗位锻炼。作为刚毕业的大学生，我对检察内部职能机构是陌生的。只是因为平时看新闻，对于反贪局充满了好奇和向往。所以我脱口而答：反贪局。就这样，我成为一名反贪书记员。选择反贪是必然的。因为很快，我就喜欢上了这份工作。国家自然科学基金委员会会计卞中贪污、挪用公款案是我作为书记员的第一个案件。最终卞中因贪污1262.37万元，挪用公款1.99亿元被判处死刑，缓期二年执行。无数殚精竭虑的思考，无数斗智斗勇的交锋，无数跋山涉水的取证，无数漫漫长夜的加班，让我觉得反贪是如此的新奇和刺激。但是渐渐的，在无数财务票证的包围中，在四处查询银行无功而返后，在一个举报人的谩骂和指责里，我有些麻木了：整天贴票据标页码也太繁琐了；什么手段都没有一家家跑银行，侦查原来是纯体力劳动；一连工作几十个小时是家常便饭，我想睡觉……"仅仅因为觉得刺激，你是干不好反贪的，你什么都干不好！"师傅发现了我的思想波动，狠狠地教训了我一番。这次谈话让我被深深的触动了。我在反思自己的同时，开始观察身边的老侦查员，开始重新审视反贪这个职业。腐败是社会的毒瘤。一个线索，一封简单的举报信，经过细致的侦查，变成厚厚的卷宗，让贪腐分子认罪服法，让公平正义得以彰显，让老百姓感到信心和希望。我们是法律的捍卫者，是国有资产的守护者。做一个优秀的反贪侦查员必将使我的人生价值得以实现。这份神圣的职业值得我为之热爱。

因为热爱所以投入，因为投入所以得心应手。当职业成为一种使命，我便全身心地投入到职务犯罪侦查工作之中。从熟悉案件流程，到摸索办案规律；从学习笔录制作，到掌握讯问技巧；从装订案件卷宗，到撰写法律文书。我一步一个脚印完成了从书记员到案件承办人的转变。在独立承办案件的三年半时间里，我立案15件19人，高质量高效率的完成了本职工作。在此期间，我也有很多的遗憾。因为朝阳区涉农"5·08"专案，我无法去肿瘤医院照顾身患重症的亲戚；因为国家环保部机关服务中心副主任刘某贪污案，我将怀孕的妻子送到老家分娩。从孩子出生到7个月回到北京，我只见过母子两面；因为中交建设集团行受贿串案，我在儿子周岁生日的当天登上了去青岛的飞机……我不记得有多少次向家人表达自己的歉疚。我只记得他们的回答"没办法，谁让你是干这个的呢"。是的，我是一个侦查员。既然选择了，就热爱。只有热爱了，才能做好。

2. 学习决定宽度

我不止一次的听到老侦查员们说：现在的案子越来越难办了。是的。随着社会的高速发展，经济体制在发生变化，刑法、刑事诉讼法在修改，公民权利保护意识在提高，犯罪手段在多样化、隐蔽化。而反贪侦查手段的缺失，使得侦查方式难以发生根本性的变化。怎么办？如何适应新时代对于反贪工作的新要求？只有学习，不断的学习。学习不仅决定了个人知识面的宽度，也决定了职业道路的宽度。

虽然有经济学和法学两个本科学位，但是我深深的感觉到自己法律功底的薄弱。为此我攻读了中国人民大学法律硕士，利于工作之余完成了一次回炉。重新回到校园，我得到最大的收获，就是懂得了学习法律不能简单的记住法律条文，而是要在理解立法本意的基础上，抓住法律的精髓。只有这样，才能真正的懂得法律，用好法律。

反贪侦查由于性质的特殊性，决定了法律知识只是我们工作的一条腿。而另一条腿，就是侦查实践。因此，日常工作中的学习是一门永远不会结课的必修课。除了办好自己的案件，我积极主动的参加其他办案组每一次加班立案工作，把每一个承办人都作为老师，从他们身上学习各自办案的技巧和规律。来到北京市检察院第一分院，"办精品案，走精兵路"的工作思路为反贪工作提出了更高的要求。两年来在侦查二处这个新生的集体，我和战友们成功办理了国土系统"1·15"、住建部"6·20"、涉农"5·08"等专案，查办了住房和城乡建设部市场监管司原副司长刘宇昕受贿案、北京市朝阳区原副区长刘希泉受贿案、环保部机关服务中心副主任刘以革贪污案等一批有影响、有震动的大要案。共办理局级干部14人，其中正局职6人，副局职8人。每一个大要案的巧妙开局、重点突破、纵深发展、圆满收官，都是一次难得的学习经历。我一直在工作中边干边学，努力充实自己。

社会是一个大课堂，生活是我们的导师。从事反贪工作，丰富的社会常识也是必可不少的。侦查员应该是一个杂家。我购买了大量书籍，拓宽自己的知识结构。并通过网络媒体、平面媒体、电视媒体等多种方式紧跟这个时代的步伐，汲取各种养分。这样做的目的在于和某些以沉默作为武器的被举报人接触中，避开涉案事实，以其感兴趣的话题让被举报人放松心态，打开话匣子。我和调查对象聊过玉器收藏、聊过热门网络话题、聊过大秦帝国的衰败，也聊过中国足球和乒乓球。在建立沟通交流的平台之后，我才能通过谈话对象的言谈举止、阅历层次，勾勒出他的性格特征，从而选择其弱点开始真正的交锋。在办理中国地质科学院矿产资源研究所盐湖与热水资源发展中心副主任张某挪用公款案时，张某身为我国矿产资源领域的专家，在第一次谈话中矢口否认其挪用科研经费购买房产的事实，谈话陷入了僵局。我合上了笔记本，收起了证据材料，开始虚心向这位专家请教钾盐的常识。而这正是张某引以为傲的专攻领域。张某立刻有了兴致，开始向我普及钾矿对于国家经济的重要地位，我国目前严重缺钾的现状，他所从事工作的重要意义以及取得的重大突破。在谈话中，我发现了张某强烈的职业责任感和浓浓的学术范儿。在肯定了他的成绩之后，我对张某说了两点：地质工作者的职业精神让我钦佩，你为国家找矿的敬业也让我感动，但是你有没有想过你也有合法使用手中科研经费的责任？在矿产资源方面你是博士后是研究员，可是在法律方面，你连专科水平都达不到！张某低下了高傲的头颅。接下来的谈话很顺利，专业的法律解读和适时的出示证据，使得张某对其挪用公款的行为供认不讳。

3. 细节决定长度

一树一菩提，一花一世界。生活的一切原本就是由细节构成。而细节往往是最容易被忽视，殊不知这不起眼的细节，看在眼里便是风景，握在手心便是花朵，揣在怀里便是阳光。对于反贪侦查员来说，细节可以改变案件的一切。而一个案件不仅关系到嫌疑人的命运，也关系到一个家庭的命运，一个单位的命运。细节决定成败，决定了我们可以走多远，决定了个人职业道路的长度。

我明白细节对反贪的重要性，最初却不是因为案件。我第一次开车和师傅去看守所提讯。工作结束后我们刚刚进入小饭馆，师傅问我：卷呢？我说锁在车里了。师傅立刻变了脸：丢了你，也不能丢了卷，拿去！这是一个小小的细节，到现在依然记忆犹新。对于卷宗尚且如此，对案件本身来说，细节更是不容忽视的了。从此在工作中，我一直努力做到细致、规范，不放弃每一个细节。在办理最高人民检察院交办的北京邮电大学邹某涉嫌贪污线索之初，由于该事实是审计发现移送，审计人员已经调取了充分材料，可以证明邹某以虚报劳务费的方式套取200万元项目经费。贪污的主体、资金性质、手段已经形成完整的链条。可是在接触相关被举报人之后，我发现一个关键的问题：200万元项目经费被虚假套现后，存放在邹某科研团队负责财务工作的人员办公室中，且没有被使用。而邹某对经费将来用途的辩解，使得这200万元的性质变成了私设的"小金库"。这个细节决定了我们没有证据证明邹某有非法占有公共财物的行为和主观故意。我在仔细研究案卷材料后最终建议不予立案，获得了最高人民检察院的肯定和支持。

对于初查的线索如此，对于立案的案件更要抓住细节。在查办北京市房山区供电公司单铁铭贪污案时，我负责向北京江海电气公司业务员孟某核实单铁铭的相关犯罪事实。在询问证人的过程中，我注意到孟某的手机多次响起。而打来电话的是王利民——房山供电公司配网中心主任！从孟某紧张的神情中，我感觉到孟某和王利民之间很可能存在问题。我随即改变谈话思路，就北京江海电气公司和王利民之间的经济往来进行深挖。最终，孟某交代了为获得电力工程向王利民赠送电脑、加油卡、照相机和现金的事实。办理环保部机关服务中心副主任刘以革贪污案时，在一次谈话结束后我准备离开，刘以革怯生生地问：怎么才能轻点判啊。每个人都有求生的欲望，这个小细节让我立刻坐下来，积极鼓励刘以革揭发他人犯罪事实争取立功表现。最终通过刘以革的检举，我们又掌握了中晟公司副总经理张某、下属北京晟德瑞环境技术有限公司总经理贾某、闫某涉嫌挪用公款的犯罪事实。

我的检察梦是成为一名优秀的反贪精兵。回顾十年检察生涯，我总感觉自己才刚上路呢。不积跬步无以至千里。态度决定高度，学习决定宽度，细节决定长度。我用态度×学习×细节，坚定地在路上打造我的梦想立方。

无悔的追求

侦查监督处　武伶

2002年7月我从北京航空航天大学毕业,走进了北京市朝阳区人民检察院的大门。当我第一次穿上那套英武的检察制服时,我心里洋溢着无比的自豪,我兴奋异常。但那时,刚刚参加工作的我,还没有真正体味到胸前国徽的分量,如今经过十一年的磨炼,我渐渐地感觉到检察工作并非我想象得那么简单、轻松,在英武潇洒、慷慨激昂、义正词严的背后饱含着太多的汗水,蕴含着太多的艰辛。

我的第一个工作岗位是在反贪局,这里给我最大的印象就是两个词:团结和奉献。在这里案子不是某个人的或某个组的案子,而是大家的案子,集体的事业。我还清楚地记得2002年11月20日,是我在反贪局第一次"上案子",第一次"加班",办理了一起国企改制过程中的窝案。这个案子是别的办案组名下的案子,但一听说要"上案子",下班后我自觉地留了下来,跟大家一起行动,抓捕、搜查、讯问、取证,哪里需要我就到哪里去,没有因为我是个新人而说过"苦"和"累",跟其他老同志、男同志一样连续加班几个昼夜。当案件有了突破性进展时,虽然身体极度的疲劳,但我感到无比的欣慰。经过短暂的调整,我又投入新的案件查办中。反贪局团结协作、连续作战、顽强拼搏、无私奉献的精神深深感染着我,我把这种精神溶进了自己的工作实践,跟大家并肩作战办理了一系列的大案、要案,为反腐败事业做出了自己的贡献。

2004年1月,我根据工作需要来到朝阳区人民检察院公诉二处工作,自侦部门和刑检部门在工作思路、方式、程序上都有很大差距。我从头做起,熟悉公诉部门的工作流程,适应新的工作环境,在极短的时间内,充分融入了公诉部门。2005年1月我通过司法考试,被任命为助理检察员,独立承办案件。我始终秉承对法律和诉讼参与人高度负责的态度,从审阅卷宗到讯问犯罪嫌疑人,从调查取证到出庭公诉,处处严格要求自己,并向起诉部门的老同志虚心求教，与处内年轻同志一起共同研修，从而使自己的办案能力有了显著的提高，成为处内的办案骨干。我共办理各类审查起诉案件近600件，无一错案。其中有相当数量的重大、疑难复杂案件和新型犯罪案件。例如杨阳隐匿会计凭证、会计账簿、财务会计报告案，张振海编造虚假恐怖信息案，王鹏徇私枉法案等，这些案件我们接触得较少，没有办案经验、法律文书可以参考，我在办理前研读了相关法律书籍，在审查证据时格外认真、仔细，分析定性时全面、透彻，起诉的事实均得到法院的全面认定，为今后办理该类型案件积累了成功经验。我办理的郭浩、孙木云盗窃案，是我院承办的第一起网络盗窃案，该案具有涉及金额特别巨大、犯罪手段隐蔽、高度智能化、科技含量高的特点，且被告人自恃作为电脑专业人员，妄图借助专业知识百般狡辩，开脱罪责。我通过自学及请教我院技术处掌握了相关计算机网络知识，有针对性的对案件进行了两次补充侦查，在调取到犯罪的关键证据后，提起公诉。在庭审中，我以准确而专业的讯问，清晰的示证，有力的答辩，圆满地完成了出庭工作，案件开庭后引起了网民和媒体的普遍关注，起到了良好的教育和警示作用。这一次高级别的出庭工作锻炼了我、磨炼了我，我从一名文静害羞的小女生迅速成长为一名适岗成熟的公诉人。在朝阳院公诉人大比武中活动中，我在基础知识、案件汇报、法律文书、庭审辩论、调研文章五项比赛中，均发挥出应有的水平，连续两届以优异的成绩获得我院优秀公诉人的光荣称号。

　　我知道所有的收获均来自于辛勤的耕耘，所有的激情均来自于由衷的热爱，我爱这份给我创造收获与激情的事业，我知道只有更加努力才能使这种激情与收获永不退落。2009年我通过竞争上岗被任命为朝阳区人民检察院公诉二处副处长，主管信息、调研、外宣工作。作为业务处室的中层副职，我一如既往的严格要求自己，充分发挥自己的优势，做好处长的参谋、助手，做到到位而不越位，并完成好既是指挥员又是战斗员的角色，在重大案件面前冲锋在前。在履行职务的过程中，我一直坚持做到忠诚和服务。所谓"忠诚"就是忠于法律和检察事业，做到公正执法，一方面加强纪律作风建设，以身作则，严格执行法律规定和办案纪律，坚决杜绝人情案、关系案、金钱案，拒绝司法腐败；另一方面加强业务管理，提高办案人员的素质和责任意识，防止糊涂案、粗心案的发生。充分体现国家法律的公正与威严。所谓"服务"就是服务于大局和服务于群众。中层干部作为基层领导不仅要在部门工作中成为核心和带头人，同时还要成为院领导与本部门基层群众的桥梁与纽带，因此要有大局观，各项工作要服务于党和国家的路线、方针、政策和上级工作安排，贯彻领导精神，不能局限于个人和本部门的得失，要时刻以整体工作大局为重。另一个服务是为本部门干警服务，提供一个良好的工作环境和氛围，服务不仅仅限于提供硬件设施和创造便利条件，最主要的是要进行软环境的提高，增强部门内部的凝聚力，创造一个相互交流，相互学习，团结进取，共同进步的良好氛围，带动本部门全体同志前进。

2011年4月，我通过"遴选"，有幸进入市检一分院侦监处工作。从基层院到分院，从公诉到侦监，全新的工作岗位与工作要求对于我而言无疑是一次更高的挑战，我以为九年的基层工作经验足以抵挡一切，然而无情的现实教育了我。曾记得，第一次提讯死刑犯时被他镣在地上的脚镣声震撼的感觉；曾记得，因同一份法律文书被要求更改数次的而心碎的感觉；也曾记得，第一次审查命案卷宗时被血淋淋的物证照片震惊的感觉……这些感觉使我手足无措，这些感觉使我心意慌乱，我第一次知道什么是挑战，不光是知识水平的挑战，更是意志与信念的挑战。我需要更新知识，需要重新充电，更需要拓宽视野。我相信考验会带给我新的动力，考验会使我更加成熟。

通过不断的学习和努力，我逐渐适应了分院的角色和侦监处的节奏，不仅承担了处内大部分网络犯罪案件，而且办理了一批领导、社会关注的大、要案。如：市纪委移送侦查的李某涉嫌受贿罪一案，邹某、谢某合同诈骗1.4亿元案件，张某某、赵某某通过债券市场向个人输送利益4.2亿元的职务侵占案件，以及中央领导关注的侯某等人非法集会案件。在审查案件中，我充分发挥侦监部门的侦查监督职责，纠正公安机关违法行为，并通过案件发现立案监督线索。例如在办理马某某破坏计算机信息系统一案中，发现北京市公安局网安总队违法取证问题，特通过联席会的形式，将该情况予以通报，收到良好效果。又如，在办理邹某、谢某涉嫌合同诈骗罪一案过程中，我发现被害单位负责人杨某在交易过程中，失职渎职，造成国有资产损失1.49亿元，涉嫌签订、履行合同失职被骗罪，故要求公安机关立案，现该案已提起公诉。在审查犯罪嫌疑人杨某某涉嫌贪污罪一案过程中，发现北京市房山区韩村河镇东南章村在申报粮食直补和农资综合补贴过程中，存在虚报冒领补贴资金的问题，特向房山区人民政府发出检察建议，梳理了该区在粮食直补和农资综合补贴过程中存在的问题，并提出相应对策。房山区人民政府在收到检察建议书后高度重视，专门召开专题会议，对我院提出的问题进行深入分析，并回复了相应整改意见。检察建议的提出，对职务犯罪的预防工作都起到了积极作用。

　　十一年来，在我奋力前行的路上，有太多的同事与领导给予了我信任与支持，有太多的家人与朋友给予了我帮助与期待，我不想辜负这种信任，更不想愧对这种期待。我知道只有用成绩才能回报这一切。十一年对于人的一生是一个短暂的瞬间，而在检察院工作的这十一年对我而言却是十分珍贵的，我完成了从一个懵懵懂懂的大学生到合格检察官的重大转变。同时，我清醒地看到，新的时代给检察官提出了更高的要求，我挚爱的检察事业，是我今生无怨的选择，更是我今生无悔的追求，我将不辱使命，在前行的道路上用更高的标准要求自己，以更加饱满的热情投入到工作中，为检察事业的发展做出更大的贡献。

成长中的喜悦与梦想

侦查监督处 邱爽

光阴荏苒，转眼我从事检察工作已经七个年头。从书记员到助理检查员，从基层院到市检一分院，从当初青涩的大学毕业生到如今淡定从容的检察官。七年里，我对检察事业的感情与日俱增、历久弥坚。回首自己工作的七年时光，无不感慨万千。在这里，我留下了自己人生中最清晰的成长足迹，收获了人生中最宝贵的成长财富。

一、梦想起航、勇挑重任

2006年刚参加工作时，我在北京市崇文区人民检察院侦监处担任内勤。内勤工作琐碎、复杂，常常是一事接着一事，一天没多长时间坐在座位上。在内勤工作的同时，我还要负责全处案件批捕手续的填发、统计报表和上报等工作。只要稍不留意，就可能造成批捕手续的错填、案件的超期和漏报。为此，我按轻重缓急将事件排序，在当天完成事务性工作之后，无论多晚都事先填好第二天所要送达的批捕文书，以保证法律文书的及时送达，负责登记的批捕文书不出现一起错登姓名、罪名、日期的情况发生，保证各项统计报表都能准确和及时的上报。繁琐和高强度的工作极大地培养了我办事稳妥、认真细致的工作态度。

2008年我被任命为助理检察员，开始独立承办审查批捕案件。当时，我既兴奋又忐忑，兴奋的是我终于可以独立审查案件，忐忑的是我能否独立承办好批捕案件。在此期间，我一方面刻苦钻研法律理论知识，另一方面虚心向处室的老同志学习，互相交流，不断提高业务能力。我时时记住当时师傅的教导："要做一名有心人。"在时间充裕的情况下，我尽可能多地翻阅其他承办人的案件分析案情并自己拿出结论，等到案件审结后再查看承办人的审结报告从中学习，看自己还有哪些地方没有想到，是否存在不足；在监督公安机关侦查活动的过程中，遇有不同意见时主动与侦查部门互相讨论，听取不同意见，对疑难问题虚心求教，不主观臆断，但在原则问题上决不迁就；在对嫌疑人的提讯工作中，更是主动承当了大部分的提讯任务，尤其是遇到办案高峰，提讯的人数就成倍地增长，但每次有提讯任务时，我都积极参与，以此来学习并提高自己的讯问能力。

"7、20、1/5……"这是我2009年3月被派到北京市朝阳区人民检察院侦监处交流锻炼的几组数字：法定7天的办案时限、日平均20余件的收案量、承办了全市近1/5的案件，朝阳院的案件量排在全市前列，在交流锻炼的时间里，我平均一个工作日审结一起案件。高强度的案件办理，既为朝阳院做出了贡献，也极大地提高了我的业务能力。

常言道："一分耕耘，一分收获"，只有付出辛勤的劳动，才会得到丰硕的果实。刚参加工作的这几年，由于非常出色地完成各项任务，在岗位上默默的付出，我连续三年（2007、2008、2009）被评为优秀，受到区级嘉奖，立个人三等功两次。

二、勤学好问，笔耕不辍

在增长业务能力的同时，我还不忘自身理论调研水平的提高，我几乎承担了整个处室的调研、信息、法宣、总结等文字性任务。文字性的工作需要静静思考，经常需要晚上加班和放弃周末休息时间。我不仅没有一丝怨言，还把这看成是锻炼自己的难得机会。那几年，我累计共发表了69篇信息简报、13篇调研文章、40余篇法宣文章，其中《当前境外信用卡诈骗犯罪的预防对策建议》、《崇文院探索立案监督工作新模式的三点经验》、《地域性盗窃团伙犯罪防控探析》、《北京市公交扒窃案件情况分析》等文被市检院全文转载，《全市盗抢机动车发案率上升应引起重视》一文还被最高检转载。《劳动争议为何引发犯罪》、《为作案做准备，未及下手也要获罪》等文分别在《北京日报》、《法制晚报》等报刊上发表。《地域性盗窃团伙犯罪防控探析》还被北京市委转载并在《北京政法内参》上刊登。《破坏商业计算机信息系统如何认定后果严重》一文在《检察日报》上全文发表。《我国刑事诉讼中如何完善非法证据排除机制的构想》一文在《中国检察官》上全文发表，并被中国法学会刑事诉讼法学研究会2009年年会论文集收录，《办理祝章虚假广告案的总结与思考》被市院《学习与交流》全文刊登。

三、技能比武，崭露头角

2008年我参加了全市检察系统侦查监督业务技能大比武。那一年我刚被任命为助理检察员，办理案件的数量还不多，类似的参赛几乎为零。那时，我心里七上八下，紧张万分。但我的内心信念告诉我："只要参加就有收获，做好准备就不怕输"，于是，我放下思想包袱，全力准备。那时候，只要一有时间，我就自己找地方训练。反复揣摩比赛技巧，找别人问成功经验。光赛前笔记，我就写了厚厚的一摞。"功夫不负有心人"，在经历过初赛、复赛之后，我的成绩在全市的个人排名为第16名，取得全市侦查监督"十优检察官"的光荣称号。这个成绩虽然不是最好的，但作为新人的我已经十分的知足。

那时的我还不在公诉岗位，但为了锻炼自己，我还报名参加了院内外的各种公诉人辩论比赛、诗歌朗诵比赛、晚会主持等活动，特别是在公诉辩论赛中，为了取得较好的成绩，我做了充分的准备工作。一方面，我查询、整理了大量的辩论素材，为可能出现的辩点做好了充分准备；另一方面，我对着镜子反复训练，增强自己的体态语、语言的感染力。我深知成为一名优秀的公诉人不但要具备过硬的业务素质，还要具备敏捷的口才，经过一次又一次的比赛，我多次获得了最佳辩手的称号，受到了院里的表扬，也为院里赢得了荣誉。

上面这两件事令我明白："勤奋才能成功。"就这样，由于在几次比赛中有良好的表现，我渐渐地在院里崭露头角，被领导、同事所熟识。

四、大案磨砺，不辱使命

2010年年初，我被调到崇文区人民检察院公诉二处工作，并通过竞争上岗，我被任命为公诉二处处长助理。任命后，我感觉自己身上使命更重了。我知道，想成为一个好的处长助理首先要以身作则。因此，在工作中，我要求自己尽可能的多办案，多办精品案；在生活上，我关心同事，热心帮助年轻干警成长；在管理工作中，我全力辅助处长，做好上传下达的沟通工作。在跟着处长工作的这段日子里，我在组织能力上得到了较大的提升，工作思维也越来越清晰。

2010年7月，北京市东城、崇文两区合并，各机关、事业单位进入合并步伐，区检察院也在其中，两个检察院合并成一个，编制要缩减、领导职数要减少、人员要分流，年轻干警的压力增大。在两院的合并过程中，最明显的就是业务骨干流失严重，整个检察院面临人才断档的窘境。为了缓解处里的办案压力，我服从命令在处长助理之外还兼任了办案组组长的工作。那时，我们办案组日常办案量始终保持在40件左右，高负荷运转，非常繁忙。我作为组长压力非常大，不但要保证自己手头的案件没有失误，还要督促全组的案件保质保量完成。那时的我从没有请过一天假，加班加点更是家常便饭，但我从无怨言，我认为工作就应该有使命感，责任心。要对得起自己的岗位，对得起领导的信任。经过不懈的努力，我带领的办案组圆满完成了全年的考核任务，得到了领导的好评。

2011年2月，根据工作需要，我被借调至中央纪委、监察部参与办理"2·11"包括铁道部长在内的铁道部专案。该专案涉及人员、企业众多，案情特别疑难复杂，证据材料纷繁错综。根据专案组安排，我主要担负案件证据材料的汇总、整理、分析、审查等工作。由于是重大案件又是敏感案件，整个办案的过程非常辛苦。我和其他专案组的同事有时一干就干到晚上十一二点，困了就直接睡在办案的宾馆里，第二天睡醒，简单洗漱后再继续工作。经过近一年的工作，我累计汇总、整理、分析、审查6000余份证据材料，组卷360余册，审查案卷170余册，最终形成了详细的审查报告，为领导决策提供了重要依据。此外，我还参与外围调查谈话、起草通报稿和错误事实材料等文稿，表现出了良好的综合素质，受到专案组领导和同志们的一致好评。经过大案的磨砺后，我感觉自己的技能又有了较大的提升。

五、崭新平台，努力奋进

2012年7月，我调入到市检一分院侦监处工作，短短的时间内，我便感受到了一分检侦监处和谐的工作氛围。领导对我的关怀无微不至，同事对我的帮助热情周到。在工作上，他们对检察事业的执着追求时时激励着我，鼓励着我。所有这些，都使我对检察事业的感觉越来越好，对自身的使命感也越来越强。来到新的岗位后，我在心里暗暗地告诉自己："唯有更努力，更认真的工作才能适应新的环境，新的挑战。"

在这样的使命驱使下，我工作认真，虚心求教。在一年的时间里，我着重研究了市院对于侦监部门的考核加分项,在追捕、移送职务犯罪线索、立案监督、检察建议等方面有针对性地做出了较多的诉讼监督工作,为本部门的考核成绩做出了较大的贡献。

  总的来说,虽然我的成长之路还很漫长,甚至还有可能遇到这样那样的挫折。但我认为,只要始终坚持公正执法的信念,满怀激情,埋头实干就没有过不去的坎。潮平两岸阔,风正一帆悬。在未来的工作中,我将坚定不移、执着追求。无论今后遭遇顺境还是逆境,我都会从容地走好成长的每一步,努力继续攀登、向前!

一段路程

机关后勤服务中心　杨继泉

潜意识里，成长历程多是成功者的经验总结，或是同龄中佼佼者的娓娓道来。尽管没有这种现实定位与自我感受，但检察机关的工作经历，毕竟是我人生中一段不同寻常的路程，由此产生的感受、认识和体会，将会深深地影响我的精神世界和今后的工作与生活。所以，我愿从检察机关一个平凡者的视角，谈一下作为综合部门干警的我的工作、生活和学习。

工作转换——理想与现实的交汇

到高挂国徽的检察机关工作，做一名国家公务员，干一点事业，是许多转业干部梦寐以求的事情。正是怀着这种朴素的愿望，2005年7月，我如愿来到市检一分院。到机关工作以后，才逐渐认识到，理想与现实的差距其实很大，才感觉到之前对检察机关的认识是非常肤浅。面对着检察工作的需要和这个英者会聚的先进集体，我知道，自己未来的路不会是平坦的。那个时候，我在焦躁不安中开始了我的检察工作生活。最初，我被安排在公诉二处，和其他两名同志一起从事内勤工作，为办案人员提供服务保障工作，主要是物品的请领发放、案件管理系统维护、各种信息的查询编发等。感谢公诉二处这个英雄的团队和集体，始终给我一种向上的力量和压力，让我不敢有丝毫的懈怠和松弛。幸运的是，在我刚刚起步的时候，得到了领导和同志们的指导、支持和帮助，让我感受到了同事间的友谊，使我初来乍到的心得以平静，有这种温暖和力量，我得以在较短的时间内，了解了内勤工作的特点、内容、标准和程序等，从而较快地进入工作，我有意识地保持了部队时的一些好的工作作风，认真、细致、严谨、扎实地对待每一项工作。因为我觉得对待小事的态度和做好事情的标准，也体现了一个人的一种精神。所以，那时我在努力做到腿勤、眼勤、手勤的同时，也很好地坚持了较高的工作校准，记得我和内勤的其他同志，把一些承办人员多年遗留下来的、成筐的卷宗归完档的时候，也感到了工作的价值和意义，就是平时的资料整理或其他零零散散的小事，把它做得漂漂亮亮、利利落落，也能从中找到一种快乐。我清楚地记得，那一个任务连着一个任务之后的小憩，让我体验到了一种紧张之余的释然与轻松；那汗水浸透衣衫、一路小跑的脚步，让我感到内勤生活的匆忙与充实。凭着对工作认真负责的态度和扎扎实实的躬身实践，我逐渐得到了大家的认可，较快地融入了这个集体。这个阶段我深切地感受到：无论我们的工作和生活，面临怎样的困惑，都必须从现实出发，从手头做起，脚踏实地，唯其如此，我们的脚步才会坚实，才会从容走过现实的路。

过好当下——努力做最好的自己

我仰慕检察官的工作，向往做一名职业法律人，也为这样的理想而曾努力，但经历过一次次的失败后，我没有颓废，没有消沉。"过好当下"，我对自己说。人的能力有高有低，从事的工作各不相同，但我觉得，如果每个人都能用心努力去做好工作，那对一个单位来讲，就是一件幸事。近几年，我主要在综合部门做服务管理工作，虽然从事的多是一些不为大家所关注的后勤工作，但是我觉得尽自己所能做好这些工作，也是一件有意义的事情。所以，努力做好本职工作一直是我行动的准则和方向。

2007年，我到了机关后勤服务中心，开始我从事的仍然是内勤工作，有了两年多的工作基础，我上手很快，我把内勤工作事项分为两类：一类是经常性、事务性和阶段性的工作；另一类是临时性和大项工作，能做时间上安排的，我按月初、月中、月末的顺序拉出项目单，什么时间干什么事都比较清楚，对每一项工作的要求、标准和程序力求清楚、明了。这样，我尽可能地把握住了工作的主动权，能提前着手的决不等领导催，力争把工作做到前面。碰到时限性比较急的工作，就是不吃饭不睡觉，我也会按照要求在规定的时间内完成。这个阶段，我在做好常规工作的同时，协助中心领导完成了大量的文字工作，从情况反映、调研报告到工作总结、经验材料以及领导讲话、汇报提纲等多种文字材料，这些材料的撰写，进一步提高了我的文字功底，锻炼了我的机关工作能力，使我能站在更高的角度看问题、想事情，为我今后独立开展工作打下了较好的基础。

2012年5月，我被任命为机后勤服务中心物业管理科科长。负责全院的物业管理工作,这是一项综合性的工作,内容涉及办公楼会议服务、卫生保洁、工程等项目的管理,直接关系着办公楼的正常运转,平时通过对物业公司的指导、沟通与协调完成各项服务管理工作。因为内勤工作期间,我有机会参与了中心几乎所有服务工作的计划、总结和一些工作的安排部署,使我对物业管理工作有了一定的了解,特别是中心领导有意识的让我参与、压担子,给我锻炼的机会,都为我日后开展工作打下了较好的基础,所以我在接手这项工作时,并没有茫然和无所适从。在中心领导的指导帮助下,我对物业管理工作的范围、标准、要求等进行了全面系统的掌握,清楚了平时经常性的管理要抓好哪些方面,知道了工作中应当注意的一些问题,以及指导物业公司工作时的方式,处理问题的一些方法,通过不断的积累与努力,我从先前的初步了解,到逐渐能够科学合理地安排部署工作,特别是新换物业公司以后,物业管理工作更趋于协调与流畅。随着工作实践的不断进行,我对机关服物业管理工作也逐步有了一些新的认识与思考。2012年底,我结合自身工作实践,撰写了《我院机关物业管理工作初探》一文,对物业管理工作进行了较为全面的分析探讨,就当前存在的问题、产生原因以及今后的发展等,提出自己的见解。

勤于奉献——无愧于自己的岗位

回首过往,虽然没有辉煌的经历,也没有创造惊人的业绩,但是可以无愧地说:"我在自己的岗位上曾努力,也曾付出,可谓在汗水中走过。"因为,我有一种朴素的认识,就是起码我要对得起这份薪水,而且,多年的部队工作经历,使我思想里形成一种固有的观念,对于一件事,要么不做,要做就努力去做好。所以,在物业管理岗位上我尽力做了一些自己认为还算有意义的事情。这几年,随着检察工作的不断发展,物业管理工作的任务不断加大,事情多、任务重,有时候也很拴人。对此,我没有任何的抱怨,既然从事了这项工作,就必须把事情办好。所以,对于中心交给的各项任务,不管是时限性强的紧急性任务,还是战线较长的大项工作,我都愉快接受,并在既定的时间内,高标准、高质量地完成,有时经常根据工作需要或者争抢时间、连续加班,或者为某些大的维修工程连续放弃几个周末的休息时间。这样的日子记不清有多少了,只是我已经习惯了在别人休息的时间里坐着地铁赶往单位，因为单位有施工，我必须来察看一下，有些时候，有些事情，也可以电话叮嘱一下，领导也没做要求和强调，但是，总觉得还是来一趟踏实。我接手物业管理工作以后，在中心主任的指导下，以双方物业服务合同为依据，指导监督物业公司完成了大量的服务管理工作，诸如卫生保洁、会议服务、维修维护以及协助院和各部门完成各类活动等，较好地保证了办公楼物业服务的质量；负责组织协调完成了北广场绿化美化工程、一楼大厅地面及暖气改造施工、二楼"金字塔"周边以及乒乓球馆顶部以及办公楼其他部位的防水改造和维护，使我院办公楼在60年一遇的"7·21"特大暴雨来袭中，经受住了严峻的考验；完成了数量较多的各类活动保障工作，配合有关部门，保障了多个外国代表团来访以及证人出庭制度研讨会、第二届市直机关老干部"健康杯"乒乓球比赛等重大活动多次，推动了这些重大活动的成功举办。最让我难忘的一项工作是：是2012年底新老物业公司的交接，从12月初到交接后1个多月时间里，我几乎放弃了所有的双休日，按照中心统一部署，积极发挥主观能动性，与其他同志密切协作，认真考虑可能出现的各种情况，周密制定详细的接管方案，扎实做好交接前的各项准备工作。在原物业公司极其不配合交接工作的情况下，发扬连续作战的工作作风，以认真负责的精神，连续数日坚守工作岗位，及时应对和处置不断变化的新情况。在单位已经放假、人们已在迎接新年到来的时候，我与中心其他同志一起连续奋战十余个小时，完成了整个办公楼大量工程资料、设备物品的清点核对，安全、平稳、有序地完成了与原物业公司的交接，最大限度地维护了我院的利益。这些大大小小的事情，使我在繁忙的工作中，锻炼和提高了自己的管理能力和统筹协调能力。

忠于职守——自觉做院利益的守护者

生活在这个开放的社会上，和别人一样，我感受着这个世界的丰富多彩，懂得这个社会的人情世故，也向往幸福美好的生活。但是，多年的部队教育和检察工作经历，使我深刻地认识到责任和原则的现实意义，知道什么是应当做的，什么是不应当做的。八年的工作历程，让我有了许多的感悟和体会，经历了一些事情，也学到了一些东西。特别是从事管理工作以后，有些事情我要代表我院和社会上一些行业的人打交道，有些行情我是不熟悉甚至陌生的，如何能更好地维护好我院利益，是我工作中的一个重要问题。最近两年，在我院地毯更换、VRV空调维修、办公楼防水改造等一些开支较大项目上，我坚持严格把关，不简单听从他人的说辞，不听信一家之言，而是注意调查研究，深入了解相关市场，掌握行情，尽可能地压缩中间开支，真正发挥管理监督作用，自觉做到"守土有责"。通过地毯更换工作，我查清了国内主要地毯品牌的行情，掌握了地毯的材质、市场价格、生产厂家等信息，通过空调维修维护，我了解了国内三菱空调压缩机、氟里昂制冷剂等维修用品的主要品牌与市场价格；更让我感触颇深的还有这样一件事，就是今年我院高压配电室的电压器更换工程，某公司的最初报价为29万余元，为慎重起见，在取得领导支持后，我对相关市场进行了调研，通过查阅有关资料，与原生产厂家取得直接联系，避开了中间环节，把设备的价格降到最低；多方查证了解，摸清了周边区域有施工资质的多家企业及联系方式，经过询价，货比三家，最后，找到了行业内最低价格的资质企业，把设备安装的费用又降了一半儿。最后核算下来的价格为19万多，比最初的报价低了整整10万元。这件事情，让我真正感受到了什么是责任，也深刻地体味到后勤工作的价值。

　　八年的路程，一路走来，有迷惘，也有坚定；有风雨，亦有彩虹。无论怎样，只因用心追求，所以留下这样或那样的印记。

小岗位　大舞台

机关后勤服务中心　杜军

有梦想才有目标，有希望才会奋斗。大到国家民族、小到家庭个人，梦想都是我奋力前行、追求美好生活的不竭源泉。

小时候的我有一个梦想，那就是长大以后当一名解放军战士或者是做警察，当时我的理解是当解放军可以开着飞机保卫祖国，做警察可以拿着枪抓坏人，保护人民。随着时间的推移，我竟然真的实现了自己的第一个"远大"的理想。1990年12月份我光荣入伍，成为了一名解放军战士，三年的军旅生涯让我变得不再娇气，不再任性，逐步成熟。入伍的第二年我加入了伟大的共产党，至今我依然清楚地记得入党宣誓泪水爬过脸颊时的自己的那份激动。1994年我复员后来到了北京市人民检察院，开始了自己的检察生活，虽然没有能够成为一名拿着枪保护人民的警察，但也间接让我实现了自己的另一个梦想——保护人民的合法权益不受侵害。

虽然因工作性质的原因，我没有能成为一名检察官，不能够站在庄严的法庭上捍卫法律的尊严，但我依然怀揣着我的梦想辛勤地工作在属于自己的本职岗位上。

一、实现梦想需要矢志不移的追求

从2007年至今我一直在机关后勤服务中心工作，先后从事物业、车辆、膳食等具体服务保障工作的管理。七年来的后勤工作经历让我深深地认识到，服务保障工作也是一门管理艺术，在与时俱进的今天，做好服务保障光靠工作热情和努力是远远不够的。在工作中我们必须要植入自己的工作梦想，那就是勤学苦干，为办公办案一线提供强有力的后勤服务保障。正是基于这种理念，在工作中我不断加强专业知识理论的学习，敢于突破陈旧管理理念的桎梏，时刻让自己保持争先创优的进取意识，不断更新管理思路与服务理念。2009年我院即将迁入改造后的新办公楼，无论是办公环境、办公设施还是办公条件，都有质的飞跃。我马上意识到陈旧的后勤管理模式已不能为新时期检察活动的开展提供全方位的服务保障。秉承"后勤不后、服务为本"的原则。我与另外几名同志先后对"最高检"等多家上级单位进行了物业管理方面的走访与学习。为了及时总结宝贵的管理经验，我经常加班到深夜，对收集到的资料进行反复的对比、梳理与归纳。积极探索符合我院后勤服务保障实际需求的管理方案。最终博采众长，撰写了《创新服务管理模式，做好检务工作保障》等调研文章，并服务领导决策，为我院对外签订《新办公楼物业管理合同》奠定了科学调研的基础。在负责物业管理工作期间，我带领物业公司圆满地完成了新办公楼开荒、"四直辖市检察长论坛会"等重特大会议、接待、参观等服务保障工作60余次，全年加班400余小时，多次受到上级领导的表扬，因工作成绩突出，当年我荣立个人三等功。

二、实现梦想需要实实在在的付出

2010年根据工作安排，我负责全院车辆的行驶调度、安全管理与维护保养。为了切实做好车辆的服务保障工作，我先后对市院等多家上级机关的车辆管理工作进行了学习与调研，在汲取各单位先进管理经验的基础上迅速完成了以下几项具体工作。一是制定并出台了《双休日、节假日车辆检查制度》等6项管理制度。二是建立起《一分院公务车辆管理档案》，对车辆的维护、维修、油耗、安全等实行制度化登记管理，确保经费的合理使用。三是对符合政府采购规定的汽修厂进行实地考察，采取预约、上门等形式简化修车程序，拓展服务范围，优化工作效率。另外，我还与修理厂商议在春、秋两季由修理厂派维修技师到院对车辆进行安全检查及维护保养，最大限度消除可能存在的各类安全隐患。四是加强对双休日、节假日车辆停放工作的检查力度，严格审批手续，保障停车制度的落实。五是定期召开交通安全工作会议，及时传达、贯彻、落实市院及地区安委会布置的各项交通安全工作。六是利用展板、局域网等多种形势大力宣传、普及交通安全方面的常识，减少违章、消除事故。以上各种服务举措的出台与落实，为服务中心车辆管理工作的争先创优打下了良好的基础。2010年、2011年车辆管理科连续两年获得地区交通安全先进单位，我本人也荣获优秀车管干部等荣誉称号。车辆管理科在组建的时候，人员结构比较特殊，合同制人员比例达到了80%，人员素质参差不齐，组织纪律性也亟待加强。为迅速推进车辆管理工作的创新与发展，我采取谈心、交流、召开科务会等多种形式，及时了解、掌握大家的思想动态，逐步解决他们在工作和生活中遇到的实际问题。通过这些行之有效的举措，在很短的时间内全科上下精神面貌焕然一新，不仅保持了队伍的团结与稳定，集体的战斗力与凝聚力也得到了极大的加强。2010年车管科仅有7名同志，承担着全院各类公务活动的车辆服务保障，面对车辆少、人员少、车况差等诸多实际困难，我采取合并用车、错时出车、统一派车等方式，全力保障了我院各项检务活动的顺利开展。在日常的工作中我能够做到以身作则、率先垂范，带头承担夜间、节假日等非工作时间段内的出车任务，用自己的实际行动带领全科同志积极开展争先创优活动。三年来，车管科出色地完成了包括"刑事二审程序"论坛等大型会议车辆服务保障任务80余次，安全调度行政出车1000余台次，做到了领导满意，干警放心。2012年9月份我院承办了"证人出庭工作现场会"。此次会议的规模、安排及参会人数均为建院以来最大的一次，院党组对会议的各项接待工作非常的重视。根据安排，车管科负责车辆服务保障，面对异常繁重的出车任务（一天要接送25个省、市院的参会领导及本市多位学者、专家），我加班加点与相关处室的同志共同制订接站流程，精心安排上会司机，反复核对会议车辆保障计划，消除遗漏。在会议召开前的深夜，中心领导再次打电话询问我车辆的安排情况，我一一作了汇报。临挂电话的时候，领导突然急切地问我："出现飞机晚点、车辆故障等临时变故怎么处理？"我当即回答道："我和另外两名同志各带一辆车作为机动，24小时待命，随时应对突发情况，请领导放心，车管科一定高质量地完成任务，决不辜负院党组的信任！"在接连三天的会议进程中，我带头工作在一线，带领大家齐心协力，圆满完成了110余次的车务保障任务，未出现任何差错，赢得了领导的高度评价。2011年，根据我院交通安全管理的实际情况，我以前期调研为基础，成果转化，制定了《一分院交通安全考核办法》及《交通安全绩效考核细则》等制度，为我院检察活动的顺利开展及交通安全工作的良性发展夯实了理论基础。

三、实现梦想需要脚踏实地的苦干

2012年3月，根据工作安排，我兼任膳食科的各项管理工作，为了提高服务水平，保障菜品质量，每个月我都会采取上门的形式到各处室虚心地听取各方面的意见及建议，对反馈到的菜品油腻、口味偏重、油炸食品过多等意见及时与食堂的工作人员进行梳理与总结，认真加以改进，确保服务质量稳步上升。为控制餐饮成本，保障食品安全，我定期到锦绣大地等批发市场进行实地考察，确保菜品的进货渠道安全有序。在行装处的大力支持下，食堂还增添了饺子机、搅拌机等设施设备，不断开拓服务范围，谋求创新与发展，竭力为干警提供优质满意的膳食服务。今年，由于受到人员工资上涨等诸多不利因素，食堂工作人员思想波动较大，人员的流失也较为严重，红案、冷荤、面点等主要部门缺少技术骨干。面对种种不利情况，膳食科在中心领导的支持下采取深挖内部潜力，加大培训力度等方式方法，大力开展对现有工作人员的调整与培养，变被动为主动，寻求突破与创新，取得了良好实际效果。2013年上半年面对突发的禽流感疫情，在中心领导的指挥下我果断采取措施，对膳食所需的食材及时进行调整，增加鱼类、肉类菜品的花样与种类，对食品进行留样处理，最大限度地消除安全隐患，确保饮食安全，达到了领导放心、干警满意。膳食科在圆满完成日常工作的基础上，还全力保障了包括"技能比武"、"反贪局突击案件"等多次膳食服务保障。自负责膳食科的各项工作以来，我坚持早7点到晚7点的作息时间，对食堂的各个工作环节进行检查，任劳任怨地工作在岗位上。

　　作为后勤服务保障队伍中的一员，我每天都在重复着繁杂而又琐碎的工作，但我愿意从小事做起，从点滴做起，多年来我一直坚守着我对工作的梦想，那就是用自己的实际行动为检察事业的蓬勃发展贡献力量。生活在这样一个时代和国家，是幸运的，我们比历史上任何时期都接近民族复兴的目标，都更有信心和能力实现梦想；工作在检察院这样一个法律监督机关，同样是幸运的，在这里，可以有我们梦想成真的机会，可以共同享受作为检察人的光荣与快乐！这就是我的梦——我的检察梦——我的中国梦。

在技术岗位上践行检察梦

检察技术处　席燕斌

　　1991年，18岁的我怀着满腔热情与梦想踏上了南去的列车，开始了军旅生涯。我从一名军校学员开始，历任助理工程师、工程师，其间参与了军队重点科研项目的开发，获得了多项军队科技进步奖，也获得了三等功、优秀共产党员、优秀科技干部岗位津贴等荣誉。16年的军队生活，培养了我吃苦耐劳的作风，忠于职守的情操和甘于奉献的精神。2007年我从部队转业到一分院工作，开始了我人生中一段新的征程。

　　初到一分院，我对检察工作的性质、内容一无所知。记得新入院培训时慕检提了一个问题"谈一下对中国检察制度的认识"。这一问题难倒了那些科班出身的大学生，对于我这样一个法律的门外汉，更是一头雾水，通过慕检的讲解，我才对检察机关的地位、作用、职能和工作内容有了初步的认识。我给自己定下了一个"三步走"的计划：第一步，迅速熟悉技术处的工作；第二步，加强法律知识的学习，争取通过司法考试；第三步，找到专业与检察业务的结合点，利用自己的特长为检察执法办案服务。这可以说就是我初到一分院时的"检察梦"。

　　要想迅速掌握一项工作，仅靠听和说是不行的，必须深入实践。我在技术处工作的前几年，对处里的各项工作都主动地去学习，哪位同志出差或休假，我都主动承担起他的工作，这样，两三年下来，我从内勤、信息化、同步录音录像等技术处的主要工作都有了一定的实践，也使我对检察院的工作有了更深入的认识。2008年我有幸在院办公楼改建信息化建设过程中参与了方案制定、专家评审、全院弱电设备的验收和移交以及使用培训等工作。通过参与院信息系统建设和经过一段时间的应用实践后，我发现我市检察系统网络还存在一些安全隐患，经过调研我撰写了《涉密计算机系统的安全保密策略初探》对检察专网存在的问题进行了深入分析并提出应对措施。2010年我院网络病毒爆发，一度阻断了我院与市院链接的主干路，为找到防治病毒的对策，我对我院局域网中的病毒样本进行了逐一分析，掌握了它们的特征、传播方式、危害程度，总结出病毒进入内网的可能原因、发展趋势及防治方案，并制定实施了病毒防治定期检查通报制度。

通过几年的技术工作，我更加深刻地认识到：随着现代科技的迅猛发展，犯罪日趋呈现出作案手段科技化、犯罪形式多样化等新的态势，从客观上促使检察技术工作与检察执法办案的紧密结合，成为办案中的一个重要环节。所以作为技术人员也必须要掌握法律知识，熟悉法律程序。市院领导多次强调：检察技术人员首先是一名检察人员，鼓励检察技术人员通过司法考试，获得司法职业资格证书。为了能系统地学习法律，我制订了一个学习计划，力争三年通过司法考试。不过真正拿起书本，才感觉到难度，第一周下来，总共看了不到十页书。我经过咨询其他同事，及时改变了学习策略，从相对易入手的刑法、民法开始学起，通过录音、书本、习题相结合的形式，很快培养起了自己学习法律的兴趣，针对自己的年龄和特点，采取了"加速循环"的学习方法，就是通过不断的循环加深记忆，循环的速度逐渐加快，从最开始3—4个月学习一遍，到考试前一周左右就能完成一遍，同时把知识点的脉络梳理清楚，确定重点、难点，集中攻克。经过努力，第二年顺利通过了司法考试。我认为，这主要得益于：第一，方法正确，没有采用参加封闭学习班的方式，而是根据自己的特点，以细水长流的形式每天学习2—3小时，这样就留给我更多的思考和理解的时间，在理解基础上的记忆更加牢固；第二，坚持不懈，根据统计，要通过司法考试，必须要保证400—600小时的学习时间，自己年纪将近40岁，记忆力肯定不如二十多岁的时候，需要在记忆上花更多的时间，加上孩子小、家庭负担比较重，每天都要等孩子睡觉后才能开始学习，所以我从年初元月开始，基本上是从晚上十点到十二点学习，一直坚持到考试前；第三，良好的氛围，技术处参加司法考试有优良的传统和成绩，大家对法律都非常感兴趣，学习中遇到一些疑问和困难大家共同探讨，解决不了的问题，再去请教反贪、公诉的同志。通过一段时间的学习，我感受到我们院的学习氛围非常浓厚，各部门的同志对法律方面的问题都非常认真、负责，为我耐心讲解，使我受益匪浅。

通过学习法律使我更加深入认识了检察技术工作的法律定位和在司法过

程中的作用，特别是近年电子技术发展迅速，很多证据以电子数据的形式储存在计算机、手机等信息终端中，迫切需要采用新的技术手段进行提取、鉴定。因此我开始关注电子数据检验技术，2010年通过学习考核获得了e-DEC电子物证检验技术高级认证证书；2013年通过最高人民检察院审核，获得了最高检电子证据鉴定人资格。几年来协助反贪局等部门对30多个案件的电子数据进行协查，提取出了大量涉案信息，为案件的突破和扩大战果提供了重要的依据。2011年协助反贪局承办的白宏贪污案对某会所取证过程中，会所财务主管编出财务人员休假、电脑有密码、文件找不到等理由阻挠取证。我一方面配合反贪局的同志对其说服教育，另一方面运用技术手段在该会所财务电脑中提取出了公司内部极为秘密的"客户特殊发票申请单"和"客户支票使用登记表"等重要数据。为防止会所经营者删除关键证据，我和承办人一起用一周时间加班加点对重点人员的消费记录详单进行了打印固定，使用打印纸近五箱。这些证据在案件侦查中发挥了重要作用，到目前为止已经立案侦查15人，还深挖出神华集团公司财务总监受贿380万元的特大案件。通过这次成功的取证我认识到：首先，检察技术确实能对办案起到至关重要的作用，特别是当前各公司大都采用了业务管理软件、财务软件及办公软件，产生的信息都是以电子数据的形式存储在计算机中，很容易隐藏、伪造和删除。通过我们的电子数据鉴定技术可以及时地查出隐藏的信息，恢复删除的文件，鉴别文件的真伪，同时能够及时固定证据，为案件突破提供有力支持。其次，技术部门与业务部门的配合至关重要，业务部门要了解技术部门能够提供哪些技术支持，并给予技术人员足够的信任；技术部门则要树立为办案服务的意识，加强与办案部门的沟通，及时了解案情，制定有效的取证、鉴定方案。总之，只有各部门协调配合才能发挥出技术的最大功效。

如果说电子数据鉴定是通过发现证据帮助案件侦查，心理测试工作则是直接面对嫌疑人，通过探测他内心真实的想法来鉴别其语言的真实性。我从2009年开始探索心理测试工作，2010年获得心理测试助理鉴定人资格，2012年加入中国刑事科学技术协会心理测试分会。几年来为全市检察机关办理了13个案件的心理测试工作，在市公安局刑侦总队心理测试中心学习期间参与办理了50多件案件。在2012年2月二分院委托办理的北京市某副镇长刘某受贿案中，反贪局委托对其是否收受20万元银行卡，是否还有其他受贿行为进行心理测试。测试组通过分析案卷，确定了测试重点，编制了测试题目。经过测试初步确定了送卡人、卡的特征、所存金额以及去向等一系列问题，得出测试结果：刘受贿20万元银行卡事实成立，并同时发现其可能存在其他更加严重犯罪问题。反贪局根据测试结果及时调整了侦查方向，查证了刘贪污80万元的犯罪事实。经过几年的学习与实践，我院的心理测试工作在全市检察机关中处于领先水平，市院决定在我院建立北京市人民检察院司法鉴定中心心理测试室，并列入了2013年全市检察技术工作要点。

　　今年为贯彻十八大对政法系统提出的新要求，我院提出了"四个一流"的工作要求，市院技术处也提出：全面提高技术队伍整体素质、培养一批复合型专家型人才，提升"双证（司法考试法律职业资格证书、鉴定人资格证书）三通（通法律、通检察技术、通服务管理）"型人才比例。为此，我还要进一步加强学习，提高自身素质，为实现发挥检察技术在提升维护社会公平正义能力工作中的保障和推动作用这一全体检察技术人员共同的检察梦而奋斗。

成长心路

政治部干部处　瞿洋

参加工作已经十余年,每天都在忙碌的工作生活,很少时间去回想这些年自己的心路足迹。有时候真的需要停下来多思考一下,让灵魂跟上脚步。

还记得在大学即将毕业之际,自己选择出国深造。而适逢"9·11",美国之门异常难启之后,进入了国企工作。2002年对于国企来说,中青院这类政治院校的毕业生还不是很多,因此,在经过几番面试后,我进入一家大型国企公司党委办公室,每天机械地重复着程序性工作,写材料、开会、出差、应酬,虽然拿着相对丰厚的薪酬,但无论我怎样尝试投入,似乎也找寻不到工作的快乐。若干年后,我终于明白,当时感觉的缺失其实是缺少一种对职业的认可,或者说,我从未体会到职业自豪感。也正是在那时,让我重新思考并调整了自己的人生定位。

有幸到检察院工作,如今我已在一分院这个集体里工作近十年,和这里的一切似乎都结下了割舍不断的情缘。在这里我从一名检察新兵,成长为获得检察系统干部工作技能比武个人第三名、团体第四名的优胜者;从初进检察之门的学徒,成长为被选派到市委政法委、最高人民检察院交流锻炼的业务骨干;从一名普通科员,成长为副处级领导后备干部。这一切一切的获得,都得益感恩于我所经历的每一任领导、身边的团队伙伴、一分院这片育才沃土。

技能比武增才干、长自信

进入检察院工作的第二个年头,北京市检察系统组织第二届技能比武,当时处领导经过讨论研究,确定我和另外一名负责任免的同志参加此次比赛,这对于刚刚接手信息统计工作一年之余的我来说,是个挑战。但我也深知,比赛是擂台更是舞台,对于入职不久的我来说,比赛是能够迅速增长才干、树立自信的渠道。我尽快调整心态,仔细研读比赛规则和内容,熟悉掌握干部管理信息系统的各项操作要领，对当时全院248人、8680个子集、总计13640个指标项，力求做到"本能"操作，我依旧清晰地记得，那时的电脑键盘被我在1个多月的时间里，经过反复敲打训练，字母磨损厉害，最终不得不更换键盘；同时，我对历年来全市检察系统的干部信息统计工作进行梳理总结，以我院及部分区县院为样本，重点查找各院在干部信息统计工作方面存在的不足和问题，结合前期全市信息统计工作调研结果，查找各院短板产生原因，撰写统计分析报告十余篇。最终我在20名参赛选手中，获得个人第三名的成绩，其中在案例统计分析报告的笔试中，获得了全市最高分。同时，所在团队获得检察系统干部工作技能比武团体第四名。

时间已经冲淡记忆，但是挥之不去的是备战比赛过程中，通过对岗位技能的反复熟记和操练，进而转化为个人能力的提升。难以忘怀的是公布成绩那天，处领导满心喜悦的表情和肯定的话语：瞿洋，你没有让大家失望！

交流锻炼阔眼界、开思路

被安排到市委政法委干部处和最高人民检察院地方干部处学习锻炼，对我而言也是很幸运的事。在这段时间中，我从点过渡到面，通过接触全市政法系统，乃至全国检察系统干部工作，使我在思路和视野方面得到极大扩展。跳出检察政治工作看政工工作，有一种豁然开朗的心境。期间，我参与了全市政法系统人才工作的专题调研，具体筹备了政法各单位主管领导、业务骨干等31个座谈会，撰写了调研报告中的问题总结及原因分析部分，汇总整理了《政法系统高层次人才访谈录》，得到了政法委领导的肯定；参与了全市公安系统领导班子及领导干部调整考察工作，在较短时间内完成了数十人的考察谈话，加班加点撰写考察材料，保证了考察情况按时上报市委常委会讨论；参与承办了全国33个省、自治区、直辖市检察系统组织工作会议。

在参加这些工作的实践过程中，使自己最大程度地了解政法系统以及全国检察系统干部工作的全貌，掌握上级机关干部工作程序，注意学习好的经验和做法，不断夯实业务基础，提高业务能力，在工作作风和团队合作方面得到了强化和锻炼。

后备干部明方向、求发展

2012年，我通过全院民主推荐，成为副处级领导后备干部。全院领导和干警代表对我工作成绩的认可,对于我来说,是巨大的鼓舞,但也深知自己离组织和大家的要求还有很大的差距。通过入选后备干部,我进一步明确了自己的职业发展方向,对未来个人规划更为清晰:就是在有效提升干部工作业务能力的同时,注重综合素养的历练,尤其是组织能力和沟通协调能力等方面的锻炼和提高。

在干部处工作的十年间,我深深体会到几任党组对年轻干部的殷切希望和培养,尤其是新一届党组,将干警个人发展与检察事业发展有效融合,提出四个"一流"的工作目标,充分体现了科学管理的理念;为青年干警广搭平台、多辟渠道,通过开展竞争性选拔工作,让优秀人才脱颖而出,在这种良好氛围的引领下,年轻人能够更加施展自己的才干。我清楚地知道,自己距离人才还有一段道路,但是我确然感觉到自己每天的成长。这种成长,得益于组织和领导的培养和锻炼,同事们的关心和支持。

我愿意将青春和热情献给一分院,因为有她,我寻找到了职业带给我的满足感和自豪感;因为有她,我切实感觉到了我的存在和我的价值。

让青春和才智在办公室发光

办公室 冯莎

从新中国的"站起来",到改革开放的"富起来",再到新世纪"强起来",是中国梦。践行"立检为公、执法为民",让法治护航中国梦,是检察梦。实现这个梦想,需要检察人的不懈努力,既要不遗余力地打击违法犯罪,也要不断提高修养保证素质过硬,更要以良好的职业操守彰显于世人。作为办公室干警,我虽没直接参与办案,但始终秉承服务大局、细致全面、勤勤恳恳、默默奉献,干好每一件小事,以服务保障业务中心工作满足检察之梦。

十三年前的我,怀着对检察事业的崇敬和憧憬,通过考试来到朝阳区人民检察院工作。那时的我本以为进了检察院的大门就可以身穿检察制服,代表国家机关指控犯罪、查办贪污腐败。可是,事情并没有如我想象的那样发展,经过半年反贪工作锻炼之后我被调往办公室工作。说心里话,当时的我情绪跌落低谷,心情也变得迷茫。几多无奈,我只好自己安慰自己,只要不放松对法律知识的学习,终有机会站在打击违法犯罪的第一线。

繁杂琐碎的办公室工作让我一度陷入忙乱,文稿起草、数据统计、文件流转、上通下达、机要收发、会务接待、值班盯守、印章管理等等……琐碎,繁忙。事务工作繁杂,一人多岗,职责重要,一样也不能少、不能错,身心疲惫又整日提心吊胆,生怕哪个环节出了纰漏。尤其是主要从事信息编发、文稿撰写工作,挑灯夜战成了我常有的事。记得有一天下午突然接到任务,要准备一份院里的专项教育活动汇报材料,参加第二天市院组织的会议。我在办公室熬了一个晚上反复琢磨,终于在第二天早晨交出初稿,但未能留出更多的修改时间。为了使我得到更多的学习锻炼,主管领导不仅带我参加这次会议,还请市院组宣处领导给我讲解汇报材料的详细要求,使我更清晰把握文稿撰写的优点与缺点。领导的关心和培养,使我很快熟悉办公室工作,并逐渐树立信心。2002年,我被选派到市院办公室信息科学习半年之余,切身感受到上级机关办公室工作的高标准，同时也对如何做好文字工作有了更深的认识。在全市检察机关第一届信息技能比武中，我和本院的两名同志经过共同努力获得集体二等奖的成绩。

慢慢的，经过一次次单调的重复、一番番紧迫的应对、一份份文稿的整理，我谙熟岗位技能，提升工作效率，强化统筹安排，工作在一次次的不安中得到肯定，心中也一点点的认可办公室的重要性。它细碎、繁杂，同时又平实、丰富。逐渐的，我领悟到信息调研要精，文稿质量是衡量一个机关工作水平的重要尺度；我体会到公文处理要细，公文处理是验证一个机关工作水平的通行证件；我感受到服务保障要全，服务保障是关联一个机关工作水平的桥梁纽带……

2005年，我因工作调动到一分院办公室工作，充分感受到严谨奋进的分院办公室工作氛围。对办公室了解得越多，就越能体会它的价值，因而越来越深切感受到各项检察工作的忙碌有序进行，离不开综合部门的无声润滑！办公室要保证领导指示能随时传达，要保证全院工作情况迅速反映，要保证机要文件及时流转，要保证档案资料绝对安全，要保证绝无失泄密事件发生，要保证接受人民监督公开透明……办公室不是办案的主体，却是办案保障的主力，当需要人员协助时，能立即到位；当需要文件档案时，能及时提供；当需要印刷时，打印机能立即开启……无论酷暑严寒，办公室干警二十四小时全天候全员待命，随时的准备投入工作。办公室作为检察机关的综合协调部门，是承上启下、联系各方的枢纽，担负着保障机关正常运转的重大职责，虽不直接参与办案，却对于促进各项业务工作的开展，起着非常重要的作用。办公室，忙碌、充实、重要！

对办公室了解得越多，就越能珍视这份责任。作为办公室干警，在领导身边工作更要时刻增强纪律观念，做到克己奉公；在办公室工作，要做到参谋不指挥，出谋不决策，办事到位不越位。办公室的工作多数不显山不露水，看起来都是一些小事，做不好就会误大事，因此在工作中必须把每件小事当作大事来办。从细节入手，从小处抓起，真正做到细节之处见作风、见水平、见境界。无论是起草一份公文、进行一次公务接待、承办一次会议，还是通知一个会议、接听一个电话、答复一个问题，都要力求想得更全面一些、做得更精确一些。在我看来，能在电话里做好解释沟通工作，让来电投诉的当事人抱怨而来、满意结束也是一种别样的成就。

同时，办公室在院内某些大型活动中承担着重要的组织协调职能。我多次参与会务接待工作，使我在组织协调方面有所长进。特别难以忘记，2009年，我院筹办第二届直辖市一分院检察长论坛活动，办公室几乎倾尽全力投入活动筹备，我也有幸在这次重大活动中得以锻炼。筹备伊始，我并未多加思考，只是想如何完成领导交给自己的任务，踩点、联系、设计，初拟的接待计划是笼统概括的。等到主任拿出一份画有详细座次图，每一步骤都有多套备选方案的计划书时，我才知道什么是详细周密，才知道他是带领秘书科两名同志周末加班做出来的。之后多次的筹备协调会，院领导都亲自指挥和查找不足，大到活动流程的缜密构思，小到接待人员的具体做法，细微至天气预报温馨提醒，更让我认识到自身差距所在。在以后的会务中，我不再局限于自己的任务，尽量多思多想，力求尽善尽美。面对与会人员的询问，我再不回答"不知道"，我深深体会到每个会务人员都应该是主办者；面对工作的交叉衔接，我不会再区别分内分外，因为所有会务人员此时凝聚成为一个整体。这次论坛在全院共同努力下圆满结束，得到了有关领导的高度赞许。我更深深感受到办公室全体同志团结协作、精益求精、忘我投入、默默奉献的精神！只有立足本职，将普通的每一项工作干好，才是对检察事业的最大支持！

办公室的工作是平凡的，在平凡的岗位上发光散热，是一项神圣职责，更需要包容的情怀。多年来的办公室工作，我感受着同志们恪尽职守、乐于奉献的精神，清正廉洁、自尊自重的品格，大家在"三型院"建设，"办精品案、走精兵路"、"争创四个一流、走在直辖市分院检察机关前列"的检察实践中树立的团结协作、爱岗敬业的良好形象，是我最好的学习榜样。老同志更是影响深刻，退休的吴琰大姐正直敢言，坚持原则；李为民同志工作热情，乐于助人；王建新同志埋头苦干，默默无闻；田蕙同志做机要工作二十年兢兢业业……2012年，我接手机要工作，这位老科长反复强调做好机要工作的重要性，语重心长、言传身教、慎之又慎的警钟一遍遍在我耳边敲响。可以说，我的每一个进步都是领导和同志们帮助和支持的结果。

不积跬步，无以至千里，成长的道路离不开学习。成就检察梦，对于远离办案一线的办公室干警最大的挑战就是能力和素质。解决这个问题的根本出路在于学习，"才由学而得、德由学而进、业由学而成"，不断的学习是满足成长的渴求，是满足检察梦想的源泉。学习要博览群书，法律、政治理论、经济、历史、哲学……培养散发性、立体性和综合性思维能力。学习要博闻强识，对于重要工作部署精神、领导指示和工作思路、时政社情，要处处留心，时刻践行。学习要博采众长，善于取人之长、补己之短，兼容并蓄吸收各方面有益补充，不断向榜样学习，不断向各类优秀学习型人才学习。在工作间歇，我抓紧时机学习检察业务和有关法律知识，于2005年通过司法考试。2007年通过国家在职研究生入学统一考试，2009年获得了中国政法大学法律硕士学位。

十三年的检察生涯，再回首青春飞逝，它教给了我很多，我也付出了很多，因此也获得了一些荣誉，但深知自己与这些荣誉还有差距，还要努力改进。一分耕耘一分收获，我将以我的热诚和勤奋，踏踏实实的认真做好本职工作，在平凡的岗位做好质朴的事业。虽然我不具体办案，我的工作不是那样轰轰烈烈，但和其他一线干警一样有火热的心，为检察梦想做出自己的奉献，为社会的公平正义而付出辛勤的努力！不能长成参天大树作栋梁之材，就做一棵小草为检察梦添一丝新绿；不能汇入大海拥抱百川，就做一条溪流为检察梦增一捧甘甜。岁月如梭，为梦想我会努力工作；日新月异，为梦想我会坚持前行！

挂职放飞我梦想

政治部宣传处　王峻

按照市委政法委统一部署，2012年5月份，我被安排到海淀区委政法委工作，挂职任区维稳办主任助理。我是从国家专门的法律监督机关——检察院到海淀区委政法委挂职的。坦率讲，挂职之前，我对党委政法委这些领导机关的工作并无多少感性认识，觉得与检察院等职能部门的工作相比，这些单位的工作似乎显得过于宏观和务虚，无非就是发发文件、打打电话、召开会议、检查指导等等罢了。但是，通过半年多的具体体验，我的认识彻底扭转了，对党委政法委的工作有了新的、切身的感受。

第一，各部门共同努力，打下了政法工作全局的坚实基础。挂职期间，我接触到了属地化管理、网格化模式、群体性事件、流动人口、社区服务等等诸如此类的新名词、新概念。在这些名词和概念的背后，是纷繁复杂的、大量的涉及政法工作全局的基础性、源头性问题，而每一个问题的解决，都是由政法各部门及其具体工作人员大量艰辛的付出换来的。记得领导安排我和维稳办的一名同志参与处理"亿霖木业"的善后工作。该工作是市委政法委重点督办的事项之一。仅海淀区就涉及4000余人。区委和政法委领导高度重视，成立了专门机构，由维稳办牵头，协调十几个部门联署办公，要求把问题解决到每一个涉及到的当事人。政法委每天都要召开会议，听取各个部门的情况汇报，协调研究工作中的有关具体问题。会议一开就是几个小时，而且基本是在下班时间。同志们都毫无怨言，把事情的每一个细节、每一个举措都再三研讨，确保认识到位、措施到位，把涉及群众利益的哪怕一点一滴的事项都要办好、办实。我记得，为了找到当年的一位当事人，经过几十次电话问询后，我和搭班同志在炎炎夏日的中午，顾不得午饭和休息，驱车前往寻找。先是到了北部一个街道办事处查找，街道告诉我们此人已经搬家，经过沟通联系，我们又驱车到了昌平区才找到了当事人。当我们耐心地告诉她政府政策后,当事人感动地说,"没想到政府这么关心我们,工作这么细致认真。"这件事情看似简单,却真真切切地告诉我们,任何一项事关全局的工作都是由无数的具体琐碎事件组成,而这些无数的具体琐碎事件都是在有序地由各部门和具体工作人员在开展,构成了政法工作执法为民的生命线。没有这些琐碎,就难以有我们整个社会和谐稳定的局面。

第二,各部门协同配合,保障政法工作全局的稳定高效。部门工作是基础,是保障,但是,基础和保障作用的发挥都是为了整个政法工作总目标的实现,绝不是单纯的"1+1=2"的问题。只有政法系统的每一个部门,都充分发挥各自的职能作用,在履行各自使命的同时,都牢固树立"一盘棋"的大局观念和整体意识。每逢大事、要事、全局事项,都主动沟通信息,加强协调配合,迅速形成工作的整体合力,才能确保全局目标的实现。这一点,我在挂职期间感受颇深。

仍以"亿霖木业"的处理为例。我们看到,在这个事件中,关于当事人的利益纠纷,法院已经做出了判决,公平正义似乎在程序上已经完成。如果不是为了社会稳定和人民利益的全局出发,各部门推诿责任,后续工作就可能停滞,可能会酿成意想不到的群体性事件。正是因为各部门在政法委的统一领导下,着眼全局、联合作战、上下一心、众志成城,圆满地处理了这一复杂错综的事件,成为处理群体上访的成功典范。

又比如海淀区的维稳工作责任制,坚持"属地管理、分级负责"、"谁主管、谁负责"和"条块结合"等原则,严格落实维稳的责任主体。包括政法系统自身在内,涉及相关专业职能部门就有36家单位之多。在"两会"、"十八大"安保工作中,更是举全区之力,以铁的纪律和严之又严、细之又细、实之又实的工作措施,确保了政治稳定和社会安定。

应当说,这种合力的形成,既来自于所有各个政法部门领导坚决有力的引领,也来自于所有政法干部坚定忠诚的信念。在工作过程中,我看到了部门领导为谋求发展、力求创新的探索精神和作风,也看到了普通干部坚守岗位、扎根基层的朴素品质和情怀。在政法委工作期间,感受最大的就是维稳办、综治办、流管办等部门的加班,简直就成了他们的家常便饭,同志们随时做好了加班准备,有的干脆就在办公室放好了铺盖。在他们的日历里,根本就没有节假日一说，政法工作的职责定位决定了他们工作内容的特殊性。挂职期间，我认识了很多这样的同志，并为他们的默默奉献、无怨无悔而深深感动。有的部门由于职数缺乏，一些老同志，辛勤工作十几年甚至二十几年，还是科级干部，他们的乐观、淡泊深深打动和感染着我，也时常净化着我的心灵。鲁迅先生说过，"我们从古以来，就有埋头苦干的人，有拼命硬干的人，有为民请命的人，有舍身求法的人，……这就是中国的脊梁。"我们这些可敬可爱的普通政法干部又何尝不是这样的人呢？我们政法工作全局的基石难道不也是他们吗？

第三，也是最重要的一点，党的统一领导是发挥部门的基础和合力作用的根本。部门的力量发挥是要保障和服务整个政法工作全局，而这个全局就是在党的领导下，切实担负起中国特色社会主义事业建设者、捍卫者的职责使命。我们讲党的领导，是要坚持党对政法工作的绝对领导，这个道理毋庸赘言。

如果说政法工作全局是一座壮丽的大厦，那么，政法各部门的工作就是支撑起大厦的钢筋水泥，齐心协力共同浇筑出稳定和平安；如果说政法工作是一艘破浪前行的航船，部门工作就是保障这艘航船奋力前行的船桨，而党的领导就是引领我们方向的航标。无论是大厦还是航船，都是为了捍卫人们的幸福生活，守护人民的美丽家园。我想，这也是对政法工作使命的朴素阐述。"位卑未敢忘忧国"，虽然，短暂的挂职生活结束了，但是，捍卫和守护的使命始终不变。让我们在捍卫与守护的使命中并肩前行，为着更加公平正义的法律环境，为着实现党的十八大描绘的宏伟蓝图贡献我们每个人的全部力量！

坚守选择　逐梦前行

政治部宣传处　齐小妹

25年前,作为一名专业技术人员,曾经满怀理想和激情的我,从学校走进了检察院大门,荣幸地成为了一名检察干警。那时的我年轻、单纯、无牵无挂,对未来无限憧憬并立志成为一名优秀检察人才,为实现心中的理想而逐梦前行。

一、虚心学习,刻苦钻研,让我更充实

作为一名检察新兵,每当初面对那些形形色色的案件照片时,总是有些茫然与不知所措,如何有序的整理成具有展示效果的成型展板;与自己所学的美术知识结合起来,让我倍感纠结与困惑,但是,我始终有一个信念,"不管工作有多难,不能做到最好,一定做到更好"。于是,我查资料、找素材、问同事,把每一张照片进行编号归纳,再进行整体布局,色彩的运用,第一次的重要工作任务在不断摸索与实践中完成了,虽然还不完善,但总是记忆犹新,那一年我才23岁。

用所学的知识与实践的积累,管理着我院档案图片与宣传展示工作。特别是宣传展板,从版面的照片拍摄、编辑成型,每一期都凝聚了我的一份辛苦,尤其是宣传展板中的典型人和感人事,他们每个人的工作态度与敬业精神时时感染和激励着我,促使我把他们的良好形象拍摄好、突出事迹宣传好,展示出一分院干警的良好精神风貌与蓬勃向上的工作精神,并让这种精神在一分院发扬光大,更好地鞭策大家,积极进取,奋发向上,努力工作,不断前行。

二、勤奋工作,勇挑重担,让我更成熟

记得来院不久,我被抽调到办理全国检察机关反贪污腐败大型展览筹备工作,面对复杂的环境和多彩的工作,瘦小的我遇到了意想不到的困难,比如图片的放大、编辑、设计两米大展板的裁剪,裁剪工具的运用,对我来说

都是第一次接触，同来的各省、市工作人员都是有着丰富经验的专家，他们早早的就收工休息了，只有我常常干到深夜，由于没有经验，做出的展板在比例上出现了明显的瑕疵，当时一下子打起了退堂鼓，感觉委屈与失落。此时，我幸运的遇到了一位有经验的老同志，在他的耐心辅导与帮助下，很快的掌握了制作技巧，对出错的地方进行修补，最后按时完成了这项工作，经过这次挫折，让我体会到，今后做任何工作都要有诚心、耐心与虚心。

多年来，我始终保持旺盛的工作热情，随着阅历的稿和经验的积累，我注意发挥骨干带头作用，自觉树立大局意识、责任意识和服务意识，坚持吃苦在前、享受在后、勇于担当、善挑重担。虽没有得到更多的鲜花、掌声和立功受奖的激扬乐曲，但有的是一册册图片档案，上万张电子图片数据文件、编辑宣传各种类型的展板、宣传册以及领导和同志的赞许，特别是对检察工作的执着与热爱。

三、积极探索，不断学习，让人生更精彩

工作几年后，由于业务发展的需要，我被安排学习照相技术，此时对我来说又是一门新技能和新工作。至今我还清晰地记得第一次站在几百人的会场里，拿起相机拍照的场景，可以说是手忙脚乱，相机的光圈、速度、过卷，都隐藏在记忆里，慌乱中，只管按下无数次快门，最后可想而知，拍出的片子有很多技术上的问题。为了真正学到和掌握摄影技术的真谛，我除虚心请教照相技术好的同志，与他们一起探讨有关摄影方面的知识与技术得，利用节假日休息时间，背着相机到各处练习拍照，春拍百花、秋拍叶、夏拍绚烂、冬拍雪，为锻炼自己，院里各部门如有拍摄需要的，我都能及时到位，不放过一切锻炼拍摄的机会。功夫不负有心人，经过反复的练习与磨合，我终于掌握了摄影的基本要领，开始承担了全院各种大型会议、活动以及人物的拍摄，得到了大家的一致认可。

几年来，为了进一步提高摄影技术，我曾坚持白天上班，晚上赶往离家较远的培训班上课，同时利用双休日时间，参加了中、高级摄影师的培训，从理论到实践，进行系统的学习，并参加了北京市摄影职业资格统一考试，先后取得了中、高级摄影职业资格证书。

四、执着追求，勇创佳绩，让事业更辉煌

多年来，我作为检察宣传干部，曾代表市、分院参加过全国、全市各项专业及非专业新闻摄影大赛，并多次荣获新闻摄影特等奖、一等奖、二等奖和三等奖等，为北京市检察机关赢得了荣誉。在获得诸多荣誉的同时，提高了自己对影视宣传工作的更深理解和认识，体会到付出艰辛与取得成绩的酸甜苦辣。但更重要的是感悟到新闻宣传的服务保障功能对推动各项检察工作实现科学发展的重要作用。

记得庄子曾经说过，"人生天地间，如白驹过隙，忽然而已"。光阴如梭，匆忙中我已不再青春年少，细细的皱纹不知不觉悄悄爬上了眼角与额头，丝丝银色悄然在青丝中闪现，然而我依然坚守在这一平凡岗位，忠诚着挚爱的事业，深感充实、自豪与骄傲。我始终坚信，当你无法改变环境，就积极改变态度，岗位可以平凡，但业绩不能平庸。我要在平凡的岗位上、在追逐梦想的实践中做出不平凡的业绩，让理想永存，愿梦想成真。

青春梦在路上

二审监督处　于连池

80后一代被冠以暮气沉沉，不知不觉中我们似乎已经精神"早衰"，渐趋迟暮。诚然，我们中大部分正面临着物质上的无助与压力，也遭遇着精神上的迷茫和认同感的缺失，与梦想朝夕为伴的岁月，我们孤单并不孤独，贫穷并不贫瘠。没有值得炫耀的资本，没有辉煌的过往，甚至没有清晰明确的目标，只有怀揣着一份近乎空荡的理想与信念，默默的前行。

我尚年轻，我渴望上路！恍然间，校园生活离我远去已两年，很庆幸离开的时刻，达成了昔日的梦想。虽然曾经的校园也浸染世俗之气，但在离开校园那天第一次感受到了前脚想离开，后脚想留下的内心挣扎。曾经的岁月只能回首不能回头。留恋三载蓟门烟树，铭记一世法治天下。

冥冥之中幸运实现数年前的志愿，大学时代短短数月的实习经历，那份对检察工作的好奇、喜爱深深植入内心，沉迷至今。迈入一分检，走在庄严的国旗、检徽下，环境、面孔、声音，新鲜并日渐熟悉。走出校园，迈入社会，踏入工作岗位，变换了起点，一切来匆匆，慌忙之中尚未武装便要上阵。

初涉社会倍感艰辛踌躇，初入院里仰望诸多功勋卓著之前辈，责任、使命、压力至此，如临深渊、如履薄冰。如何疾步跟随前辈足迹，阔步追赶前辈身影，如何不负青春己身，热血壮志，诸多疑问令我战战兢兢、殚精竭虑。父辈之期望嘱托浮沉脑海、前辈之善导教诲萦绕耳边，沉入心底，注入丹田化为动力，勿急勿躁。

憾天资聪慧不及人，悔荒废学业虚度日。智者不惑，仁者无忧，勇者无畏。然自感心虚焦虑，自惭形秽。幸青春仍在犹未晚矣。今借未尽之激情，再萌发之斗志，持不渝之信念踏实前行。人生如棋，我愿为卒，行动虽慢，拒退半步。一分检，赋予我新起点的地方，在此所见、所闻、所感，触动颇深，甚难言表。俯瞰八宝山之山峦绿树，欣喜重生于斯，愿数十年后幸葬于此。

士不可不弘毅，任重而道远。政党可救亡图存，政策可兴国保民。唯法治国兴邦，长治久安。民生立命，必当深化改革，开万世太平，必当法治天下。公平正义兴于理念而系于司法，完善司法之事业路漫漫其修远，不畏求索路之艰险。匆匆的两年工作时间，默默地前行，辗转于政工部门与业务处室之间，从事了基层办案与二审内勤等数个岗位。常悔恨工作中毫无建树且错误频频，于院处建设无功，于个人发展无益，深深自责。

如今，唯坚定的人生目标与未改职业规划支撑与慰藉着踌躇挣扎的自我。期盼能跟随一位位挚诚于法治事业前辈励精图治的足迹身影，希望能携手一批批仁人志士并肩前行，期许能引领一代代热诚执着于此事业的后继者，更加坚定的铸就与延续法治中国梦。

"为青年驰骋思想打开更浩瀚的天空，为青年实践创新搭建更广阔的舞台，为青年塑造人生提供更丰富的机会，为青年建功立业创造更有利的条件。"每每阅读着习总书记的话语，虽感受着社会的阴霾，经历彷徨无助，却深深感动于穿透阴霾的一道道七彩之光，带给我们明亮与温暖，感激身边亲友同学、领导同事的鼓舞，陪伴与见证我们成长。时光进与不进，梦就在那里，不增不减。梦成与不成，我都在那里，不离不弃。

卧薪尝胆，十年生聚、十年教训，终成霸业。厚积薄发，五年立志、五年积淀，盼有小成。此时年少自负恃，意气与日争光辉。"空谈误国，实干兴邦"，上书此豪言聊以励志自勉。用奋斗抒写青春，将青春凝结成无悔的回忆。视所以，观所由，察所安。

且行且寻且成长

——我的经历与梦想

公诉一处　张景岩

"梦想,是一种意识里的追求,是人们尚未实现而又迫切渴望的未来,并由此催生趋向这个目标的强大奋斗动力,无论面对多少困难,多大挑战,它始终以最顽强的姿态、最热烈的面孔,给人以希望、给人以信心、给人以力量。"

梦想,缥缈如烟

参回斗转,他推开宿舍的门,没有开灯,甚至没有变换一个表情便倒在了床上,他僵硬地睁着眼睛,脑子里一片模糊。很累,却不想睡,他想努力地想点什么,但一切却好似融入了这漆黑之夜般无从寻觅。

这是他找工作生活中的一个平凡的夜晚,他不知道未来在哪里,也不知道自己正努力行往何方,一路走来,他机械地做着一切所谓正确的事情,即便此时此刻,指引他的也只有一句——"低头赶路,莫问前程,抓紧找个好工作吧"。当他再一次在心里默念了这个连自己都难以认同的理由后静静睡去了。生命的意义是什么,梦想又是什么,他不知道,似乎也不想知道……

东方既白,他睁开惺忪的睡眼,启动了每天此时的标准程序:洗漱、吃饭、上班……现如今,他做着一份令人艳羡的体面工作,但他却没有很开心,也没有不开心。

早班的地铁拥挤喧嚣,他的思想也随之沸腾着,就像这座城市里发动机的轰鸣一样昼夜不停,似乎已经没了一点安静和思考。他觉得自己很忙,但实际上他的工作和生活就好像一只陀螺一样,无论转的多快,都不过是被动的原地打转而已。"今天又得很忙啊"他心里默念着这句话走出了地铁,走进了单位。生命的意义是什么,梦想又是什么,他不知道,也似乎没空知道……

启迪，醍醐灌顶

  这一天，日轮当空，办公室的空调不给力地坏掉了，而他自己恰巧浑身酸痛，似乎有点感冒了，于是他心情烦躁地推开手中的工作，拿出手机玩了一会儿游戏，收起手机后又无聊地看了一会儿报纸，"砰"报纸摔在了桌子上，他站起身来边抓头发边走到了走廊的一头。此时在他对面是一间南向的办公室，在靠近窗户的桌边摆放着厚厚的一摞卷宗，在这卷宗之中淹没着一个人影。他很好奇为什么这个人能在比自己的办公室还难熬的屋里专心工作，于是不由自主地，他走了进去。见他进来，那人冲他笑了笑，这时他发现那个人的嘴唇有点发白，但是他身边的水杯却空着，额头上的点点汗珠似乎马上就要掉下来了，可那人却无心擦拭……这是一位身患疾病、家庭琐事缠身的检察官，也是一位带着其他两名组员平均每天要审结一件刑事案件的检察官。本以为在两人的聊天中，那人会因为工作压力大或者今天天气不好等发发牢骚，可那人对于自己面对的一切却只是笑了笑。在离开时他顺手帮忙倒了杯水，见那人满满地喝了一大口，之后又研究案卷去了。他的世界一下子安静了下来，好像是被什么东西撞了一下，又好像是被人打开了一扇窗。

  这一天，一支香烟，一摞厚厚的案卷和一位虽然双鬓染霜但却在办公室不停工作的老检察官……这是他每天经常看见的一幅画面，这一切如此的平淡自然，因为这正是属于这位有着几十年从检经验的老检察官的平凡一天。这一天是充满勤奋的，但这勤奋并不是来源于案件的堆积负累，相反的，这位老检察官还有几个月就要退休了，原本已经没有了案件要办，但他自己却在大病初愈后主动要求承担了大量的卷宗录入工作，甚至还在人手不足时主动要求客串书记员去做一些琐碎的事务性劳动。"今天少了点，弄了一万多字"面对着这个已经很难得的成绩这位老检察官却似乎显得不那么满足，"明天我要打两万字"。"您还是多休息一下吧"他担心地对老检察官说，但老检察官却永远都是报以一句"没事"，说得那样云淡风轻，"我多干点你们就少干点，咱们整体效率也高点，我多干点没事"。忽然间，他就那么猝不及防地被感动了，为这样一位检察官的忠诚也为这位平凡人的坚守。

  这一天，检徽、法槌、公诉席……这一切组成了公正的法庭，这是一起命案的审理现场。基于此前一些相关的经验，他虽然是第一次出席这类重大刑事案件的庭审，但他近乎偏执的认为这似乎没什么，照章办事也就是了。在举证、质证中他用平缓的语气读着每一份证据，一切都显得平淡无奇，可是当他读完被害人尸体检验鉴定结果的一刻，不知怎的，他下意识的看了一眼身旁的被害人家属。这是一位年过四旬的军人，他平素的硬朗、果敢令人印象颇深，但是在听到结果的一刻，这位铁血军人流泪了，尽管双目圆睁，但还是在无尽悲痛的催动下还是有一双泪珠夺眶而出了……这双眼睛让正在宣读证据的他瞬间有些愕然，以至于停顿了数秒没有发出一点声音。在回去的路上和那之后的很长时间里，他的眼前总是能浮现出那双眼睛，那双分明写满了对亲人离去的哀痛、对犯罪行为的憎恨和对公平正义无限渴望的眼睛，这仿佛让他突然间更深刻的理解到了师傅所说的"案子大于天"的含义，更真切认识到了所谓的案子并不仅仅是指一个案件的实体和程序，它承载着检察官们的坚守，也承载着被害人家属和社会公众们对正义的期待。那一本本看似冰冷的卷宗中不仅包含着一桩桩法律事实，同时也饱含着慰逝者之英灵，抚生者之哀伤的价值，更重要的是它充满着维护社会公平正义的责任……

　　他深深地被这些瞬间触动着，那串阳光背后的汗滴，那双流泪泣血的眼睛和那句平淡自然的"没事"，这分明写满了检察人的坚定执着，也写满了检察事业那光荣无上的价值。这一切的一切使他震撼，也使他成长。

　　不错，他就是我，这一个个瞬间共同组成了我行路至今的成长轨迹。从一名应届硕士毕业生到成为一名检察新兵，这一路走来虽然仅有短短两年，但我已经在这支队伍中看到了太多的坚守和忠诚，看到了太多的无私与担当，这让我走过了倥偬迷惘也迈过了困惑忧伤，更让我的梦想从无到有，从浅显到深邃，并逐渐在检察前辈的引导下，通过自己在日常工作中的点滴努力筑起了那个自己简单但却越来越清晰的检察梦，那就是成为一名优秀的国家公诉人，一名精于检察业务，忠于检察事业的社会公平正义捍卫者！"路漫漫其修远兮，吾将上下而求索"在未来的岁月中，我将不再停下那追寻这一梦想的脚步。

　　"梦想绝不是梦，两者之间通常都有一段值得人们深思的距离。"人的梦想可以是宏大而遥远的，但是追逐梦想的脚步却必须踏实稳健，这一点于公诉工作而言尤为重要，因为案件审查的细致程度既关乎着嫌疑人的合法权益，同时也维系着社会公众们的关切，守望公平正义来不得半点的大意马虎，更容不下一丝的懈怠放纵，唯有踏踏实实的做好每一项工作，认真细致的审查每一点细微的痕迹才有可能在成为优秀公诉人的道路上不断前进。也许这种循序渐进的成长会是缓慢的，但我想哪怕每天只能进步一点点也能积跬步而至千里，从而在享受收获的过程中不断地拉近与梦想之间的距离。也许这种成长又会是充满挑战的，但精诚所至，金石为开，只要执着于自己的梦想，无论多少艰难险阻都无法阻止追梦人的征途。"衣带渐宽终不悔，为伊消得人憔悴"成长须得如此，实现梦想更需如此，为此，我时刻努力着。

我深知虽然有时自己已经竭尽全力但梦想依然会濒临破灭，在追寻梦想的旅途中，失败可能会与我如影随形。诚然，失败之痛是任何人都不愿接受但却任谁都无法避免的，面对挫折有人会心惊胆寒，有人会万念俱灰也有人会选择坚强的再次站起来，勇敢的踏上新的征程。正如有些人所说的那样，面对失败的态度是决定一个人是否能够成功的关键因素，因为成功属于勤奋者，但它更属于坚韧者的，属于那些在失败面前不屈服的人。我相信"艰难困苦，玉汝于成"，相信自己可以在失败面前愈挫愈勇并最终到达成就梦想的彼岸。

我深知实现梦想的过程中充满着荆棘和坎坷，但我坚信肯努力才会有收获，敢拼搏才能成就梦想。"乘风破浪会有时，直挂云帆济沧海"，我，遥望梦想，整装，远航。

人生无梦不精彩
——写给我的检察梦

未成年人案件检察处　张青聚

人生无梦不精彩，岁月有梦不觉寒，人生如船，梦想是帆，梦是奋斗的起点和理想的归宿，在我国社会主义现代化建设新时期背景下，每个行业都有一个属于自己"中国梦"，而我的"中国梦"定格在二年前那次坚定的抉择上。2011年是难忘的一年，我有幸从一名大学生来到一分院这个汇聚检察精英的优秀集体工作，一扇向往已久而又崭新的大门向我敞开。从那时起，少年时代曾经无数编织过的五光十色的梦如今已逐渐清晰，那就是让承载着"青春梦"和"法律梦"的"检察梦"扬帆起航，踏上神圣而庄严的圆梦之旅。我初次对检察官的全面了解是在中国政法大学求学期间，检察官是国家法律的守夜人、公平的维护者和正义的火炬手。恰如德肖维茨所说："世界上没有几个职务，比做一个诚实而真正怀有正义感的检察官更为崇高。"从迈入一分院大门的那一刻我就坚定了自己的为之奋斗的人生梦想，那就是——做一名优秀的人民检察官，不仅仅将这份职业当作一份谋生手段，而是要将自己的整个人生发展都融入到崇高的检察事业建设之中。就个人而言，从进入法学基础理论殿堂到掌握一定法律专业知识，从踏入检察系统工作熟悉检察业务到具备一定业务能力，成长为优秀检察人才，这是一个循序渐进的过程。在这个过程中应该要树立正确的人生观、价值观，有强烈的求知欲望和积极的进取精神，有良好的学习习惯和过人的创新能力，能够将个人价值的实现很好地与检察工作的发展结合起来。从自身出发加强思想政治、专业知识、业务能力等各个方面的培养，是符合检察队伍对人才要求的基本保障。现在，我仍然是检察系统的一名新兵，但我深知我的检察梦才刚刚开始，看到身边同事和前辈那么优秀，我的内心也是充满了忐忑，有一定的压力，但是成长的道路就是越过一条条沟壑，积累经验，不断突破的过程。每当晨曦初露或夕阳斜照时，我常常伫立一分院检察大楼高悬的国徽下，那清澈的朝露和耀目的余晖使我心中充满着敬畏：选择意味责任，责任就是使命。

2011年7月份至2013年3月份，我先后在我院反贪局、西城院公诉一处、我院公诉一处等业务员岗位学习锻炼，协助承办人办理各类案件100余件，罪名涉及故意杀人罪、故意伤害罪、抢劫罪、盗窃罪、贩卖毒品罪、强奸罪、寻衅滋事罪、妨害公务罪等，工作内容涵盖换押宣权、撰写审结报告、提讯、出庭、归档等检察辅助工作，获得领导和同事的一致认可与好评，熟悉了业务岗位书记员的基本业务，积累了相关经验。2013年4月，我院未成年人案件检察处正式成立，我有幸来到这个全新的处室担任内勤工作。未检业务虽然不像公诉一处、公诉二处那样有办理大要案的机会，但是这个部门也有自己的特点，并涌现出了昌平院彭燕、海淀院余海燕那样的先进典型和感人事迹，这个承担着"教育、感化、挽救"失足未成年人的办案机构本身就是无数未检干警殷殷的努力汇集成的检察梦。至今，我依然清晰地记得焦慧强副检察长在未成年人案件检察处第一次部门工作会议上的讲话，焦检语重心长地强调说，未成年人案件涉及的工作量大，工作程序繁琐，很多工作无法量化统计，需要未检干警讲究敬业奉献的精神，切实维护每一名涉案未成年人的合法权益。我通过这几个月在内勤岗位上的磨炼，慢慢发现检察工作并不总是那么刺激和充满挑战，相反很多时候是在处理一些琐碎繁杂的事务。但当我看到公诉人为了短短不到一个小时的出庭要花费几十倍的准备时间，当我看到为了一个不起眼的案件细节干警们要究根问底、查阅大量资料，当我听到案件承办人说："我们每天处理的都是别人的自由，甚至生命"时，我深深地感到肩上责任的巨大与沉重。

一分院是个优秀的集体，检察战线上的许许多多的楷模就在我身边，在他们身上我看到了拼搏奋进的魄力和无私敬业的奉献精神，他们不正是我所追求的检察梦甚至是中国梦的缩影吗？回顾四周，我身边有像赵鹏这样年轻优秀的青年检察官，也有在检察战线默默耕耘多年即将退休的"老黄牛"徐焕。对于初入检察系统不久的一个新兵而言，徐焕老师的事迹给了我深深的震撼，在他身上我看到了一种追梦精神叫"勤勉"和"责任"。2012年9月初，那时我刚从西检院交流锻炼回来，被院里安排到公诉一处工作，从那时起我开始接触了徐焕这位老检察官。我作为一个公诉岗位的新人，业务当中碰到许多问题，徐老总是认真详细地一一解答。徐老身体不好，但是每天都能按照院里的作息制度上下班，有一次早上八点钟，我和同事吃完早点返回办公室时看到他趴在办公桌上，脸色很不好，我们问他是不是生病了，身体不舒服就赶紧去医院看看吧，徐老还坚持着说："我没事，还有几本案卷没打完呢。"就在两个小时后，我听同事郭姐说徐老心脏病发作，被紧急送去武警医院了，次日徐老接受了手术。我们本以为徐老术后会在家休息一段时间，可不到一个月，徐老就来单位上班了。这件事给我的触动很大，我意识到梦想仅仅是催人奋进的事业起点，但光拥有梦想是远远不够的，如何实现梦想让梦想之帆乘风起航才是关键的，这需要俱备一种品质叫勤勉奉献。在逐步实现自己梦的过程中，我会从以下几个方面来不断提升自己：

1. 加强检察业务学习，力争做一名优秀的岗位能手。这需要具备良好的法学基础，随着社会的发展，知识也在不断更新，并不断结合工作需要对某些法律问题做更深入的研究，这就需要我们不放松对自身学习的要求。

2. 强化个人素质。身为检察队伍中的一员，就得时刻注意自身的执法身份，把践行社会主义法治理念的"检察梦"作为平时工作的准则，遵守检察官职业道德准则，加强职业道德修养，遵循忠诚、公正、清廉、文明。另外要有强烈的事业心和高度的责任感，以工作为重，以大局为重，做到遵守各项纪律，严格依法办事。

3. 摆正心态，注重工作方法。工作过程中会遇到很多复杂的事情，困难和挫折也难免存在，在无数优秀人才成长的例子中，我们可以看到，他们身上都有不怕困难、坚持不懈的闪光精神，往往在被赋予压力、重任之后更是付出比常人更多的努力。我们也应该清楚地认识到，成为一个合格优秀的检察人才是需要努力奋斗的，只有对工作有一个清楚的认识，保持一个良好的心态，正确看待工作中的荣辱得失，成功和失败，才能让自己保持一颗上进的心。检察机构的各个职能部门都起着不同的职责，做各项工作都要掌握相关的工作方法，得当的工作方法在实际工作中可以起到事半功倍的效果，工作方法不仅得靠自己平时总结积累，还得多向周围的同志学习请教。

4. 珍惜学习环境与条件。为了提高实务能力，锻炼办案技能，组织上经常安排各种培训和讲座，这些对于我们来说都是很好多学习机会，参加组织学习能弥补自身学习的不足和局限，提高理论水平的认识和提升个人思考的能力。所以，在组织学习之后，我们也要及时总结，对照自身发展情况来突出重点内容反复加强学习。除了培训讲座之外，要勤调研，在这个过程中能深化我们在某一问题上的认识。目前院里正在建设学习型党组织、创建学习型检察院，给我们干警提供了很好的学习平台，我们更是要利用这一平台，更好的成长。

5. 融入集体。良好的工作环境是干好工作的一个重要保障，对于刚走上工作岗位的我们来说，对领导、同事始终要保持充分的尊重与信任，处理好人际关系，与同事多沟通交流，不懂多问，向同事学习经验，每一个同事都是一位老师，从他们身上能学到许多书本上学不到的实战经验。一个良好工作氛围，是干好工作的重要保障。

在追梦圆梦的旅途中，需要"直挂云帆济沧海"的胸怀，需要"梅花香自苦寒来"的坚忍不拔，尽管前方道路曲折，更需要"虽九死而犹未悔"的坚定信仰，但我相信，出于对检察事业的热爱，出于对公平正义的追求，我一定会风雨兼程，检察梦想最终也一定会绽放出夺目的光芒。雄关漫道真如铁，而今迈步从头越，我要用忠诚的针线和公正的璎珞，编织清廉文明的检察梦。

踌躇满志　前行在追逐梦想的道路上

公诉一处　张润平

　　2006年我成功考入北京师范大学，2012年硕士研究生毕业考入一分院。从大学校门到机关大门，我没有太多的工作经验，初来乍到略显稚嫩，却对检察机关充满期盼，对自己的职业理想充满希望。入院一年来，我深切地感受到检察人渊博的专业知识、丰富的办案经验、认真的工作态度和饱满的工作热情，领导的关心让我感受到组织和集体的温暖，身边人的身边事总是不断地激励我努力奋进，优秀干警的先进事迹更是时刻鞭策我勤奋学习。

　　习近平总书记对"中国梦"内涵的科学阐述，对实现"中国梦"路径的明确表述，特别指出"中国梦是民族的梦，也是每个中国人的梦"。对于一个个体而言，理想是指引我们前行的灯塔，而正确可触的理想更是我们实现目标的不竭源泉。对于一个国家和民族而言，高远的理想是国家科学发展、民族伟大复兴的根本动力。国家和民族的梦想需要每一个人去不断努力奋斗，个人要把自己的理想同祖国和民族的梦想结合在一起，要把自己的发展同祖国和民族的发展联系在一起，要把自己实现理想的努力同祖国和民族实现梦想的奋斗融合在一起。每个人都有一个理想，我的理想是做一名合格的法律人。曾记得，我大学的班主任在入学第一次班会上告诉大家："今天你们从高中的埋头苦学已经成长为一名大学生，四年后你们都要努力成为一名合格的法律人。"对于现在的我，六年前班主任的话也只是淡淡的印在脑海之一角，但是黑板上划着横线的那几个字仍历历在目——"合格的法律人"，这是我那时的憧憬，更是现在的梦想。本科毕业后我选择了继续读研，并且选择了刑法专业。其实最初的想法是学习民商法，将来成为律师赚大钱，也许是冥冥之中的感召，所谓"人生何处不选择"，最终还是选择了刑法。研究生毕业时我又有幸考入一分院，成为这个有着光荣传统、专家人才聚集的大家庭之一员。

　　个人发展的不同阶段，理想可能也不尽相同，小的时候我们渴望考好成绩，将来上个好的学校，上了大学我们渴望能够师从名门，将来成为学术大师。可等到参加了工作，我才发现这些美好的愿景其实并非我人生的理想，我真正的理想并非为了成为光鲜亮丽、博人眼球的名人，也并非为了成为拥有财富、生活富裕的富人，更不是为了成为握有权力、左右一方的官员，而是为了成为一名维护公平、伸张正义的最朴实的法律人。检察官，这个在影视作品中指控犯罪、维护社会公平正义的伟岸形象，在工作中原来有很多鲜为人知的故事和辛苦。为了查明案件的一个细节，我们要亲赴现场去查看；为了准确指控犯罪，我们对案件定性互相争辩；为了提高办案效率，我们经常加班加点。身边人的高度责任感、使命感教导我要做一名负责的检察人。在那些不了解检察工作的人看来，我们是公务员，手中握有权力，我们端着"铁饭碗"，生活悠闲自在，我们甚至被一些人作为司法腐败者加以仇视。而实际上，检察官审慎办案的负责态度、兢兢业业的敬业精神和善于思辨的专业水平告诉世人，我们是维护社会公平正义不可或缺的力量。这应该是每一个中国人的梦想，社会主义法治国家的建设，离不开每一个人的觉醒和努力，更离不开检察人的不懈奋斗和对公正的始终坚守。

入院一年来，我曾"初生牛犊不怕虎"，大胆对案件发表个人看法，也曾"少年不识愁滋味"，尽情对未来充满各种幻想。渐渐地，我发现研究生毕业进入工作岗位只是做法律人的开始，法律人是一个群体，他们承担着建设社会主义法治的重任，而检察人在法律人中有着特殊的地位，我们不仅要依法秉公办案，而且要强化法律监督，维护公平、伸张正义，打击犯罪、保护人民。在协助办理案件的过程中我才发现自己所学的仅仅是纸上谈兵的空把式，在记录案件讨论的过程中我才逐渐理清办案的思维和解决难题的思路。北京市检察系统人才济济，一分院更是专家人才云集，在这样的集体工作，是一种幸运，更是一种幸福。幸运的是我能够通过自己的努力加入这样一个集体，实现了我职业理想的第一步；幸福的是我在每天的工作中都能发现自己的不足，更重要的是身边人的优秀品质鼓舞我不断完善自己。公诉一处有一位"正处级书记员"，他就是徐焕老师。徐老师将近退休，处里本来不给他分案子，他却主动当起了书记员，阅卷笔录、提讯笔录以及出庭笔录，都做得十分认真。这种俯下身子做事的质朴感染着处里的每一个人，更不断鞭策我要脚踏实地，做好书记员岗位工作，做一名合格的检察人。一分院人的优秀品质始终是我学习的榜样，更是我奋勇前进的目标和动力。

梦想成真，需要为之付出不懈的努力，理想变为现实，需要脚踏实地地走好每一步。做一名合格的法律人，这个我曾经以为毕业即可实现的目标，现在却变成我的理想，而这个理想的实现需要我为之付出毕生的努力。

认真负责，做一名合格的书记员。书记员工作是检察工作一个重要部分，每一个案件的办理都离不开书记员工作，书记员工作的质量在一定程度上也影响着案件办理的质量。2012年我协助办理刘金故意杀人案时，在摘卷时发现该案预审卷中第二次现场勘验、检查中对一双布鞋位置的描述与第一次勘验、检查现场照片中该双布鞋的位置不同，据刘金供述该双布鞋正是其作案时所穿鞋子，系先供后证，而两次勘验检查对该双布鞋位置相互矛盾的描述导致案件事实认定的不确定性，直接影响全案的证据体系。经向承办人汇报，并与公安机关沟通发现卷宗内对该双布鞋的位置描述确实存在错误，公安机关及时作出更正说明，获得法院认可。书记员工作不是简单的打字、整理卷宗工作，而是为案件办理打好基础、做好收尾，必须以认真负责的态度去做好每一件看似简单的小事，这样才能确保案件办理的整体质量。

时刻学习，做一名称职的检察人。办理刑事案件不仅需要法律专业知识，而且需要其他专业知识和社会经验，这就需要我在工作中不断学习新知识、训练新思维、吸纳新方法。刚开始接触命案时，我对现场照片及尸检照片存有恐惧心理，对尸检报告中的专业术语更是不知所云。渐渐地我认识到尸检报告及照片对于办理命案的重要作用，自觉克服排斥心理，去图书馆查阅法医学教科书学习法医学基本常识，对人体构造及生命机理有了初步了解，在协助办案的过程中认真研读每一份鉴定意见的论证部分，逐渐对案件办理有了全面认识。经验法则和逻辑也是办理命案经常需要的素质，从大学校门走出的我对犯罪构成熟知于心，但是对很多经验法则往往难以把握，这些都需要在协助办案的实践中去学习。总之，要做一名合格的检察人，就要不断向实践学习、向周围的人学习、向社会学习。

怀揣梦想，做一名勇敢的追梦人。梦想不再遥远，只要我们已经起航，梦想终将实现，只要我们奋力前进。身为一分院的年轻人，我们拥有青春的活力，拥有不断进取的巨大空间，所以我们要勇敢地追逐梦想，而这个梦想不是我一个人的梦想，而是全体检察人的梦想。随着祖国现代化进程的不断推进，随着社会经济的持续繁荣发展，随着依法治国脚步的稳健前行，检察人追逐梦想的航母已经起航。我们审慎负责，明察每一个案件的细节；我们秉公执法，维护每一个当事人的合法权益；我们加强监督，保障法律的规范运行。我们这些年轻的血液，怀揣梦想，努力前行，助力检察事业的繁荣发展。

曾有一位师弟问我检察院和法院哪个更好，我当时的回答是无所谓哪个更好，都是司法机关，看你的选择。其实我明白他想问的是哪个待遇更好，因为我毕业前也曾问过我的师兄同样的问题。一个人的一生其实并不长，一个选择可能决定了人的一生。而选择检察院，选择一分院，我无怨无悔。因为在这里我能发挥我的专业特长，能和这个集体一起维护公平正义，这是我一生的追求，更是一生的幸福。在这个集体工作，我能不断发现自己的不足，然后加以弥补完善，一切都从点点滴滴开始学习；在这个集体，没有最优秀，只有更优秀，而这种环境和氛围，让我每天都感觉到有所进步的喜悦；在这个集体，默默无闻却如此用心地去工作，我的心灵得到了净化，精神又进入了一个新的境界。心存感激，怀揣梦想。坚持自己的选择，踌躇满志，奋勇前进在检察事业的道路上，我们一定能够创造更多的辉煌。

脚踏实地践行承诺

二审监督处　李洪杰

小时候，每个老师都会问我们的梦想是什么。同学们都说自己想当科学家、老师、艺术家、飞行员，却没有说自己想从事法律职业的。当时我都不知道"梦想"是什么意思，于是，我就从同学们的答案中随便挑选了一个，好像是天文学家，以此显得自己很有水平，理想远大。其实，当时我也不知道天文学家是干什么的。

十年寒窗之后，我开始面临自己第一个人生抉择：选择本科专业。同学们有选金融的，有选会计的，也有选外语的。而我选择了法律。我一直看不惯世上的不平事，总是因为一些丑陋的事情而义愤填膺。记得在高中的一堂语文课上，老师问如果遇见抢劫，谁敢挺身而出。我和同桌毫不犹豫地举起手来，态度坚决。整个课堂上，只有我们两个人举手，我觉得我有志同道合的盟友。我的选择有人支持，虽然人少，却很欣慰。当时我就想，我虽渺小，却可以用自己的努力改变周围世界。在学校读了六年法律之后，我选择了一分院。我把检察工作当作自己的事业，认为自己能够还社会公正。

入职不久，市院组织十佳宣讲团来我院宣讲，十佳的飒爽英姿让人羡慕。这时才觉得，还社会一个公正是一个很宏大的梦想，虽然与自己的工作息息相关，但仍难以把握。因此，应该为自己确定一个近期目标，一个清晰可以把握的目标。经过长时间的思考，我把自己的目标暂定为北京十佳书记员。我渴望成为十佳，这是对自己书记员工作的肯定，是对自己宏大目标的具体化。当然，这也能给自己带来巨大的荣誉。

被分配到侦查监督处后，我以饱满的激情投入到工作中，以为凭着这股热情就可以把自己的检察事业做好。但是，我渐渐发现，只有崇高的理想是不够的。梦想是崇高的，现实是枯燥的。书记员所从事的这些鸡毛蒜皮的工作，跟我的理想相比，还差得远呢，干嘛把自己有限的生命浪费在无限的琐事上去？等需要评比的时候，自己突击几个月不就行了？于是，我越来越没有激情，陷入了迷茫。用一句俗话，叫做"没有工作状态"。直到之后的一件事让我对自己的这份工作有了全新的认识，也找到了努力的方向。

带我的周自瑰老师让我订卷，很普通的活。在订卷的时候，我把两本卷宗叠放在一起打孔，结果放在下面的卷宗打孔打歪了，其实那也只是歪了一点点，我以为没事。装订好后，我把卷宗拿给周老师。周老师看了第一本卷宗，觉得还行，可当他看第二本时，脸色严肃，指着卷宗说："你偷懒耍滑了吧？做事情怎么这么不认真？"我本以为老师给我的是表扬，没想到得到的却是直白的批评。当时脸色立即煞白，气息凝滞，十分惭愧。我说不出话来，老半天终于从嘴里蹦出："对不起，老师，我错了。"认错之后，我走出办公室，开始反思："在检察院干下去还真不容易，真要是一直这样，岂不是一直挨批评？就算没有批评，现在的这种态度又怎么能有进步？书记员是为以后的工作打基础的，基础不牢固，以后的工作如何才能有进步？还想还社会公正？痴人说梦！"好高骛远的我这时才发现，任何工作，仅凭一腔热情是难以做好的。十佳也不是只靠突击就能练成的，只有脚踏实地、勤勤恳恳，才能有起色。

然而实在能力有限，我依然在不断犯各种错误。有时一周能被批评两三次，压得我几乎喘不过气来。这时我才发现，在实现梦想的道路上，犯错是必然的，可贵的是需要自省和坚持。于是，每次犯错之后，我都会做统计。将所犯的错误原原本本地记录下来，指出自己错在哪里，查找对策，避免再犯。对于这些错误，我记在心上，但是不能让它们压倒我的意志，在错误被改正之前我不能倒下。回头看这些错误的时候，我发现竟然有三十多次，可谓"罄竹难书"。每次犯错都有简短总结，以后出现类似的情况，不会再犯。我也对自己这段时间能够坚持下来感到鼓舞，坚信以后能够顶住各种压力。

在这两年的检察事业里，还有太多的人和事影响着我的观念、修正着我的认知。"四个一流"的号角指引着我，"四个意识"的要求督促着我。十八大的旗帜鼓舞我们为实现"中国梦"而努力奋斗。祖国的愿景已在前方，我的梦想又该何去何从？

此时的梦想，还是考试后的奖状吗？是毕业时的鲜花和掌声吗？是考上公务员时他人既羡慕又妒忌的眼神吗？不，我的梦想不应这样。每个人都渴望荣誉，我也不例外。但是，如果将精力都放在争取个人荣誉上，未免庸俗；而且，我们都知道水涨船高的道理，个人和处室都是一损俱损，一荣俱荣的。处室工作搞不好，自己要那么多荣誉又有何用？

我已经深深懂得，我的梦想不应该只是短期的个人荣誉，更应该将目光放长远，看到集体荣誉；十佳我想当，但我也愿意为处室的发展贡献自己的力量。我的梦想不再是简简单单的法律职业者，更应是解百姓之所忧，做百姓之所需的人民公仆。在实现这个梦想的过程中，我有可能平庸，有可能默默无闻，也有可能面临各种阻力，遭遇各种挫折。但是，梦想就在前方，在考上博士的背景下，为何不趁热打铁，为此一搏？

在这个梦想中，我头顶蓝天，脚踏实地，无愧心中的公正；

在这个梦想中，我认真踏实，挑灯夜读，践行自己的承诺；

在这个梦想中，我不畏艰难，横眉冷对，办好每一个案件。

十佳的梦想并不遥远，只是明年事情。但集体的荣誉，一个人民公仆的使命，却是整个职业生涯的追求。也许我会失败，但我不气馁；如果真能成功，我也戒骄戒躁。当我老的时候，翻看自己曾经确定的梦想，不管是实现的还是未实现的，如果我能说自己已经竭尽全力，并不后悔，那么，我觉得，这段职业生涯是有意义的。

在学习中成长

政治部教育训练处　孙军

2012年，刚刚从中国政法大学毕业的我走进了北京市人民检察院第一分院，成为这个大家庭的光荣一员。在一分院，有太多令我敬仰的先进人物，全国十佳公诉人、全国侦查能手、全国检察理论人才、首都政法系统优秀人才、北京市检察业务专家等，他们的光辉事迹既是激励我成长成才的榜样，也是指引我奋勇前行的目标，我能为自己进入这样一个集体而感到庆幸和骄傲。一分院已经为我检察事业的起步打下了坚实的基础，也为了我的成长搭建了良好的平台，今后的路必须靠我自己一步一步地走。

时光荏苒如白驹过隙，转眼间我已在一分院工作一年。静下心来反思自己走过的这一年，虽无所建树，却也有所成长，虽平淡无奇，却也感悟良多。关于成长，每个人都有自己的注解，我想"学习"是我这一年来最大的收获。工作中，领导同事以不同的方式教会了我成长，他们的一句安慰、一句批评、一句鼓励、一句提醒，都教会了我如何生活、如何学习、如何工作，是我一年以来最宝贵的财富。

根据院党组的安排，我先后在反渎职侵权局、政治部教育训练处工作。对于一个学习了七年法律、刑事诉讼法学专业的毕业生来讲，在反渎局工作的几个月是我初入检察机关最早接触业务的经历，算是我检察工作的启蒙，得到了领导、同事的善人教导和修养，无疑感悟颇多，收获也颇多。在对一名行贿人进行调查过程中，核对完被调查者个人信息以后，承办人让我对被调查人吴某进行补充提问，并完善相关笔录。我无意中问了吴某一句"吴××几个字是这样写的吗"。承办人立即纠正说"这个我们早就调查清楚了，你写的是对的"。事后，承办人对我说，这次询问实际上是在为立案作准备，因此被调查人的戒备心很强，有时候一句话就可能向对方透露出很多信息。比如你刚才的提问，可能让对方明白检察机关并没有完全掌握案件情况，这对后面的调查工作是十分不利的。这件小事让我认识到了细节的重要性。询问和讯问工作是与人打交道，它并不是简单的一问一答的活动，而是将各类知识恰当地适用于每个询（讯）问细节的工作。有时一个细节出了问题，就有可能影响整体工作的顺利进行。这个小插曲深刻地教育了我，那就是一名合格的检察书记员必须做到勤思考、多观察、重细节、有耐心。

正是在这些点点滴滴的启发之下，我逐渐熟悉了渎职侵权犯罪案件侦查书记员工作。在此期间，我先后参与了黄某、刘某故意泄露国家秘密案、吴某行贿案、上地消防案、某派出所民警涉嫌滥用职权案、"10·04"专案等案件的办理。其中，由我全程参与的黄某故意泄露国家秘密案、协助办理的刘某故意泄露国家秘密案实现了当年立案、当年移送、当年判决的目标。这些工作使我学到了新的知识，也提高了我的检察书记员工作能力。

2012年11月，我调入政治部教育训练处。刚刚适应了由大学毕业生转变为检察书记员的我，又面临着由检察业务工作向综合性事务工作的转型。检察业务与综合事务在工作内容、工作方式、工作规律等方面存在重大区别。检察业务工作以案件为中心、以法律为依据展开，呈现出"任务型""阶段性"特征，每个案件被划分为若干阶段，每个阶段的工作任务相对固定，书记员的工作内容和工作方式也相对稳定；但综合事务工作则不同，尽管这些工作也有事先计划，但更多的是临时性交办工作，往往使人因缺乏预期而时刻处于紧张状态，而且很多工作需要自己独立思考如何办理。最初，岗位变化和角色转换产生的这些感受和困惑时刻困扰着我，但经过领导同事的悉心引导、自己的思考摸索，我现在已经基本掌握了综合部门工作的规律，并学会了"以静制动"的工作方法，基本能熟练地处理每一项交办的工作任务。

在政治部教育训练处工作以来，我先后参与组织了侦查监督释法说理实训、书记员实训、民行法律文书释法说理实训等业务实训，在领导的指导、同事的协助下自主组织了业务部门检察技术培训、全院办公网页应用培训等专题培训。完成了北京干部教育网2800多项信息的核对与录入，300多份学习档案的维护，实现了本院在线学习全覆盖走在全市检察机关前列的目标。顺利完成了今年上半年的各级调训任务，共组织参加高检院、市委组织部、市委政法委、市人保局、市院等单位组织的各类重点培训班次37期，248人次。编写培训教材12套，整理培训课程材料21份，完成市院两个招投标培训课程的前期调研、方案撰写、项目申报等工作，并顺利中标。完成《情况反映》19篇，院《工作简报》1篇，《工作调研报告》4篇，其他工作报告若干篇。同时，出色地完成了领导交办的其他任务。这些工作提高了我的组织能力、执行能力、协调能力和写作能力，我想这也是一种成长。

胡适曾言，大学生走出校园进入社会后最容易出现两种堕落："第一是容易抛弃学生时代的求知识的欲望"，"第二是容易抛弃学生时代的理想的人生的追求"。这两句话时刻警醒着我。对知识的欲求和对理想的追求是一个有志青年所必须保持的两种品质。进入检察机关以来，尽管学生时代的那种稚嫩和懵懂已经远离我而去，但学生时代对知识渴求的那种劲头却并未消退，尽管现实生活的艰辛和迷茫时常困扰我前行，但关于理想和未来的思考却并未停止。走进检察队伍，我明白了责任，明白了担当。在一分院这个大家庭里，既有先进的榜样示范，也有同事的倾囊相授，更有领导的耳提面命，正是在向他们学习的过程中，我学会了学习，学会了工作，学会了成长。

我始终相信，天道酬勤，功不唐捐。只要坚定信念、坚守理想、坚持奋斗，我一定能成长为一名优秀的、有益于人民的检察官，去实现自己心中的梦想。

宁心聚气　修身揽识
须臾间筑梦检察事业

公诉二处　龙子昂

一、回首看，岁月蹉跎，择业时为求心中一抹正义

法不是空中楼阁的虚幻与飘无，更不是阳春白雪般的盛气凌人、曲高和寡。它来自于生活中的点点滴滴，来源于我们身边的人与事，具化了每个人心目中所坚守的那份公平正义。七年的求学路途让一个高中毕业的懵懂少年懂得了法的含义，明白了什么是法律，了解了与法相关的各种概念。更清楚了法在一个国家应当具有的地位，在每个人心目中应当承载的分量。

西方学者评价法官是触摸上帝衣角之人，不同于其他国家的检察制度，我国的检察官称为正义的化身略显空洞，定义为正义的使者想必是名当其分。"检"是"考查、察验"和"约束、制止"之意，"察"是"细看、详审"和"考察、调查"之意，可见"检察"一词，即指检视察验，又指检举制止。我国的检察制度的由来可以追溯到封建朝代的御史制度，御史的职能在各个朝代不近相同，但是纠察百官、监督狱讼是其重要职能。这一点正是近似于我们检察职能当中最根本的一项，即是法律监督职能。正义的含义是一个较为宽泛的范畴，具体到法律上，它强调在法律界面给予事物是非、善恶的正确评价。检察机关具有的职务犯罪侦查、刑事案件审查起诉、诉讼监督等职能正是惩恶扬善、维护社会公平正义的体现。

宪法赋予检察机关法律监督的基本地位，初入法律之门的我，被检察机关的神圣职责所吸引与打动。研究生的择业方向上选择了刑事诉讼法学，这一坚守程序正义的学科，在数年的学习法学知识的过程中，尤其是对刑事诉讼程序的深入研究，使得自己对检察机关在刑事诉讼程序中的地位有了深入的了解，对检察官在司法系统中所扮演的角色有了较为清楚的认识，对于心中那一份自始留存的正义愈加地找到了归宿与寄托，那时的我逐渐地有了自己的职业梦想，虽然不清晰，虽然存有朦胧，但轮廓已经渐趋明朗。那是一份信仰，是一份执着，是一种追求，是一种为了将自己的一切奉献出来的迫切愿望与期许，更是一份将心中存续多年的梦想化为现实的冲动与渴望。

有了方向便不再彷徨，有了目标便不会迷茫。从此不断从思想和知识上武装自己，让心灵强大，让头脑敏锐而又清晰。机会只留给有准备的人，不甘心拖时代的后腿，那就应当不断向前奔跑，身为年轻的一代，更应该争做时代的先行人，不是只有信念就可以走向成功，更应当切实的付出汗水，但这一切的前提，就是能够拥有圆梦的平台与路径。一年前心存幸运之喜，满怀感激之情，迈入了首都检察系统，从此身负检察职责，牢守心中不渝的信仰——"挥法律之利剑，持正义之天平，除人间之邪恶，守政法之圣洁"。终于站在了圆梦的舞台上，向着梦想迈出了坚实的一步，这是梦想的最初积淀。

二、俯视路，曲折坎坷，前进中但求思绪清醒

入院一年，在各个方面不断努力成长，通过成长不断地形成和追寻曾经的梦，检察梦在前进的路途上不断地成型。

（一）成长于工作与学习之间，两项转变锻造检察职业的灵魂与体魄

首先，完成了从学生向公务员的角色转变。作为2012年的应届毕业生，我在2012年5月28日正式到院，在政治部的干部处与教育训练处工作了5个月的时间，十月底到公诉二处工作。也正是这前后近一年的时间帮助我完成了从一个学生向公务员角色的转变。其一是思想上的转变。使我从校园的相对单一的学生思维顺利的过渡到能够思考相对复杂的社会关系、工作关系与人际关系。其二是态度上的转变。学生时代大多是教师、教授要求学生照做即可，但到了工作上，要求我在按规定完成领导指示与工作安排的同时还要充分发挥自身的主观能动性，例如在制定庭前会议的实施细则方面，就需要前期的充分调研，对于调研的目标、调研的方向、调研的内容就需要自己对课题进行深入的研究和分析。其三是为人处事的转变。在学校中学生的头等要务或者说全部精力都要放在学习上，只要课业成绩突出，学生就算得上优秀。但是在工作中要求我在立足本职的同时，更要照顾周全。在公诉二处这样一个人数较多的处室，对于一个人的综合能力能够有非常好的锻炼与提升。

其次，完成了从综合部门岗位向业务部门书记员岗位的角色转变。在政

治部工作的五个月的时间，使我的综合能力有了一定程度的提升，更为重要的是对检察院的人员构成与各部门职责分工有了较为深刻和全面的了解。到公诉二处工作后，我了解了一个案件从公诉部门收案后需要走过的具体流程，清楚了公诉部门书记员的基本职责与主要工作，熟悉了诸如宣权、换押、取保、提讯、开庭等诉讼程序当中书记员应当完成的工作，掌握了诸如发纪要、送起诉书、移交赃款赃物、整卷归档等书记员的日常事务性工作。可以说虽然时间短、跟随案件数量少，但是质量过硬，对全处的主要案件类型有了较为全面的了解。

（二）圆梦于毫厘与点滴之间，三项觉悟构造检察梦的内容与局部

繁琐而又复杂日常工作并没有消磨我曾经的梦想，而是在清晰地轮廓内渐渐充填了具体的内容与实质。检察梦不是耸入云端，而是就在我们工作与生活中的点滴间实现。每当看见犯罪嫌疑人、被告人认罪服法，认真悔过，每当看见被害人满意感激的面容，工作中的劳累与疲惫便会荡然无存。即便是上访群众的闹访与缠访，犯罪嫌疑人的拒供态度等等工作中的问题与不顺，我们也应当泰然处之，以微笑面对，以谦卑认真的态度化解，因为我们应当时刻清醒地认识到自己的身份，与众不同并不是我们傲人的资本，而是肩负更高职责的原因。

检察梦不是办理了惊天动地的大案要案，而是在工作中事无巨细的一丝不苟。比起一心要出风头，搞成绩，把注意力集中在大要案来说，不如在工作中的每一个细节倾注心血，从小事做起，细碎到整卷归档的页码编辑都一丝不苟，那么万屋可扫，天下必将不久可治。

检察梦不是法庭上唇枪舌剑让辩方哑口无言，而是在办案中对证据的审慎与对人权的保障。庭审的辩论技巧固然重要，但是最关键的还是要在于对全案案情的把握，对证据的贯通以及对于关键争议点的充分补充。

检察梦不是通过一己之力扭转社会的阴暗与不公，而是在实现个案正义的基础上汇流成河。检察梦不一定要轰轰烈烈，也可以是和风细雨。实现公平正义不是要暴风骤雨般的推倒重建，而是要力争每一个案件的结果都无愧于法律与事实以及一个法律人的基本良知。习总书记在讲话中提出每一位司法人员都要坚守防止冤假错案的底线。

三、抬望眼，前路漫漫，汗水浇灌下梦想花瓣怒放

检察梦并不在远方，而在我们脚下，我们每一天的工作，每一次的学习都是梦实现的过程。那么究竟应当如何让梦想实现，如何实现梦想之花的绽放，应当做到以下四点：

一是要时刻清醒。对自己要清醒，明白自身的优点与缺点，知道自身的优势与劣势，这样才能不断学习，不断进步。对案件要清醒，完整的掌握案件的来龙去脉，对证据材料深谙于心，这样才能做到熟练办案，公正执法。对工作要清醒，了解岗位职责，熟悉岗位行为准则，这样才能做到忠诚于法律，忠诚于国家。

二是要始终坚守。作为青年干警应当要真正把忠诚、为民、公正、廉洁八个字内化于心、外化于行。始终坚守检察人员的职业操守，始终坚守社会主义法治理念，始终坚守法治文明的司法信念。唯有坚守才能数十年如一日，爱岗如己，唯有坚守才能不见异思迁，始终为实现正义的检察梦奋斗终生。

三是要努力奋斗。努力奋斗是实现检察梦的根本途径，唯有学而不倦才能不断拥有前进的动力，向上的基石。唯有勤奋工作才能在平凡的岗位上做出业绩，做出创新。

四是要淡泊寡欲。检察官面对的诱惑是超过常人的，拥有一颗强大定力的内心是一名检察官所需要具备的基本素质。检察官唯有保持一颗平和、宁静、谦卑的心态，才能做到淡泊名利，不为金钱美色所诱惑，才能做到在执法办案中坚守公平正义的基本原则。

习总书记讲，中国梦是民族梦。检察梦是中国梦的一部分，它不是某个人的梦，不是某个机关的梦，它是检察事业的未来，是全中国检察官对祖国检察制度的美好期许，它需要有经验的检察官传业授道以身作则，前方带队，更需要青年检察官不断学习，迅速成长，敢于奋进并且不断突破创新。佛家讲须臾间瞬息万变，刹那即是永恒，尘世间的百转千回不过是过眼云烟。我的检察梦是实现社会的公平正义，而这也是多少代检察官的奋斗目标，几十年弹指一挥间，纵然沧海桑田，时过境迁，这一份根本的坚守却始终没有改变，数十年的积淀形成完整的体系，须臾间构筑的检察梦，却需要我们用一生去践行。

后　　记

　　前不久，北京市人民检察院第一分院开展了"检察梦·我的成长之路"主题系列活动，全院检察人员反响热烈，积极撰写了百余篇稿件，全面而深刻地反映了首都检察官深入贯彻党的十八大和市十一次党代会精神，大力弘扬以爱国主义为核心的民族精神，以改革创新为核心的时代精神，立足本职、岗位成才、追求理想、真抓实干，为实现个人全面发展，促进检察工作，实现中华民族伟大复兴的"检察梦"和"中国梦"而奉献创新、不懈努力的感人故事，展示了为实现共同梦想而奋斗的精神面貌。编者从中撷选部分有代表性的文稿汇集成册奉献给读者。

　　市检一分院是检察人才的沃土，是检察官成长的摇篮。一分院在长期的检察工作实践和检察人才培养中形成了自身特有的优良传统和作风，这些优良传统和作风汇聚了几代一分检人的奋斗历程，凝结了全体检察人员的精神财富，是一分院实施"人才强检战略"和开展"中国梦"、"检察梦"教育实践活动的宝贵资源，为进一步总结、挖掘和传承这些宝贵资源，为一分院精神强魂健魄，为院党组"走精兵路，办精品案"的工作方向和争创"四个一流"的工作思路巡航着陆，努力实现走在直辖市分院检察机关前列的工作目标，我们感到肩负责任和义务来编辑此书。

　　编辑此书过程中，我们没有刻意修改作者原稿，不追求撰文考究、词藻悦目，而是尽可能地让检察人员直抒胸臆，完整保留本人的检察理念、成长经历、成才体会、经验总结和价值观思考，期待给予阅读人以启迪、共鸣和借鉴。

　　本书的编辑出版更是得到了各有关方面的大力支持和帮助。高保京检察长担任主编并躬亲作序，周晓燕副检察长悉心指正，年家友主任多次指导工作，检察出版社阮丹生社长欣然应刊，李军副主任率领干部处吕亚丽、□□□同志一起统筹了本书全部出版工作，院机关党办（工会）、宣传处给予大力协助。在此，谨向所有关心和支持此书出版的同志们致以深深的谢意！由于工作繁忙加之时间紧迫，编撰水平局限，本书难免有诸多不足和疏漏之处，敬请读者指正。

编者

2013 年 7 月于北京